BISMARCK · DOKUMENTE SEINES LEBENS

Meinem lieben Ossi

zum Andenken an meine

Berlinreise

Deine

Daniela

Karben, den 30.12.89

Universal Bibliothek

BIOGRAFIEN

Otto von Bismarck

DOKUMENTE SEINES LEBENS 1815–1898

1989

Verlag Philipp Reclam jun. Leipzig

Herausgegeben von Heinz Wolter
Mit 79 Abbildungen

ISBN 3-379-00050-7

Reclams Universal-Bibliothek Band 1172
2. Auflage
Umschlaggestaltung: Friederike Pondelik unter Verwendung einer Aufnahme Otto v. Bismarcks aus dem Jahre 1893
Lizenz Nr. 363. 340/11/89 · LSV 0266 · Vbg. 28,5
Printed in the German Democratic Republic
Grafischer Großbetrieb Völkerfreundschaft Dresden
Gesetzt aus Garamond-Antiqua
Bestellnummer: 661 317 9
00500

Einleitung

Bismarck, Preußen und das Deutsche Reich gehören einer abgeschlossenen Epoche der Geschichte an, zu der kein Weg zurück führt. Nahezu einhundert Jahre nach dem Sturz des ersten deutschen Reichskanzlers bietet sich die Gesellschafts- und Staatenordnung der Welt in völlig veränderter Gestalt dar.

Der von Bismarck mit „Eisen und Blut“ begründete bürgerliche deutsche Nationalstaat ist 1945 unter den Trümmern des zweiten Weltkrieges endgültig begraben worden. Dagegen hat der seinerzeit vom „Eisernen Kanzler“ erbittert bekämpfte Sozialismus in unseren Tagen auf deutschem Boden tiefe Wurzeln geschlagen. Was verbindet nachgerade die sozialistische Gesellschaft in der DDR mit dem politischen Werk jenes junkerlich-bourgeoisen Staatsmannes, der sich anmaßte, die welthistorische Mission der Arbeiterklasse aufhalten zu wollen? Selbst in der BRD, wo die gesellschaftliche und politische Macht noch der gleichen Klasse, teilweise sogar noch den gleichen Familien gehört wie zu Kaisers und Kanzlers Zeiten, wo die regierenden Kreise zudem noch immer die Fiktion vom fortbestehenden Deutschen Reich beschwören, auch dort wird, fragt man nach Bismarck, nach Inhalten und Methoden seiner Politik, eher der Bruch als die Kontinuität beschworen. Zu sehr gilt vornehmlich Bismarcks Innenpolitik, sein hartnäkkiger Kampf gegen Parlamentarismus und die politischen Parteien, als belastet.

Und dennoch hat bis heute Bismarcks Persönlichkeit kaum an Faszination eingebüßt. Mehr noch: die Begründung des Bismarck-Reiches – im Bewußtsein der Zeitgenossen wie der Nachwelt seine große historische Leistung – hat Spuren in der deutschen Industrie- und Kulturlandschaft, in der materiellen Zivilisation wie im politischen Bewußtsein hinterlassen, die, trotz aller gesellschaftlichen und politischen Umbrüche des 20. Jahrhunderts, nach einem langen konfliktgeladenen Entwicklungsweg uns auch heute noch den Ausgangspunkt im 19. Jahrhundert markieren. Mit beschaulicher Nostalgie hat das wenig zu tun.

Es waren tiefgreifende und weitreichende gesellschaftliche

Prozesse, die im Rahmen des 1871 begründeten bürgerlichen Nationalstaates begannen und bis in die Gegenwart die Realität auf deutschem Boden bestimmen: auf der einen Seite der Aufstieg Preußen-Deutschlands aus einem vorwiegend agrarischen Land zu einer der stärksten kapitalistischen Industriemächte der Welt, auf der anderen Seite der siegreiche Kampf der revolutionären deutschen Sozialdemokratie gegen den junkerlich-bourgeoisen Militärstaat. Wie das eine weder unmittelbares Verdienst Bismarcks ist, so ist das andere nicht nur seine persönliche Niederlage. Aber mit dem widerspruchsvollen und verschlungenen Weg des historischen Fortschritts hat es schon zu tun, der in einem entscheidenden Entwicklungsabschnitt deutscher Geschichte nun einmal maßgeblich von dem preußischen Junker Otto von Bismarck beherrscht wurde.

Das Für und Wider um Bismarck, die seit Jahrzehnten geführte Debatte um den geschichtlichen Standort Bismarcks und das Bismarck-Bild im deutschen Geschichtsbewußtsein, ist trotz des Abstandes mehrerer Generationen nicht verstummt. In dieser Auseinandersetzung geht die DDR, ihre Geschichtswissenschaft und Geschichtspropaganda, von einem klaren Verhältnis zur Vergangenheit aus. Die Kontinuität alles Progressiven wie den radikalen Bruch mit allem Reaktionären in der deutschen Geschichte verkörpernd, stellen wir uns der Diskussion über das ganze historische Erbe. Von den in der DDR erreichten gesellschaftlichen, politischen und ideologischen Positionen aus wird auch die reaktionäre Klassenlinie der deutschen Vergangenheit nicht verdrängt, sondern einer kritischen Bestandsaufnahme unterzogen. Zum einen gilt es, die objektive Dialektik der Geschichte zwischen Fortschritt und Reaktion sichtbar zu machen. Zum anderen hat es auch im Wirken der herrschenden Ausbeuterklassen und ihrer hervorragenden Repräsentanten beachtenswerte Leistungen gegeben. Gerade die tiefe Zäsur des in der DDR vollzogenen gesellschaftlichen Neubeginns erlaubt es, sich solchen komplizierten und widersprüchlichen Erscheinungen, Ereignissen und Persönlichkeiten der Vergangenheit souverän zu stellen. In dieser Hinsicht verlangt nicht zuletzt Otto von Bismarck eine eingehende vorurteilsfreie und differenzierte Würdigung.

Zugang zu Bismarck zu finden, heißt zunächst, die historischen Konturen seiner Persönlichkeit und seines Werkes von den überwuchernden Legenden zu befreien, die glühende Bewunderer wie unnachgiebige Ankläger um sein Bild in der deutschen Geschichte gewunden haben. Das Mythos vom nationalen Messias, dessen unfehlbare Staatsmannskunst den Deutschen den Weg zu Glanz und Größe gewiesen habe, stimmt ebensowenig wie das Zerrbild von jenem verschlagenen dämonischen Bösewicht, dem man alle Verantwortung für den verhängnisvollen Verlauf der preußisch-deutschen Geschichte persönlich anlasten dürfe.

Schablone und Klischee versagen angesichts jenes Maßes von Gegensätzen und Widersprüchen, die Bismarcks monumentale Gestalt ausmachen. Von Hause aus war er alles andere als ein harmonischer und ausgeglichener Mensch. Eine permanente Spannung zwischen vorandrängenden und beharrenden Elementen der gesellschaftlichen Entwicklung bestimmte geradezu das Wesen seines historischen Wirkens. Ohne dialektisches Geschichtsverständnis erscheint es nahezu unmöglich, den historischen Standort Bismarcks auf einen klaren Punkt zu bringen.

- Er war ein klassenbewußter preußischer Junker, der den bürgerlichen Nationalstaat in Deutschland errichtete.
- Er war ein Konservativer, der denkbar revolutionär handelte und einer „Revolution von oben" zum Sieg verhalf.
- Er war ein militanter Gewaltpolitiker, der zeitweilig mit dem Liberalismus paktierte und in Deutschland das allgemeine Wahlrecht einführte.
- Er war ein Todfeind der Arbeiterbewegung, Initiator des Ausnahmegesetzes gegen die Sozialdemokratie und plädierte zugleich für staatliche Aktivitäten auf dem Gebiet der Sozialversicherung.
- Er war ein Exponent des preußisch-deutschen Militärstaates, der in den Kriegen von 1864, 1866 und 1870/71 einen einschneidenden Wandel der europäischen Staatenordnung herbeiführte, nach 1871 aber mit seiner das Erreichte bewahrenden Politik einen ebenso bemerkenswerten Beitrag zur Friedensstabilisierung im europäischen Staatensystem leistete.

– Er war ein brutaler, rücksichtsloser Machtmensch, der andererseits ein überaus gewandter, geistvoller und liebenswürdiger Gesellschafter sein konnte.
– Er war am Ende wohl ein beeindruckender „großer“ Mann, allerdings mit mancherlei abstoßenden „kleinen“ Eigenschaften.

Jedenfalls erwies sich Otto von Bismarck, 1862 als preußischer Ministerpräsident und Außenminister angetreten und 1871 zum Reichskanzler aufgestiegen, als ein Politiker und Staatsmann von Rang, wie ihn die Junkerklasse und der preußische Staat nur selten hervorbrachten. Fast dreißig Jahre stand er an der Spitze der preußisch-deutschen Politik und hat in dieser Zeit dem Gang der deutschen wie europäischen Geschichte mächtige Impulse gegeben. Nach dem 1890 erfolgten Sturz aus allen Ämtern geriet er kaum an den Rand des politischen Geschehens und schon gar nicht in Vergessenheit. Bismarcks Persönlichkeit und politisches Wirken blieben im Geschichtsbewußtsein fest verankert. Dabei hat am Anfang vieles eher für die durchschnittliche Karriere eines schlichten Landjunkers und plumpen Reaktionärs gesprochen. Den 1815 geborenen Sproß eines altmärkisch-pommerschen Junkergeschlechts hatte es, nach mäßigem Schulerfolg, verbummeltem Jurastudium und einem mißglückten Antritt bei der preußischen Provinzialverwaltung, angewidert von untergeordneten Stellungen im Staatsdienst, 1839 auf die väterlichen Güter verschlagen. In Saus und Braus führte er dort die nächsten zwölf Jahre das wenig anspruchsvolle Leben eines „tollen Junkers“. Die Stürme der heraufziehenden bürgerlich-demokratischen Revolution zogen dann den ehrgeizigen und selbstbewußten Vertreter seiner Klasse 1847 in die politische Arena. Als stockkonservativer Parteimann agierte Bismarck auf der äußersten Rechten des reaktionären Junkertums. Wortgewaltig und kampfeslustig attackierte er alle politischen Ansprüche der liberalen Bourgeoisie und der demokratischen Volksbewegung. Für das Ziel einer nationalstaatlichen Einigung Deutschlands brachte er nur Hohn und Spott auf. Bismarcks einziges Sinnen und Trachten war, Preußen vor der Revolution zu retten, die Rechte seiner Krone zu wahren und die sozialen und politischen Privilegien des Junkertums zu verteidigen.

Einen Namen machte sich der konservative Heißsporn 1848/49 schon. Viel Staat aber war mit einer solchen anachronistischen Position nicht zu machen und – in der Epoche der bürgerlichen Umwälzung – Geschichte schon gar nicht. „Nur zu gebrauchen, wenn das Bajonett schrankenlos waltet", hatte damals Friedrich Wilhelm IV. über Bismarck befunden.[1] Keine fünfzehn Jahre später, als im Heeres- und Verfassungskonflikt die preußische Monarchie zu Beginn der sechziger Jahre erneut in höchste Not geriet, wurde Bismarck freilich doch an das Steuer des preußisch-deutschen Staatsschiffes gerufen. Anscheinend hatte er, der nun endlich „Musik" machen konnte, wie er sie wünschte, nichts gelernt und nichts vergessen. „Nicht auf Preußens Liberalismus sieht Deutschland, sondern auf seine Macht", donnerte er der Opposition der liberalen Bourgeoisie entgegen, die es auf eine Kraftprobe mit dem preußischen Militärstaat ankommen ließ. Vom neuen Ministerpräsidenten bekam das Abgeordnetenhaus weiter zu hören: „Nicht durch Reden und Majoritätsbeschlüsse werden die großen Fragen der Zeit entschieden – das ist der große Fehler von 1848 und 1849 gewesen –, sondern durch Eisen und Blut."[2] Die urpreußische Reaktion schien wieder das Zepter zu schwingen.

In der Tat war Bismarck 1862 noch derselbe Junker wie in den Revolutionstagen. Inzwischen aber – seit 1851 preußischer Vertreter am Bundestag in Frankfurt, 1859 bis 1862 Gesandter in Petersburg und 1862 Gesandter in Paris – war ihm ein Blick für den spannungsgeladenen Gang der gesellschaftlichen Entwicklung aufgegangen. Tagtäglich den ökonomischen, sozialen und politischen Faktoren der Beziehungen zwischen den deutschen und europäischen Staaten konfrontiert, hatte Bismarck begriffen, daß die preußische Politik, wenn sie in den Stürmen der Zeit eine Chance des Überlebens haben wollte, weniger dogmatisch an den Prinzipien konservativer Parteipolitik, dafür mehr realpolitisch an der wirklichen Lage der Verhältnisse orientiert werden müsse: „Wir müssen mit den Realitäten wirtschaften und nicht mit Fiktionen."[3] Dieses Wort beinhaltete das Erfolgsrezept der Bismarckschen Politik.

Die seit 1862 von Bismarck geleitete preußisch-deutsche Politik zielte darauf ab, in dem Prozeß bürgerlicher Umwäl-

zung und nationaler Einigung Deutschlands, der im 19. Jahrhundert zur Lösung drängte, einer revolutionär-demokratischen Lösung von unten durch eine Revolution von oben entgegenzuwirken. Bismarck war angetreten, um die Autorität der preußischen Monarchie zu stärken und die Klassenpositionen des Junkertums zu festigen. Dadurch ergab sich ein grundlegender Gegensatz zu Bestrebungen nationalstaatlicher Einigung Deutschlands unter bürgerlich-liberalen Vorzeichen oder gar zu revolutionären Aktionen einer demokratischen Volksbewegung. Zugleich aber eröffnete Bismarcks Politik der preußischen Krone die Möglichkeit, in einer schwierigen inneren Situation neuen auswärtigen Glanz zu erlangen, einfach indem man diese Politik mit Gewalt ganz Deutschland aufdrängte, das heißt junkerlich-militaristische preußische Großmachtpolitik und bürgerliche Nationalstaatsbildung miteinander koppelte.
Eine Chance erkennen, hieß für den Vollblutpolitiker Bismarck, sie entschlossen zu nutzen. „Soll Revolution sein", bekannte er, „so wollen wir sie lieber machen als erleiden."[4] Die militärischen Siege von 1864, 1866 und 1870/71 – inszeniert und ausgenutzt durch das Intrigenspiel der klassischen Kabinettsdiplomatie wie moderner bonapartistischer Staatskunst – brachten Bismarcks Strategie und Taktik gegenüber den auswärtigen Rivalen und den innenpolitischen Gegnern Erfolge. Die von ihm in Gang gesetzte „Revolution von oben" bewirkte einen grundlegenden Eingriff in die überlieferte staatliche Ordnung Deutschlands. Österreich wurde aus dem deutschen Staatsverband ausgeschlossen, Preußen durch Annexionen in Norddeutschland beträchtlich vergrößert und endlich 1871 durch den Anschluß der süddeutschen Staaten an den 1866 formierten Norddeutschen Bund das Deutsche Reich gegründet.
Gewiß war die Bourgeoisie auch in der Schlußetappe des Ringens um die bürgerliche Umwälzung objektiv zur Führung berufen, doch hatte sie wie schon 1848/49 ihre ureigenste Aufgabe verraten und aus Furcht vor Aktivitäten einer radikalen kleinbürgerlichen Demokratie und der heranwachsenden Arbeiterbewegung ein Bündnis mit den überlebten sozialen und politischen Mächten der alten Ordnung vorgezogen. Die Arbeiterklasse hingegen war damals politisch und organisatorisch noch nicht stark genug, um

die Führungsrolle in der nationalen und demokratischen Bewegung zu übernehmen. So konnte das Gesetz des Handelns auf seiten der dynastischen Staatslenker verbleiben.

Die Errichtung eines bürgerlichen deutschen Nationalstaates war ein wichtiges Ergebnis der bürgerlichen Umwälzung und der vollen Durchsetzung des Kapitalismus. Die Gründung des Deutschen Reiches beendete die jahrhundertelange territoriale Zersplitterung, die den gesellschaftlichen Fortschritt außerordentlich behindert und es zudem ermöglicht hatte, daß deutsche Staaten und Territorien sehr oft zum Spielball der politischen Interessen ausländischer Mächte geworden waren. Die Herausbildung eines nationalen Marktes, die Vereinheitlichung der Gewerbe-, Handels- und Währungsgesetzgebung, der vermehrte staatliche Schutz für die Interessen der deutschen Wirtschaft auf dem Weltmarkt boten günstige Umstände für die volle Entfaltung der kapitalistischen Produktionsweise. Zugleich entstanden damit die sozialökonomischen Voraussetzungen für die schnelle Entwicklung eines modernen Industrieproletariats und verbesserte Möglichkeiten für die sozialistische Arbeiterbewegung, sich auf nationaler Grundlage zu formieren. Was Friedrich Engels schon für die Entscheidung von 1866 hervorgehoben hatte, galt für die proletarische Vorhut auch 1871: „… das Faktum einfach akzeptieren, ohne es zu billigen, und die sich jetzt jedenfalls darbieten müssenden größeren Facilitäten zur nationalen Organisation und Vereinigung des deutschen Proletariats benutzen.“[5]

Maßgebend für die historisch-politische Stellung des 1871 entstandenen kleindeutschen Kaiserreiches aber war, daß es nicht als demokratischer Entschluß des souveränen Volkes, sondern durch Übereinkunft der reaktionären Dynastien zustande kam, aus einer „Revolution von oben“ hervorging, die bürgerliche Nationalstaatsbildung mit Preußentum und Militarismus verklammerte, das Klassenbündnis von Junkertum und Großbourgeoisie fest installierte und auf diese Weise eine erhebliche Zukunftsbelastung für das deutsche Volk darstellte. „Das deutsche Reich“, schrieb Engels ahnungsvoll 1886, „wird in Lebensgefahr gebracht durch seine preußische Grundlage.“[6]

So wie der Charakter des Deutschen Reiches sich widerspruchsvoll darbietet, fällt auch das Urteil über Bismarcks Rolle im Reichsgründungsprozeß zwiespältig aus: Zweifelsohne stehen Gestalt und Werk Bismarcks stellvertretend für den spezifisch preußisch-junkerlichen, antidemokratisch-militaristischen, obrigkeitsstaatlich-reaktionären Zuschnitt des 1871 entstandenen bürgerlichen deutschen Nationalstaates. Immerhin aber war es Bismarck und weit und breit kein anderer, welcher die Strategie und Taktik der „Revolution von oben" entwickelte und durchsetzte und damit „auf seine Art, auf Junkerart, ein historisch fortschrittliches Werk vollbracht"[7] hat.

Diese geschichtliche Leistung beruhte freilich auf den von Bismarck vorgefundenen Klassen- und Machtverhältnissen, dem inneren und äußeren Umfeld Preußen-Deutschlands, der Wechselwirkung zwischen den verschiedenen wirtschaftlichen, sozialen, politischen, ideologischen Faktoren und Prozessen in seiner Zeit. Betrachtungen, in denen die komplexe Problematik einer ganzen Epoche deutscher Geschichte allein an der Person Bismarcks ausgemacht wird, mangelt es an historischer Tiefenschärfe. Vorstellungen, als habe der starke Mann alle Fäden in der Hand gehalten, demzufolge alles vorausgedacht und seinem Willen entsprechend ausgeführt, gehören in den Bereich der heroisierenden Legende.

Die Rolle der Persönlichkeit in der Geschichte hat Bismarck übrigens erstaunlich nüchtern aufgefaßt. Der Achtzigjährige sagte 1895 einer Delegation von Studenten: „Denn der Mensch kann den Strom der Zeit nicht schaffen und nicht lenken, er kann nur darauf hinfahren und steuern, mit mehr oder weniger Erfahrung und Geschick, kann Schiffbruch leiden und stranden und auch zu guten Häfen kommen."[8] Es war dies nicht bloß Koketterie des erfolgreichen Staatsmannes. Ganz ähnlich hat Bismarck schon zu Beginn seiner politischen Laufbahn gesprochen. Die historische Leistung des von einer allmächtigen Woge getragenen einzelnen bestehe, nach Bismarck, im Grunde nur darin, zu erkennen, was an der Zeit sei. Dabei komme es freilich, einem anderen, von Bismarck ebenfalls häufig benutzten Bilde gemäß, auf entschlossenes Handeln an. Pflicht des Staatsmannes wäre es, „den Schritt Gottes durch die Ereignisse hallen zu hören und Geistesgegenwart und Entschlußkraft zu haben, um vorzuspringen und den Zipfel seines Mantels erhaschen zu können“[9].

1871 war Bismarck als konservativer Staatsmann und Sachwalter junkerlicher Interessen im Klassenkompromiß mit der Bourgeoisie offenkundig an einer Grenze angelangt, von der aus er nicht weiter ein mehr oder weniger freiwilliger Vollstrecker gesellschaftlicher Notwendigkeiten sein konnte und wollte. „Im Einklang mit der geschichtlichen Entwicklung“ hätte, wie Friedrich Engels 1887 feststellte, die „schließliche Bourgeoisieherrschaft“[10] gestanden, das heißt die Durchsetzung eines parlamentarischen Regierungssystems bei voller Mitverantwortung der bürgerlichen Parteien. 1891 formulierte Engels als nächstes Ziel des politischen Kampfes der deutschen Arbeiterbewegung die Aufgabe, der zwischen 1866 und 1870 erfolgten „Revolution von oben“ die „nötige Ergänzung und Verbesserung zu geben durch eine Bewegung von unten“[11]. Die auf der Tagesordnung stehende „Rekonstitution Deutschlands“ mußte eine revolutionär-demokratische Umgestaltung des deutschen Nationalstaates zum Inhalt haben. Bismarcks ganze Perspektive nach 1871 bestand hingegen in einer törichten konservativen Utopie: „Nach allem Großen, was wir erlebten, würde er nichts dagegen haben, wenn die Weltgeschichte eine Weile stehen zu bleiben schiene.“[12] Bismarcks progressives Wirken in der deutschen Geschichte war, ohnehin mit viel reaktionärem Beiwerk belastet, 1870/71 im Grunde beendet.

Das politische Gesamtkonzept des Eisernen Kanzlers nach 1871 erschöpfte sich darin, das Erreichte, den gesellschafts- wie machtpolitischen Status quo nach innen und außen zu wahren. Alle Flexibilität und Virtuosität, über die er weiterhin gebot, lassen nicht übersehen, daß Bismarck mit einer solchen sozialkonservativen Status-quo-Strategie gegenüber der Dynamik in Ökonomie und Gesellschaft auf ziemlich verlorenem Posten stand. Ein auswegloser Konservatismus beherrschte die Innenpolitik, vornehmlich nachdem 1878/79 der junkerlich-bourgeoise Klassenkompromiß im Schutzzollsystem ein neues materielles Fundament erhalten hatte. Dieser „Solidarprotektionismus“ von Großgrundbesitz und Schwerindustrie war unter rein ökonomischen Gesichtspunkten wenig sinnvoll, sollte vor allem aber

die herrschende Gesellschafts- und Machtstruktur abstützen. Die regellose Verfassungswirklichkeit im preußisch-deutschen Kaiserreich ließ eine solche Absicht freilich von vornherein als fragwürdig erscheinen. Bismarcks autoritäre bonapartistische Diktatur, sein schroffer Repressionskurs gegen die sozialistische Arbeiterbewegung, aber auch gegen den politischen Katholizismus gerichtet und alle bürgerlich-demokratischen Regungen treffend, Bismarcks unablässige Diskriminierung jeglicher Opposition – alles mochte kurzfristig die Machtposition des Kanzlers festigen, untergrub dafür langfristig um so mehr die Stabilität des politischen Systems in Preußen-Deutschland.
Eine ähnliche Perspektivlosigkeit kennzeichnete die Bismarcksche Außenpolitik. Mit der Annexion Elsaß-Lothringens war eine fatale Ausgangssituation gegeben, die Frankreich zum unversöhnlichen Gegner machte, es in die Arme Rußlands treiben mußte, die Gefahren europäischer Koalitionen gegen das Deutsche Reich und letzten Endes die Drohung eines Zweifrontenkrieges heraufbeschwor. Bismarck ging also, wenn er in energischer Gegenwehr, mittels eines komplizierten Bündnissystems und aller Künste der geheimen Kabinettsdiplomatie, eine Verlagerung der politischen Gewichte zuungunsten Preußen-Deutschlands aufzuhalten suchte, zunächst einmal gegen die verhängnisvollen Konsequenzen seiner eigenen Politik an. Sein waghalsiges Bemühen um eine Aufrechterhaltung des außenpolitischen Status quo stand zudem in engem Zusammenhang mit jener konservativen Gesellschaftsstrategie, welche die althergebrachte innere wie äußere Staatenordnung gegen den fortschreitenden sozialökonomischen Wandel und alle emanzipatorischen Regungen abschirmen wollte. Auch hier stand Bismarcks konservativ geprägte staatliche Interessen- und Gleichgewichtsdiplomatie am Ende auf verlorenem Posten. Permanent die monarchische Solidarität gegenüber allen tatsächlichen oder vermeintlichen Umsturzgefahren zu beschwören, erwies sich als wenig hilfreich, sobald die nationale Befreiungsbewegung unterdrückter Völker mit dem historisch gewordenen Staatengefüge kollidierte oder wachsende wirtschaftspolitische Interessengegensätze zwischen den herrschenden Klassen verschiedener Staaten das Band dynastischer Intimität aufrieben.

Zu einer verklärten Sicht der Bismarckschen Außenpolitik besteht also wenig Anlaß. Dennoch muß ihm zugebilligt werden, daß er die außenpolitischen Interessen Preußen-Deutschlands auf rationelle Weise zu wahren verstand. Bismarck war sich bewußt, daß 1870/71 das Höchstmaß an preußisch-deutscher Machtkonzentration erreicht war, welches von den anderen europäischen Mächten noch hingenommen werden konnte. Darum erklärte er das Reich für „saturiert" und benutzte die preußisch-deutsche Großmacht wie seine eigene, nicht unerhebliche Rolle in der europäischen Politik nach 1871, um den labilen Friedenszustand unter den europäischen Großmächten, der in manchen Krisensituationen gefährdet erschien, zu wahren. Bismarck gab am Ende der achtziger Jahre auch dem Drängen einer aggressiven preußischen Militärpartei nicht nach, im Bündnis mit der Habsburger Monarchie gegen den auf dem Balkan vordringenden russischen Zarismus einen Präventivkrieg zu führen. Vielmehr setzte sich der Kanzler, auf den Primat der Politik pochend, dafür ein, den „Draht nach Petersburg" unbedingt aufrechtzuerhalten, und brachte so 1887 den berühmten Rückversicherungsvertrag mit Rußland zustande.

Es waren wahrhaftig keine humanitären Skrupel, schon gar nicht eine prinzipielle Absage an die auf Militarismus gegründete preußisch-deutsche Staatsdoktrin, sondern einfach ein nüchternes Gebot der Selbstbehauptung im monarchisch-konservativen Staatensystem, wenn Bismarck seit 1871 das Risiko eines europäischen Krieges scheute. Angesichts zunehmender innerer sozialer und politischer Spannungen bei den meisten der großen Mächte mußte ein Krieg zwischen ihnen das Schicksal der europäischen Monarchien und der bestehenden gesellschaftlichen Ordnung überhaupt gefährden. Hatte Bismarck vor 1871 den Krieg zum Instrument seiner Revolution von oben gemacht, ließen ihn die Erfahrungen des Deutsch-Französischen Krieges und der Pariser Kommune seit 1871 fürchten, daß Krieg auch die Revolution von unten auf den Weg bringen könne. In einem Exposé Bismarcks, im November 1887 für Gespräche Wilhelms I. mit Zar Alexander III. angefertigt, heißt es darum ausdrücklich: „In der Politik haben wir ebensosehr mit den Parteien wie mit den Nationen zu rechnen. Der Kampf geht heute nicht so sehr zwischen Russen, Deutschen, Italienern, Franzosen wie zwischen der Revolution und der Monarchie." Weiter wurde betont: „In der Zeit, in der wir leben, mehr noch als zu irgendeiner anderen geschichtlichen Epoche fordert es das Interesse der großen Monarchien, den Krieg zu vermeiden, weil heute die Nationen stets geneigt sind, ihre Regierungen für etwa erlittene militärische Rückschläge verantwortlich zu machen." Und als Fazit hob Bismarck hervor: „Der Krieg, sei er nun siegreich oder nicht, wird die Revolution in mehr als einem Land entfesseln."[13]

In dieser von reaktionärer Angst geprägten Vision traf sich der preußische Junker Bismarck wenigstens in einem Punkte mit dem sozialistischen Revolutionär Friedrich Engels, der nahezu gleichzeitig für den Fall eines kommenden verheerenden Weltkrieges den „Zusammenbruch der alten Staaten und ihrer traditionellen Staatsweisheit"[14] voraussagte. Was auch immer Bismarck die Fähigkeit zu realer Einschätzung der internationalen Lage bewahrt haben mag, sein außenpolitischer Realitätssinn gehört zweifelsohne zum bewahrenswerten historischen Erbe, vor allem angesichts der Katastrophen, in denen das Bismarckreich am militärischen Abenteurertum und imperialen Größenwahn der herrschenden Klassen im 20. Jahrhundert unterging.

Mit Bismarcks „entwickeltem Verstand auf dem Gebiet des praktischen Lebens" war freilich, wie Friedrich Engels kurz und bündig feststellte, zugleich „eine entsprechende Beschränktheit des Gesichtskreises verknüpft"[15], die aus der Klassenposition und politischen Konzeption des preußischen Junkers resultierte. Der scheinbar allmächtige Eiserne Kanzler war zu einem vertieften Verständnis der Grundfragen gesellschaftlicher Entwicklung seiner Epoche nicht fähig und mußte darum kläglich scheitern, als er sich 1878 anschickte, mit dem Ausnahmegesetz „gegen die gemeingefährlichen Bestrebungen der Sozialdemokratie" die organisierte Arbeiterbewegung aus der Welt zu schaffen. Die unter Verbot gestellte, in die Illegalität gedrängte, von rücksichtslosem Polizeiterror verfolgte revolutionäre deutsche Sozialdemokratie nahm den Kampf auf Leben und Tod auf, und nach zwölf heroischen Jahren war es nicht die Partei der Arbeiterklasse, sondern Bismarck, der um

seine politische Existenz rang und am Ende auf der Strecke blieb.
Der bonapartistische Diktator konnte seine unangreifbare Position im Lager der herrschenden Klassen nur genießen, solange es ihm gelang, der Großbourgeoisie, dem Adel, dem Militär und allen preußisch-deutschen Hurrapatrioten das „rote Gespenst" vom Halse zu halten. Als nun aber Sozialdemokraten von Reichstagswahl zu Reichstagswahl an Stimmen gewannen, weder Peitsche noch Zuckerbrot fruchteten und im Mai 1889 150000 Bergarbeiter in allen deutschen Kohlenrevieren in den Streik traten, griffen Unsicherheit und Verwirrung im herrschenden Lager um sich. Und als bei den Wahlen am 20. Februar 1890 die Sozialdemokratie einen überwältigenden Sieg erzielte und sich als stärkste Partei in Deutschland erwies, konnte nichts mehr den Sturz Bismarcks aufhalten. Von historischem Gewicht war der grandiose Triumph der Sozialdemokratie über das Bismarcksche Sozialistengesetz, nicht die Fußtritte, die der geltungshungrige Wilhelm II. samt seiner neuen Clique dem alten Kanzler noch versetzten.
Beinahe sang- und klanglos trat Bismarck am 18. März 1890, dem Jahrestag der bürgerlich-demokratischen Revolution von 1848 und der Pariser Kommune von 1871, von der politischen Bühne ab. Niemand weinte ihm eine Träne nach, denn zu offenkundig war er mit seiner Kunst am Ende gewesen. Doch nur fünf Jahre später, zu Bismarcks achtzigstem Geburtstag am 1. April 1895, veranstaltete das nationalgestimmte Bürgertum wahre Wallfahrten zu dem „Alten im Sachsenwald". Die Ungewißheit über den künftigen innen- und außenpolitischen Kurs, die in dem Hin und Her der neunziger Jahre vorherrschte, ließ das Idol der Reichsgründungsgeneration geradezu als Herold für die anbrechende Ära der imperialistischen Weltpolitik erscheinen.
In Stein gehauen oder in Erz gegossen, kündete der Ex-Kanzler auf Marktplätzen und Bergeshöhn von deutschem Aufstieg zu Glanz und Größe. Skeptische bis kritische Stimmen von Bismarcks Zeitgenossen, Anklagen und Bedenken, die von seiten des Linksliberalismus und der Sozialdemokratie, aus dem katholischen Lager, auch von preußischen Altkonservativen gegen den ersten Reichskanzler und seine Politik vorgebracht wurden, gingen im nationalen Pathos

der Bismarck-Glorifizierung verloren. Überhaupt waren im ideologischen Dunst des Wilhelminismus die wahren Züge des historischen Bismarck kaum noch auszumachen. Enthusiastisch kolportierte man Bismarcks Satz „Wir Deutsche fürchten Gott, aber sonst nichts in der Welt“[16], verdrängte dabei freilich, wie jene scheinbar markigen Worte im Urtext in einer Mahnung zum Frieden aufgingen.

Die Katastrophe von 1914 bis 1918 kühlte die erhitzten Gemüter ab. Doch über den Zusammenbruch der Hohenzollernmonarchie hinaus blieben Bismarck und die Reichsgründung von 1870/71 im Mittelpunkt einer national-konservativen Geschichtsbetrachtung. Bisher unbekanntes Archivmaterial, in voluminösen Aktenpublikationen und Werkausgaben zugänglich gemacht, brachten in der Weimarer Republik eine überaus rege Bismarck-Forschung in Gang. Die wissenschaftliche Klärung vieler Sachfragen trug einiges zum Abbau des Bismarck-Mythos bei. Liberale Bismarck-Kritiker konnten die Frage aufwerfen, ob das Bismarck-Reich, weil „gegen den Geist der Zeit“ geschaffen, zwangsläufig habe untergehen müssen. Insgesamt verließ man jedoch die überkommenen Positionen kaum. Es blieb bei Bismarck als einem Idealbild staatsmännischer Größe, wenngleich nun doch einige Ecken und Kanten sichtbar gemacht wurden.

Solche Akzentverschiebungen in der Darstellung und Bewertung Bismarcks sind immer sehr wesentlich von den jeweiligen zeitgeschichtlichen Umständen und aktuellen politischen Erfahrungen geprägt worden. Wie bei keiner anderen Persönlichkeit spiegelt sich im Wandel des bürgerlichen Bismarck-Bildes das vielstimmige, wechselvolle, von unterschiedlichen politischen Konstellationen bestimmte Engagement der herrschenden Klassen wider. Gerade im Falle Bismarcks ging es im bürgerlichen Geschichtsbewußtsein niemals um die historische Problematik schlechthin, sondern stets um ein eminent politisches Thema der Gegenwartsorientierung.

Nach 1945 schlug sich die abermalige Katastrophe des deutschen Imperialismus und Militarismus in einer Krise des bürgerlichen Geschichtsbewußtseins nieder. Verlegen und ratlos stand man am Grab der eigenen Vergangenheit. Der Untergang des Deutschen Reiches schien auch über Person und Werk des Reichsgründers ein endgültiges Urteil gefällt zu haben. Friedrich Meinecke, ein Altmeister des konservativ-reaktionären Historismus, konnte jedenfalls Anfang 1948 nur konstatieren: „Bismarck zu feiern? Unmöglich heute.“[17] Anstatt aber sich einer dringend gebotenen Revision des überkommenen Geschichtsbildes zu stellen, flüchtete die breite politisch-intellektuelle Öffentlichkeit im Westen Deutschlands fürs erste in eine bequeme Geschichtslosigkeit. „Verlust der Geschichte“ oder „Unbehagen an der Geschichte“ waren Stichworte, die auf lange Zeit die geistige Atmosphäre bestimmten.

Immerhin gab es innerhalb der historischen Zunft durchaus kräftige Anstöße, die bisherige Bismarck-Orthodoxie zu überwinden; doch das Bemühen um eine neue Sichtweise einer solchen Schlüsselfigur im politischen Geschehen des letzten Jahrhunderts stellte sich als recht mühselig heraus. Erich Eyck, ein bürgerlich-liberaler Emigrant, der von Hause aus Jurist war, hatte 1941 bis 1944 in der Schweiz die dreibändige Publikation „Bismarck. Leben und Werk“ herausgebracht.[18] Es war die bislang umfangreichste, auf souveräner Quellenkenntnis beruhende Bismarck-Biographie, zugleich aber auch die schärfste Abrechnung mit der antidemokratischen, militaristischen Grundlinie der Bismarckschen Politik. Eyck hatte gewissermaßen das Anklagematerial der zeitgenössischen linksliberalen Opposition aufbereitet. Bismarcks autoritären Herrschaftsstil, seinen skrupellosen Gebrauch der politischen Macht und eine Kette politischer Fehlentscheidungen hervorkehrend, entging Eyck freilich nicht der Gefahr, der bisherigen positiven Glorifizierung Bismarcks eine kaum weniger einseitige und verfehlte negative Dämonisierung entgegenzustellen.

Etwa zur gleichen Zeit, mit dem erst 1949 allgemein zugänglich gewordenen Werk „Bismarck. Der Mensch und der Staatsmann“ aus der Feder Arnold Oskar Meyers[19], erlebte die national-konservative Bismarck-Apologie noch einmal einen fast hymnischen Auftritt. Es war eine einzige Glorifizierung der „nationalen Mission“ Preußens und des „großen Kanzlers“, der „das in Wirklichkeit“ gesetzt habe, „was der Volksgeist“ wollte.

Die Auseinandersetzung um jene beiden unterschiedlichen Positionen bestimmte bis in die fünfziger und frühen sechziger Jahre hinein die leidenschaftlichen Bismarck-Debatten der westdeutschen Historiographie. Die besorgten Fragen verstummten nicht, ob mit dem Erscheinen Bismarcks auf der Bühne preußisch-deutscher Politik das Geschehen eine verhängnisvolle Wendung genommen habe, ob der Weg in die Katastrophen von 1914, 1933 und 1945 nicht von Bismarck selbst schon 1871 bereitet worden ist. Bezeichnend für die von den meisten namhaften Fachvertretern betriebene neokonservative Konsolidierung des bürgerlichen Geschichtsdenkens war allerdings, daß Eycks Außenseiterposition einem wahren publizistischen Trommelfeuer ausgesetzt war, während bestimmte Einwände gegen A. O. Meyers wirklich anachronistische Sicht Bismarcks recht zurückhaltend formuliert wurden. Zwar kam man letzten Endes an den berechtigten Punkten der liberalen Bismarck-Kritik nicht mehr vorbei, anerkannte auch gewisse Grenzen in Bismarcks Wirken, blieb insgesamt aber im altvertrauten Rahmen: Bei allen Mängeln und Schwächen habe es keine andere Lösung der deutschen Frage gegeben als die von Bismarck durchgesetzte. Und einen großen Staatsmann dürfe man eben nicht verantwortlich machen, daß eine spätere Generation sein Werk pervertiere und verspiele.

Neue Dimensionen wurden erst sichtbar, als gegen Ende der sechziger Jahre eine vorwiegend jüngere Historikergeneration das Bismarck-Problem mit sozialgeschichtlich-strukturanalytischen Fragestellungen und Methoden aufgriff. Nicht die autonom agierende Persönlichkeit stand für sie im Mittelpunkt, sondern ökonomische Prozesse und soziale Strukturen, die deren Handeln determinierten. Das klassische Genre der Biographie interessierte daher kaum, dafür um so mehr materialreiche, theoretisch reflektierende Monographien über das Verhältnis von Gesellschaft, Wirtschaft und Politik in der Bismarck-Zeit. Insbesondere Hans-Ulrich Wehler hat mit seiner Arbeit „Bismarck und der Imperialismus“[20] in dieser Richtung weithin anregend gewirkt. Das Paradoxe freilich ist, daß die Macht der Persönlichkeit auch in der modernen sozialgeschichtlichen Strukturanalyse durchzuschlagen scheint. Bismarck avanciert wiederum zum großen Einzeltäter, der diesmal eben nur die Wechselbeziehungen von Wirtschaftsablauf und Herrschaftssystem aktiv steuert und manipuliert. Er verkörpere eine Strategie der „traditionellen Machtelite", die durch ein ganzes Bündel von Maßnahmen ihre gesellschaftliche und politische Vorrangstellung gegen den „Säkulartrend" ökonomischer Modernisierung zu behaupten suchte. Ein solcher konservativer Widerstand gegen den Emanzipationsprozeß der industriellen Gesellschaft wird von den Vertretern der modernen bürgerlichen Sozialgeschichte als der eigentliche Kontinuitätsstrang der deutschen Politik von Bismarck zu Hitler ausgegeben.

Erst über dreißig Jahre nach den Arbeiten von Eyck und Meyer erschien schließlich 1980 wieder eine umfangreiche deutschsprachige Biographie aus bürgerlicher Sicht: Lothar Galls „Bismarck. Der weiße Revolutionär"[21]. Gall geht weit über den Rahmen einer üblichen Lebensbeschreibung hinaus und begreift Bismarck als Medium für eine bestimmte historische Lösung der im 19. Jahrhundert anstehenden nationalen, politischen, wirtschaftlichen und sozialen Fragen. Als Grenzgänger zwischen den politischen und sozialen Welten habe Bismarck diese in einer künstlichen Symbiose zu halten versucht. Der konservative Revolutionär habe die Modernisierung der Gesellschaft entscheidend vorangetrieben, am Ende aber, gleich Goethes Zauberlehrling, jene Kräfte nicht mehr beherrschen können, denen er faktisch zum Durchbruch verhalf. Galls Interpretation ist um Ausgleich der unterschiedlichen Standpunkte bemüht, sachlich und unbefangen. Dem hohen Anspruch ist freilich auch er nicht voll gerecht geworden. Ständig wird unterstrichen, wie sehr Bismarck vom Strom der Zeit getragen worden sei. Diesem Anliegen gegenüber treten biographische Details vielleicht zu sehr zurück. Das immer wieder geltend gemachte Bild vom Strom der Zeit aber, die gesellschaftlichen Antriebskräfte, Tendenzen und Spannungen, bleiben erstaunlich blaß und unscharf. Ein Endpunkt des biographischen Bemühens um Bismarck, wie ihn manche BRD-Journalisten schon in Gall ausmachten, ist jedenfalls noch keineswegs erreicht, zumal bei solchem vorschnellen Urteil die Aktivitäten der marxistischen Geschichtswissenschaft der DDR außer Betracht geblieben sind.

Es mutet schon recht kurios an, daß 1983 dann plötzlich einige Massenmedien in der BRD anfingen, über eine in der

DDR angeblich eingeleitete „Bismarck-Aufwertung“ zu berichten.
Man glaubte einem unerhörten Kurswechsel im marxistischen Geschichtsbild auf der Spur zu sein und spekulierte leichthin, daß nun Bismarck in das Geschichtsfundament einbezogen werden soll, das sich die DDR für ihr Statsverständnis forme. Dabei war man allerdings einem doppelten Mißverständnis erlegen. Zum einen wird Bismarck wohl kaum in die historischen Fundamente des Staatsverständnisses der DDR eingehen sollen. Der erste sozialistische Staat der Arbeiter und Bauern in der deutschen Geschichte ist und bleibt nämlich, auch wenn er in der ganzen deutschen Vergangenheit verwurzelt ist, fest gegründet auf die revolutionäre Tradition der deutschen Arbeiterklasse. Zum anderen aber hat gerade die revolutionäre deutsche Arbeiterbewegung keinen Nachholebedarf in Sachen Bismarck. Sie hat niemals einen Bogen um Bismarck gemacht, allein schon weil man ihm in einer heroischen Periode der Geschichte als Antipode im Klassenkampf gegenüberstand und sich direkt mit der Leistung wie Fehlleistung eines solchen Repräsentanten der herrschenden Klassen befassen mußte.
Im historisch-politischen Denken des Marxismus und der deutschen Arbeiterbewegung hat darum die Auseinandersetzung mit Bismarck seit langem einen festen Platz. Bereits die zeitgeschichtliche Analyse durch Karl Marx und Friedrich Engels hat wichtige Erkenntnisse über Bismarcks Rolle bei der Durchsetzung des Kapitalismus und eines deutschen Nationalstaates vermittelt. In völligem Gegensatz zu den auf einen angeblichen „deutschen Beruf“ Preußens fixierten bourgeoisen Geschichtsideologen der kleindeutsch-preußischen Schule nahmen für Marx und Engels die Revolution von 1848/49 und die Aufgaben der Arbeiterklasse wie der demokratischen Volksbewegung im Kampf für den gesellschaftlichen Fortschritt den zentralen Platz in der Geschichtsauffassung ein. Nach dem Scheitern der Revolution von 1848/49 gab freilich die von Marx und Engels meisterlich gehandhabte materialistische Dialektik den Blick auf das Phänomen frei, daß auch die Totengräber von 1848/49, die preußisch-deutsche Reaktion, angesichts gebieterischer gesellschaftlicher Notwendigkeit, zu Testamentsvollstrek-

kern der bürgerlichen Revolution werden können. Aus dieser Alternativsicht der historischen Entwicklung, dem Spannungsverhältnis zwischen Revolution von unten und Revolution von oben, erwuchsen bis heute gültige Einschätzungen der Bismarckschen Politik. Die Ergebnisse seiner Revolution von oben waren hinzunehmen, auch wenn man sie der nachteiligen Folgen wegen nicht billigen konnte. „Darum aber", so stellte Engels 1870 fest, „den Antibismarckismus zum alleinleitenden Prinzip erheben, wäre absurd. Erstens tut Bismarck jetzt, wie 1866, immer ein Stück von unsrer Arbeit, in seiner Weise und ohne es zu wollen, aber er tut's doch."[22] Insbesondere in der 1887 entstandenen Studie „Die Rolle der Gewalt in der Geschichte" machte Engels die historischen Möglichkeiten Bismarcks, den von ihm bewirkten relativen Fortschritt wie die sozialen und politischen Grenzen seines Wirkens, deutlich.

Franz Mehring, der Altmeister der Parteigeschichtsschreibung der revolutionären deutschen Sozialdemokratie und profunde Kenner des reaktionären Preußentums, hat wesentlich zu einem marxistischen Bismarck-Bild beigetragen. Mit Vehemenz ging er gegen die borussischen Geschichtslegenden an und führte auch das Urteil über Bismarck auf seine wahren Dimensionen zurück: „Die historische Rolle, die Bismarck gespielt hat, war durch die Klassenkämpfe bestimmt, in denen er lebte und wirkte."[23]

Für die Geschichtswissenschaft der DDR, die das Erbe von Marx, Engels und W. I. Lenin, das Vorbild Franz Mehrings und anderer Wegbereiter aufnahm, stellte in den ersten Jahren nach 1945 die politisch-ideologische Abrechnung mit Imperialismus, Militarismus und Preußentum die zentrale Aufgabe in der antifaschistisch-demokratischen Umwälzung dar. Es galt einen radikalen Bruch mit der Vergangenheit zu vollziehen, die Schuldigen an zwei Weltkriegen, die Verderber Deutschlands sozialökonomisch und politisch zu entmachten und Voraussetzungen für einen gesellschaftlichen Neubeginn zu schaffen. Verständlich, daß dabei auch Bismarck und die preußisch-militaristische Reichsgründung von 1870/71 ins Blickfeld der demokratischen Kräfte geriet. Doch das historisch-materialistische Herangehen an die Rolle der Persönlichkeit in der Geschichte ließ die Versuchung gar nicht erst aufkommen, eine Galerie großer böser

Männer – etwa von Friedrich II. über Bismarck zu Hitler – für die verhängnisvolle Kontinuität in der preußisch-deutschen Geschichte verantwortlich zu machen. Nach marxistischem Verständnis war Kontinuität nicht vordergründig in der Abfolge von Herrscherfiguren zu suchen. Kontinuität wird vielmehr durch die Klassenkräfte, das von ihnen getragene gesellschaftliche System bestimmt. Zudem vollzieht sich Geschichte als lebendiger Prozeß, in dem keine Generation sich der Aufgabe entziehen kann, selbst verantwortungsbewußt zu handeln. Indem Bismarcks Politik dazu beitrug, das Klassenbündnis von Großbourgeoisie und Junkertum zu installieren und zu behaupten, wird man ihn von seiner Mitschuld an der reaktionären Kontinuität von Preußentum, Militarismus und Imperialismus nicht freisprechen können, als Akteur von 1862, 1866 und 1870/71 aber auch nicht anklagen dürfen für das, was 1914 bis 1918, 1933 oder 1939 bis 1945 geschah.
So stand die Auseinandersetzung mit der Gestalt Bismarck nicht unbedingt im Vordergrund des Interesses. Immerhin trug die Stoßrichtung gegen die verhängnisvolle Rolle reaktionärer Erscheinungen in der deutschen Geschichte dazu bei, den Bismarck-Mythos samt seiner monumentalen Zeugnisse abzutragen. Vielleicht wurde dabei aus heutiger Sicht hier und da des Guten zuviel getan, sicher auch manches der gängigen kritischen Klischees vom „Eisernen Kanzler" aufgefrischt. Im ganzen freilich war das neu entstehende Geschichtsbild schon in den ersten Jahren von einer erstaunlich ausgewogenen Sicht Bismarcks geprägt.
In Alexander Abuschs seit 1946 mehrfach aufgelegtem und weithin wirksamem Werk „Der Irrweg einer Nation"[24] blieb Bismarck durchaus nichts erspart. Der Inspirator des Ausnahmegesetzes gegen die Sozialdemokratie wurde gebrandmarkt, Bismarcks skrupellose Anwendung von Macht für die Korrumpierung der einfachsten politischen Rechtsbegriffe im deutschen Adel und im deutschen Bürgertum mitverantwortlich gemacht. Zugleich versagte Abusch aber Bismarck als einer „großen Figur der preußischen Gegenrevolution" auch nicht einen gewissen Respekt. Besser als andere preußische Politiker habe er verstanden, geschichtliche Notwendigkeiten durchzusetzen. Er sei „der größte, ja der einzig wirkliche Staatsmann", den das reaktionär gelei-

tete Deutschland hervorgebracht habe. Bismarcks Außenpolitik weise „einige sehr unterschiedliche Grundzüge zu den späteren imperialistischen Welteroberungsplänen Wilhelms II. und ihrer erweiterten bestialischen Fortführung durch Hitler" auf. Dies alles, wie gesagt, Positionen des Kommunisten und Antifaschisten Abusch in den Jahren 1945/46.

Umfangreiche Forschungen der marxistisch-leninistischen Geschichtswissenschaft der DDR trugen in den folgenden Jahrzehnten wesentlich zu einer komplexen und differenzierten Einschätzung des widersprüchlichen Wirkens der herrschenden Ausbeuterklassen und ihrer hervorragenden Repräsentanten bei. Insbesondere Ernst Engelberg widmete sich intensiv den Perioden der deutschen Geschichte von der Niederlage der bürgerlich-demokratischen Revolution über die Reichsgründung bis zum Anbruch des Imperialismus. Es ist jener Zeitraum, den die bürgerliche Historiographie die „Ära Bismarck" nennt, in dem für den Marxisten freilich die alternativen Wege der bürgerlichen Umwälzung, die Dialektik zwischen der Revolution von unten und der Revolution von oben, zum Tragen kommen. 1959 veröffentlichte Ernst Engelberg in der Reihe „Lehrbuch der Deutschen Geschichte" den Beitrag „Deutschland von 1849 bis 1871", dem 1965 der Beitrag „Deutschland von 1871 bis 1897" folgte.[25] Von der Würdigung des revolutionären Kampfes der deutschen Sozialdemokratie gegen das Bismarcksche Sozialistengesetz kommend, ging Engelberg auch an die Problematik des herrschenden politischen Systems heran und vertiefte sich immer mehr in biographische Studien über Bismarck.[26] Als Krönung seiner Arbeit legte der Nestor der marxistisch-leninistischen Bismarck-Forschung in der DDR im Vorjahr den ersten Band seiner bemerkenswerten wissenschaftlichen Biographie Otto von Bismarcks vor.[27] Meisterhaft handhabt Engelberg die marxistische Methode der Biographik, das Individuum in den vielfältigen Bezügen zur historischen Umwelt und den gesellschaftlichen Bedingungen seines Handelns zu zeigen. So wird ein breites Spektrum der Klassenkämpfe, der innen- und außenpolitischen Auseinandersetzungen in der Epoche der bürgerlichen Umwälzung geboten, doch inmitten bleibt Bismarck, der „Urpreuße und Reichsgründer", dabei immer eine Gestalt von Fleisch und Blut, die ihre Faszination ausübt.

Schon 1970 war aus der Feder des sowjetischen Historikers A. S. Jerussalimski eine biographisch angelegte Studie über „Bismarck. Diplomatie und Militarismus" erschienen.[28] Die Arbeit ist übrigens aus der Einleitung zu der 1940 in Moskau publizierten russischen Ausgabe von Bismarcks „Gedanken und Erinnerungen" hervorgegangen. Es war damals wie heute zeitgemäß, Bismarcks realistischer Einsicht, niemals den Krieg mit Rußland zuzulassen, starke Geltung zu verschaffen.

In diesem Sinne hat auch Kurt Hager im Dezember 1983 Bismarck erneut als Beispiel dafür genannt, daß „Vertreter von Ausbeuterklassen, ohne ihren klassenbedingten Erkenntnishorizont zu sprengen, sich den Blick auf Realitäten bewahren oder auf bitteren Umwegen zu erringen vermochten"[29].

In den letzten Jahren erschienen weitere wichtige Arbeiten zur Politik Bismarcks,[30] Früchte langjähriger und zielgerichteter Forschungsarbeit, die der Vorbereitung einer umfassenden Nationalgeschichte der DDR dient. Von einer spektakulären Neuentdeckung Bismarcks in der DDR kann also keine Rede sein. Spezielle Fachliteratur über Bismarck steht dem Interessenten in wachsendem Maße zur Verfügung. Was bisher freilich fehlte, war eine Publikation, die einem breiten historisch interessierten Leserkreis direkten Zugang zu Bismarck, seinem Leben und Werk ermöglicht.

Das vorliegende biographische Porträt in Dokumenten will diese Lücke schließen helfen. Ausgewählte und erläuterte Selbstzeugnisse Bismarcks – Auszüge aus seinen Briefen, Reden, Berichten, Erlassen und Erinnerungen – sowie ergänzende Aussagen von Zeitgenossen, Anhängern sowie Gegnern, über Bismarck sollen ein anschauliches und breitgefächertes Bild von den entscheidenden Stationen in Bismarcks persönlichem und politischem Werdegang vermitteln.

Leipzig, Mai 1985 *Heinz Wolter*

1 Otto von Bismarck, Die gesammelten Werke, Berlin 1924–1932, Bd. 15: Erinnerung und Gedanke, S. 39.
2 Ebenda, Bd. 10, S. 140.
3 Ebenda, Bd. 14/I, S. 468.
4 Ebenda, Bd. 6, S. 120.
5 Engels an Marx, 25. 7. 1866; in: Marx/Engels, Werke, Bd. 31, S. 241.
6 Engels an August Bebel, 13. 9. 1886, in: Ebenda, Bd. 36, S. 524.
7 W. I. Lenin, Über den Nationalstolz der Großrussen, in: Lenin, Werke, Bd. 21, S. 94.
8 Bismarck, Die gesammelten Werke, Bd. 13, S. 558.
9 Zitiert nach: Otto Pflanze, Bismarcks Realpolitik, in: Das Bismarck-Problem in der Geschichtsschreibung nach 1945, hrsg. von L. Gall, Köln/Berlin (West) 1971, S. 222.
10 Friedrich Engels, Die Rolle der Gewalt in der Geschichte, in: Marx/Engels, Werke, Bd. 21, S. 454.
11 Friedrich Engels, Zur Kritik des Sozialdemokratischen Programmentwurfs 1891, in: Ebenda, Bd. 22, S. 236.
12 Neue Preußische Zeitung, Nr. 214 vom 13. 9. 1872.
13 Die Große Politik der Europäischen Kabinette, Bd. 5, Berlin 1922, S. 320f.
14 Marx/Engels, Werke, Bd. 21, S. 351.
15 Ebenda, S. 427.
16 Bismarck, Die gesammelten Werke, Bd. 13, S. 347.
17 Friedrich Meinecke, 1848. Eine Säkularbetrachtung, Berlin-Wannsee 1948, S. 8.
18 Erich Eyck, Bismarck. Leben und Werk, 3 Bde., Erlenbach–Zürich 1941–1944.
19 Arnold Oskar Meyer, Bismarck. Der Mensch und der Staatsmann, Stuttgart 1949.
20 Hans-Ulrich Wehler, Bismarck und der Imperialismus, Köln/Berlin (West) 1969.
21 Lothar Gall, Bismarck. Der weiße Revolutionär, Frankfurt (Main)/Berlin (West)/Wien 1980.
22 Engels an Marx, 15. 8. 1870; in: Marx/Engels, Werke, Bd. 33, S. 40.
23 Franz Mehring, Bismarck und das historische Urteil (10. 8. 1898), in: Franz Mehring, Gesammelte Schriften, Bd. 7, Berlin 1965, S. 279. Vgl. auch: Ders., Geschichte der deutschen Sozialdemokratie, in: Ebenda, Bd. 1 u. 2, Berlin 1960.
24 Alexander Abusch, Der Irrweg einer Nation. Ein Beitrag zum Verständnis deutscher Geschichte, Berlin 1947.
25 Ernst Engelberg, Deutschland von 1849 bis 1871. Von der Niederlage der bürgerlich-demokratischen Revolution bis zur

Reichsgründung, Berlin 1959; ders., Deutschland von 1871 bis 1897. Deutschland in der Übergangsperiode zum Imperialismus, Berlin 1965.

26 Ernst Engelberg, Revolutionäre Politik und Rote Feldpost 1878–1890, Berlin 1959; ders., Otto von Bismarck. Die Revolution von oben, in: Gestalten der Bismarckzeit, hrsg. von Gustav Seeber, Berlin 1978, S. 1–27.

27 Ernst Engelberg, Bismarck. Urpreuße und Reichsgründer, Berlin 1985.

28 A. S. Jerussalimski, Bismarck. Diplomatie und Militarismus, Berlin 1970.

29 Kurt Hager, Gesetzmäßigkeiten unserer Epoche – Triebkräfte und Werte des Sozialismus, Berlin 1983, S. 65.

30 Die großpreußisch-militaristische Reichsgründung 1871. Voraussetzungen und Folgen, hrsg. von Horst Bartel und Ernst Engelberg, 2 Bde., Berlin 1971; Gustav Seeber/Heinz Wolter, Mit Eisen und Blut. Die preußisch-deutsche Reichsgründung von 1870/71, Berlin 1981; Heinz Helmert/Hans-Jürgen Usczeck, Preußisch-deutsche Kriege von 1864 bis 1871, Berlin 1970; Bismarcks Sturz. Zur Rolle der Klassen in der Endphase des preußisch-deutschen Bonapartismus 1884/85 bis 1890, von einem Kollektiv unter Leitung von Gustav Seeber, Berlin 1977; Heinz Wolter, Bismarcks Außenpolitik 1871–1881. Außenpolitische Grundlinien von der Reichsgründung bis zum Dreikaiserbündnis, Berlin 1983; Konrad Canis, Bismarck und Waldersee. Die außenpolitischen Krisenerscheinungen und das Verhalten des Generalstabes 1882 bis 1890, Berlin 1980; Gestalten der Bismarckzeit, hrsg. von Gustav Seeber, Berlin 1978; dass., Bd. 2, Berlin 1986; Karl Heinz Börner, Wilhelm I. Deutscher Kaiser und König von Preußen, Berlin 1984; Horst Bartel/Wolfgang Schröder/Gustav Seeber, Das Sozialistengesetz 1878–1890. Illustrierte Geschichte des Kampfes der Arbeiterklasse gegen das Ausnahmegesetz, Berlin 1980.

I

Aufbruch und Suche
1815–1838

Im Frühjahr 1815, jener politisch bewegten Zeit der Wende zwischen der patriotischen Volkserhebung gegen die napoleonische Fremdherrschaft und der Reaktionsperiode der „Heiligen Allianz", als der abgedankte Franzosenkaiser noch einmal nach Paris zurückgekehrt war und die gekrönten Häupter des feudalabsolutistischen Europa, auf einem Kongreß zu Wien versammelt, um endlich die ihnen genehme innere und äußere Staatenordnung wiederherzustellen, erneut in Angst und Schrecken versetzte – gab in den „Berlinischen Nachrichten von Staats- und gelehrten Sachen" Nr. 43 vom 11. April 1815 ein biederer preußischer Rittmeister a. D. ein freudiges familiäres Ereignis bekannt.

1 Geburtsanzeige Otto von Bismarcks:

Die gestern erfolgte glückliche Entbindung meiner Frau von einem gesunden Sohn verfehle ich nicht, allen Verwandten und Freunden unter Verbittung des Glückwunsches bekanntzumachen.
Schönhausen, den 2. April 1815 Ferd. v. Bismarck

Otto Eduard Leopold von Bismarck wurde am 1. April 1815 als Sohn des Gutsbesitzers Karl Wilhelm Ferdinand von Bismarck und dessen Frau Wilhelmine Luise, Tochter des Kabinettsrats Ludwig Mencken, in Schönhausen in der Altmark geboren. Der Vater entstammte einem alteingesessenen Geschlecht des kleinen altmärkischen Landadels, die Mutter brachte die Tradition einer Familie bürgerlicher Gelehrter und hoher Staatsbeamter ein.

Schloß Schönhausen. Holzschnitt von Ludwig Pietsch

1816 übersiedelten Bismarcks Eltern von Schönhausen nach Hinterpommern, wo sie die Güter Kniephof, Jarchelin und Külz geerbt hatten und auf Kniephof bei Naugard ihren Sitz nahmen.

Nach den Stürmen der Französischen Revolution und napoleonischen Kriegsjahre war auch im letzten Winkel Preußens wieder Ruhe eingekehrt. Der russische Zarismus und die Habsburger Monarchie schwangen sich zu Hütern der feudal-monarchischen Gesellschafts- und Staatsordnung in Europa auf. Preußen, eingegliedert in den von der Präsidialmacht Österreich beherrschten Deutschen Bund, mußte alle Gelüste auf eine eigene Führungsrolle vorerst zurückstekken und blieb im Fahrwasser der Metternichschen Restaurationspolitik treu und ergeben auf Kurs gegen alle fortschrittlichen gesellschaftlichen Regungen.

Dennoch glich das Preußen nach 1815 nicht mehr dem von 1789. Veränderungen in der gesellschaftlichen Struktur, direkt oder indirekt von der Französischen Revolution bewirkt, konnten von der Reaktion nicht mehr getilgt werden. Bescheiden und begrenzt und ohnehin überall vom Mißtrauen des Adels begleitet, war mit den Steinschen Reformen in Preußen der bürgerliche Fortschritt in Gang gekommen. Zwar erfüllten sich die liberal-konstitutionellen

Hoffnungen und nationalen Erwartungen nicht, immerhin aber gewannen auf ökonomischem Gebiet vor allem in den preußischen Rheinlanden Industrialisierung und kapitalistische Produktionsverhältnisse mehr und mehr an Boden. In der althergebrachten Ständeordnung blieben nach wie vor die höchsten Stellen in der Regierung und Verwaltung, im Heer und in der Diplomatie dem Adel vorbehalten, doch selbst im überlebten System der feudalabsolutistischen Kabinettspolitik mußte eine aufgeklärte Ministerialbürokratie allmählich realistischere Töne anschlagen.

Karl Wilhelm Ferdinand von Bismarck

Wilhelmine Luise von Bismarck

In der angebrochenen Epoche der bürgerlichen Umwälzung standen das alte Preußen wie sein jüngstes Kind, Otto von Bismarck, vor ereignisreichen Zeiten. Dabei hatten Junkertum und Staatsbürokratie, als diese bewährten Stützen der preußischen Monarchie sich auch in Bismarcks Elternhaus die Hand reichten, noch zusätzlich einen gewissen gesellschaftlichen Zwiespalt mitgegeben, der im Lebensweg des Heranwachsenden einer Lösung harrte.
Bismarcks Vater war von schlichtem Gemüt. Eifriger Pferdezüchter und Jäger, guter Freund von Speise und Trank,

genoß er als Gutsherr seine Tage. Die Kinder – an der Seite von Otto der fünf Jahre ältere Bruder Bernhard und die 1827 geborene Schwester Malwine – verspürten die lenkende Hand des Vaters kaum. Die Mutter hingegen, städtisch erzogen, geistreich und begabt, achtete streng darauf, ihren Söhnen eine gute Bildung und standesgemäße Karriere im Staatsdienst zu sichern.
Otto war sprachbegabt und verblüffte schon frühzeitig durch keckes Auftreten.

2 *Kindheitserinnerung Bismarcks:*

Als ich noch ganz klein war, da wurde einmal bei uns ein Ball oder so was der Art gegeben, und als sich die Gesellschaft zum Essen setzte, suchte ich mir auch einen Platz und fand ihn in irgendeiner Ecke, wo mehrere Herren saßen. Die wunderten sich über den kleinen Gast, drückten sich aber dabei französisch aus. Wer das Kind wohl sein möchte? C'est peut être un fils de la maison, ou une fille.[1] Da sagte ich ganz dreist: C-est un fils, Monsieur, was sie nicht wenig in Erstaunen setzte.

1 Das ist vielleicht ein Sohn des Hauses oder eine Tochter.

Schönhausen – Geburtszimmer Bismarcks

Im Januar 1822 zog der Sechsjährige in die Erziehungsanstalt des Professor Plamann in Berlin ein, in deren rauher Luft er bis Herbst 1827 verblieb. Im September 1827 wurde er als Tertianer ins Friedrich-Wilhelm-Gymnasium aufgenommen und wechselte schließlich Ostern 1830 in die Obersekunda des Gymnasiums zum Grauen Kloster.
Trotz der Schulpflichten war das Leben in der Residenzstadt nicht ohne gewissen Reiz, wie Bismarcks erster, in höchst eigenwilliger Rechtschreibung abgefaßter Brief bezeugt:

3 An die Mutter, 27. April 1822:

Liebe Mutter! Ich bin hier glücklig angekomen es sind die Censuren ausgeteilt und ich hoffe daß du dich freun wirst. es sind kütslich neue springer angekomen die ser schöne Kunstücke zu ferde und zu fuß machen könen. grüße ale filmals und blaibe so gesund wi wir dic ferlasen haben ich bin dein dich libender Sohn Otto.

Doch eine starke Sehnsucht nach Umgebung der pommerschen Güter verließ ihn nie:

4 Jugenderinnerung Bismarcks:

Die Plamannsche Anstalt lag so, daß man auf einer Seite ins freie Feld hinaussehen konnte. Am Südwestende der Wilhelmstraße hörte damals die Stadt auf. Wenn ich aus dem Fenster ein Gespann Ochsen die Ackerfurche ziehen sah, mußte ich immer weinen vor Sehnsucht nach Kniephof.

Während der Ferien in Kniephof lebte der junge Junker richtig auf. Die anschaulichen Urlaubsberichte geben erste Proben seines später weithin als brillant bezeichneten Briefstils.

Bismarck im elften Lebensjahr. Zeichnung von Franz Krüger

5 *An den Bruder, 25. Juli 1829:*

Dienstag war hier große Gesellschaft. S. Exzell. der Sack, der Bankmann Rummschüttel (der nichts tat als Wein kosten), Obrist Eisenhart usw. waren hier. (...) In der Brennerei wird hier sehr viel gebaut, auch wird ein neues Haus mit Kellern angesetzt, der sonstige Pferdestall wird zur Wohnung eingerichtet, die Tagelöhnerhäuser sollen nach der

Schäferei hinaus, und wo sie jetzt stehen, bekommt Carl ein Haus. Ich habe schon ganz schrecklich viel gearbeitet! In Zimmerhausen habe ich eine Ente geschossen.

6 *An den Bruder, 12. Juli 1830:*

Ich lebe hier wie Gott in Frankreich. (...) Gestern bin ich leider mit Stiefeln, Sporen und Flinte ins Wasser gefallen. Blanka [das Pferd] war nämlich so zuvorkommend, mich von hinten umzulaufen und mir so ganz unverhofft dieses angenehme Bad zu verschaffen. (...) Am Freitag sind drei hoffnungsvolle junge Leute, ein Brandstifter, ein Straßenräuber und ein Dieb, kurze Zeit vorher zwei gleichen Gelichters aus der Anstalt echappiert. Die ganze Gegend wimmelte von Patrouillen, Gendarmen und Landsturm, man war seines Lebens nicht sicher. Am Abend rückte die Kniephofer Reichsexekutionsarmee gegen die drei Ungeheuer aus, bestehend aus 25 Mann Landsturm, soviel es anging mit Schießgewehren, Flinten, Büchsen, Musketen, Pistolen, übrigens aber mit Forken und Sensen bewaffnet. Alle Übergangspunkte über die Zampel wurden besetzt. Unser Militär aber war erschrecklich in Furcht; wenn sich zwei Abteilungen begegneten, riefen sie einander an; aber vor Angst wagte niemand zu antworten, die einen liefen, was sie konnten, die andern verkrochen sich hinter die Büsche.

In der Schule verriet Bismarck keine besonderen Neigungen. Die Zensuren blieben mittelmäßig. Als er schließlich Ostern 1832 die Reifeprüfung bestand und den nicht geliebten Lehrern endlich den Rücken kehren konnte, gebot er über wenig mehr als die vom neuhumanistischen Gymnasium vermittelte durchschnittliche Bildung.

7 *Bismarcks Entlassungszeugnis vom Gymnasium zum Grauen Kloster in Berlin vom 3. April 1832:*

Leopold Eduard Otto von Bismarck, $16^3/_4$ Jahre alt, evangelischer Konfession, aus Schönhausen in der Altmark, Sohn des Gutsbesitzers auf Kniephof in Pommern (...) Er war

2 Jahre, von Sekunda an, Schüler des Gymnasii und $1^1/_2$ Jahr in Prima.
Aufführung gegen Vorgesetzte und Mitschüler: Stets anständig und wohlgesittet.
Fleiß: War zuweilen unterbrochen, auch fehlte seinem Schulbesuche unausgesetzte Regelmäßigkeit.
Kenntnisse: Sind im Lateinischen gut, sowohl im Verständnis der Schriftsteller als in seinen schriftlichen Übungen; im Griechischen ziemlich gut; im Deutschen besitzt er eine sehr erfreuliche Gewandtheit, und in der Mathematik, Geschichte und Geographie ein befriedigendes Maß von Kenntnissen. Von den neueren Sprachen hat er die französische und englische Sprache mit besonderem Erfolge betrieben.
Er wird in Bonn, Genf und Berlin Jura und Cameralia studieren, und wir entlassen diesen fähigen und wohlvorbereiteten Jüngling mit unseren besten Segenswünschen und der Hoffnung, daß er mit erneutem Eifer an seiner ferneren wissenschaftlichen Ausbildung arbeiten werde.

Bismarck als Korpsstudent

Bismarcks Lebensweg schien zunächst weiter den Intentionen der Mutter zu folgen: Am 10. Mai 1832 wurde er als Student der Rechts- und Staatswissenschaften an der Uni-

versität Göttingen immatrikuliert. Das Studium sollte der Vorbereitung auf den Staatsdienst, wenn möglich in einem diplomatischen Beruf, dienen. Bismarcks Drang zur Wissenschaft war freilich nicht eben stark. Von den belegten juristischen, philosophischen und staatswissenschaftlichen Vorlesungen hörte er mit Interesse und einiger Regelmäßigkeit wohl nur bei dem Historiker Arnold Heeren Einführungen in die Länder- und Völkerkunde sowie Statistik und Geschichte der europäischen Staaten. Mehr als ins Kolleg fühlte sich der junkerliche Akademiker zu Paukboden und Kneipe hingezogen. Otto von Bismarck wurde sogleich Mitglied der schlagenden Verbindung „Hanovera“, machte Schulden über Schulden und lernte natürlich auch den Karzer kennen. Doch bei aller Ausgelassenheit im Kreis der Korpsgenossen vertrödelte Bismarck seine Göttinger Zeit nicht völlig in studentischem Übermut. Als Angehöriger der höheren preußischen Gesellschaftsschichten suchte er Umgang mit Gleichgestellten und Gleichgesinnten. In einem engen Freundeskreise, zu dem preußische Aristokraten, baltische Grafen, vornehme Engländer und Amerikaner gehörten, wurde viel über die ernsten Dinge der Welt philosophiert.
Tagespolitik lag Bismarck allerdings noch fern, obgleich der Widerhall der Pariser Julirevolution von 1830 die politischen Spannungen in der alten Universitätsstadt Göttingen schürte und das von etwa 30000 Personen besuchte Hambacher Nationalfest von 1832 wie der Handstreich einer Verschwörergruppe gegen die Haupt- und Konstablerwache am Sitz des Bundestages in Frankfurt im Jahre 1833 einen Aufschwung der demokratischen Bewegung signalisierten.

8 *Erinnerung Bismarcks:*

Diese Erscheinungen stießen mich ab, meiner preußischen Schulung widerstrebten tumultuarische Eingriffe in die staatliche Ordnung.

Immerhin war die vermeintliche Ehre des Königs von Preußen Anlaß genug für eine von Bismarcks Göttinger Duellgeschichten.

9 Vater Bismarck an seinen Sohn Bernhard, 31. März 1833:

Otto hat geschrieben und ist ganz wohl, hat aber sechs auf einmal fordern müssen, indem sie so auf unsern König geschimpft haben und die Preußen wären nie honorige Studenten, den andern Morgen haben sie aber ihr Wort zurückgenommen und gesagt, sie wären sämtlich betrunken gewesen. Einen Herrn von Röder den hat er aber festgehalten, welcher das von die Studenten gesagt hat.

Für die Schlußsemester kehrte Bismarck im Herbst 1833 nach Berlin zurück. Er bemühte sich um gesellschaftliche Kontakte in den vornehmen Kreisen der Hauptstadt und beschränkte seine akademischen Studien weiterhin auf das Unumgänglichste. Schwierigkeiten bei der Immatrikulation in Berlin – das Göttinger Abgangszeugnis traf erst sehr verspätet ein – hatten Bismarck sogar ernsthaft daran denken lassen, das Studium ganz aufzugeben und ein standesgemäßes Leben als Gutsherr zu beginnen.

10 An Gustav Scharlach, 14. November 1833:

Willst Du diesen Brief in derselben Stimmung lesen, in welcher er geschrieben ist, so trinke erst 1 Fl. Madera. Ich würde mich wegen meines langen Stillschweigens entschuldigen, wenn Dir nicht meine angeborne Tintenscheu bekannt wäre, und wenn Du nicht wüßtest, daß ich in Göttingen lieber 2 Fl. Rheinwein trank, als einen Brief schrieb, und daß ich beim Anblick einer Feder Konvulsionen bekam. Wie schlecht es mir in der letzten Zeit gegangen ist, hast Du wohl gehört; ich habe auf der Reise noch in Braunschweig, Magdeburg, Schönhausen und Brandenburg 3–4 Wochen am Fieber gelegen. Später fanden sehr unangenehme Szenen zwischen mir und meinem Alten statt, der sich weigert, meine Schulden zu bezahlen; dies versetzt mich in eine etwas menschenfeindliche Stimmung, ungefähr wie Charles Moor, als er Räuber wird; doch tröste ich mich, wie jener Straßenjunge: „et is meenen Vater schont

Porträt-Skizze aus dem Jahre 1834. Zeichnung von Gustav von Kessel

recht, det ik friere, worum koft er mir keene Hanschen." Der Mangel ist so arg noch nicht, weil ich ungeheuern Kredit habe, welches mir Gelegenheit gibt, liederlich zu leben; die Folge davon ist, daß ich blaß und krank aussehe, welches mein Alter, wenn ich Weihnachten nach Haus komme, natürlich meinem Mangel an Subsistenzmitteln zuschreiben wird; dann werde ich kräftig auftreten, ihm sagen, daß ich lieber Mohammedaner werden als länger Hunger leiden wolle, und so wird sich die Sache schon machen. En attendant[1] lebe ich hier wie ein Gentleman, gewöhne mir ein geziertes Wesen an, spreche viel französisch, bringe den größten Teil meiner Zeit mit Anziehen, den übrigen mit Visitenmachen und bei meiner alten Freundin der Flasche zu; des Abends betrage ich mich im ersten Range der Oper so flegelhaft als möglich. Du würdest erstaunen, wenn Du jetzt einmal Gelegenheit hättest, meine Garderobe zu sehen – ein Haufen von Manschetten, Halsbinden, Unterhosen und andern Luxusartikeln. Dabei langweile ich mich mit leidlichem Anstande.

1 einstweilen.

Vorerst bestimmte freilich noch die blasse Aussicht auf eine erfolgreiche Beamtenkarriere die Pläne des jungen Bismarck. Nachdem am 20. Mai 1835 das erste juristische Examen unter Einsatz eines Repetitors bewältigt war, begann für Bismarck der übliche Weg der Referendarausbildung.
Im Juni 1835 wurde er dem Berliner Stadtgericht zugeteilt, um Protokolle zu führen, Zeugenaussagen aufzunehmen, Klagen aufzusetzen und anderen wenig ersprießlichen juristischen Hilfsdiensten nachzugehen. Nach wie vor schwebte Bismarck eine diplomatische Laufbahn vor. Der Ehrgeiz weckte in ihm einigen Arbeitseifer. Um die Karriere zu fördern, besuchte Bismarck weiterhin allabendlich Gesellschaften und verkehrte auch viel in Hofkreisen. Dabei festigte sich der Entschluß, zunächst in den Verwaltungsdienst zu gehen und mit den dort erworbenen Kenntnissen, etwa aus der Materie des 1834 entstandenen Deutschen Zollvereins, den Einstieg in die exklusiven Reihen der preußischen Diplomatie zu suchen.
Bismarck nahm deshalb im März 1836 Urlaub, um sich in Schönhausen intensiv auf die Prüfung als Regierungsreferendar beim Regierungspräsidium in Aachen vorbereiten zu können.

11 An Gustav Scharlach (Juni 1835):

Nachdem ich dem zuletzt ziemlich kategorischen Drängen meiner Eltern, Soldat zu werden, mit siegreicher Festigkeit widerstanden hatte, setzte ich mich vermittelst angestrengter Arbeit, mit Hilfe der Heiligen Jungfrau, in den Stand, den sehr achtungswerten Charakter eines Rechtskandidaten mit dem eines Kgl. Beamten, d. h. Referendar beim Berliner Stadtgericht, zu vertauschen und als protokollierendes Mitglied der hiesigen Kriminaldeputation beitreten zu können.

Mein Plan ist nun, hier noch ein Jahr zu verweilen; dann zur Regierung nach Aachen zu gehen, nach Verlauf eines zweiten Jahres das diplomatische Examen zu machen und mich der Huld des Schicksals zu empfehlen, wo es mir dann vorderhand gleichgültig sein wird, ob man mir Petersburg oder Rio Janeiro zum Aufenthalt anweist. Wenn ich im nächsten Sommer nach Aachen gehe, so mache Dich auf einen plötzlichen Besuch gefaßt und auf eine Orgie zur Erinnerung der guten Göttinger Zeit. Es klingt einigermaßen auffallend, wenn ich Dir sage, daß ich seit 6 Monaten nicht einmal halb heiter gewesen bin, und daß ich mich zum letzten Male mit meinem Alten und unserm 60jährigen Landrat auf der Jagd in Madera angerissen habe! Den Tag über beschäftige ich mich wissenschaftlich, und des Abends nehme ich meinen Tee in irgendeinem achtungswerten Familienzirkel, höre und führe Wettergespräche mit einem Gesichte, als sagte ich lange nicht alles, was ich wüßte.

12 *An Gustav Scharlach, 20. Oktober 1835:*

Ich muß doch etwas unwillkürlich lächeln, wenn ich uns beide als Eheleute denke; die glücklichen Weiber! Nicht, als ob bei mir der Zeitpunkt auch schon so nahe läge, wo ich unter die Masse des zweiten Geschlechts diejenige werde namhaft machen, welche ich gesonnen bin zu meiner Gattin (unter uns gesagt, das einzige Wesen in der Welt, welches ich beneide) zu erwählen gedenke; ich bin zwar fortwährend exzessiv verliebt, wechsele aber häufig den Gegenstand meiner Neigung; doch würde ich vielleicht sehr bald einige Versuche dazu machen, wenn bei mir irgendeine leidenschaftliche Aufregung von Dauer wäre. Ich finde meine Ruhe immer bald wieder und lebe auf diese Weise leidlich zufrieden, bis auf mitunter eintretende pekuniäre Unannehmlichkeiten, denn Du glaubst nicht, was meine Alten in dieser Beziehung unduldsam sind; das Leben hier ist infam, besonders wie ich es zu führen gewissermaßen gezwungen werde; so kommt es, daß ich 2 sehr drükkende Posten in Göttingen noch immer nicht bezahlt habe. Diesen Winter soll ich an den Hof gehen; ich habe keine große Neigung dazu, aber meine Alten wünschen es und haben auch wohl recht dabei, indem es doch für mein Fortkommen von Nutzen sein kann.

13 An Gustav Scharlach, 4. Mai 1836:

Du würdest über mich lachen, wenn Du jetzt bei mir wärst. Seit vollen 4 Wochen sitze ich hier in einem alten verwünschten Schlosse, mit Spitzbogen und 4 Fuß dicken Mauern, einigen 30 Zimmern, wovon 2 möbliert, prächtigen Damasttapeten, deren Farbe an wenigen Fetzen noch zu erkennen ist. Ratten in Masse, Kamine, in denen der Wind heult, kurz, in „meiner Väter altem Schloß", wo sich alles vereint, was geeignet ist, einen tüchtigen Spleen zu unterhalten. Daneben ist eine prächtige alte Kirche, mein Schlafzimmer mit der Aussicht nach dem Kirchhof, auf der andern Seite einer jener alten Gärten mit geschnittenen Hecken von Taxus und prächtigen alten Linden. Die einzige lebende Seele in dieser verfallenen Umgebung ist Dein Freund, der hier von einer vertrockneten Haushälterin, der Spielgefährtin und Wärterin meines 65jährigen Vaters, gefüttert und gepflegt wird. Ich bereite mich zum Examen vor, höre die Nachtigallen, schieße nach der Scheibe, lese Voltaire und Spinozas ethicum, die ich in der hiesigen, an Schweinsledern ziemlich reichen Bibliothek gefunden. Die Berliner meinen, ich wäre verrückt, und die Bauern sagen: „Use arme junge Hehr, wat mak em wull sin", wie mir meine alte „Mamsell" mitteilt hat. Dabei bin ich nie so zufrieden gewesen wie hier; ich schlafe nur 6 Stunden und finde große Freude am Studieren, zwei Dinge, die ich lange Zeit für unmöglich hielt.

Am 20. Mai 1836 reichte Bismarck seine beiden schriftlichen Prüfungsarbeiten ein, ein philosophisches Traktat „Über die Natur und die Zulässigkeit des Eides" und eine staatswissenschaftliche Erörterung „Über Sparsamkeit im Staatshaushalt". Am 30. Juni 1836 bestand er auch die mündliche Prüfung und wurde sodann am 5. Juli 1836 in Aachen als Regierungsreferendar vereidigt.

14 Aus dem Protokoll der Regierungsreferendariats-Prüfung vom 30. Juni 1836:

Durchgängig zeigte Kandidat eine vorzügliche Urteilskraft, Schnelligkeit im Auffassen der ihm vorgelegten Fragen und Gewandtheit im mündlichen Ausdruck. Hiernach und da auch die vom Kandidaten gelieferten schriftlichen Ausarbeitungen eine sehr günstige Zensur erlangt haben, geht das einstimmige Urteil der unterzeichneten Prüfungskommission dahin, daß der Kammergerichts-Auskultator Leopold Eduard Otto von Bismarck für sehr gut befähigt zu achten ist, um zum Regierungsreferendariat befördert zu werden.

Sicher hat Bismarck die zweite Etappe seiner Referendarausbildung am Regierungspräsidium in Aachen mit guten Vorsätzen angetreten. In der preußischen Rheinprovinz fand der ostelbische Junkersohn neue, ihm fremde Verhältnisse vor. Die kapitalistische Industrialisierung schritt voran, und der bürgerliche Liberalismus begann, bestimmte politische Ansprüche gegenüber dem aristokratischen Altpreußentum vorzubringen. Dies konnte einem angehenden Staatsbeamten wichtige politische Eindrücke vermitteln. Aachen galt damals aber auch als international renommierter Badeort, in dem die vornehme Welt sich ein Stelldichein gab. Jenes verführerische Leben war freilich dem Diensteifer des jungen Bismarck äußerst abträglich. So gründlich ihm der rheinische bürgerlich-konstitutionelle Oppositionsgeist mißfiel, um so intensiver gab er sich dem leichtlebigen geselligen Treiben der Rheinländer und ihrer ausländischen Besucherschaft hin. Bismarck erlebte seinen Sturm und Drang.

Im Juni 1837 kam es zum Eklat. Einer vermeintlich „großen Liebe“ folgte er, mit vierzehntägigem Urlaub, wochenlang kreuz und quer durch deutsche und fremde Lande. Bis in den Oktober hinein ließ der unbekümmerte Bonvivant seine Aachener Behörde ohne ein Lebenszeichen, um schließlich am 1. November 1837, bitter enttäuscht, in Kniephof einzutreffen. An die Verlobte war nur eine schale Erinnerung geblieben, höchst gegenwärtig zeigten sich al-

lein die unermeßlich angewachsenen finanziellen Sorgen, die Bismarck schon seit Göttingen vor sich herschob. Recht fatal stand es schließlich wegen der selbstherrlichen Urlaubsüberschreitung vor allem auch um Bismarcks Dienstverhältnis.
Nach Aachen kehrte er nicht mehr zurück. Bismarck konnte froh sein, als ihm im November 1837 zugebilligt wurde, seine Referendarausbildung an der Potsdamer Regierungsbehörde zu Ende zu bringen.

15 Aus der Beurteilung von Bismarcks Tätigkeit als Regierungsreferendar in Aachen, 1. April 1837:

Der Herr Reg.-Referendarius von Bismarck hat während seiner mehrmonatlichen Beschäftigung im Militärdezernat Fleiß und Umsicht bewiesen, so daß ich ihn für fähig erklären darf, diese Branche mit Erfolg selbständig zu bearbeiten. Auch in anderen Geschäftszweigen der Abteilung des Innern habe ich wahrnehmen können, daß es dem p. v. Bismarck nicht an Fähigkeit und richtigem Urteil fehlt, jedoch wird er sich noch mehr an gewissenhafte Pünktlichkeit und die strenge Ordnung des Dienstes gewöhnen müssen. (...) Fleiß und Sorgfalt in den ihm übertragenen Arbeiten hätten größer sein können.

16 Adolf von Arnim-Boitzenburg an Bismarck, 21. Oktober 1837:

Ew. Hochwohlgeboren erwidere ich auf die mir zugegangenen beiden Schreiben d. d. Bern, den 17ten, und Frankfurt, den 30ten, vor. Mts., daß eine Verlängerung Ihres Urlaubes nicht mehr angemessen erscheint, nachdem Sie den von dem Herrn Reg.-Vizepräsidenten von Mallinckrodt Ihnen erteilten, ohne vorherige Anfrage, bereits um Monate überschritten haben. Ich kann vielmehr den von Ihnen ausgesprochenen Entschluß, zu einer der Kgl. Regierungen in den altpreußischen Provinzen überzugehen, um zu einer angestrengteren Tätigkeit in den Amtsgeschäften zurückzukehren, nach welcher Sie bei den gesellschaftlichen Verhältnissen in Aachen vergeblich strebten, nur ganz billigen und Ew. Hochwohlgeboren die Einleitung der desfallsigen

Schritte durch den Antrag auf Entlassung von der Regierung zu Aachen anempfehlen, welchen Sie an den Reg.-Vizepräsidenten von Mallinckrodt richten wollen.

Bismarcks letzter Anlauf zu einer geordneten Beamtenausbildung begann Mitte Dezember 1837 beim Regierungspräsidium in Potsdam. Der neue Schwung reichte aber wiederum nur für einige Monate, denn Ende März 1838 trat Otto als Einjährig-Freiwilliger bei den Gardejägern in Potsdam ein. Dem Militärdienst sah er ziemlich mißmutig entgegen, aber von der ihm angebotenen Möglichkeit, an freien Tagen seine Ausbildung bei der Potsdamer Regierung fortzusetzen, machte er auch keinen Gebrauch. Bismarcks Widerwille gegen den Verwaltungsdienst lag offen zutage.

Die Zweifel, ob er sich auf der richtigen Lebensbahn be-

Herrenhaus in Kniephof

finde, wurden durch familiäre Sorgen zusätzlich genährt. Den Vater bedrängten wirtschaftliche Schwierigkeiten, denn Kniephof, Külz und Jarchelin waren arg heruntergewirtschaftet. Die einzige Rettung schien darin zu liegen, den beiden Söhnen schon jetzt die drei pommerschen Güter auf ihr künftiges Erbteil zu überlassen. Hinzu kam, daß sich der Gesundheitszustand von Bismarcks Mutter besorgniserregend verschlechterte. Sie war unheilbar an Krebs erkrankt und verstarb am 1. Januar 1839.
Im Sommer 1838 hatte eine freimütige Aussprache stattgefunden, in der Bismarck der Mutter seinen Überdruß an der bürokratischen Tätigkeit bekannte und mit ihr – auch wegen der familiären Situation – einig wurde, in die väterliche Landjunkerwelt zurückzukehren.

17 Vater Bismarck an Sohn Bernhard, 19. Juli 1838:

Otto hat während seines Hierseins der Mutter sein ganzes Herz aufgeschlossen. Ihr nicht allein gesagt, welchen Ekel er für die ganze Beschäftigung bei der Regierung hätte, daß er dadurch sein Leben ganz überdrüssig wäre, und wenn er sich fast sein ganzes Leben gequält hätte, dann würde er vielleicht zuletzt Präsident mit 2000 Taler Einkommen, von Lebensglück wäre aber nie etwas zu hoffen. Er hat die Mutter sehr dringend gebeten, ihn eine andere Stellung zu geben, er hat sich erboten, wenn wir noch eine Zuckerfabrik anlegten, nach Magdeburg zu gehen und die Fabrikation praktisch zu erlernen und die Fabrik alsdann in Kniephof zu dirigieren. Da es mich doch sehr nahe geht, daß er sich so unglücklich fühlt, und ich mit inniger Freude bei meiner Anwesenheit in Kniephof gesehn, welch großes Interesse die Landwirtschaft für Dich hat und welch gute und richtige Ideen Du zur Verbesserung der dortigen Güter hast, und da ich einsehe, wenn ich hier in Berlin bleiben muß (...), daß wir sämtlich zugrunde gehen müssen, so habe ich mich entschlossen, Euch beiden die dortigen Güter als Eigentum zu übergeben und meine Subsistenz nur allein auf Schönhausen zu beschränken.

Bismarcks erklärter Absicht, dem Staatsdienst den Rücken zu kehren, begegnete man in seiner engeren Umgebung mit wenig Verständnis. Auf die Anfragen einer angeheirateten Kusine, der von ihm geschätzten Gräfin Karoline von Bismarck-Bohlen, bekannte Bismarck in einem großangelegten Rechtfertigungsschreiben selbstgewiß und freiheraus, wie er seine derzeitige Lage empfand und jenen überraschenden Entschluß motivierte.
Ein naiver urwüchsiger Drang bestimmte den jungen Otto von Bismarck, sich den alltäglichen bürokratischen Kleinkram vom Halse zu schaffen. Nicht dienen wollte er, sondern kommandieren. Ins Staatspolitische übersetzt, lief das auf eine entschiedene Absage an den bürokratisch-zentralistischen Absolutismus des preußischen Staates hinaus und mutete schlicht oppositionell an. Freilich war Bismarck damit nicht zum Verfechter eines bürgerlichen Liberalismus geworden, dem an breiterer, konstitutionell gesicherter allgemeiner Mitwirkung an den Staatsgeschäften gelegen war. Dem angehenden pommerschen Gutsbesitzer ging es vielmehr lediglich darum, seine individuelle soziale und politische Position in der Gesellschaft uneingeschränkt bewahren zu können. Als Landjunker wollte Bismarck leben, wie es ihm paßte, und sonst gar nichts. Seine Verteidigungsschrift an die „gnädigste Kusine" – ein Schlüsseldokument über den jungen Bismarck – ist nur in einer nach dem Konzept angefertigten Abschrift für seinen Vater überliefert.

18 An Karoline von Bismarck-Bohlen (September 1838):

Daß mir von Hause aus die Natur der Geschäfte und der dienstlichen Stellung unsrer Staatsdiener nicht zusagt, daß ich es nicht unbedingt für ein Glück halte, Beamter und selbst Minister zu sein, daß es mir ebenso respektabel und unter Umständen nützlicher zu sein scheint, Korn zu bauen, als administrative Verfügungen zu schreiben, daß mein Ehrgeiz mehr danach strebt, nicht zu gehorchen, als zu befehlen: das sind facta, für die ich außer meinem Geschmack keine Ursache anzuführen weiß, indessen, dem ist so. Von allen Gründen, welche mich hätten veranlassen können, diese Abneigung zu bekämpfen, wäre wohl der würdigste gewesen, der Wunsch, umfassender auf das Wohl meiner Mitbürger zu wirken, als es einem Privatmanne möglich ist. Abgesehen davon, ob ich wirklich edel genug denke, um meine Kräfte mehr auf die Beförderung des Wohls andrer als auf die des eignen zu verwenden, bin ich, selbst bei der unbescheidensten Meinung von meinen Fähigkeiten, der Ansicht, daß es für das Wohlergehn der Einwohner von Preußen keinen Unterschied machen würde, ob ich oder ein andrer von den vielen tüchtigen Leuten, die dieses Ziel erstreben, der Regierung einer Provinz angehöre oder vorstehe. Die Wirksamkeit der einzelnen Beamten bei uns ist wenig selbständig, auch die des höchsten, und bei den andern beschränkt sie sich schon wesentlich darauf, die administrative Maschinerie in dem einmal vorgezeichneten Geleise fortzuschieben. Der preußische Beamte gleicht dem einzelnen im Orchester; mag er die erste Violine oder den Triangel spielen: ohne Übersicht und Einfluß auf das Ganze, muß er sein Bruchstück abspielen, wie es ihm gesetzt ist, er mag es für gut oder schlecht halten. Ich will aber Musik machen, wie ich sie für gut erkenne, oder gar keine. (...) Selbst in meiner kurzen Laufbahn habe ich oft gesehn, wie die kostspielige Zeit und Arbeit schwer bezahlter Behörden auf eine Weise totgeschlagen wurde, daß man unbedingt glauben mußte, die Geschäfte seien erfunden, um den vorhandenen Beamten zu tun zu geben, und nicht die Beamten angestellt, um notwendige Geschäfte zu besorgen; und gegen solches und andres Unwesen kämpften ausgezeichnete Vorgesetzte mit aller Energie, aber ohne Erfolg; es liegt einmal in der Natur unsrer Verwaltung. Oft habe ich hochgestellte Beamte in Aachen und Potsdam sagen hören, diese oder jene Maßregel sei schädlich, drückend, ungerecht, und doch wagten sie nicht einmal, eine untertänigste Vorstellung dagegen einzureichen, sondern sahen sich vielmehr in der Notwendigkeit, sie gegen ihre Überzeugung nach allen Kräften befördern zu müssen. Wo soll da Freude an der Berufserfüllung, das Bewußtsein, Nutzen zu stiften oder auch nur seine Pflicht gegen sein Vaterland zu tun, herkommen? Konflikte der Art würden bei mir aber im Dienst ziemlich häufig sein, zumal da mein politischer Glaube dem von unserm Gouvernement anerkannten wesentlich zuwiderläuft. Wie soll ich da die Überzeugung gewinnen, meinen Mitbürgern nützlich zu sein, wenn ich das System, nach welchem ich sie regieren helfe, für weit weniger förderlich als das entgegengesetzte, jedenfalls aber für ungerecht halte; wie soll ich selbst vor meinem Gewissen verantworten, unter die Fahne einer Regierung zu treten, deren Grundsätze zu bekämpfen, insoweit der Gehorsam gegen die bestehenden Gesetze es erlaubt, ich für eine meiner vornehmsten Pflichten gegen mein Vaterland halte. (...) – Noch häufiger als aus Ehrgeiz gehn wohl unsre Beamte in Dienst, um einen anständigen und sichern Broterwerb zu haben, und weil ihnen Mangel an Kapital nicht erlaubt, ein andres honettes Geschäft anzufangen. Bei meiner Lage gebe ich auch in dieser Hinsicht der Landwirtschaft den Vorzug. Sie machen mir, gn. C., gemeinschaftlich mit Bernhard, die sehr schmeichelhafte Vorhaltung, daß grade ich mit Fähigkeiten ausgerüstet sei, welche mich besondre Erfolge im Staatsdienst hoffen ließen. Wenn ich dies zugeben würde, so schiene es mir doch noch keinen entscheidenden Grund abzugeben, um die Beamten-Karriere einzuschlagen; dieselben Fähigkeiten versprechen mir auch guten Erfolg in jedem andern Geschäft, und um eine große Landwirtschaft heutzutage richtig zu leiten, ist vielleicht mehr Verstand erforderlich, als um Geheimer Rat zu werden. (...) Ein Gehalt, mit dem ich bei meinen Bedürfnissen heiraten und in der Stadt einen Hausstand bilden könnte, würde ich, bei der besten zu erwartenden Karriere, im 40ten Jahre, etwa als Präsident u. dgl. haben, wenn ich trocken von Aktenstaub, hypochonder, brust- und unterleibskrank vom Sitzen geworden sein werde und eine Frau zur Krankenpflege bedarf. Für diesen mäßigen Vorteil, für den Kitzel, mich Herr Präsident nennen zu lassen, für das Bewußtsein, dem Lande selten so viel zu nützen, als ich ihm koste, dabei aber mitunter hemmend und nachteilig zu wirken, übrigens das zu erfüllen, was ich unbedachterweise zu meiner Pflicht gemacht habe, dafür bin ich fest entschlossen, meine Überzeugung, meine Unabhängigkeit, meine ganze Lebenskraft und Tätigkeit nicht herzugeben, solange es noch Tausende und unter diesen viele ausgezeichnete Leute gibt, nach deren Geschmack jene Preise hinreichend kostbar sind, um sie den Platz, welchen ich leer lasse, mit Freuden ausfüllen zu machen.

Obwohl sein Entschluß, der Beamtenlaufbahn zu entsagen, seit Sommer 1838 definitiv feststand, ließ er sich vorerst vom Potsdamer Regierungspräsidium nur beurlauben. Im Herbst 1838 erreichte er seine Versetzung in das Jägerbataillon nach Greifswald, weil er dort den Übergang in seinen neuen Beruf ungestörter und besser vorbereiten konnte als in Potsdam. Intensiv betrieb Bismarck, der sich schon ganz als Gutsbesitzer fühlte, in der Umgebung Greifswalds landwirtschaftliche Studien.

19 An den Vater, 29. September 1838:

Hauptsächlich beschäftige ich mich vorläufig mit Chemie, worin ich mit einem Mediziner, der sich zum Examen vorbereitet, täglich einige Stunden arbeite. In der Nähe habe ich mir einige Wirtschaften angesehen, die hier durchschnittlich in einem fast musterhaften Zustande sind; aber beinah lediglich Ackerwirtschaften; auch hört man bei Tisch im Deutschen Hause alle die wohlbeleibten Figuren mit roten Gesichtern, dicken Händen und beneidenswertem Appetit, die sich täglich zu 6 bis 8 und mehren dort einfinden, ausschließlich nur von Ackerbau und Kornhandel sprechen; obgleich sie alle erschrecklich schreien und heftig dabei gestikulieren, verstehe ich doch selten, was sie sagen, da man allgemein platt spricht und sehr schnell, so daß ich nur mitunter etwas wie Raps, Hafer, Arbsen, Sämaschine, Dröschen, pummersche Last und Berliner Schäpel unterscheide; das höre ich dann mit sehr verständiger Miene, denke darüber nach und träume nachts von Dreeschhafer, Mist und Stoppelroggen. In Eldena ist noch immer alles verreist, die Lehrer wie die meisten Schüler. Der Direktor der Akademie, Schulz, ist zugleich Dirigent der dortigen ziemlich bedeutenden Ackerwirtschaft; letzte ist aber törichterweise außer Verbindung mit der Akademie, so daß es den Akademikern zwar freisteht, sie sich anzusehn, wenn sie Lust haben, sie aber zu ihrer Instruktion nicht weiter benutzt wird. Die Zahl der Zöglinge, einige 90, ist zu groß, um den Unterricht so mit der Praxis zu verbinden, wie es eigentlich im Plan des Instituts lag. Die Sache läßt sich erst sicher beurteilen, wenn der Unterricht wieder anfängt oder ich wenigstens mit dem Direktor gesprochen habe; bis jetzt glaube ich aber kaum, daß ich dort in den Hörsälen mehr lernen werde als aus guten Büchern.

Erst am 22. Oktober 1839 reichte Bismarck endlich den Antrag auf Entlassung aus dem preußischen Staatsdienst ein.

II

Junkerherrlichkeit 1839–1847

Schon im Sommer 1839 hatte Otto von Bismarck die Verwaltung der väterlichen Güter in Pommern übernommen. Zunächst wirtschaftete er gemeinsam mit seinem Bruder Bernhard. Nach dessen Wahl zum Landrat im Kreise Naugard nahm man 1841 eine vorläufige Teilung vor: Otto wurde Alleinherr auf Kniephof und bekam Külz hinzu, während Bernhard Jarchelin erhielt.
Kniephof, noch das beste der drei vernachlässigten Güter, umfaßte etwa 2200 Morgen Ackerland, Wiesen, Wälder und Teiche. Zum Bestand gehörten ferner ein bescheidenes Herrenhaus, Stallgebäude, Scheunen, Brennerei und Schmiede sowie elf Katen für die Gutstagelöhner. Den junkerlich-patriarchalischen Gesellschaftsnormen Ostelbiens entsprechend war der Herr auf Kniephof zugleich Inhaber der Polizeigewalt, Gerichtsherr des Patrimonialgerichts und Kirchenpatron. Als Rittergutsbesitzer stand dem neuen Herrn auch das Recht zu, im Kreistag von Naugard zu sitzen. Zur althergebrachten Standesherrlichkeit kam noch hinzu, daß der junge Bismarck zum Offizier avancierte. Am 12. August 1841 wurde er zum Sekondeleutnant der Infanterie ersten Aufgebots im ersten Bataillon Stargard des neunten Landwehrregiments ernannt. Ein Jahr später ließ er sich zu den Ulanen versetzen. Bismarck nahm seine neue Aufgabe als Landwirt recht ernst und ging mit Feuereifer an die Arbeit. Er studierte die neueste landwirtschaftliche und ökonomische Fachliteratur, machte sich die Grundsätze einer rationellen Betriebsführung zu eigen und konnte tatsächlich nach wenigen Jahren die Güter wieder gewinnbringend bewirtschaften und finanziell einigermaßen Grund fassen.

20 An Oskar von Arnim, 31. Oktober 1843:

Mir geht es so mitten in der Welt; nur wenn ich allein bin, langweile ich mich einigermaßen, was, glaube ich, jedem wohlerzogenen jungen Menschen so gehen muß, wenn er auf dem Land unverheiratet lebt und auf den Umgang einer mehr zahlreichen als interessanten clique von pommerschen Krautjunkern, Philistern und Ulanenoffizieren beschränkt ist. Mit meinen pekuniären Verhältnissen fange ich allmählich an Grund zu finden, und wenn ich auch augenblicklich noch manchmal mich geniert fühle, so sehe ich doch voraus, daß ich mich nach einiger Zeit in einer Lage befinden werde, die ich meinen jetzigen Bedürfnissen nach bequem nennen kann.

Über die ereignisreiche Wendung seines Lebens, weg von der ihm zugedachten Rolle eines mittleren preußischen Staatsbeamten und hin zur erträumten Selbstverwirklichung als unabhängiger Landjunker in Hinterpommern, hat Bismarck Anfang 1845 einem Göttinger Studienfreund einen ausführlichen, anschaulichen Bericht gegeben. Voller Sarkasmus und Selbstironie steht Bismarck noch immer zu seinem Entschluß, doch zwischen den Zeilen schwingt unverkennbar bereits wieder neue Enttäuschung am erwählten Beruf und der Eintönigkeit des Landlebens mit.

21 An Gustav Scharlach, 9. Januar 1845:

Bis Aachen kennst Du, glaube ich, meine Schicksale. Dort eröffneten sich mir durch das Wohlwollen einflußreicher Leute in Berlin sehr günstige Aussichten für das, was man eine glänzende Karriere nennt; und vielleicht hätte der Ehrgeiz, der damals mein Lotse war, noch länger und für immer mein Steuer geführt, wenn nicht eine bildschöne Engländerin mich verleitet hätte, den Kurs zu ändern und 6 Monate ohne den geringsten Urlaub auf ausländischen Meeren in ihrem Kielwasser zu fahren. Ich nötigte sie endlich zum Beilegen, sie strich die Flagge, doch nach zweimonatlichem Besitz ward mir die Prise von einem einarmigen Obristen mit 50 Jahren, 4 Pferden und 15000 rl. Revenüen wieder abgejagt. Arm im Beutel, krank am Herzen, kehrte ich nach Pommern heim. Bei dieser Gelegenheit (1837) kam ich durch Göttingen; da ich aber dergestalt Havarie gelitten hatte, daß ich mich von einer schwerfälligen und verdrießlichen Gallione mußte schleppen lassen, so war ich nicht hinreichend Herr meiner Bewegungen, um mit Dir zusammentreffen zu können. Ich trat darauf bei der Regierung in Potsdam in Dienst, suchte mich durch Spiel und Trunk zu zerstreuen, machte unverhältnismäßige Schulden, wurde Militär, um meiner Dienstpflicht zu genügen, geriet in üble Zwiste mit meinem Chef und ergriff unter diesen Umständen mit Begierde und mit der frohen Hoffnung, die ein Ausweg aus einer ruinierten Stellung in neue Verhältnisse gewährt, das Anerbieten meines Vaters, seine hiesigen Güter zu übernehmen, die groß, stark verschuldet und so verwirtschaftet waren, daß sie fraßen, statt einzubringen. Ich hielt mich noch 6 Monate in Greifswald auf, um auf der landwirtschaftlichen Akademie in Eldena nichts zu lernen, als was ich in jedem Buche lesen konnte, und setzte mich dann mit der vollen Unwissenheit eines schriftgelehrten Stadtkindes in eine sehr ausgedehnte und verwickelte Wirtschaft. Ich fand mich hinein, rettete den größten Teil meines zu erwartenden Vermögens, und die Beschäftigung gefiel mir zwei Jahre lang bis 41, wegen ihrer Unabhängigkeit; ich habe nie Vorgesetzte vertragen können und hatte während meiner amtlichen Tätigkeit, teils aus gerechter Abneigung gegen unser verknöchertes Formenwesen, das in keinem Posten die mindeste Aussicht auf Selbständigkeit bietet, teils in der letzten Zeit aus Trägheit und Widerspruchsgeist, einen solchen Widerwillen gegen alles, was mit der Bürokratie zusammenhängt, eingesogen, daß ich sogar den angenehmen Posten eines Landrats ausschlug, der mir durch Wahl der hiesigen Stände geboten wurde und den infolgedessen mein Bruder eingenommen hat. Ich sprach von 2 Jahren; nach dieser Zeit verliebte und verlobte ich mich abermals, erzürnte mich 14 Tage nachher mit der Mutter meiner Braut, einer Frau, die, um ihr Gerechtigkeit zu tun, eine der bösesten ist, die ich kenne, und die das Bedürfnis hat, noch selbst der Gegenstand zärtlicher Blicke zu sein. Nach fast jahrelangen Intrigen gelang es ihr, meiner Braut einen höchst lakonischen Absagebrief an mich in die

Feder zu geben. Ich hielt es meiner Würde nicht angemessen, die beleidigte Aufgeregtheit eines Gemüts zu zeigen und ihr mit einigen Schüssen auf Brüder und dergl. der Ungetreuen Luft zu machen; ich trat in meiner Eigenschaft als Landwehroffizier auf einige Monate zur Dienstleistung in ein Ulanenregiment, focht tapfer gegen Staub und markierte Feinde, und da ich auch im Drange dieser Taten meine Ruhe nicht fand, brauchte ich das Universalmittel für Verliebte, ich ging auf Reisen und wurde wieder liederlich. Von Edinburg durch England und Frankreich trug ich meinen Kummer über die Alpen und war im Begriff, über Triest nach dem Orient zu gehen, eventuell die Afghanen durch die Lupe zu besehen, wozu ich mit Empfehlungen ausgerüstet war, als mir mein Vater in einem tränenfeuchten Brief, der von einsamem Alter (73 Jahre, Witwer, taub), Sterben und Wiedersehn sprach, die Heimkehr anbefahl. Ich kam zurück – er starb nicht – und ich suchte in diesem Sommer einem Leiden durch Dieffenbach[1] und Norderney abzuhelfen. Vorher, im Frühjahr, machte ich einen sechswöchentlichen Versuch, eine andere Krankheit, eine an Lebensüberdruß grenzende Gelangweiltheit durch alles, was mich umgibt, zu heilen, indem ich mich durch besondere Vergünstigung eines unserer Minister als Volontär wieder im Staatsdienst beschäftigen ließ und die angestrengte Arbeit in der insipiden und leeres Stroh dreschenden Schreiberei unserer Verwaltung als eine Art von geistigem Holzhauen betrachtete, um meinem teilnahmslos erschlafften Geist wieder etwas von dem gesunden Zustande zu geben, den einförmige und regelmäßige Tätigkeit für Körper herbeizuführen pflegt. Aber teils war mir die krähwinklige Anmaßung oder lächerliche Herablassung der Vorgesetzten nach langer Entwöhnung noch fataler als sonst, teils nötigten mich häusliche Vorfälle, Unordnungen in meiner Verwaltung, Verlust meines bisherigen Administrators usw. nach meiner Rückkehr von Norderney, die Verwaltung meiner Güter wieder selbst zu übernehmen. Seitdem sitze ich hier, unverheiratet, sehr einsam, 29 Jahre alt, körperlich wieder gesund, aber geistig ziemlich unempfänglich, treibe meine Geschäfte mit Pünktlichkeit, aber ohne besondere Teilnahme, suche meinen Untergebenen das Leben in ihrer Art behaglich zu machen und sehe ohne Ärger an, wie sie mich dafür betrügen. Des Vormittags bin ich verdrießlich, nach Tische allen milden Gefühlen zugänglich. Mein Umgang besteht in Hunden, Pferden und Landjunkern, und bei letzteren erfreue ich mich einigen Ansehens, weil ich Geschriebenes mit Leichtigkeit lesen kann, mich zu jeder Zeit wie ein Mensch kleide und dabei ein Stück Wild mit der Akkuratesse eines Metzgers zerwirke, ruhig und dreist reite, ganz schwere Zigarren rauche und meine Gäste mit freundlicher Kaltblütigkeit unter den Tisch trinke. Denn leider Gottes kann ich nicht mehr betrunken werden, obschon ich mich dieses Zustandes als eines sehr glücklichen erinnere. So vegetiere ich fast wie ein Uhrwerk, ohne besondere Wünsche oder Befürchtungen zu haben; ein sehr harmonischer und sehr langeweiliger Zustand.

1 Dieffenbach, Johann Friedrich (1792–1847): Mediziner in Berlin.

Ein Junker von echtem Schrot und Korn war der junge Bismarck nun, doch zugleich auch anders als die meisten seiner Standesgenossen in der engeren und weiteren Umgebung – die Dewitz und Bülow und Thadden und Blanckenburg, die von der Osten, von der Marwitz, Grafen Wartensleben, Senfft von Pilsach und so fort.
Otto von Bismarck war nicht zwischen den pommerschen Kartoffeläckern groß geworden. In der Residenz hatte er Vorschule, Gymnasium und Universität besucht und als Referendar bei der Aachener Regierungsbehörde das bürgerlich-industrielle Voranschreiten der preußischen Rheinlande erlebt. In Hinterpommern galt dies bereits als Kontakt mit der „großen Welt“. Doch Bismarck ging auch als Gutsherr noch monatelang auf Reisen, lernte 1842 England, Frankreich, Italien und die Schweiz kennen. Natürlich kehrte der eingefleischte Junker nicht als aufgeklärter Schüler Westeuropas zurück, aber sein Blick für die weite Welt war geöffnet worden.
Auch Bismarcks geistige Interessen versandeten nicht im orthodoxen Bannkreis jener ebenso flachen wie übersteigerten „Pietisterei“, die in den Herrenhäusern Hinterpommerns heimisch geworden war. Er hat in jenen Jahren viel

gelesen, zum bloßen Zeitvertreib, ziemlich wahllos und dennoch um Orientierung im Leben bemüht. Shakespeare und Byron gehörten zu seinen Lieblingsautoren. Lenau, Chamisso, vor allem Heine waren ihm vertraut. Er versuchte sich an historischen und philosophischen Werken, an Schlosser und Dahlmann, an Spinoza, Hegel und der Religionskritik der Junghegelianer, verschlang aber ebenso die zeitgenössische Unterhaltungsliteratur, wie er interessiert die Berliner Presse verfolgte.

Der junge Herr auf Kniephof, alleinstehend und noch keine dreißig Jahre alt, verstand im übrigen, sein Leben zu genießen. Er wurde Stammgast auf den Bällen, Gesellschaften und Jagden der Umgegend. Wo er auch auftauchte, durch seine stattliche Erscheinung, sein gewandtes Auftreten und vor allem seine fesselnde Fabulierkunst wurde Bismarck zum Mittelpunkt des geselligen Treibens. Nicht selten gab er selbst Empfänge. Kniephof verwandelte sich dann in einen „Kneiphof", wilde Gelage und gewagte Streiche sollten das eintönige Landleben überspielen. In ganz Pommern hieß er bald der „tolle" Bismarck, und halb komische, halb schauerliche Mythen rankten sich um seine Person. Die nicht jedermann zusagenden Extravaganzen waren freilich auch geeignet, Bismarck in seiner Klasse allmählich als Außenseiter zu isolieren.

22 Erinnerung Bismarcks:

Ja, die Bauern bei uns machten sich auch sehr wunderliche Vorstellungen. Da hieß es, wir wären etliche zusammen gewesen – junge Leute – in einem öffentlichen Lokale und hätten da etwas gegen den König gesagt, der dabeigesessen hätte, aber unerkannt. Da wäre er plötzlich aufgestanden, hätte den Mantel auseinandergeschlagen und den Stern auf der Brust gezeigt. Die andern wären erschrocken, ich aber hätte mich nicht daran gekehrt und hätte ihn die Treppe hinuntergeworfen. Da hätte ich zehn Jahre Gefängnis gekriegt und dürfte mich nicht rasieren. Da ich aber damals einen Vollbart trug, was ich mir in Frankreich angewöhnt hatte, 1842, wo das eben aufkam, so hieß es, alle Jahre einmal, in der Silvesternacht, käme der Scharfrichter, der schnitte mir ihn ab. – Es waren reiche und sonst gar nicht dumme Bauern, die das erzählten, und sie sagten es nicht, weil sie was gegen mich hatten, sondern ganz gutmütig und voll Mitleid mit dem jungen Menschen.

23 Erinnerung Bismarcks:

Einst hatte der Junker von „Kniephof" einen Husarenleutnant bei sich zu Gaste, der im Begriff stand, einen Onkel in der Nachbarschaft zu besuchen, der viel auf Etikette und wohlgezirkelte Sitte hielt und bei dem sich am nächsten Tage Gäste ähnlicher Art und Meinung zu einer Festlichkeit versammeln sollten. Bismarck beredete in der Nacht vorher den Leutnant zu scharfem Zechen und brachte ihm auf diesem Wege so viele gute Getränke bei (wenn ich mich recht erinnere, so wars „Kriegsbowle", Champagner und Porter), daß er zuletzt beträchtlich mehr als genug hatte. Dann ließ er am Morgen einen Wagen ohne Federn anspannen, auf dem er mit seinem Gaste nach dem Schlosse des Onkels fuhr. Die Wege waren nicht gut, der Regen der vorhergegangenen Tage hatte sie aufgeweicht und in Kotlachen verwandelt, so daß die beiden jungen Herren übel bespritzt ankamen, der Leutnant aber obendrein in seekranker Verfassung. Die Gesellschaft, die sie dort versammelt fanden, an die vierzig Personen, die Damen in großer Toilette, die Herren in Frack und weißer Binde, sah sie mit Blicken, die halb Staunen, halb Grausen waren, ins Zimmer treten, und der Husar wurde bald nachher unsichtbar. Bismarck aber setzte sich trotz des Abscheus, den die guten Leute sichtlich vor ihm empfanden, heiter und gelassen mit ihnen zu Tisch und tat, als ob an ihm nichts auszusetzen wäre. Man sagte dann, es wäre doch merkwürdig, daß er gar keine Ahnung gehabt hätte, wie unangenehm er aufgefallen sei.

Bismarck hat sich um die Mitte der vierziger Jahre oft in Schönhausen aufgehalten, um seinem alternden Vater Gesellschaft zu leisten. Doch auch im „Schloß der Väter" holte ihn die Stupidität des Landjunkerdaseins ein.

24 An die Schwester, 4. Dezember 1844:

Nächstdem lebe ich hier mit dem Vater lesend, rauchend, spazierengehend, helfe ihm Neunaugen essen und spiele zuweilen Komödie mit ihm, die es ihm gefällt Fuchsjagd zu nennen; wir gehn nämlich bei starkem Regen oder jetzt 6 Grad Frost, mit Ihle, Bellin und Carl[1] hinaus, umstellen mit aller jägermäßigen Vorsicht, lautlos, unter sorgfältiger Beachtung des Windes, einen Kieferbusch, von dem wir alle und vielleicht auch der Vater unumstößlich überzeugt sind, daß außer einigen Holz suchenden Weibern kein lebendes Geschöpf darin ist. Darauf gehn Ihle, Carl und zwei Hunde, unter Ausstoßung der seltsamsten und schrecklichsten Töne, besonders von Seiten Ihles, durch den Busch, der Vater steht regungslos und aufmerksam mit schußfertigem Gewehr, genau, als wenn er wirklich ein Tier erwartete, bis Ihle dicht vor ihm schreit, hu lala hehe faß hähhä, in den sonderbarsten Kehllauten. Dann fragt mich der Vater ganz unbefangen, ob ich nichts gesehen habe, und ich sage, mit einem möglichst natürlich gegebenen Anflug von Verwunderung im Tone, nein, nicht das mindeste. Dann gehn wir, auf das Wetter schimpfend, zu einem andern Busch, dessen vermutliche Ergiebigkeit an Wild Ihle mit einer recht natürlich gespielten Zuversicht zu rühmen pflegt, und spielen dal segno[2].

1 Gutspersonal in Schönhausen.
2 dasselbe noch einmal.

Nach des Vaters Tod (22. November 1845) siedelte Otto von Bismarck im April 1846 in das altmärkische Schönhausen über. Er übernahm den Stammsitz der Familie und behielt in einer endgültigen Güterteilung der Geschwister weiterhin Kniephof, dessen Bewirtschaftung er allerdings schon bald einem Pächter überließ. Der als Landrat in Naugard bleibende Bruder Bernhard bekam zu Jarchelin noch Külz, während die Schwester Malwine finanziell abgefunden wurde.

In Schönhausen stand ihm zunächst wieder der alte Kampf ums Geld bevor, dennoch kam der Wechsel in die Provinz Sachsen Otto recht gelegen. In dem festeingefahrenen pommerschen Lebenskreis, hochkonservativ und rechtgläubig, hatte sich einem vom unkonventionellen Schlage Bismarcks wenig Aussicht auf gesellschaftliches Vorankommen geboten. Bismarcks Aktivitäten im öffentlichen Leben blieben auf die bescheidene Rolle eines Deputierten des Naugarder Kreises und die gelegentliche Vertretung seines Bruders in Landratsgeschäften beschränkt. In der kaum weniger konservativen, sicher aber unbefangeneren Atmosphäre der Altmark hoffte er auf bessere Chancen, jedenfalls war er fest entschlossen zuzupacken, wenn es galt, in den Körperschaften der ständischen Selbstverwaltung eine aktive Rolle zu übernehmen.

Hinzu kam, daß sich etwa zeitgleich mit Bismarcks Übersiedlung nach Schönhausen auch ein Wandel in seiner Welt- und Lebensanschauung andeutete, der nicht von ungefähr durch die Begegnung mit seiner künftigen Frau gefördert wurde.

Im Oktober 1844 hatte Bismarck anläßlich der Hochzeit seines Jugendfreundes Moritz von Blanckenburg mit Marie von Thadden deren Freundin Johanna von Puttkamer zum erstenmal gesehen. Ein Geist schwärmerischer Romantik und Religiosität umgab diesen Freundeskreis, und es fiel Bismarck, durch und durch rational, schwer, dorthin einzudringen. Erst zwei Jahre später, als man sich im Sommer 1846 auf einer gemeinsamen Harzreise näherkam, hat sich Bismarck in Johanna verliebt. Für Johanna aber stand fest, ihr Jawort nur einem gläubigen Christen zu geben. Ohne vom flachen Lebensstil des „tollen" Bismarck und seiner bisherigen religiösen Indifferenz abzurücken, dies wurde dem Brautwerber zudem bewußt, konnte er von seinen pietistischen Schwiegereltern nicht akzeptiert werden.

Kurz vor Weihnachten 1846 schrieb Bismarck seinen Werbebrief, in dem er den alten Puttkamer um die Hand der Tochter bat.

25 An Heinrich von Puttkamer (etwa 21. Dezember 1846):

Ich beginne dieses Schreiben damit, daß ich Ihnen von vornherein seinen Inhalt bezeichne; es ist eine Bitte um das Höchste, was Sie auf dieser Welt zu vergeben haben, um die Hand Ihrer Fräulein Tochter. Ich verhehle mir nicht, daß ich dreist erscheine, wenn ich, der ich erst neuerlich und durch sparsame Begegnungen Ihnen bekannt geworden bin, den stärksten Beweis von Vertrauen beanspruche, den Sie einem Mann geben können. Ich weiß aber, daß ich, auch abgesehn von allen Hindernissen in Raum und Zeit, welche Ihnen die Bildung eines Urteils über mich erschweren können, durch mich selbst niemals imstande sein kann, Ihnen solche Bürgschaften für die Zukunft zu geben, daß sie den Einsatz eines so teuren Pfandes von Ihrer Seite rechtfertigen würden, wenn Sie nicht durch Vertrauen auf Gott das ergänzen, was das Vertrauen auf Menschen nicht leisten kann. Was ich selbst dazu tun kann, beschränkt sich darauf, daß ich Ihnen mit rückhaltloser Offenheit über mich selbst Auskunft gebe, soweit ich mir selber klargeworden bin. Über mein äußerliches Auftreten wird es Ihnen leichter sein, Nachrichten durch andere zu erhalten; ich begnüge mich daher mit einer Darstellung meines inneren Lebens, welches jenem zugrunde lag, und besonders meines Standpunktes zum Christentum. Ich muß dazu weit ausholen.

Mit vielen wohlgesetzten Worten legte Bismarck seine religiöse Entwicklung dar, vom „nackten Deismus" bei der Konfirmation durch Schleiermacher in eine mit den Schriften von Strauß, Feuerbach und Bruno Bauer gewiesene „Sackgasse des Zweifels", durch Stunden „trostloser Niedergeschlagenheit", bis schließlich „erschütternde Ereignisse" im Kreise seiner Freunde ihn zu der „bußfertigen" Bitte brachten, „in mir Glauben zu wecken und zu stärken".
Man hat in diesem Werbebrief nicht zu Unrecht ein erstes diplomatisches Meisterstück Bismarcks gesehen. Zielstrebig schlägt er genau die Töne an, für die das bibelfeste Haus der Puttkamers im hintersten Winkel Pommerns empfänglich war. Dem Bruder hat er in ganz anderer Tonart, sehr viel distanzierter, über die mit der Verlobung verbundene Bekehrung geschrieben.
Bismarck bekannte sich jedenfalls seitdem als gläubiger Christ, und bei aller diplomatischen Zutat schien es wohl auch ernst gemeint zu sein. Schließlich verpflichtete er sich

damit seiner Klasse. Im Kreis der preußischen Konservativen galt nun einmal Glaubensstärke, ein fester innerer Halt, als die Gewähr für einen gesicherten Platz in der Gesellschaft.

26 An den Bruder, 31. Januar 1847:

Ich habe Dir noch wenig von meiner Verlobung gesagt. Ich hatte, als ich Mitte Dezember in Pommern war, die Sache in Zimmerhausen mit Johanna berichtigt und war bloß deshalb hingekommen. Zu Weihnachten schrieb ich dem Vater, der ungemein entsetzt darüber war, weil ihn die Idee, seine Tochter werde heiraten, an und für sich erschreckte, besonders aber in Verbindung mit meiner Person, von der er viel Übles und wenig Gutes gehört hatte. Indessen erhielt ich bei meiner Ankunft hier ein Schreiben von ihm, worin eigentlich nichts stand als einige Bibelstellen, die ihn in seiner Niedergeschlagenheit getröstet hatten, und schließlich eine zweifelhaft gestellte Einladung, nach Reinfeld zu kommen. Von dieser machte ich Gebrauch, ohne noch zu wissen, mit welchem Gesicht man mich empfangen werde. Ich fand dort keine ungünstige Stimmung, aber Neigung zu weit aussehenden Verhandlungen, und wer weiß, welchen Weg diese genommen hätten, wenn ich nicht durch eine entschlossene accolade[1] meiner Braut, gleich beim ersten Anblick ihrer, die Sache zum sprachlosen Staunen der Eltern in ein anderes Stadium gerückt hätte, in welchem binnen fünf Minuten alles in Richtigkeit geriet, so daß tags darauf bei einem zufälligen Diner die offene Erklärung, wiederum unter großem Staunen der Anwesenden, stattfand.
Im übrigen glaube ich ein großes und nicht mehr gehofftes Glück gemacht zu haben, indem ich, ganz kaltblütig gesprochen, eine Frau von seltnem Geist und seltnem Adel der Gesinnung heirate; dabei liebenswürdig sehr und facile à vivre[2], wie ich nie ein Frauenzimmer gekannt habe. In Glaubenssachen gehen wir, mehr zu ihrem als zu meinem Leidwesen, etwas auseinander, wenn auch nicht so sehr, als Du meinesteils glauben magst, denn mancherlei innere und äußere Ereignisse haben in letzter Zeit Veränderungen in

mir hervorgebracht, durch die ich mich, was früher, wie Du weißt, nicht der Fall war, berechtigt halte, mich den Bekennern der christlichen Religion beizuzählen. Wenn ich auch in vielen Lehren, vielleicht in denen, die jene für die Hauptsache halten, soweit ich mir selbst klar bin, lange nicht auf gleichem Gesichtspunkt mit ihnen stehe, so ist doch stillschweigend eine Art von Passauer Vertrag[3] zwischen uns zustande gekommen. Übrigens liebe ich den Pietismus an Frauen und verabscheue weibliche Lichtfreunde.

1 Umarmung.
2 verträglich.
3 1552 geschlossener vorläufiger Friedensvertrag zwischen katholischen und evangelischen Reichsständen.

Nach der Verlobung vom 12. Januar 1847 heiratete das Paar am 28. Juli des gleichen Jahres in der Dorfkirche von Alt-Kolziglow, dem Kirchort des Puttkamerschen Gutes Reinfeld in Hinterpommern. Johanna war eine Frau, wie Bismarck sie brauchte. Auf sein Wohlbefinden bedacht, für Haus und Familie sorgend, bewunderte sie den bedeutenden Mann, ohne sich groß um Politik zu kümmern. Dessen Freunden war sie wohlgesonnen, politische Gegner aber haßte sie noch heftiger als das große „Ottochen“ selbst. Beide haben sich ein Leben lang aufs engste einander verbunden gefühlt.

27 Johanna von Bismarck an den Ehemann (1849):

Je mehr Ärger Du in dem alten Gewühl da draußen hast, desto helleren Sonnenschein wird Dir Deine Nanne im wärmsten Herzen entgegenbringen, wenn Du heimkehrst; und wenn Dich die schändlichen, ekligen Menschen schlecht behandeln, will ich Dich streicheln und Dir liebevoll teilnehmend ins Auge sehen, bis Du alles vergessen hast.

Otto und Johanna von Bismarck 1849

28 *Glückwunschtelegramm Bismarcks an Johanna zum 40. Hochzeitstag am 28. Juli 1887:*

Ich danke Gott und danke Dir für 40 Jahre unwandelbarer Liebe und Treue. Es waren 14610 Tage, daneben 2088 Sonntage und zehn 29te Februare. Gute und schlimme, aber doch viel mehr gute.

Schon bald nachdem er sich in Schönhausen festgesetzt hatte und noch auf Freiersfüßen ging, zog es Bismarck in die Politik. Er betrat die politische Arena in jenen Jahren, da die alte Feudalordnung der preußischen Monarchie von den neuen Mächten der kapitalistischen Gesellschaft, der ökonomisch erstarkten Bourgeoisie und dem heranwachsenden Proletariat, sich mehr und mehr in die Schranken gefordert sah. Bismarck kam mit einem klaren politischen Bewußtsein und dem festen Willen, nicht ein einziges der sozialen und politischen Privilegien seiner Klasse preiszugeben. Und so reihte er sich denn ein in die Schar der entschlossenen Vorkämpfer für eine Agrar- wie Staatsverfassung, welche die soziale Macht des grundbesitzenden Adels um jeden Preis schützt und seine politische Mitregierung unter allen Umständen sichert. Jene Hochkonservativen wollten das Leben in den Kernprovinzen Preußens in den traditionellen Bahnen halten und an die liebgewordene Ordnung sowenig wie möglich durch äußere Eingriffe, von wem und wo auch immer, rühren lassen. So agierte Bismarck entsprechend ständisch gegen den Absolutismus der königlichen Macht, zugleich aber durch und durch monarchisch, wenn bürgerlich-liberale Regungen zurückzuweisen waren.
Mit der Ernennung zum Deichhauptmann für den unteren magdeburgischen Bezirk, von Jerichow bis unterhalb von Sandau, begann im Oktober 1846 Bismarcks öffentliches Wirken in Körperschaften der ständischen Selbstverwaltung. Es war zwar nur eine lokale Aufgabe, zum Schutz der eigenen Schönhauser Fluren gegen Überschwemmungen der Elbe aber von Nutzen und nicht zuletzt für das Ansehen der Person wichtig.

29 An die Braut, 23. Februar 1847:

Es ist wahr, Bräutigam und Deichhauptmann sind fast incompatible; aber wenn ich letzteres nicht wäre, wüßte ich doch gar nicht, wer es sein sollte. Die Revenuen sind klein dabei und die Mühe zuzeiten groß, die Herrn der Gegend hier aber sehr interessiert und ohne Gemeingeist. Und wenn sich auch einer fände, der es des Titels halber, der hier wunderlicherweise sehr gesucht ist, täte, so gibt es doch hier, Gott verzeih mir die Sünde, keinen, der nicht entweder geschäftsuntauglich oder mattherzig wäre. Eine schöne Meinung wirst du denken, die ich von mir habe, daß ich allein das alles nicht bin; aber ich behaupte bei aller mir angeborenen Bescheidenheit, daß ich alle diese Fehler in geringerem Maße besitze als die anderen hier im Lande, was freilich nicht viel sagen will.

Die erste politische Aktion, in die sich im Frühjahr 1847 Bismarck einschaltete, war die Auseinandersetzung um die Patrimonialgerichtsbarkeit. Im Gegensatz zu Bestrebungen der Liberalen, jenes feudalständische Relikt ganz abzuschaffen, aber auch gegenüber bestimmten Reformplänen der Staatsbürokratie, die zentralisierend in das uralte Recht der Grundherren eingreifen wollte, ging es Bismarck um das anachronistische Ziel, die mittelalterliche Sozialhierarchie auf dem Lande neu zu befestigen.
Anfang Januar 1847 rief er die benachbarten Standesgenossen auf, einer von oben her bevorstehenden Umbildung der Patrimonialgerichte nicht untätig entgegenzusehen. Bismarck entwickelte einen Organisationsplan, agitierte auf dem Jerichower Kreistag und dem Konvent der Magdeburgischen Ritterschaft und nahm schließlich im März 1847 auch an Beratungen im Justizministerium in Berlin teil. In jenem Ringen um die gutsherrliche Gerichtsbarkeit entstanden die engen persönlichen und politischen Bande des jungen Bismarck zu dem Präsidenten des Magdeburger Appellationsgerichts, Ludwig von Gerlach, einem der Führer des konservativen Altpreußentums und Vertrauten des Königs Friedrich Wilhelm IV.

30 *Rundschreiben Bismarcks an die Ritterschaft der beiden Jerichower Kreise, 7. Januar 1847:*

Ich glaube die Ansicht der Mehrheit meiner Mitstände zu teilen, wenn ich die Ernennung einer großen Zahl der richterlichen Beamten für ein wichtiges und ehrenwertes ständisches Recht halte, welches dem Stande der Rittergutsbesitzer ein materielles und noch mehr ein moralisches Gewicht in unsrer Verfassung gibt, das schwer zu ersetzen sein möchte und das ich entschlossen bin, freiwillig nicht aufzugeben.

31 An Ludwig von Gerlach, 24. Februar 1846:

Ich erlaube mir bei dieser Gelegenheit noch eine Idee über Patrimonial-Gerichte auszusprechen, die bei vielen meiner Mitstände Anklang findet. Diese Gerichtsbarkeit ist jetzt tatsächlich selten etwas anderes als ein Flicken auf dem Mantel eines Königlichen Richters, in dessen stattlichem Faltenwurf sie für gewöhnlich verschwindet, um nur in der Unterschrift einer Ausfertigung gelegentlich hervorzutreten. Die Kleinheit der meisten Patrimonial-Gerichtsbezirke nötigt deren Inhaber, seine Gerichtsbarkeit einem benachbarten Königlichen Richter beizulegen, dessen Charakter als Königlicher Beamter dadurch nicht um einen halben Ton modifiziert wird. Wenn aber die Patrimonial-Gerichtsbarkeit ein lebendiger Teil unsrer Verfassung sein soll, so müßte m. E. der Patrimonial-Richter wesentlich und ausschließlich, solange er seine Stelle hat, ständischer, ritterschaftlicher, Beamter sein. Dies ließe sich, glaub ich, dadurch erreichen, daß man dem Mangel an Korporations-Geist und ständischem Leben in unsrer kornbauenden Ritterschaft im Wege der Gesetzgebung zu Hilfe käme; indem wenigstens da, wo es örtlich ausführbar ist, so viel Patrimonial-Gerichte zum Zusammentritt veranlaßt würden, daß sie einen hinreichenden Bezirk für ein Gerichtsamt, im Sinne des anliegenden Organisationsplanes, bildeten, dessen Richter dann von den beteiligten Gerichtsherren, analog dem Landrate, gewählt würde. Danach dürften, bis auf die durch ihre Lokalität zur Ausnahme geeigneten Fälle, Königliche Richter nicht zugleich Patrimonial-Richter sein.

Die Kontroverse um die Patrimonialgerichtsbarkeit wurde nicht zu Ende ausgetragen, weil bald andere Fragen in den Vordergrund traten. Glücklich und zufrieden konnte Bismarck darum noch im März 1847 in Briefen an die Braut von den altüberlieferten Idealen feudalständisch-patriarchalischer Lebensform eines Landjunkers schwärmen.

Die Luft hier konserviert das Gesinde. Bellin ist ein Bauernsohn hier aus dem Dorf, fing als Reitknecht an bei meinem Vater und ist nun 40 Jahre im Dienst, davon 32 als Inspektor; seine Frau ist in unserem Dienst geboren, Tochter des vorigen, Schwester des jetzigen Schäfers; letzterer und der Ziegelmeister, der auch bald 60 Jahre ist, dienen schon als zweite Generation hier und haben ihre Väter bei meinem Großvater und Vater schon dieselben Stellen bekleidet. Die Gärtnerſamilie ist leider im vorigen Jahr mit einem kinderlosen 75er, der den Posten von seinem Vater geerbt hatte, ausgestorben. Der Kuhhirt hat meinen Vater noch als Fähnrich gekannt, der Vorwerksmeier und der Jäger legten beim Tode meines Vaters wegen Altersschwäche, beide nach fast 50jähriger Dienstzeit, ihr Amt nieder, der Sohn Nimrods, nachdem ich ihm hatte zusichern müssen, daß er die Hasen doch noch schießen solle, die ich für die Küche brauchte; der arme Stümper sieht nur nicht mehr genug dazu. Selbst unter dem Zugvögelgeschlecht der Mägde befinden sich einige, die ich seit 10 Jahren und vielleicht länger kenne. Ich kann nicht leugnen, daß ich einigermaßen stolz bin auf dieses langjährige Walten des konservativen Prinzips hier im Hause, in welchem meine Väter seit Jahrhunderten in denselben Zimmern gewohnt haben, geboren und gestorben sind, wie die Bilder im Hause und in der Kirche sie zeigen, vom eisenklirrenden Ritter bis auf den langgelockten zwikkelbärtigen Kavalier des 30jährigen Krieges, dann die Träger der riesenhaften Allongeperücken, die mit talons rouges auf diesen Dielen einherstolzierten, und den bezopften Reiter, der in Friedrich des Großen Schlachten blieb, bis zu dem verweichlichten Sprossen, der jetzt einem schwarzhaarigen Mädchen zu Füßen liegt.

Für Anfang April 1847 waren die Abgeordneten aller acht preußischen Provinziallandtage zu einem Vereinigten Landtag nach Berlin einberufen worden. Die angespannte Finanzlage des preußischen Staates hatte Friedrich Wilhelm IV. zu diesem Zugeständnis an die liberale Opposition genötigt. Die Vertreter der rheinischen Großbourgeoi-

sie wollten sich aber mit den kärglichen Befugnissen ständischer Mitwirkung nicht abspeisen lassen und pochten auf weitergehende konstitutionelle Rechte. In dieser Situation ist Hansemanns berühmtes Wort gefallen: „Bei Geldfragen hört die Gemütlichkeit auf."
Zu Bismarcks großer Enttäuschung war er zunächst nicht dabei, als am 11. April 1847 die Honoratioren der Ritterschaften, Städte und Landgemeinden Preußens zusammen mit Vertretern des Hochadels das erste große Parlament auf deutschem Boden bildeten. Er war im Juli 1846 nur zum Stellvertreter des Abgeordneten der Ritterschaft des Kreises Jerichow für den sächsischen Provinziallandtag in Merseburg gewählt worden und mußte auf einen frei werdenden Sitz warten. Seine Stunde schlug aber dann doch noch, als ein Abgeordneter plötzlich erkrankte und Otto von Bismarck an dessen Stelle am 8. Mai 1847 endlich auch in den Vereinigten Landtag einziehen konnte.

33 An die Braut, 8. Mai 1847:

Teuerste, einzige, geliebte Juanita! better half of myself![1] Ich möchte meinen Brief mit jeder möglichen Anrede beginnen, durch die ich Dich günstig für mich stimmen kann, denn ich bedarf Deiner Verzeihung sehr; ich will Dich nicht raten lassen, weshalb, damit Du Dir nichts Schlimmeres denkst, als daß ich zum Landtag einberufen bin und es angenommen habe.

1 meine bessere Hälfte.

Bismarcks parlamentarisches Debüt war bemerkenswert. Während die Mehrheit der liberalen Bourgeoisie seit Jahren die Erinnerung an das 1815 von der preußischen Krone gegebene Verfassungsversprechen beschwor, machte der Junker aus Schönhausen gegen die allgemeinen liberal-konstitutionellen Erwartungen entschieden Front. In einer aufsehenerregenden Rede griff Bismarck am 17. Mai 1847 die in solcher Form gar nicht aufgestellte These an, daß das preußische Volk sich 1813 nur gegen die napoleonische

Fremdherrschaft erhoben habe, um daraus den Anspruch auf eine Verfassung ableiten zu können. Die verbissene Argumentation Bismarcks, vor allem aber die ungehobelte, provozierende Form seines Auftritts, erregte auf sehr vielen Bänken des Hauses Befremden und Mißfallen. Die bereinigte Fassung des offiziellen Sitzungsberichts vermittelt nur einen schwachen Eindruck von der Szene, in der Bismarcks ungestüme politische Kampfeslust erstmals aufblitzte.

34 Bismarck im Vereinigten Landtag, 17. Mai 1847:

Für jetzt fühle ich mich nur noch gedrungen, dem zu widersprechen, was auf der Tribüne sowohl als außerhalb dieses Saales so oft laut geworden ist, als von Ansprüchen auf Verfassung die Rede war: als ob die Bewegung des Volkes von 1813 anderen Gründen zugeschrieben werden müßte und es eines anderen Motivs bedurft hätte als der Schmach, daß Fremde in unserem Lande geboten.
(Murren und lautes Rufen unterbricht den Redner; dieser zieht die Spenersche Zeitung aus der Tasche und liest darin, bis der Marschall die Ruhe wiederhergestellt hat. Dann fährt er fort:)
Es heißt meines Erachtens der Nationalehre einen schlechten Dienst erweisen (wiederholtes Murren), wenn man annimmt, daß die Mißhandlung und Erniedrigung, die die Preußen durch einen fremden Gewalthaber erlitten, nicht hinreichend gewesen seien, ihr Blut in Wallung zu bringen und durch den Haß gegen die Fremdlinge alle andern Gefühle übertäubt werden zu lassen.
(Großer Lärm. Mehrere Abgeordnete bitten ums Wort. Die Abgeordneten Krause und Gier bestreiten hierauf dem Redner das Recht, über das Wesen einer Bewegung zu urteilen, die er nicht selbst miterlebt habe.)
Darauf erwidert Abgeordneter von Bismarck-Schönhausen:
Ich kann allerdings nicht in Abrede stellen, daß ich zu jener Zeit nicht gelebt habe, und es tat mir stets aufrichtig leid, daß es mir nicht vergönnt gewesen, an dieser Bewegung teilzunehmen; ein Bedauern, das vermindert wird durch die

Aufklärung, die ich soeben über die damalige Bewegung empfangen habe. Ich habe immer geglaubt, daß die Knechtschaft, gegen die damals gekämpft wurde, im Auslande gelegen habe: soeben bin ich aber belehrt, daß sie im Inlande gelegen hat, und ich bin nicht sehr dankbar für diese Aufklärung. (Murren und Bravo.)

Mehrfach ergriff Bismarck während der kurzen Sitzungsperiode des Vereinigten Landtags noch das Wort. Er genoß es, einer breiten Öffentlichkeit und bei Hofe bekannt zu werden, und festigte in den Reihen der konservativen Ultras seinen Ruf als unerschrockener Parteigänger gegen den bürgerlichen Liberalismus.

35 *An die Braut, 18. Mai 1847:*

Die Landtagsverhandlungen nehmen eine für jeden Wohlgesinnten betrübende Richtung; die besten Absichten, die gesetzlichsten Handlungen werden aus reinem Parteigeist verkannt und entstellt, und die Regierung befindet sich, bei vollständigem Recht, stets in der Minderheit. Mit äußerster Spannung sehn wir in den nächsten Tagen der Verhandlung über die eigentlich politischen Fragen, wegen Verfassung etc. entgegen. Die Sache ergreift mich viel mehr, als ich dachte.

36 *An die Braut, 13. Juni 1847:*

Übrigens gewährte es mir einige Genugtuung zu sehn, daß meine bei einigen Gelegenheiten hervorgetretne Bissigkeit gegen die Lügen der Opposition, die mit schönen Worten böse Werke verdeckt, so viel Eindruck gemacht hatte, daß meine Abwesenheit wenigstens aufgefallen war, was unter 600 schon viel ist. Meine Freunde versicherten mich, daß sie bei manchen Unverschämtheiten der andern Seite erwartungsvoll umgeblickt hätten, ob nicht von meinem Platz ein Kämpfer der Wahrheit erstehn würde.

Bismarck als Landtags-abgeordneter 1848

37 An die Braut, 22. Juni 1847:

Vorgestern waren wir bei unserm Freunde dem Könige, und wurde ich von den hohen Herrschaften sehr verzogen und bin nun so stolz, daß ich immer über Deinen Kopf wegsehen werde und nur in seltenen Augenblicken der Herablassung mein Auge zu Deinem schwarz-grau-blauen niederschlagen.

III

Adjutant der Konterrevolution 1848/49–1850

Der revolutionäre Funke, der im Februar/März 1848 von Frankreich aus auf die deutschen Mittel- und Kleinstaaten, auf Österreich und Preußen übersprang, fand in den wirtschaftlichen, sozialen und politischen Interessengegensätzen der preußischen Monarchie genügend Zündstoff. Die reaktionäre Junkerherrschaft und die aufstrebende bürgerlich-kapitalistische Gesellschaft waren in ein dichtes Netz von Widersprüchen verwickelt. Die Bourgeoisie, im Aufwind der industriellen Revolution ökonomisch ungemein erstarkt, machte politische Ansprüche geltend: Verfassung, bürgerliche Grundrechte, allgemeine deutsche Volksvertretung und einheitlicher Nationalstaat. Hinter dem „Dritten Stand“ formierte sich freilich unübersehbar auch ein „Vierter Stand“, dessen bewußteste Vertreter sich schon nicht mehr mit formalen bürgerlichen Freiheiten begnügten, sondern die soziale Gleichheit, das heißt einen radikalen Umbruch der gesellschaftlichen Verhältnisse, proklamierten. Das junge Proletariat stellte zusammen mit den kleinbürgerlichen Massen überall die entschiedenste Triebkraft der revolutionären Volksbewegung dar.
Am 18./19. März 1848 kam die bürgerliche Revolution in Berlin zum Durchbruch. Die preußische Krone und das Militär wichen unter dem Druck der Barrikadenkämpfer zurück. Der Vereinigte Landtag wurde für den 2. April erneut einberufen, eine Verfassung sowie eine national-liberale Reform des Deutschen Bundes in Aussicht gestellt. Das Volk hatte bürgerlich-demokratische Rechte erobert, vor allem Presse- und Versammlungsfreiheit, und die Führer der liberalen Opposition, die rheinischen Bankiers Camphausen und Hansemann, wurden an die Spitze der Regierung berufen.
Als Bismarck von den Ereignissen in der aufständischen

Hauptstadt erfuhr, brach ihm die vertraute Welt zusammen; tatenlos wollte er dies nicht hinnehmen. Sein erster Gedanke war, sich an die Spitze einer Gegenrevolution zu stellen und mit den Schönhauser Bauern dem bedrängten König zu Hilfe zu eilen.

38 Aus Bismarcks „Gedanken und Erinnerungen":

Politisch, dachte ich, würde der König bald Herr der Sache werden, wenn er nur frei wäre; ich sah die nächste Aufgabe in der Befreiung des Königs, der in der Gewalt der Aufständischen sein sollte.
Am 20. meldeten mir die Bauern in Schönhausen, es seien Deputierte aus dem dreiviertel Meilen entfernten Tangermünde angekommen, mit der Aufforderung, wie in der ge-

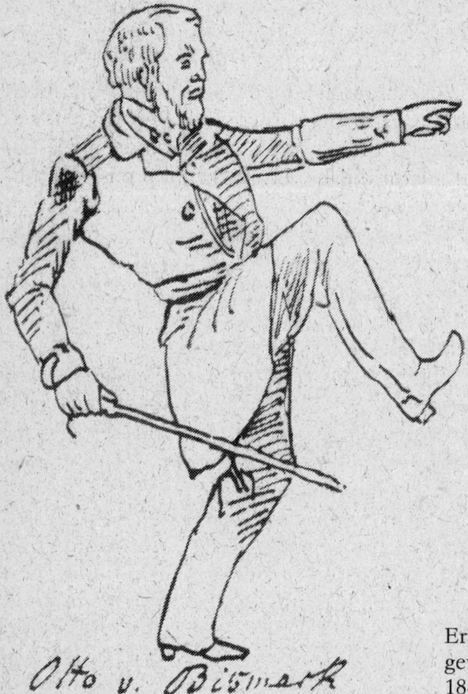

Erste Karikatur des gewalttätigen Junkers 1848

nannten Stadt geschehen war, auf dem Turme die schwarz-rot-goldne Fahne aufzuziehn, und mit der Drohung, im Weigerungsfalle mit Verstärkung wiederzukommen. Ich fragte die Bauern, ob sie sich wehren wollten: sie antworteten mit einem einstimmigen und lebhaften „Ja“, und ich empfahl ihnen, die Städter aus dem Dorfe zu treiben, was unter eifriger Beteiligung der Weiber besorgt wurde. Ich ließ dann eine in der Kirche vorhandene weiße Fahne mit schwarzem Kreuz, in Form des eisernen, auf dem Turme aufziehen und ermittelte, was an Gewehren und Schießbedarf im Dorfe vorhanden war, wobei etwa fünfzig bäuerliche Jagdgewehre zum Vorschein kamen. Ich selbst besaß mit Einrechnung der altertümlichen einige zwanzig und ließ Pulver durch reitende Boten von Jerichow und Rathenow holen.
Dann fuhr ich mit meiner Frau auf umliegende Dörfer und fand die Bauern eifrig bereit, dem Könige nach Berlin zu Hilfe zu ziehen, besonders begeistert einen alten Deichschulzen Krause in Neuermark, der in meines Vaters Regiment „Carabiniers“ Wachtmeister gewesen war. Nur mein nächster Nachbar sympathisierte mit der Berliner Bewegung, warf mir vor, eine Brandfackel in das Land zu schleudern, und erklärte, wenn die Bauern sich wirklich zum Abmarsch anschicken sollten, so werde er auftreten und abwiegeln. Ich erwiderte: „Sie kennen mich als einen ruhigen Mann, aber wenn Sie das tun, so schieße ich Sie nieder.“ – „Das werden Sie nicht“, meinte er. – „Ich gebe mein Ehrenwort darauf“, versetzte ich „und Sie wissen, daß ich das halte, also lassen Sie das.“

In seinen Lebenserinnerungen hat der hochbetagte Bismarck rückblickend eine sehr persönliche Version der Märzereignisse von 1848 geschildert, die seiner damaligen Stimmung wohl gerecht wird, den wirklichen Ablauf des Geschehens freilich nicht annähernd richtig wiedergibt. Ernst war es dem junkerlichen Standespolitiker zweifellos, die bedrohte monarchisch-aristokratische Ordnung zu retten.
Am 20. März 1848 brach er nach Potsdam und Berlin auf, um bei den maßgebenden politischen und militärischen In-

stanzen die Lage zu erkunden. Bis zum König drang Bismarck nicht vor, doch der konservative Heißsporn aus Schönhausen schien fest entschlossen, den Kampf um die Bewahrung des althergebrachten gesellschaftlichen und politischen Systems in Preußen notfalls auch gegen die Person des augenblicklich regierenden Monarchen auszufechten. Wenigstens kam es am 23. März 1848 im Potsdamer Stadtschloß zu einem mysteriösen Treffen Bismarcks mit der Prinzessin Augusta, der Frau des Prinzen Wilhelm – Bruder des damaligen Königs und späterer deutscher Kaiser –, der sich aus dem revolutionären Berlin nach England abgesetzt hatte. Nach der 1863 aufgezeichneten Version Augustas habe sich Bismarck in den Märztagen 1848 im Namen des Prinzen Karl, eines anderen Bruders von König Friedrich Wilhelm IV., für eine aristokratische Gegenrevolution gegen den handlungsunfähigen Träger der Krone eingesetzt. Bismarck hat den Vorgang später ganz anders dargestellt, nach ihm sei Augusta selbst an einer Regentschaft interessiert gewesen. Jedenfalls blieb seitdem das Verhältnis zwischen beiden arg belastet.

39 Aufzeichnung von Königin Augusta (1863):

Graf Bismarck-Schönhausen ist in den Märztagen 1848 kurz nach Abreise des Prinzen von Preußen nach England bei seiner Gemahlin im Auftrage des Prinzen Carl erschienen, um die Ermächtigung zu erlangen, sowohl den Namen des abwesenden Thronerben als seines Sohnes (der noch unmündig war) zu einer Contre-Revolution zu benutzen, durch welche die bereits vollzogenen Maßregeln des Königs nicht anerkannt und dessen Berechtigung, resp. Zurechnungsfähigkeit beanstandet werden sollten.

Bismarcks konterrevolutionärer Anlauf im März 1848 fiel in sich zusammen, ehe er recht begonnen hatte. Anscheinend wollten die Machtfaktoren des altpreußischen Staates – Krone, Militär und Junkertum – sich ohne Gegenwehr mit der neuen Entwicklung abfinden. Niemand war vorerst bereit, auf Bismarcks abenteuerliche Pläne einzugehen, der

darum maßlos enttäuscht nach Schönhausen zurückkehrte.
Selbst Bismarck schien zu kapitulieren. Seine Antwort auf eine Attacke der „Magdeburgischen Zeitung“ gegen die „feudalistische Wühlarbeit“ adliger Agitatoren in der Altmark läßt die gewohnte Kampfeslust vermissen.

40 An die Redaktion der Magdeburgischen Zeitung, 30. März 1848:

Glaube ich die Gesinnungen der großen Mehrzahl der Ritterschaft dahin aussprechen zu können, daß in einer Zeit, wo es sich um das soziale und politische Fortbestehn Preußens handelt, wo Deutschland von Spaltungen in mehr als einer Richtung bedroht ist, wir weder Zeit noch Neigung haben, unsre Kräfte an reaktionäre Versuche oder an Verteidigung der unbedeutenden, uns bisher verbliebenen gutsherrlichen Rechte zu vergeuden, sondern gern bereit sind, diese auf Würdigere zu übertragen, indem wir dieses als untergeordnete Frage, die Herstellung rechtlicher Ordnung in Deutschland, die Erhaltung der Ehre und Unverletztlichkeit unsres Vaterlandes aber als die für jetzt alleinige Aufgabe eines jeden betrachten, dessen Blick auf unsre politische Lage nicht durch Parteiansichten getrübt ist.

Noch schwächlicher klingen die Töne in der Rede, die Bismarck am 2. April 1848 im Vereinigten Landtag hielt. Königtum und „Bürgerministerium“ waren sich einig, die nicht vom Volk gewählte feudalständische Vertretung noch einmal zusammentreten zu lassen, um einen „gesetzlichen“ Übergang von den altpreußischen Verfassungszuständen in ein künftiges konstitutionelles Regime zu verbürgen. Die Abgeordneten sollten eine Adresse beschließen, in welcher dem König für die Errungenschaften der Revolution gedankt wurde. Zwar blieb auch Bismarck nichts anderes übrig, als die vorläufige Unabänderlichkeit der geschaffenen Tatsachen zu konstatieren. Doch er tat es mit schmerzlichem Bedauern, ohne die Ergebnisse des 18. März 1848 innerlich zu akzeptieren und schon gar nicht ausdrücklich zu billigen.

41 Bismarck im Vereinigten Landtag, 2. April 1848:

Ich bin einer der wenigen, welche gegen die Adresse stimmen werden, und ich habe um das Wort nur deshalb gebeten, um diese Abstimmung zu motivieren und Ihnen zu erklären, daß ich die Adresse, insoweit sie ein Programm der Zukunft ist, ohne weiteres akzeptiere, aus dem alleinigen Grunde, weil ich mir nicht anders helfen kann. Nicht freiwillig, sondern durch den Drang der Umstände getrieben, tue ich es; denn ich habe meine Ansicht seit den sechs Monaten nicht gewechselt; ich glaube, daß dies Ministerium das einzige ist, welches uns aus der gegenwärtigen Lage einem geordneten und gesetzmäßigen Zustande zuführen kann, und aus diesem Grunde werde ich demselben meine geringe Unterstützung überall widmen, wo es mir möglich ist. Was mich aber veranlaßt, gegen die Adresse zu stimmen, sind die Äußerungen von Freude und Dank für das, was in den letzten Tagen geschehen ist. Die Vergangenheit ist begraben, und ich bedaure es schmerzlicher als viele von Ihnen, daß keine menschliche Macht imstande ist, sie wieder zu erwecken, nachdem die Krone selbst die Erde auf ihren Sarg geworfen hat. Aber wenn ich dies, durch die Gewalt der Umstände gezwungen, akzeptiere, so kann ich doch nicht aus meiner Wirksamkeit auf dem Vereinigten Landtage mit der Lüge scheiden, daß ich für das danken und mich freuen soll über das, was ich mindestens für einen irrtümlichen Weg halten muß. Wenn es wirklich gelingt, auf dem neuen Wege, der jetzt eingeschlagen ist, ein einiges deutsches Vaterland, einen glücklichen oder auch nur gesetzmäßig geordneten Zustand zu erlangen, dann wird der Augenblick gekommen sein, wo ich dem Urheber der neuen Ordnung der Dinge meinen Dank aussprechen kann; jetzt aber ist es mir nicht möglich!

Das großbürgerlich-liberale Märzministerium, auf die Aufgabe konzentriert, „Ruhe und Ordnung" wiederherzustellen und die demokratische Volksbewegung niederzuhalten, suchte dazu vom ersten Tage an die enge Kooperation mit den alten feudalreaktionären Kräften. Das Regierungsprogramm Camphausens und Hansemanns sah aber auch vor, im bourgeoisen Klasseninteresse bestimmte Vorrechte des

Junkertums einzuschränken. Solcher „Anmaßung" gegenüber hielt es Bismarck nicht lange in untätiger Resignation aus. Bereits am 10. April 1848 begann er wieder, die Konfrontation des Junkertums zur Bourgeoisie zu schüren, als er im Vereinigten Landtag das Ministerium beschuldigte, in Fragen der Steuer- und Finanzpolitik die Interessen der „größeren Städte" denen des „platten Landes" vorzuziehen.

42 Bismarck im Vereinigten Landtag, 10. April 1848:

Ich protestiere um so mehr dagegen, als aus den neuesten Akten der Finanzverwaltung ich die Befürchtung schöpfe, daß das leitende System der Finanzen die Zustände unseres Vaterlandes mehr durch die Brille des Industrialismus auffaßt als mit dem klaren Auge des Staatsmannes, der alle Interessen des Landes mit gleicher Unparteilichkeit überblickt; ich fürchte deshalb, daß bei der neuen Belastung die Last hauptsächlich auf das platte Land und auf die kleinen Städte gewälzt werden wird und daß die Verwendung der aufgebrachten Mittel überwiegend der Industrie und dem Geldverkehr der größeren Städte zugute kommen wird. (...)
Ich kann daher jenem Akt unsrer Gesetzgebung kaum einen anderen Grund unterlegen als den einer captatio benevolentiae[1] für den die größeren Städte beherrschenden Zeitgeist, indem man die Bevölkerung dieser Städte durch eine neue Konzession für Ruhe und Ordnung hat gewinnen wollen.
Auch wir in der Provinz sind entschlossen, Ruhe und Ordnung aufrechtzuerhalten und dieselbe, wo sie auch gestört werden mag, wenn es not tut, mit den Waffen in der Hand herzustellen; aber wir sind nicht entschlossen, sie zu erkaufen durch eine ungleiche Besteuerung zugunsten der großen Städte. (...) In betreff der ferneren Garantie für fünfundzwanzig Millionen stimme ich für entschiedene Ablehnung derselben, weil ich nicht glaube, daß durch eine derartige Unterstützung der Industrie, die schon an Überproduktion wegen Mangels an Konsum leidet, die Ruhe im Lande auf die Dauer gesichert werden kann, und daß damit nichts weiter geschehen würde, als diese oder eine gerin-

gere Summe dem Vermögen der Steuerpflichtigen zu entziehen, um sie in den bodenlosen Brunnen der Bedürfnisse einer wankenden Industrie zu schütten.

1 Haschen nach Wohlwollen.

Die Niederlage der Pariser Arbeiter im Juniaufstand von 1848, der ersten offenen Klassenschlacht zwischen Bourgeoisie und Proletariat, gab dem revolutionären Geschehen in ganz Europa eine Wende. Dadurch fühlte sich die adligjunkerliche Konterrevolution in den Sommermonaten 1848 auch in Deutschland ermutigt, nach der Verwirrung des achtundvierziger Frühlings wieder das Haupt zu erheben. Zunächst konzentrierte man sich auf die Sammlung der konservativen Kräfte. Am 24. Juli 1848 wurde in Stettin der „Verein zur Wahrung der Interessen des Grundbesitzes" konstituiert. Bismarck war an den organisatorischen Vorarbeiten für die Gründung beteiligt und verfaßte im Sinne der junkerlichen Interessenorganisation eine Eingabe an den preußischen König, in der gegen beabsichtigte Eingriffe des liberalen Ministeriums in feudale Privilegien massiver Protest erhoben wird.

43 Eingabe an König Friedrich Wilhelm IV. (August 1848):

E. M. Minister haben der Nationalversammlung in der Botschaft vom 20. Juli 1848 wegen Grundsteuer etc. einen Besteuerungsentwurf vorgelegt, der die Gleichheit vor dem Gesetz aufhebt, indem er an die Stelle einer gleichmäßigen Besteuerung Konfiskation des Vermögens derjenigen Untertanen setzt, welche dasselbe augenblicklich in steuerfreien Grundstücken angelegt haben; mit einer Willkür, wie nur Eroberer und Gewaltherrscher sie bisher übten, trifft diese Konfiskation den reichen und schuldenfreien leichter, den verschuldeten Besitzer härter, die ungleichsten Vermögen zahlen gleich viel, wenn sie in gleich großem Grundbesitz stekken, und vielen Familien wird durch die Grundsteuer das Letzte genommen, was sie an ihren Gütern besitzen. (...)
Wir können nicht glauben, daß E. M. die Ungerechtigkeit der beabsichtigten Maßregeln vollständig dargelegt worden

sei, Maßregeln, in deren Gefolge die Vernichtung des Eigentums, des Kredits, die Unsicherheit gerichtlicher Verträge und Erkenntnisse unausbleiblich sind. E. M. haben zwar die Minister für verantwortlich erklärt, aber deshalb können wir uns von der Überzeugung nicht lossagen und sprechen sie mit dem Freimut aus, der vor dem Preußischen Throne stets Gehör fand, daß wir mit der großen Mehrzahl des preußischen Volkes E. M. vor Gott und vor der Nachwelt verantwortlich halten werden, wenn wir den Namen des Königs, dessen Vater der Gerechte hieß, unter Gesetzen erblicken müssen, die ein Verlassen des Pfades bekunden würden, auf welchem die Könige Preußens den

Bismarck inmitten der Kreuzzeitungspartei. Karikatur des „Kladderadatsch" vom 4. November 1849

hundertjährigen Ruhm fleckenloser Gerechtigkeit erwarben und die Mühle von Sanssouci zu einem welthistorischen Denkmal machten. Es liegt in der Macht E. M. und also auch innerhalb Ihrer Verantwortung, die Minister zu ernennen und zu entlassen: noch ist die Krone frei genug, um nicht dulden zu müssen, daß ein Ministerium ihr die Liebe und Achtung ihrer Untertanen raube und die Bedingungen vernichte, unter denen wir und unsre Väter den Schutz, die Gerechtigkeit und die Weisheit unsrer Könige mit treuer und aufopfernder Anhänglichkeit vergolten haben.
Indem wir alleruntertänigst bitten, daß E. M. dem Gesetze wegen Veranlagung einer Grundsteuer, unentgeltlicher Aufhebung geldwerter Privatrechte und dem zu erwartenden Angriff auf das Vermögen der zu Grundrenten Berechtigten Ihre Zustimmung versagen, verlangen wir nur Gerechtigkeit, nur Schutz unsres Eigentums, nur Gleichheit vor dem Gesetz mit dem letzten Tagelöhner; lassen E. M. die Geschichte nicht sagen, daß, unter Ihrer Regierung zuerst, ein solcher Ruf vor dem Preußischen Throne ungehört verhallt sei!

Seit dem 4. Juli 1848 erschien in Berlin die „Neue Preußische Zeitung", nach dem als Emblem geführten Eisernen Kreuz von 1813 „Kreuz-Zeitung" genannt, die zum Kristallisationskern der Konservativen Partei in Preußen wurde. Bismarck, der den Chefredakteur Hermann Wagener aus der Universitätszeit kannte, wurde ein enger Mitarbeiter des Blattes.

44 An Hermann Wagener, 25. August 1848:

In jedem Blatt Ihrer Zeitung suche ich, sobald ich es entfalte, nach Artikeln, welche die Frage wegen der Grundsteuer und der Rentablösung behandeln, und jedesmal suche ich zu meinem Kummer vergebens. Dem größten Teil der Leser wird gewiß eine gründlichere Beleuchtung dieser Fragen, die bisher in der Zeitung kaum anders als obenhin berührt worden sind, wichtiger sein als die zerbrochenen Scheiben sämtlicher Ministerhotels oder alle mystères der roten Republik. Fehlt es Ihnen an Artikeln darüber? Ich

würde sehr gern welche liefern, wenn Sie es wünschen, sehr gemäßigte; aber Sie haben deren noch einige von mir in Händen über dies Thema; streichen Sie alle Bitterkeiten daraus, wenn Sie wollen; finden Sie sie aber gar nicht geeignet, so schicken Sie sie mir zurück, damit ich sehe, was ich davon für die „Magdeburger Zeitung“ gebrauchen kann. (...) Die Auseinandersetzung wegen der Taglöhner möchte ich à tout prix gedruckt haben, sei es in der Neuen Presse oder als bezahltes Inserat in einer anderen Zeitung. Meine Frau hat eine Tochter; beide sind leidlich wohl, aber ich kann sie noch nicht verlassen.
P. S. Gerlach sagte neulich sehr gut: es ist ein Kriterium des Adels, daß er dem Lande umsonst dient; um das zu können, muß er aber ein eignes Vermögen haben, von dem er leben kann, sonst geht die Sache absolut nicht. Daher müssen wir schon so materiell sein, unsere materiellen Interessen verteidigen.

Im Unterschied zur älteren Generation der konservativen Honoratiorenpolitiker, die vor allem abstrakte Prinzipien und Ideale hochhielten, sprach Bismarck unverblümt die materiellen Interessen seines Standes an. Er trug maßgeblich dazu bei, dem junkerlichen Großgrundbesitz die gemeinsamen ökonomischen und gesellschaftlichen Bedürfnisse bewußtzumachen und so für den Kampf gegen die Revolution und den politischen Liberalismus zu mobilisieren. Dies eröffnete im übrigen einen Weg, auf dem später die sozialökonomische Basis eines Klassenkompromisses zwischen Bourgeoisie und Junkertum gefunden werden sollte.

45 Erinnerung Victor von Unruhs (1875):

Der Abgeordnete von Bismarck-Schönhausen machte auf mich einen sehr günstigen Eindruck, so entgegengesetzt auch unser politischer Standpunkt war. Sein frisches Wesen, seine treffenden originellen Bemerkungen und seine Mitteilsamkeit zogen mich an. Es sprach sich sehr gut mit ihm, auch wich er von der gewöhnlichen Schablone der Reaktionäre bedeutend ab. So unter anderem leugnete er gar nicht, daß er ein Junker sei, sondern äußerte geradeheraus zu mir: „Ich bin ein Junker und will auch Vorteile davon haben." Ich glaubte ihn richtig zu verstehen, daß er nicht sowohl pekuniäre Vorteile als solche der Stellung und des Einflusses meine. Deshalb antwortete ich ihm: „Dann ist mit Ihnen zu reden und zu verhandeln. Mit den Herren von der Rechten, welche immer das Staatswohl im Munde führen und die ganz Uneigennützigen spielen, ist kaum zu sprechen."

Die liberale Bourgeoisie, dank der revolutionären Massenaktionen im März 1848 in die Regierung gelangt, glaubte eine entscheidende Bresche in die Allmacht der Reaktion geschlagen zu haben. Zur Führung der Revolution wollte man sich freilich nicht aufschwingen. Aus Furcht vor der kleinbürgerlich-demokratischen Volksbewegung und dem zu wachsendem Selbstbewußtsein gelangten Proletariat schreckte die Bourgeoisie vor weiteren revolutionären Aktionen zurück und suchte ihre politischen Ansprüche auf dem Vereinbarungsweg mit Königtum und Adel durchzubringen. Nicht auf den Barrikaden, sondern in den von der liberalen Bourgeoisie beherrschten Vertretungskörperschaften – der am 18. Mai 1848 in der Frankfurter Paulskirche eröffneten deutschen Nationalversammlung sowie der am 22. Mai 1848 in der Singakademie zu Berlin zusammentretenden Verfassunggebenden Versammlung Preußens – sollte die Revolution beendet werden.
Währenddessen nahm das Vorhaben der wiedererstarkten junkerlich-konservativen Reaktion, sich die Bourgeoisie vom Halse zu schaffen und jenen Zustand wiederherzustellen, in dem sich Preußen und die anderen deutschen Staaten vor den Märzereignissen befanden, immer konkreter Gestalt an. Schon im September 1848 wurden Pläne für einen konterrevolutionären Staatsstreich ausgearbeitet. Man berief ein Ministerium, in dem keine Männer aus dem Parlament mehr saßen; zudem zeichnete sich bei der Verfassungsberatung zwischen Krone und Regierung einerseits und den oppositionellen Abgeordneten andererseits ein Konflikt ab. Anfang November 1848 war es dann soweit: Der Staatsstreich marschierte. Am 9. November ließ das Mi-

nisterium Brandenburg-Manteuffel die Verfassunggebende Versammlung vertagen und von Berlin nach Brandenburg verlegen. Und als sich das Parlament darum nicht scherte, rückte Militär in einer Stärke von 13000 Mann ins Stadtzentrum ein. Das Tagungsgebäude wurde umstellt und der Belagerungszustand über Berlin erklärt.
Unter jenem Säbelregiment fühlte sich auch Bismarck wieder in der Hauptstadt heimisch.

46 *An die Frau, 23. September 1848:*

Am Montag wird der Würfel hier wohl fallen. Entweder zeigt sich das Ministerium schwach wie seine Vorgänger und weicht aus, wogegen ich noch bemüht sein werde zu wirken, oder es tut seine Pflicht, dann zweifle ich keinen Augenblick, daß am Montag abend oder am Dienstag Blut fließt. Ich hätte nicht gedacht, daß die Demokraten dreist genug sein würden, die Schlacht anzunehmen; aber ihr ganzes Auftreten deutet an, daß sie es wollen. Polen, Frankfurter Bummler, Freischärler, alles mögliche Gesindel ist wieder vorhanden. Sie rechnen auf den Abfall der Truppen, wahrscheinlich durch die Reden einzelner unzufriedener Schwätzer unter den Soldaten dazu verleitet; aber ich denke, sie werden sich sehr irren. Ich selbst habe keine Veranlassung, die Sache hier abzuwarten und Gott damit zu versuchen, daß er mich in Gefahren schütze, die ich keinen Beruf habe aufzusuchen. Ich werde daher meine Person schon morgen in Sicherheit bringen. Geschieht den Montag nichts von Bedeutung, so komme ich am Dienstag zu Dir; geht die Sache aber los, so möchte ich doch noch in der Nähe des Königs bleiben; dort kannst Du aber (ich sage mit einem Seitenblick „leider") mit Sicherheit annehmen, daß keine Gefahr sein wird.

47 *An die Frau, 10. November 1848:*

Heut mittag um 2 rücken alle Truppen von Wrangel in Berlin ein, werden dort wohl die fliegenden Corps entwaffnen, die widerspenstigen Deputierten aus dem Konzertsaal bringen und die Stadt wieder zu einer Königlich-Preußischen machen. Ob es dabei Hiebe gibt, ist zweifelhaft; gestern ist wider Erwarten alles ruhig geblieben; die Demokraten scheinen doch sehr bestürzt zu sein.

48 An die Frau, 17. November 1848:

Ich habe ein rechtes Herzensbedürfnis, bei Dir zu sein, und es treibt mich ungeduldig umher, nicht daß ich fürchtete, Du möchtest Dich bangen und härmen und mir böse sein über mein Ausbleiben, sondern der eigne Egoismus ist es, das unruhige vagabondierende Leben, das Alleinsein in allem diesen Trouble ist mir unendlich drückend, und ich sehne mich recht, an dem heimischen Kamin mit Dir zu sitzen. Trotzdem kann ich vielleicht morgen doch noch nicht reisen. Politisch geht mir bisher alles sehr nach Wunsch, und ich bin Gott recht dankbar, daß er mich gewürdigt hat, der guten Sache wieder mehrmals und heut noch erhebliche Dienste zu leisten (...) Hier ist es ganz ruhig, die Physiognomie der Straße ist wieder eine viel behaglichere geworden, und das Militär entwaffnet ununterbrochen.

Noch stand Bismarck nicht in der ersten Reihe im Kreis der Kamarilla, jener feudalreaktionären Gruppe von Generalen, hohen Beamten und Höflingen, die zeitweise entscheidenden Einfluß auf den ratlosen und unentschlossenen König Friedrich Wilhelm IV. erlangte. Eine wichtige Rolle bei der Einsetzung eines brauchbaren Ministeriums und der Durchführung des konterrevolutionären Staatsstreichs hat er aber schon gespielt.

49 Ludwig von Gerlach, Tagebuch:

Am 12. November (1848), Sonntag, Unterredung mit dem neuen Minister Manteuffel (...) Bismarck, der jetzt den sehr tätigen und intelligenten Adjutanten unseres Kamarilla-Hauptquartiers spielte, hatte auf Manteuffels Wunsch diese Zusammenkunft vermittelt.

Auf einer im November 1848 aufgestellten Liste von Ministerkandidaten für die Staatsstreichregierung hat auch Bismarck gestanden. Doch galt er als zu draufgängerisch, um in der heiklen Übergangssituation zwischen Revolution und Konterrevolution zum Zuge kommen zu können. Der König merkte jedenfalls, wie Leopold von Gerlach erzählte, bei Bismarcks Namen an:

50 *Marginal Friedrich Wilhelms IV.:*

Nur zu gebrauchen, wenn das Bajonett schrankenlos waltet.

Nach einer anderen Version lautete die Randbemerkung des Königs: Roter Reaktionär, riecht nach Blut, später zu gebrauchen.
Bismarck war im Herbst und Winter 1848/49 als Adjutant seiner Partei ständig unterwegs zwischen Schönhausen, Berlin, Potsdam und Brandenburg, er schrieb Beiträge für die „Kreuz-Zeitung" – doch ein wenig störte es ihn schon, meist bloß im stillen Hintergrund zu wirken. Sein Ziel war es, wieder im Landtag öffentlich auftrumpfen zu können.
Bei den Wahlen im Mai 1848 war er leer ausgegangen. Für die Frankfurter Nationalversammlung hatte er sich von vornherein nicht interessiert. Anders stand es um die preußische Verfassunggebende Versammlung. Hier war er als aktiver Bewerber angetreten, der freilich bald erkennen mußte, keinerlei Chance zu haben. Ein neuer Anlauf wurde möglich, nachdem am 5. Dezember 1848 das vertriebene preußische Parlament aufgelöst, die Bourgeoisie mit einer vom König oktroyierten Verfassung entschädigt worden war und für Ende Januar/Anfang Februar 1849 Wahlen für einen neuen Landtag angesetzt wurden.
Im angestammten Jerichower Kreis sah Bismarck immer noch keine Wahlchance, aber im Wahlkreis Zauche–Belzig–Brandenburg erfolgte am 5. Februar 1849 mit knapper Mehrheit Bismarcks Wahl zum Abgeordneten der Zweiten Kammer.

51 *An den Bruder, 10. Februar 1849:*

Du wirst aus den Zeitungen meine Wahl in Brandenburg ersehn haben; es war ein harter Kampf, da der Gegner

Oberbürgermeister und ein sehr gewandter fähiger Mann ist, der einen großen Teil des platten Landes, mit Hilfe seines Schwiegersohnes Beguelin, gründlich unterwühlt hatte; ich habe mich oft innerlich selbst verhöhnt und amüsiert, wenn ich in den 8 Tagen, die ich vor der Wahl in Brandenburg zubrachte, die verschiedenen „Tiefenbacher" über die wahre Politik des Tages aufzuklären und durch persönliche Liebenswürdigkeit zu gewinnen suchte. Den Ausschlag gab es m. E. noch, daß auf demokratischer Seite ein abtrünniger Priester auftrat, dessen Rede ein ganz Teil Bauern durch den lästerlichen Ton von ihnen fortschreckte. Nach der Wahl war ein dîner von 400 Personen, nun danket alle Gott, Heil Dir im usw., Preußenlied, und am andern Tage hatte ich einen leichten Kopfschmerz, und alle Muskeln der rechten Hand taten weh von dem vielen Händedrücken. Am dritten Tage wurden meinen Freunden die Fenster eingeworfen und einige mißhandelt, während ich schon ruhig bei Johanna saß.

Innenpolitische Fragen Preußens standen für den in den Führungskreis der preußischen Konservativen aufgerückten Otto von Bismarck 1848/49 im Vordergrund des Interesses. Unbändiger Haß gegen die Demokratie und die Revolution bildeten sein politisches Credo. Das Gottesgnadentum des monarchischen Regiments über das „Barrikadenrecht" stellend, lehnte Bismarck eine von verschiedenen Abgeordneten beantragte Amnestie für alle seit der Märzrevolution begangenen politischen Vergehen entschieden ab.

52 *Bismarck in der Zweiten Kammer, 22. März 1849:*

Der Prinzipienstreit, welcher in diesem Jahre Europa in seinen Grundfesten erschüttert hat, ist ein solcher, der sich nicht vermitteln läßt. Die Prinzipien beruhen auf entgegengesetzten Grundlagen, die sich von Hause aus einander ausschließen. Das eine zieht seine Rechtsquelle angeblich aus dem Volkswillen, in Wahrheit aber aus dem Faustrecht der Barrikaden. Das andere gründet sich auf eine von Gott eingesetzte Obrigkeit, auf eine Obrigkeit von Gottes Gnaden, und sucht seine Entwicklung in der organischen Anknüp-

fung an den verfassungsmäßig bestehenden Rechtszustand. Dem einen dieser Prinzipe sind Aufrührer jeder Art heldenmütige Vorkämpfer für Wahrheit, Freiheit und Recht, dem andern sind sie Rebellen, die unter Umständen allerdings durch die Amnestie gegen den Arm der weltlichen Gerechtigkeit geschützt werden können. Über diese Prinzipien wird nicht durch die parlamentarische Debatte, nicht durch Majoritäten von elf Stimmen eine Entscheidung erfolgen können; über kurz oder lang muß der Gott, der die Schlachten lenkt, die eisernen Würfel der Entscheidung darüber werfen. (Beifall auf der Linken.)
Es freut mich, meine Herren, daß Sie die Wahrheit meiner Worte anerkennen, und uns wenigstens wird dabei die Überzeugung bleiben, daß wir in einem Kampfe gestritten haben, dessen Preis von dem irdischen Erfolge unabhängig ist. (Beifall.) Der Soldat faßt es nicht, daß er einen und denselben Aufrührer mehrmals gefangennehmen soll und voraussehen muß, daß derselbe sich ihm immer wieder von neuem gegenüberstellen wird: ich fürchte also, er wird weniger Gefangene machen, und die weinerliche Sentimentalität unseres Jahrhunderts, welche in jedem fanatischen Rebellen, in jedem gedungenen Barrikadenkämpfer einen Märtyrer findet, wird mehr Blutvergießen herbeiführen, als eine strenge und entschlossene Gerechtigkeit, wenn sie von Anfang an geübt worden wäre, hätte tun können.

Auf die zentrale Frage der Revolution von 1848/49 – die Bildung eines einheitlichen bürgerlichen deutschen Nationalstaats – wurde Bismarck erst gelenkt, als das Frankfurter Paulskirchenparlament seine Arbeit an der gemäßigt liberalen, kleindeutschen Reichsverfassung abgeschlossen und Anfang April 1849 dem preußischen König die erbliche deutsche Kaiserwürde angetragen hatte. Preußischer Partikularismus und extremer Antiliberalismus bestimmten Bismarck, gegen das Verfassungswerk der Paulskirche und die Annahme der Kaiserwahl Front zu machen. Bismarck wollte sich jedweder deutschen Politik widersetzen, welche die Volkssouveränität stärken, Macht und Selbständigkeit Preußens aber schmälern könnte.

53 *Bismarck in der Zweiten Kammer, 21. April 1849:*

Die Frankfurter Verfassung bringt uns unter ihren Geschenken zuerst das Prinzip der Volkssouveränität, sie trägt den Stempel derselben offen auf der Stirne, sie erkennt es an in der ganzen Art, wie die Frankfurter Versammlung uns diese Verfassung – ich würde mich, wenn ich zur Linken gehörte, des Ausdruckes „oktroyiert" bedienen – sie sanktioniert das Prinzip der Volkssouveränität am schlagendsten in dem Suspensiv-Veto des Königs, was der geehrte Vorredner Camphausen ausführlicher entwickelt hat, als ich es imstande und geneigt bin, zu tun. Die Frankfurter Verfassung veranlaßt den König, seine bisher freie Krone als Lehen von der Frankfurter Versammlung anzunehmen, und wenn diese Volksvertreter es dreimal beschließen, so hat der König und jeder andere Fürst, der Untertan des engeren Bundesvolkes geworden ist, aufgehört zu regieren. Sie bringt uns zweitens die direkten Wahlen im allgemeinen Stimmrecht. Wenn die Wahlbezirke bleiben sollen, wie sie sind, so werden ungefähr auf einen Wahlbezirk, der zwei Abgeordnete wählen soll, sechsundzwanzigtausend Urwähler im Durchschnitt kommen. Ich frage, ob irgendeiner der rechten Seite sich imstande glaubt, sechsundzwanzigtausend Wähler, die zerstreut in den verschiedenen Hütten und Bauernhöfen wohnen, parteimäßig zu organisieren. Den Herren der linken Seite wird es vielleicht leichter sein. (Bravo!) Gern räume ich ein, sie organisieren mit mehr Geschicklichkeit. (...)
Das, meine Herren, kann ich keine Vertretung nennen; ich sehe voraus, daß bei diesem Wahlgesetz, mit Rücksicht auf den Zuwachs, der aus den kleinen republikanisierten Staaten kommen wird, die Linke sich gegen die Rechte bedeutend verstärken wird, und das halte ich für das Land und die Krone für ein großes Unglück. (Heiterkeit und Bravo auf der Linken.) (...)
Das dritte Übel, welches uns die Frankfurter Verfassung bringt, ist die jährliche Bewilligung des Budgets. Durch diesen Paragraphen ist es in die Hände derjenigen Majorität, die aus dem Lottospiel dieser direkten Wahlen hervorgehen wird und welche nicht die mindeste Garantie bietet, daß sie urteilsfähig oder auch nur von gutem Willen sein wird –

(Heiterkeit) – in die Hände dieser Majorität ist es gelegt, die Staatsmaschine in jedem Augenblick zum Stillstehen zu bringen, indem sie das Budget nicht wieder bewilligt und so als Konvent die ganze königliche und jede andere Macht im Staate neutralisiert, und das scheint mir im hohen Grade gefährlich. (...)
Die deutsche Einheit will ein jeder, den man danach fragt, sobald er nur deutsch spricht, mit dieser Verfassung aber will ich sie nicht. (...)
Ich halte es daher für unsere Aufgabe entschieden widerstrebend, wenn wir die deutsche Frage dadurch noch mehr verwirren, daß wir in dem Augenblicke, wo Europa anfängt, sich von dem Taumel der Revolution zu erholen, dem Frankfurter Souveränitätsgelüsten, die gerade um ein Jahr zu spät kommen, die Stütze unserer Zustimmung leihen. (Ruf links: Sehr gut!) Ich glaube, daß gerade dann, wenn wir ihnen unsere Unterstützung verweigern, Preußen um so eher imstande sein wird, die deutsche Einheit auf dem von der Regierung betretenen Wege herbeizuführen. Die Gefahren, welche uns dabei entgegenstehen könnten, fürchte ich nicht, weil das Recht auf unserer Seite ist, und sollten sie auch die gebräuchliche Ausdehnung eines Heckerschen Putsches[1] um das Zehnfache übersteigen. Im schlimmsten Falle will ich aber, ehe ich sehe, daß mein König zum Vasallen der politischen Glaubensgenossen der Herren Simon und Schaffrath[2] herabsteigt, lieber, daß Preußen Preußen bleibt. Es wird als solches stets in der Lage sein, Deutschland Gesetze zu geben, nicht, sie von anderen zu empfangen.

1 Republikanischer Aufstand in Baden unter Friedrich Hecker, April 1848.
2 Vertreter der Linken in der Frankfurter Nationalversammlung.

Weil mit dem „Ludergeruch der Revolution" behaftet, wies Friedrich Wilhelm IV. Ende April 1849 die Kaiserkrone aus der Hand einer vom Volke gewählten Vertretung ab. Diese klare Absage an liberal-konstitutionelle Hoffnungen brachte die Bourgeoisie nochmals auf oppositionellen Kurs, und auch die demokratischen Kräfte engagierten sich, trotz mancher Vorbehalte gegenüber dem Verfassungswerk, in machtvollen Aktionen für die Durchsetzung der Reichsverfassung.

Während sich die Reichsverfassungskampagne zum Entscheidungskampf mit der Konterrevolution in Deutschland entwickelte, kommentierte Bismarck spöttisch die Möglichkeiten des bürgerlichen Parlamentarismus.

54 *An die Frau, 27. August 1849:*

Die [deutsche] Frage wird überhaupt nicht in unsern Kammern, sondern in der Diplomatie und im Felde entschieden, und alles, was wir darüber schwatzen und beschließen, hat nicht mehr Wert als die Mondscheinbetrachtungen eines sentimentalen Jünglings, der Luftschlösser baut und denkt, daß irgendein unverhofftes Ereignis ihn zum großen Mann machen werde. Je m'en moque,[1] und die farce langweilt mich oft recht tief, weil ich kein vernünftiges Ziel dieses Strohdreschens vor Augen sehe.

1 Ich spotte darüber.

55 *An die Frau, 10. September 1849:*

Diese Frankfurter Kohlköpfe sind unverbesserlich; es geht ihnen mit ihren Phrasen wie den alten Lügnern, die ihre eignen Geschichten zuletzt ehrlich glauben, und der Eindruck, den solche sinnlosen Redensarten auf unsre Kammer machen, ohne alle Rücksicht auf die Sache selbst und auf die gesunde Vernunft, muß doch zuletzt die Überzeugung zur Anerkennung bringen, daß Bauern und Kleinstädter nicht geeignet sind, um Gesetze zu machen und europäische Politik zu treiben.

Freilich ließ auch die „Linke" – deren Spektrum in dieser Hinsicht von der revolutionären Demokratie bis in die Liberalkonservativen reichte – Bismarck nicht ungeschoren. Der Altliberale Georg Vincke, Oppositionsführer und Gegenspieler Bismarcks schon im Vereinigten Landtag von

1847, hatte in einer scharfen Replik Bismarcks Parlamentsrede vom 21. April 1849 als „antediluvianisch" gekennzeichnet und deren Wortlaut als „enthüllte Ansichten der Reaktion" massenhaft verbreiten lassen. Erste Karikaturen zeigten Bismarck in der Gruppe der Kreuzzeitungspartei als Ritter im Krebspanzer, seinen Stammbaum und eine Geißel in der Hand. Allerdings kränkte es den konservativen Scharfmacher nicht im geringsten, im allgemeinen Bewußtsein auf die Position der äußersten Rechten festgelegt zu sein.

56 *An die Frau, 23. Juli 1849:*

Es ist unglaublich, welche Räubergeschichten die Demokraten den Bauern von mir beibringen, so daß mir einer aus dem Schönhauser Kreise, 3 Meilen von uns, gestern vertraute, wenn mein Name bei ihnen genannt werde, so gehe einem ordentlich ein „Grusel" von oben runter, als wenn man gleich ein Paar „altpreußische Fuchtelhiebe" übergezogen erhalten sollte. Wie neulich ein Gegner in einer Versammlung gesagt hat, Bismarck Schönhausen wollt ihr wählen, ihn, „der in des Landmanns Nachtgebet hart neben an dem Teufel steht"? (Grillparzers Ahnfrau.) Und ich bin doch der sanfteste Mensch von der Welt gegen die gemeinen Leute.

57 *1849 in der Presse verbreitete Glosse über Bismarck:*

Herr von Bismarck-Schönhausen hat den Baumeister des Sitzungsgebäudes gefragt, ob es denn gar nicht möglich wäre, die Wand der rechten Seite noch einige Fuß weiter hinauszurücken; sie ist ihm nicht rechts genug. Der Baumeister hat sein Bedauern ausgedrückt, die Wand selbst nicht verrücken zu können, indessen dem Edlen von Bismarck wenigstens versprochen, in künftiger Session eine Nische für ihn einzuschneiden, wenn er nämlich wieder gewählt werden sollte.

In den Auseinandersetzungen von 1848/49 hatte sich der Landjunker Bismarck ganz der Politik verschrieben und den Weg zum Berufspolitiker beschritten. Nachdem er Ende

Juli 1849 in seinem Wahlkreis erneut ins Abgeordnetenhaus gewählt worden war, überließ er das Gut in Schönhausen, wie zuvor schon Kniephof, einem Pächter. Nur Schloß und Park reservierte er für den persönlichen Gebrauch, doch 1850 weilte er zum letztenmal für längere Zeit in Schönhausen. Im September 1849 entschloß sich Bismarck, der bei aller politischen Leidenschaft in dem ruhelosen Hin und Her der Revolutionstage zuweilen die private Geborgenheit vermißt hatte, mit seiner Familie eine Berliner Stadtwohnung zu beziehen. Am 21. August 1848 war die Tochter Marie geboren worden, am 28. Dezember 1849 kam der erste Sohn Herbert zur Welt, und am 1. August 1852 folgte Wilhelm (Bill).

58 Erinnerung Bismarcks:

Im Sommer 48 sollte ich nach Verabredung eine Zeitlang mit Frau und Kind bei meinen Schwiegereltern in Reinfeld bleiben. Grade schrieb mir Gerlach, daß ich in Potsdam nötig sei, um den König in feste Stimmung zu bringen. Als ich der Aufforderung Folge gab, war meine Schwiegermutter wütend. „Ich wollte doch lieber, meine Tochter hätte einen Schweinehirten geheiratet, der würde wenigstens bei ihr bleiben." – „Liebe Mama, dieser Beruf bleibt mir ja immer noch offen."

59 An die Frau, 28. September 1849:

Mein Lieb, ich habe das Quartier in der Behrenstr. genommen; das im Tiergarten ist bei nassem Wetter im Winter zu beschwerlich für Dich mit Ein- und Ausgang (...) Ich wollte erst nach Schönhausen, Sachen holen, damit Du alles hier eingerichtet und möbliert fändest; aber die Sache bedarf doch wohl der Hand der sorglichen Hausfrau, ich vergesse zu viel, und der Packwagen geht doch nur einmal. Schreib mir also eine Liste, was Du haben willst (...) Besser ist es, daß ich Dir alles vorher besorge und einrichte, dann brauchst Du hier bloß abzusteigen und in meine offnen Arme und auf ein fertiges Sofa zu sinken, das wäre so niedchen, nur komm bald, mein geliebter Engel.

Das Revolutionsjahr 1849 brachte der preußischen Politik noch ein Nachspiel. Während preußische Truppen in Südwestdeutschland gegen die Verteidiger der Reichsverfassung intervenierten, die Reste des Frankfurter Parlaments auseinandergejagt wurden und überall Standgerichte den Rachefeldzug der Konterrevolution zu einem bösen Ende führten, gab sich König Friedrich Wilhelm IV. der blassen Hoffnung hin, das Programm der Revolutionäre für Preußens deutsche Politik zu beerben. Die Situation schien günstig. Der preußische Militärstaat war siegreich an allen Fronten, die Habsburger Monarchie, der Rivale im machtpolitischen Ringen um die Vorherrschaft in Deutschland, dagegen noch gemeinsam mit dem zu Hilfe gekommenen russischen Zarismus beschäftigt, die nationale Befreiungsbewegung der Ungarn niederzuschlagen. So hatte der preußische König am 26. Mai 1849 mit den Monarchen von Hannover und Sachsen das „Dreikönigsbündnis“ geschlossen, aus dem die „Union“, ein engerer Bund der deutschen Staaten unter Führung Preußens unter Ausschluß Österreichs, hervorgehen sollte.
Dieser erste Ansatz kleindeutscher Einigungspolitik unter Hegemonie der preußischen Krone stieß 1849/50 im konservativen Lager auf grundsätzliche Kritik. Man wollte kein unnötiges Mißtrauen in Wien und Petersburg wecken, vor allem aber nicht ausgerechnet mitten im Jubel über die besiegte Revolution mit den Leitlinien der preußischen Macht experimentieren lassen. Eine taktisch wendige Argumentation war bei solcher Kritik am preußischen Regierungskurs allerdings geboten, denn immerhin stand Friedrich Wilhelm IV. hinter der Unionspolitik.
Auch dieser Aufgabe zeigte sich Bismarck gewachsen. Die Einwände, die er am 6. September 1849 gegen die Unionsverfassung und deren Vereinbarkeit mit der altpreußischen Tradition vorbrachte, kamen einer totalen Absage an die Unionspolitik gleich.

60 *Bismarck in der Zweiten Kammer, 6. September 1849:*

Ich bin der Ansicht, daß die „bewegenden Prinzipien“ des vorigen Jahres viel mehr sozialer als nationaler Natur waren; die nationale Bewegung wäre auf wenige, aber allerdings hervorragende Männer in engeren Kreisen beschränkt geblieben, wenn nicht dadurch der Boden unter unseren Füßen erschüttert wurde, daß das soziale Element in die Bewegung hineingezogen, daß durch falsche Vorspiegelungen die Begehrlichkeit des Besitzlosen nach fremdem Gute, der Neid des Minderbegüterten gegen den Reichen aufgestachelt wurde und diese Leidenschaften nur um so leichter Boden gewinnen, je mehr durch eine langjährige, von oben genährte Freigeisterei die sittlichen Elemente des Widerstandes in den Herzen der Menschen vernichtet waren. Ich glaube nicht, daß diese Übelstände durch demokratische Konzessionen oder durch deutsche Einheitsprojekte werden gehoben werden, die Krankheit sitzt tiefer; das aber bestreite ich, daß in dem preußischen Volk das Bedürfnis nach nationaler Wiedergeburt nach dem Muster der Frankfurter Theorien irgend vorhanden gewesen sei. Es ist hier heute mehrfach die Politik Friedrichs des Großen erwähnt und diese sogar identifiziert worden mit dem Antrage der Kommission. Dies ist eine Gleichstellung, an die ich nicht glaube; Friedrich II. hätte das Gutachten nicht gemacht; ich glaube vielmehr, daß er sich an die hervorragendste Eigentümlichkeit preußischer Nationalität, an das kriegerische Element in ihr, gewandt haben würde, und nicht ohne Erfolg. Er würde gewußt haben, daß noch heute, wie zu den Zeiten unserer Väter, der Ton der Trompete, die zu den Fahnen des Landesherrn ruft, seinen Reiz für ein preußisches Ohr nicht verloren hat, mag es sich nun um eine Verteidigung unserer Grenzen, mag es sich um Preußens Ruhm und Größe handeln. Er hätte die Wahl gehabt, sich nach dem Bruch mit Frankfurt an den alten Kampfgenossen, an Österreich anzuschließen, dort die glänzende Rolle zu übernehmen, welche der Kaiser von Rußland gespielt hat, im Bunde mit Österreich den gemeinsamen Feind, die Revolution, zu vernichten. Oder es hätte ihm freigestanden, mit demselben Recht, mit dem er Schlesien eroberte, nach Ablehnung der Frankfurter Kaiserkrone den Deutschen zu befehlen, welches ihre Verfassung sein solle, auf die Gefahr hin, das Schwert in die Waagschale zu werfen. Dies wäre eine nationale preußische Politik gewesen. Sie hätte Preußen im ersten Falle in Gemeinschaft mit Österreich, im andern Falle durch sich allein die richtige Stellung

gegeben, um Deutschland zu der Macht zu helfen, die ihm in Europa gebührt. Der vorliegende Verfassungsentwurf aber vernichtet das spezifische Preußentum; (...) damit aber vernichtet sie den besten Pfeiler deutscher Macht. (...) Wer hat denn das, was in Deutschland zu halten war, gehalten? Es war wahrlich nicht die Frankfurter Versammlung. (...) Es war die Anhänglichkeit der preußischen Bevölkerung an die angestammte Dynastie, es waren die alten preußischen Tugenden von Ehre, Treue, Gehorsam und die Tapferkeit, welche die Armee, von deren Knochenbau, dem Offizierskorps, ausgehend, bis zu den jüngsten Rekruten durchziehen. Diese Armee hegt keine dreifarbigen Begeisterungen, in ihr werden Sie ebensowenig als in dem übrigen preußischen Volke das Bedürfnis nach einer nationalen Wiedergeburt finden. (...)
Das Volk, aus dem diese Armee hervorgegangen ist, dessen wahrster Repräsentant diese Armee ist, nach dem schönen und richtigen Ausspruch des Präsidenten der Ersten Kammer, hat kein Bedürfnis, sein preußisches Königtum verschwimmen zu sehen in der fauligen Gärung süddeutscher Zuchtlosigkeit. Seine Treue haftet nicht an einem papiernen Reichsvorstand, nicht an einem Sechstel-Fürstenrat, sie haftet an dem lebendigen und freien Könige von Preußen, dem Erben seiner Väter. Dieses Volk, meine Herren, was es will, das wollen wir auch mit ihm. Alle Redner, welche ich gehört habe, wollen es auch, nur auf verschiedenem Wege. Wir alle wollen, daß der preußische Adler seine Fittiche von der Memel bis zum Donnersberge schützend und herrschend ausbreite, aber frei wollen wir ihn sehen, nicht gefesselt durch einen neuen Regensburger Reichstag[1] und nicht gestutzt an den Flügeln von jener gleichmachenden Heckenschere aus Frankfurt, von der wir sehr wohl uns erinnern, daß sie erst in Gotha zu einem friedlichen Instrument umgeschmiedet wurde,[2] während sie wenige Wochen vorher in Frankfurt als drohende Waffe gegen das Preußentum und gegen die Verordnungen unsres Königs geschwungen worden ist. Preußen sind wir, und Preußen wollen wir bleiben; ich weiß, daß ich mit diesen Worten das Bekenntnis der preußischen Armee, das Bekenntnis der Mehrzahl meiner Landsleute ausspreche, und hoffe zu Gott, daß wir auch noch lange Preußen bleiben werden, wenn dieses

Stück Papier vergessen sein wird wie ein dürres Herbstblatt.

1 In Regensburg von 1663 bis 1806 in Permanenz tagende Versammlung der Reichsstände.
2 In Gotha sprachen sich im Juni 1849 148 gemäßigt-liberale Mitglieder der ehemaligen Frankfurter Nationalversammlung für eine aktive Unterstützung der preußischen Unionspolitik aus.

Der matte Vorstoß von 1849/50, Deutschland zu einer preußischen „Union" zusammenzufassen, mußte Schiffbruch erleiden, weil er von Anfang an mit den gegebenen innen- und außenpolitischen Machtverhältnissen kollidierte. Unter österreichischem und russischem Druck mußte sich die preußische Regierung Ende November 1850 in die Olmützer Punktation fügen. Preußen gab die Unionspolitik auf und erklärte sich mit der Wiederherstellung des Deutschen Bundes einverstanden, ohne in der Führungsfrage die vielbeschworene Gleichstellung mit Österreich erlangt zu haben.
Die schwere Demütigung der preußischen Politik ließ die öffentliche Meinung aufbrausen. Während die enttäuschten Liberalen eine Mißtrauensadresse gegen die Regierung beantragten, stand Bismarck, von den Konservativen als Hauptsprecher im Parlament auserkoren, vor der undankbaren Aufgabe, das Ministerium in seiner Niederlage verteidigen zu müssen, obgleich er dessen Politik von Anfang an als verfehlt ansah. Wiederum bewies Bismarck, unter den verschiedenen außenpolitischen Positionen im konservativen Lager vermittelnd, außerordentliches politisches Gespür. In seiner großen Rede vom 3. Dezember 1850 verteidigte er die Politik von Olmütz und kam so dem König und dessen Ratgebern im Ministerium entgegen. Damit bewegte er sich auch im Prinzipienkreis der Gerlach-Gruppe, die eine die Staatsgrenzen übergreifende Politik konservativer Solidarität proklamierte. Vor allem aber entwickelte er schon entscheidende Positionen seines eigenen politischen Weltbildes, das auf eine rein machtstaatlich orientierte Staatsräson zugeschnitten war.

61 Bismarck in der Zweiten Kammer, 3. Dezember 1850:

Die einzig gesunde Grundlage eines großen Staates, und dadurch unterscheidet er sich wesentlich von einem kleinen Staate, ist der staatliche Egoismus und nicht die Romantik, und es ist eines großen Staates nicht würdig, für eine Sache zu streiten, die nicht seinem eigenen Interesse angehört. Zeigen Sie mir also, meine Herren, ein des Krieges würdiges Ziel, und ich will Ihnen beistimmen. Es ist leicht für einen Staatsmann, sei es in dem Kabinette oder in der Kammer, mit dem populären Winde in die Kriegstrompete zu stoßen und sich dabei an seinem Kaminfeuer zu wärmen oder von dieser Tribüne donnernde Reden zu halten und es dem Musketier, der auf dem Schnee verblutet, zu überlassen, ob sein System Sieg und Ruhm erwirbt oder nicht. Es ist nichts leichter als das, aber wehe dem Staatsmann, der sich in dieser Zeit nicht nach einem Grunde zum Kriege umsieht, der auch nach dem Kriege noch stichhaltig ist.

Die preußische Ehre besteht nach meiner Überzeugung nicht darin, daß Preußen überall in Deutschland den Don Quixote spiele für gekränkte Kammerzelebritäten, welche ihre lokale Verfassung für gefährdet halten. Ich suche die preußische Ehre darin, daß Preußen vor allem sich von jeder schmachvollen Verbindung mit der Demokratie entfernt halte, daß Preußen in der vorliegenden wie in allen Fragen nicht zugebe, daß in Deutschland etwas geschehe ohne Preußens Einwilligung (Heiterkeit), daß dasjenige, was Preußen und Österreich nach gemeinschaftlicher unabhängiger Erwägung für vernünftig und politisch richtig halten, durch die beiden gleichberechtigten Schutzmächte Deutschlands gemeinschaftlich ausgeführt werde. (...)

Sollten wir trotzdem dahin getrieben werden, für die Idee der Union Krieg zu führen, meine Herren, es würde nicht lange dauern, daß den Unionsmännern von kräftigen Fäusten die letzten Fetzen des Unionsmantels heruntergerissen würden, und es würde nichts bleiben als das rote Unterfutter dieses sehr leichten Kleidungsstückes. Am wenigsten kann ich glauben, daß die Staatsmänner, die im Sommer 1848 der Freundschaftsbezeugungen einer Handvoll Berliner Proletarier sich nicht erwehren konnten, stark genug sein würden, wenn einmal der Brand entzündet ist, im Kampfe mit der Übermacht die dargebotene Hand der polnischen, italienischen, ungarischen und deutschen Demokraten zurückzuweisen.

Mit der Olmütz-Rede hatte sich Bismarck als außenpolitischer Sprecher der konservativen Fraktion bewährt und, obwohl bislang völlig unerfahren auf dem diplomatischen Parkett, für die Übernahme politischer Aufgaben in staatlicher Verantwortung empfohlen.

62 An die Frau, 25. April 1851:

Gestern abend war ich noch spät bei Fradiavolo[1]; sie haben wirklich die Absicht, mich irgendwie diplomatisch zu verwenden; indessen kann ich eine vollkommen selbständige Stellung meinem Urteil nach nicht sofort annehmen, weil ich mich sonst wegen Unkenntnis der aktenmäßig üblichen Formen blamieren würde, wozu ich keine Neigung habe. Außerdem wünsche ich eine neue Stellung, wo ich auf einige Dauer rechnen kann, damit ich mich mit Dir, mein Engel, einrichten kann, sonst verlängern sich unsre Trennungen in das Unabsehbare; es ist möglich, daß sich an diesen meinen Wünschen die Sache zerschlägt, was ich andrerseits bedauern würde, da schon meine und Hans'[2] bloße Ernennung zu irgend etwas ein öffentliches Pfand sein würde, daß die Regierung wirklich und gänzlich der Revolution abgesagt hat.

1 Ministerpräsident Otto von Manteuffel.
2 Kleist-Retzow, Hans von.

IV

Wachsender Respekt vor Realitäten 1851–1857

Am 8. Mai 1851 wurde Otto von Bismarck an die preußische Gesandtschaft beim Bundestag in Frankfurt berufen, nach kurzer Übergangszeit am 15. Juli formell zum Bundestagsgesandten ernannt und mit der Leitung der preußischen Vertretung betraut. Der Landjunker, der einst dem Staatsdienst entlaufen war und von nicht wenigen seiner Standesgenossen schon als verkrachte Existenz betrachtet worden war, der dann in den Revolutionstagen von 1848/49 als ebenso hitziger wie parteiischer Kampfhahn Aufsehen erregte, war nun auf dem Sprunge in die exklusiven Ränge der Diplomatie – ein Vorgang, den Bismarck selbst kaum fassen wollte.

Das Bundespalais in Frankfurt (Main)

63 An die Frau, 28. April 1851:

Ihr habt Euch oft beklagt, daß man aus mir nichts machte von oben her; nun ist dies über mein Erwarten und Wünschen eine plötzliche Anstellung auf dem augenblicklich wichtigsten Posten unsrer Diplomatie; ich habe es nicht gesucht, der Herr hat es gewollt, muß ich annehmen, und ich kann mich dem nicht entziehn, obschon ich voraussehe, daß es ein unfruchtbares und dornenvolles Amt sein wird, wo ich bei dem besten Bemühn die gute Meinung vieler Leute einbüßen werde. Aber es wäre feig, abzulehnen.

64 An die Frau, 7. Mai 1851:

In Frankfurt geben sie mir vorderhand 3000 Rthlr. Gehalt, wenn sie aber Wort halten, so werde ich das nicht lange beziehn, sondern in einigen Monaten mehr haben, aber auch mehr ausgeben müssen. Daß ich Geheimer Rat werden muß, ist eine Ironie, mit der mich Gott für all mein Lästern über Geh. Räte straft.

65 An die Frau, 12. Mai 1851:

Ich bin eigentlich noch ganz verblüfft davon, wie mich das Rad des Lebens so plötzlich gefaßt, aus allen lieben Sommerträumen gerissen und hierher geworfen hat; ich muß mir die Sachen erst zurechtlegen, um zum Bewußtsein meines neuen Lebensplans zu kommen. (...) Ich muß mich nun gewöhnen, ein regelmäßiger trockner Geschäftsmann zu sein, viel und feste Arbeitsstunden zu haben und alt zu werden; Spiel und Tanz sind vorbei, Gott hat mich auf den Fleck gesetzt, wo ich ein ernster Mann sein und dem Könige und dem Lande meine Schuld bezahlen muß, seinen Willen nach besten Kräften zu tun, bin ich entschlossen, und wenn mir Weisheit mangelt, werde ich ihn bitten, er gibt reichlich und rückt es niemand auf.

Viele seiner Frankfurter Kollegen rümpften die Nase über den ungeschliffenen preußischen Junker, der sich ihnen da über Nacht zugesellt hatte. Insbesondere die Vertreter Österreichs hielten ihn für fehl am Platze.

66 *Anton von Prokesch-Osten über Bismarck:*

Unter zeitweiligen Gentlemanformen eine hochmütige gemeine Natur, voll Dünkel und Aufgeblasenheit, ohne Rechtsbewußtsein, faul, ohne gediegenes Wissen und ohne Achtung für dasselbe; gewandt als Sophist und Wortverdreher, voll kleinlicher und unsauberer Mittel; voll Neides und Hasses gegen Österreich, daher auch ein steter Kampf gegen die Präsidialbefugnisse; ungläubig, aber den Protestantismus als Kriegsfahne tragend.

Nur ganz wenige ahnten, daß dem „diplomatischen Säugling" – als der sich Bismarck auch selbst sah – eine große Karriere bevorstand. Dazu gehörte der französische Legationssekretär Gobineau.

67 *Joseph Arthur Gobineau über Bismarck:*

Der wird in der deutschen Geschichte noch einmal von sich reden machen.

Der Deutsche Bund, den man 1848 am Ende wähnte, war nach Olmütz in alter Unzulänglichkeit ins Leben zurückgekehrt, einzig zu dem Zweck, in allen deutschen Landen für die Ruhe und Ordnung eines Friedhofs zu sorgen. In der nun anbrechenden Reaktionsperiode sollten die noch existierenden liberalen und demokratischen Überreste der Revolution von 1848/49 im öffentlichen Leben ausgemerzt oder wenigstens unterhöhlt werden. Spürbarer als in den Jahren vor 1848 setzte die Präsidialmacht Österreich zudem den Bund als Instrument ihrer gegen Preußen gerichteten Hegemonialpolitik ein. Mit allen Mitteln suchte die Wiener Regierung, Preußens Ambitionen als eigenständige europäische Großmacht zu bremsen und den machtpolitischen Rivalen in Deutschland in die überlieferte Staatenordnung einzubinden.
Der in Frankfurt (Main) residierende Bundestag war eine ständige Versammlung der diplomatischen Vertreter jener im Deutschen Bund zusammengeschlossenen zweiunddrei-

ßig souveränen Einzelstaaten und vier Freien Städte. Der Abgesandte der Habsburger Monarchie führte ständig den Vorsitz, und ebenso ständig sah sich der preußische Vertreter einer österreichisch gestimmten Mehrheit in der Bundesversammlung unterworfen. Wichtige politische Entscheidungen wurden ohnehin von den Regierungen direkt getroffen.

Bismarck, von einem sicheren Machtinstinkt geleitet, ließ sich durch nichts imponieren und kam daher bald zu einem recht geringschätzigen Urteil über die politische Wirksamkeit des Bundestages. Mehr noch: für Bismarck, der in seiner Olmütz-Rede soeben erst den staatlichen Egoismus als Grundlage jedes Großstaates gewürdigt hatte, stand nach kurzer Zeit fest, es am Frankfurter Bundestag mit einem Hemmschuh preußischer Politik zu tun zu haben.

68 An die Frau, 18. Mai 1851:

Mein Liebling, Frankfurt ist gräßlich langweilig; ich bin so verwöhnt mit viel Liebe um mich und viel Geschäften und merke erst jetzt, wie undankbar ich gegen so manche Leute in Berlin immer gewesen bin, denn von Dir und Zubehör will ich ganz absehn, aber selbst das kühlere Maß von landsmannschaftlicher und Parteizuneigung, was mir in Berlin wurde, ist ein inniges Verhältnis zu nennen gegen den hiesigen Verkehr, der im Grunde nichts als gegenseitiges mißtrauisches Ausspionieren ist; wenn man noch etwas auszuspüren und zu verbergen hätte, es sind lauter Lappalien, mit denen die Leute sich quälen, und diese Diplomaten sind mir schon jetzt mit ihrer wichtigtuenden Kleinigkeitskrämerei viel lächerlicher als der Abgeordnete der II. Kammer im Gefühl seiner Würde. Wenn nicht äußre Ereignisse zutreten, und die können wir superklugen Bundestagsmenschen weder leiten noch vorherbestimmen, so weiß ich jetzt ganz genau, was wir in 1, 2 oder 5 Jahren zustande gebracht haben werden, und will es in 24 Stunden zustande bringen, wenn die andern nur einen Tag lang wahrheitsliebend und vernünftig sein wollen. Ich habe nie daran gezweifelt, daß sie alle mit Wasser kochen; aber eine solche nüchterne einfältige Wassersuppe, in der auch nicht ein einziges Fettauge von Hammeltalg zu spüren ist, überrascht mich, schickt

Schulzen Filöhr, Stephan Lotke und Herrn von Dombrowsky[1] aus dem Chaussee-Hause her, wenn sie gewaschen und gekämmt sind, so will ich in der Diplomatie Staat mit ihnen machen. In der Kunst, mit vielen Worten gar nichts zu sagen, mache ich reißende Fortschritte, schreibe Berichte von vielen Bogen, die sich nett und rund wie Leitartikel lesen, und wenn Manteuffel, nachdem er sie gelesen hat, sagen kann, was drin steht, so kann er mehr wie ich. Jeder von uns stellt sich, als glaubte er vom andern, daß er voller Gedanken und Entwürfe stecke, wenn ers nur aussprechen wollte, und dabei wissen wir alle zusammen nicht um ein Haar besser, was aus Deutschland werden wird und soll, als Dutken Sauer[2]. Kein Mensch, selbst der böswilligste Zweifeler von Demokrat, glaubt es, was für Scharlatanerie und Wichtigtuerei in dieser Diplomatie steckt.

1 Gutstagelöhner bei Bismarck.
2 Sohn des Pastors von Alt-Kolziglow.

69 An Hermann Wagener, 5. Juni 1851:

Ich langweile mich hier unglaublich; der einzige Mann, der mir gefällt, ist Schele, der hannöversche Gesandte. Die Österreicher sind intrigant unter der Maske burschikoser Bonhomie, verlogen, stehlen Akten (selbst die Rechtlichsten unter ihnen), spielen, huren und suchen uns bei kleinen Formalien zu übertölpeln, worin bis jetzt unsre einzige Beschäftigung besteht. Die von den kleinen Staaten sind meist karikierte Zopf-Diplomaten, die sofort die Bericht-Physiognomie aufstecken, wenn ich sie nur um Feuer zur Zigarre bitte, und Blick und Wort mit Regensburger Sorgfalt wählen, wenn sie den Schlüssel zum A- fordern.

Der preußische Bundestagsgesandte war mit Arbeit nicht überlastet, und so behagten Bismarck und seiner Familie die äußeren Lebensumstände in den Frankfurter Jahren sehr. Freilich mußte man, dem eigenen Konto wie der angespannten Finanzlage des preußischen Staates entsprechend, vergleichsweise bescheiden leben. Nur den unumgänglichen Repräsentationspflichten wurde entsprochen. Ferien machte Bismarck jedoch regelmäßig, notfalls auch allein.

Bismarcks Wohnhaus in Frankfurt, Bockenheimer Landstraße

70 *An die Schwiegermutter, 5. Februar 1852:*

Meine Zeit ist gewöhnlich vom Morgentee bis um 12 durch Besuche von Gesandten und noch mehr durch Vorträge der Beamten unsrer Gesandtschaft ausgefüllt, dann habe ich Sitzungen, deren Schluß in den Stunden von 1 bis 4 unregelmäßig fällt und mir dann bis um 5 entweder Zeit läßt, auszureiten und die nötige eigenhändige Korrespondenz zu besorgen, oder nur zu letztrer. Um 5 erscheint ein uralter trockner Hofrat, der seinen Posten schon seit 1816 bekleidet und Kelchner genannt wird, um mir die zur Poststunde nötigen Unterschriften abzulocken, dann essen wir, meist in Gesellschaft eines oder beider Attachés, und die Verdauungsstunde, obschon ich oft mit dem letzten Bissen im Munde schon wieder abgerufen werde, bildet doch gewöhnlich den behaglichsten Teil des Tages, wo ich, von Johanna und den Kindern umgeben, rauchend und im großen Tigerstuhl liege und einige 20 Zeitungen durchblättre. Um 9 oder halb 10 heißt es dann gewöhnlich: der Wagen ist da, und wir stürzen, sehr übellaunig und voll bittrer Betrachtungen über die Sonderbarkeit der geselligen „Vergnügungen“ in der europäischen Welt, zum Anziehn. Johanna hat das Privilegium, mitunter unwohl zu sein, sonst klatscht sie mit Müttern, während ich mit den Töchtern tanze oder mit den Vätern ernsthaften Unsinn rede. Gegen 12 oder auch später sind wir wieder zu Hause, und ich lese im Bett, was zu lesen ist, und schlafe dann, bis mich Johanna zum 3. Male fragt, ob ich nie aufstehn wollte.

71 *An Leopold Gerlach, 25. November 1853:*

In finanzieller Beziehung muß ich meine 5 Sinne sehr zusammenhalten, um ein anständiges Haus aufrechtzuhalten, ohne die Mittel zu überschreiten. Schulden mache ich nicht, aber zurücklegen ist auch schwer.

72 *An seine Frau, Ostende, 19. August 1853:*

Bisher habe ich hier, außer dem heutigen, 3 Bäder genommen, die mir sehr gefielen; starker Wellenschlag und weicher Grund. Die meisten baden dicht unter dem Damm, der den Spaziergang bildet, Damen und Herren durcheinander; erstere in sehr unkleidsamen langen Röcken von dunkler Wolle, letztere in einem Trikot, Jacke und Hose aus einem Stück, so daß die Arme bis oben und die Beine fast ganz frei bleiben. Nur das Bewußtsein tadelfreier Körperformen kann unsereinem die Dreistigkeit geben, sich so vor der ganzen Damenwelt zu produzieren, und obschon mir dieses Bewußtsein in hohem Grade beiwohnt, ziehe ich doch gewöhnlich das entlegenere „Paradies“ oder bain des sauvages[1] vor, wo nur Herren sind, aber ganz in dem Kostüm, welches der ersteren Bezeichnung entspricht. Ich mag das nasse Ding nicht auf dem Leibe haben. Ich bin vom Prinzen[2] ziemlich in Beschlag genommen; sonst teile ich die von Baden und Essen nicht eingenommene Zeit zwischen Familie Brints, den O'Donnell-O'Hara's, Goltz, Eulenburg, Einsiedel (Potsdam) und Scheibenschießen. Zum Bootfahren hat hier keiner Neigung, sie fürchten alle Worms und

Speier[3]. Die Austern taugen noch nicht, dagegen ist der Hummer ausgezeichnet.

1 Bad der Wilden.
2 Prinz Wilhelm von Preußen, der spätere König und Kaiser Wilhelm I.
3 Vermutlich Anspielung auf eine Seekrankheit.

Von Bismarcks Berufung nach Frankfurt hatte man sich im preußischen Regierungslager versprochen, einiges an Prestige zu wahren und die bewährte konservative Eintracht mit der Habsburger Monarchie aus der Restaurationszeit in der gemeinsamen Abwehr kommender revolutionärer Gefahren fortsetzen zu können. In diesem Sinne war Bismarck im Juni 1852 in einer speziellen Mission auch direkt nach Wien entsandt worden.

73 *Friedrich Wilhelm IV. an Kaiser Franz Joseph, 5. Juni 1852:*

Euer Kaiserliche Majestät wollen es mir gütig gestatten, daß ich den Überbringer dieses Blattes mit einigen eigenhändigen Schriftzügen an Ihrem Hoflager introduziere. Es ist der Herr von Bismarck-Schönhausen. Er gehört einem Rittergeschlecht an, welches länger als mein Haus in unseren Marken seßhaft, von jeher und besonders in ihm seine alten Tugenden bewährt hat. Die Erhaltung und Stärkung der erfreulichen Zustände unseres platten Landes verdanken wir mit seinem furchtlosen und energischen Mühen in den bösen Tagen der jüngst verflossenen Jahre. (...) Es ist mir ein befriedigender Gedanke, daß Ew. Majestät einen Mann kennenlernen, der bei uns im Lande wegen seines ritterlich-freien Gehorsams und seiner Unversöhnlichkeit gegen die Revolution bis in ihre Wurzeln hinein von vielen verehrt, von manchen gehaßt wird. Er ist mein Freund und treuer Diener und kommt mit dem frischen, lebendigen, sympathischen Eindruck meiner Grundsätze, meiner Handlungsweise, meines Willens, und ich setze hinzu, meiner Liebe zu Österreich und zu Ew. Majestät nach Wien.

Bismarck mußte allerdings schon bald erkennen, daß die vielbeschworene gemeinsame Frontstellung gegen die Revolution die Vertreter Österreichs am Bundestag nicht hinderte, Preußen den Rang einer gleichberechtigten Macht zu verwehren. Bismarck wiederum war nicht gewillt, der Wahrung gemeinsamer konservativer Prinzipien handfeste preußische Interessen zu opfern. Der machtpolitische Gegensatz war in aller Schärfe entbrannt. Dies begann schon in Äußerlichkeiten der persönlichen Umgangsformen, bei denen Bismarck auf strikte Parität achtete.

Auftreten im Bundestagstheater zu Frankfurt (Main) 1851 als Mephistopheles in der Hexenküche. Karikatur des „Kladderadatsch" 1895

74 An Otto von Manteuffel, 6. September 1851:

Ich muß überhaupt die Klage meines letzten Briefes wiederholen, daß Graf Thun bemüht ist, die Präsidialbefugnisse, gestützt auf Besitz und faktisches Übergreifen, ungebührlich zu erweitern. Remonstrationen dagegen nimmt er mit polternder Heftigkeit auf. Er ist gescheiter und geschäftskundiger, als ich früher glaubte, aber in der Tat in seiner äußerlichen Erziehung und Politur verwahrloster, als man seinem Herkommen nach annehmen sollte. Gegen

Herrn von Schele wurde er gestern im Ausschuß so heftig, daß dieser mich beauftragte, ihn zu fordern; ich zog vor, den Vermittler zu machen und die Sache beizulegen, obschon eine anderweite Entwicklung ohne Zweifel pikanter gewesen wäre. (...) Ich teile E. E. dies nur zu Ihrer Erheiterung mit; ich beobachte dieses seltne Exemplar bäuerlicher Diplomatie mit der Ruhe des Naturforschers und schmeichle mir, zu seiner gesellschaftlichen Ausbildung, wenigstens in seiner Haltung mir gegenüber, schon einiges beigetragen zu haben.

75 *Erzählung Bismarcks (1870):*

Bei den Sitzungen der Militärkommission hatte, als Rochow Preußen im Bundestage vertrat, Österreich allein geraucht. Rochow hätte es als leidenschaftlicher Raucher gewiß auch gern getan, getraute sichs aber nicht. Als ich nun hinkam, gelüstete michs ebenfalls nach einer Zigarre, und da ich nicht einsah, warum nicht, ließ ich mir von der Präsidialmacht Feuer geben, was von ihr und den anderen Herren mit Erstaunen und Mißvergnügen bemerkt zu werden schien. Es war offenbar für sie ein Ereignis. Für diesmal rauchten nun bloß Österreich und Preußen. Aber die anderen Herren hielten das augenscheinlich für so wichtig, daß sie darüber nach Hause berichteten und um Verhaltungsbefehle baten. Die ließen auf sich warten. Die Sache erforderte reifliche Überlegung, und es dauerte wohl ein halbes Jahr, daß nur die beiden Großmächte rauchten. Darauf begann auch Schrenkh, der bayerische Gesandte, die Würde seiner Stellung durch Rauchen zu wahren. Der Sachse Nostitz hatte gewiß auch große Lust dazu, aber wohl noch keine Erlaubnis von seinem Minister. Als er indes das nächste Mal sah, daß der Hannoveraner Bothmer sich eine genehmigte, muß er, der eifrig österreichisch war – er hatte dort Söhne in der Armee –, sich mit Rechberg verständigt haben; denn er zog jetzt ebenfalls vom Leder und dampfte. Nun waren nur noch der Württemberger und der Darmstädter übrig, und die rauchten überhaupt nicht. Aber die Ehre und die Bedeutung ihrer Staaten erforderten es gebieterisch, und so langte richtig das folgende Mal der Württemberger eine Zigarre heraus – ich sehe sie noch, es war ein langes, dünnes, hellgelbes Ding, Couleur Roggenstroh – und rauchte sie als Brandopfer für das Vaterland wenigstens halb. Nur Hessen-Darmstadt enthielt sich, wahrscheinlich in dem Bewußtsein, zur Rivalität doch nicht groß genug zu sein.

In der täglichen Konfrontation mit der österreichischen Absicht, die Vormachtstellung der Habsburger Monarchie zu festigen, gewann Bismarck immer klarer die Überzeugung, daß an ein koordiniertes Vorgehen von Preußen und Österreich in der deutschen Politik nicht zu denken sei. Er strebte die Hegemonie Preußens in einem Deutschland ohne Österreich an. Dafür stritt der Bundestagsgesandte mit allen diplomatischen Mitteln, kalkulierte aber durchaus auch schon die Notwendigkeit einer militärischen Lösung ein.

76 *An Otto von Manteuffel (Ende November 1851):*

Er [der österreichische Präsidialgesandte Graf Thun] sprach wie Posa und entwickelte großdeutsche Schwärmerei; ich vervollständigte seinen Ideengang dahin, daß die Existenz Preußens, und noch weiter der Reformation, ein bedauerliches Faktum sei, wir beide könnten es aber nicht ändern und müßten nach Tatsachen, aber nicht nach Idealen rechnen, und ich bäte ihn zu überlegen, ob die Resultate, die Österreich auf den Hockschen Wegen[1] wirklich erreichen werde, die Annehmlichkeit des preußischen Bündnisses aufwiegen würden; denn ein Preußen, welches, wie er sich ausdrückte, „der Erbschaft Friedrichs des Großen entsagte", um sich seiner wahren providentiellen Bestimmung als Reichs-Erz-Kämmerer hingeben zu können, bestehe in Europa nicht, und ehe ich zu einer derartigen Politik zu Hause riete, würde die Entscheidung durch den Degen vorhergehn müssen. Er verglich Preußen mit einem Mann, der einmal das Los von 100000 Taler gewonnen hat und nun seinen Haushalt auf die jährliche Wiederkehr dieses Ereignisses einrichte. Ich erwiderte ihm, wenn diese Ansichten in Wien so klar wären wie bei ihm, so sähe ich allerdings voraus, daß Preußen nochmals in der bewußten Lotterie werde setzen müssen; ob es gewinnen werde, stehe bei Gott.

1 Hock, Karl Freiherr von: Sektionschef im österreichischen Außenministerium, betrieb das Projekt einer österreichisch-preußischen Zollunion.

77 *An Leopold von Gerlach, 25. November 1853:*

Österreich mißbraucht den Bund und nutzt ihn dadurch ab, er soll Mittel sein, unsern Einfluß in Deutschland zu neutralisieren und auf uns selbst malgrè nous[1] zu wirken, nicht deutschen, sondern österreichischen Zwecken soll er dienen, und jede Abwehr oder Zurückhaltung Preußens diesem Streben gegenüber wird mit einem pharisäischen Befremden als Verrat an der deutschen Sache stigmatisiert. Die guten Österreicher sind wie der Weber Zettel im Sommernachtstraum. Sie haben im Orient ihr Kreuz zu tragen, wollen in Italien die große Rolle spielen und in Deutschland auch den „Löwen" machen und für die europäische Politik über uns disponieren,[2] ohne uns in der deutschen auch nur ein Gott vergelts zu sagen. Wir begehn dabei, wie mir scheint, stets den Fehler eines blöden Jungen, der sich von seinem an Arroganz und Pfiffigkeit überlegnen Kompagnon überzeugen läßt, wie unrecht er tut, sich nicht für ihn zu opfern. Bei allen unverschämten Zumutungen sagen wir niemals: das will ich nicht, weil es mir nicht konveniert, sondern, als ob wir kein Recht auf eigne Meinung, keine eigne mit Österreich oder andern Bundesstaaten kollidierende Interessen hätten, erklären wir uns mit allem einverstanden und suchen Hintertüren, um aus der Sache mit dem blauen Auge davonzukommen. (...)
Ich bin überzeugt, wir kämen weiter, wenn wir das dem Wiener Kabinett offen und ernsthaft sagten, anstatt uns gegenseitig Phrasen zu machen wie die Macbethin dem König Duncan; wir spielen jedesmal die gekränkte Unschuld, wenn man uns Mangel an bundesfreundlicher Gesinnung vorwirft, und dabei entfremden wir uns durch diese gegenseitige Heuchelei mehr und mehr; warum sagen wir nicht ganz offen, daß wir uns nicht einen Pfifferling um den Bund kümmern werden, wenn man uns nicht unserm

Stande gemäß darin honoriert? Auch mit den übrigen Bundesstaaten würden wir besser auskommen, wenn wir uns im ganzen kühler und freier zu ihnen stellten, ohne unsre preußische und egoistische Politik mit dem räudigen Hermelin des deutschen Patriotismus aufzuputzen. Sie glaubens doch nicht, sie merken Absicht und sind verstimmt. Wir sind stets in der falschen Lage, sie (die kleinen Staaten) zu suchen, statt sie kommen zu lassen; sie werden uns ganz bestimmt suchen, wenn wir mehr unsern eignen Kurs steuern und ihnen überlassen, uns zu folgen; sie haben außer uns schließlich keinen Anhalt, und diejenigen, welche zu Frankreich halten, Hessen-Darmstadt, Württemberg, gehn uns sowieso durch die Lappen, wenn wir sie nicht beizeiten unschädlich machen.

1 uns zum Trotz.
2 Die Außenpolitik der Habsburger Monarchie bewegte sich in ständiger Kollision zwischen den österreichischen Hegemonialplänen in Deutschland, ihrem starken Engagement in der „orientalischen" Balkanpolitik sowie der Behauptung ihrer Machtpositionen in Oberitalien.

78 An Karl Friedrich von Savigny, etwa 17. Dezember 1853:

Einstweilen kann ich mich des unheimlichen Gefühls nicht erwehren, welches mich immer beschleicht, wenn wir dasselbe tun wie Österreich. Wenn dieser bundesfreundliche Nachbar uns mit Wärme die Hand drückt, so kann man annehmen, daß er die Krätze hat und sie uns mitzuteilen wünscht. Ich habe nie so viel Verlogenheit und Anmaßung beieinander gesehn wie in der Bundes-Präsidial-Politik.

79 An Otto von Manteuffel, 26. April 1856:

Nach der Wiener Politik ist einmal Deutschland zu eng für uns beide; solange ein ehrliches Arrangement über den Einfluß eines jeden in Deutschland nicht getroffen und ausgeführt ist, pflügen wir beide denselben streitigen Acker, und so lange bleibt Österreich der einzige Staat, an den wir nachhaltig verlieren und von dem wir nachhaltig gewinnen können. Durch das Konkordat[1] und was daran hängt, ist diese historisch notwendige Reibung neu geschärft und die

Verständigung neu erschwert. Wir haben auch ohne das aber eine große Zahl streitender Interessen, die keiner von uns aufgeben kann, ohne auf die Mission, an die er für sich glaubt, zu verzichten, und die durch diplomatische Korrespondenz im Frieden nicht entwirrt werden können. Selbst der schwerste Druck von außen, die dringendste Gefahr der Existenz beider, vermochte 1813 und 49 dies Eisen nicht zu schmieden. Der deutsche Dualismus hat seit 1000 Jahren gelegentlich, seit Karl V.[2] in jedem Jahrhundert regelmäßig durch einen gründlichen innern Krieg seine gegenseitigen Beziehungen reguliert, und auch in diesem Jahrhundert wird kein andres als dieses Mittel die Uhr der Entwicklung auf ihre richtige Stunde stellen können.
Ich beabsichtige mit diesem Räsonnement keineswegs zu dem Schluß zu gelangen, daß wir jetzt unsre Politik darauf richten sollen, die Entscheidung zwischen uns und Österreich unter möglichst günstigen Umständen herbeizuführen. Ich will nur meine Überzeugung aussprechen, daß wir in nicht zu langer Zeit für unsere Existenz gegen Österreich werden fechten müssen, und daß es nicht in unsrer Macht liegt, dem vorzubeugen, weil der Gang der Dinge in Deutschland keinen andern Ausweg hat.

1 Zwischen Österreich und Preußen am 20. April 1854 für die Dauer des Krimkrieges geschlossenes Schutz- und Trutzbündnis.
2 Karl V. (1500–1558): deutscher König und römischer Kaiser.

Bismarck war ständig auf der Suche nach Konstellationen, die Preußen gegenüber Österreich in eine überlegene Position versetzen konnten. In amtlichen Denkschriften und privatem Briefwechsel mit Politikern in Berlin sparte er nicht mit Empfehlungen, eintretende Krisensituationen in den europäischen Mächtebeziehungen für eine offensive preußische Machtentfaltung zu nutzen. Insbesondere der Krimkrieg (1853–1856), eine Auseinandersetzung um die orientalische Frage zwischen Rußland einerseits, der Türkei, Großbritannien und Frankreich andererseits, hatte Bewegung in die europäische Politik gebracht und den preußischen Bundestagsgesandten zu mancherlei diplomatischen Planspielen veranlaßt.

Bismarck
im Jahre 1856

80 An Otto von Manteuffel, 15. Februar 1854:

Ich kann nicht leugnen, daß es mich einigermaßen erschreckt hat, aus Briefen von Freunden zu entnehmen, daß sich in der Umgebung Sr. M. eine Art von Graulichkeit zu erkennen gibt, bei dem Gedanken an die Einsamkeit, in welcher wir uns nach der Trennung von Rußland befänden und die deshalb einen engern Anschluß als bisher an Österreich und die Vermeidung aller Streitfragen mit letzterm für nötig hält. Es würde mich ängstigen, wenn wir vor dem möglichen Sturm dadurch Schutz suchen, daß wir unsre schmucke und seefeste Fregatte an das wurmstichige alte Orlogschiff von Österreich koppelten. Wir sind der bessere Schwimmer von beiden und jedem ein willkommener Bundesgenosse, sobald wir unsre etwaige Isolierung und strenge Neutralität aufgeben wollen; und wo wir später Bedingungen für unsern Beistand stellen können, würde es jetzt schwerfallen, den Schein einer ängstlich von uns gesuchten Anlehnung zu vermeiden. Die großen Krisen bilden das Wetter, welches Preußens Wachstum fördert, indem sie furchtlos, vielleicht auch sehr rücksichtslos von uns benutzt wurden; wollen wir noch weiter wachsen, so müssen wir wenigstens nicht fürchten, mit 400000 Mann allein zu stehn, besonders solange die andern sich schlagen und wir durch Parteinahme für jeden von ihnen immer noch ein beßres Geschäft machen als durch frühe und unbedingte Alliance mit einem so wenig kampffähigen und so wenig ehrlichen Genossen wie Österreich. Jedenfalls steigt der Wert unsres Beistandes noch im Preise mit der fortschreitenden Verwicklung, und man gibt uns später mehr dafür als jetzt.

81 An Leopold von Gerlach, 9. April 1854:

Eine feige Politik hat noch immer Unglück gebracht; daß wir unsre Kraft wie ein gutmütiger Narr dem Egoismus Österreichs hingeben, um uns schließlich von ihm bemogeln zu lassen, ist noch das wenigste; brechen wir aber wirklich auf dem Wege dieser Bedientenpolitik, Fremden zuliebe, mit Rußland, so kostet es den Franzosen ein Wort der Annäherung an Rußland, und die sämtlichen deutschen Regierungen fallen ihnen zu, wir und Österreich aber sind die dupes[1] in der Falle, und England zuckt die Achseln. Die Leichtigkeit, die Frankreich vermöge seiner geographischen Lage und seiner Interessen, hat, sich mit Rußland zu verständigen, macht den Louis Napoleon zum Herrn der Situation, sobald unser erster Schuß gegen Rußland gefallen ist. Dabei würde die Wendung gegen England bei den Franzosen begeistert populär sein. Das alles scheint mir so mathematisch klar, daß ich gar nicht begreife, wie wir uns verblenden lassen können, aus Furcht vor dem Tode Selbstmord zu treiben, denn das ist es, was wir tun. In Österreich ist die ganze Angelegenheit ebensogut ein Spiel der innern Parteien wie bei uns.

1 Geprellten.

Die leidenschaftliche Anteilnahme an Fragen der europäischen Mächtekonstellation, die den Geschäftsbereich des preußischen Bundestagsgesandten weit überschritt, deutet an, daß Bismarck seine Frankfurter Mission nur als eine Zwischenstation auf dem Wege ins preußische Außenministerium verstand.
In den politischen Führungskreisen Berlins war man sich über die im Krimkrieg einzunehmende außenpolitische Haltung nicht einig. Die „Kreuzzeitungspartei“, Bismarcks Gesinnungsfreunde von 1848/49, trat für das Zusammengehen mit dem russischen Zarismus ein. Demgegenüber befürwortete die „Wochenblattspartei“, ein um das 1851 gegründete „Preußische Wochenblatt“ sich gruppierender liberaler Flügel der preußischen Aristokratie, mit dem auch der mögliche Thronfolger, Prinz Wilhelm, sympathisierte, eine Allianz mit England. Der König und das Ministerium schwankten unentschlossen hin und her. Bismarck aber, dem es vor allem um eine antiösterreichische Orientierung ging, wollte möglichst lange einen erklärten Kurs bewaffneter Neutralität steuern. Mit der von ihm empfohlenen Außenpolitik der freien Hand begab sich Bismarck allerdings in die Gefahr, innenpolitisch zwischen allen Stühlen zu sitzen.

82 *An Ludwig von Gerlach, 28. Juni 1851:*

Mir scheint, als ob es in der preußischen Diplomatie, außer der Stellung des Königs, des Generaladjutanten und des auswärtigen Ministers, sehr wenig gäbe, was den Ehrgeiz und die Tätigkeit eines erwachsenen Menschen beschäftigen könnte; alles übrige ist doch mehr oder weniger Kanzlei- oder Kammerherrn-Arbeit. Der hiesige Posten könnte eine Ausnahme machen, wenn man ihm einen mäßigen Grad von Selbständigkeit gibt. Bis jetzt tauscht man hier nur Instruktionen aus und schweigt, wenn man keine hat.

83 *An Robert von der Goltz, Anfang August 1853:*

Wenn man mich auf der Bresche im Stich läßt, so ziehe ich es vor, mich wieder zum Landjunker zu verpuppen. Ich muß mir die Autorisation, gegen Österreich standzuhalten, in Berlin mühsam erstreiten, denn Manteuffel allein kann es mir nicht verschaffen.

84 *An Leopold von Gerlach, 28. April 1854:*

Majestät müssen durchaus darauf halten, daß Allerhöchst Ihre Minister mehr Sekt trinken; ohne eine halbe Flasche Crément im Leibe dürfte mir keiner von diesen Herrn ins conseil[1] kommen. Dann wird unsre Politik bald eine respektablere Farbe annehmen.

1 zur Beratung.

85 *An Leopold von Gerlach, 19. Dezember 1857:*

Ein Hof bleibt immer ein Hof. In den ersten Jahren meiner hiesigen Stellung war ich eine Art von Günstling, und der Sonnenschein des königlichen Wohlwollens strahlte mir von den Gesichtern der Hofleute zurück. Das ist anders geworden; entweder hat der König gefunden, daß ich ein ebenso alltäglicher Mensch bin wie alle übrigen, oder er hat Schlechtes von mir gehört, vielleicht Wahres, denn jeder hat seine faulen Stellen unter der Haut; kurz, Se. Majestät hat weniger als früher das Bedürfnis, mich zu sehn, die Hofdamen Ihrer Majestät lächeln mir kühler zu als sonst, die Herrn drücken mir matter die Hand, die gute Meinung von meiner Brauchbarkeit ist gesunken, nur der Minister Manteuffel ist freundlicher gegen mich. (...) Es ist mir kein Bedürfnis, von vielen Leuten geliebt zu werden, ich leide nicht an der Zeitkrankheit der love of approbation[1], und die Gunst des Hofes, wie der Menschen, mit denen ich in Berührung komme, fasse ich mehr vom Standpunkte anthropologischer Naturkunde als von dem des Gefühls auf. Bei dieser Kaltherzigkeit habe ich natürlich wenig Freunde, und das Leben im Auslande entfremdet mich noch so manchen Beziehungen zu Alters- und Standesgenossen, mit denen ich in zufriednen Lebensverhältnissen verkehrte, bevor ich der Politik verfiel.

1 Liebe am Beifall.

Bismarcks unkonventioneller Umgang mit geheiligten Dogmen konservativer Prinzipienpolitik, seine wachsende Neigung, Realitäten zur Kenntnis zu nehmen, ohne sie damit schon gutheißen zu wollen, lockerten allmählich das bisher enge Verhältnis zum Kreis der Hochkonservativen um die Gebrüder Gerlach.
Im August 1855 war Bismarck, ohne besonderen Auftrag, von Frankfurt aus zum Besuch der Weltausstellung nach Paris gereist. Der dortige preußische Gesandte hatte ihn dem Kaiser Napoleon III. vorgestellt, dabei kam es zu politischen Gesprächen, und im April 1857 traf Bismarck in Paris ein zweites Mal mit Louis Bonaparte zusammen. Frankreich rückte im Verlauf des Krimkriegs ins Zentrum der europäischen Politik, viele Fäden liefen hier zusammen, und eine preußisch-französische Interessengemeinschaft gegenüber Österreich schien sich durchaus anzubieten. Bismarck war jedoch nicht nur als Diplomat beeindruckt von den außenpolitischen Möglichkeiten, die sich bei einer eventuellen Allianz mit Frankreich öffneten. Noch viel stärker wirkte auf den konservativen Parteimann die innenpolitische Stabilität, die das aus den revolutionären Erschütterungen der Jahre 1848/49 hervorgegangene bonapartistische Regime ausstrahlte.
Louis Bonaparte, der vom Präsidenten der Republik über einen Staatsstreich zum Kaiser der Franzosen aufgestiegene abenteuernde Neffe Napoleons I., galt in Preußen Hochkonservativen wie Wochenblattspartei als illegitimer Erbe der Revolution, als „inkarnierte, Fleisch gewordene Volkssouveränität". Sich dem Bonapartismus zu nähern, betrachtete man als Todsünde. Bismarck hingegen glaubte im Herrschaftssystem des Bonapartismus, einer wohlberechneten Kombination von autoritärer Diktatur mit plebiszitären Elementen und gewissen Konzessionen an die sozialökonomische Entwicklung, den einzig gangbaren Weg einer erfolgreichen Gegenrevolution zu erkennen.
Aus der unterschiedlichen Bewertung des Bonapartismus entwickelte sich 1857 zwischen Bismarck und seinem einstigen politischen Mentor Leopold von Gerlach eine grundsätzliche Kontroverse über Inhalt und Wege konservativer Politik. Gerlach verharrte auf dem dogmatischen Standpunkt, daß der Kampf gegen alle Varianten der Revolution

und für die althergebrachte Ordnung der sozialökonomischen und politischen Verhältnisse jedweder Politik nach innen wie nach außen zugrunde zu liegen habe. Bismarck dagegen vollzog den Übergang von der dogmatischen Enge konservativer Parteipolitik zu einer an den Realitäten orientierten, auf ihre widersprüchlichen Faktoren eingestellten und zwischen den verschiedenen Kräften und Mächten der sozialökonomischen und politischen Entwicklung lavierenden Interessenpolitik. Dieses politische Konzept blieb den gesellschaftlichen Maßstäben des Junkertums und der preußischen Krone nicht weniger verpflichtet als die hochkonservative Position Gerlachs, war aber beweglicher und bot darum in den Stürmen der Zeit größere Überlebenschancen.

86 An Leopold von Gerlach, 15. September 1855:

Sie schelten mich, daß ich in Babylon [Paris] gewesen bin, aber Sie können von einem lernbegierigen Diplomaten diese politische Keuschheit nicht verlangen, die einem Soldaten, wie Lützow, oder einem unabhängigen Landjunker so wohl ansteht; ich muß m. E. die Elemente, in denen ich mich zu bewegen habe, aus eigner Anschauung kennenlernen, soviel sich mir dazu Gelegenheit bietet. Fürchten Sie dabei nicht für meine politische Gesundheit; ich habe viel von der Natur der Ente, der das Wasser von den Federn abläuft, und es ist bei mir ein ziemlich weiter Weg von der äußern Haut bis zum Herzen. Ich habe an Vorliebe für den Bonapartismus nichts gewonnen: im Gegenteil, mir fiel es wie eine Last von der Brust, als ich die Grenze wieder hinter mir hatte; ich hätte den ersten schwarzweißen Pfahl umarmen können, und sogar für zwei pfälzische Fabrikanten, die mit mir im Wagen saßen, hatte ich eine Anwandlung landsmannschaftlicher Gefühle. Es ist wahr, wenn ich an meinen letzten Besuch in Paris, unter Louis Philipp[1], denke, so finde ich die Pariser wunderbar fortgeschritten in der Disziplin und dem äußern Anstande. Der einzige Mensch, der mit Selbstbewußtsein über die Straße geht, ist der Soldat vom General bis zum Trainknecht, und wer gar nichts von der neuesten Geschichte wüßte, würde doch aus einem Vergleich der Physiognomie des Straßenlebens entnehmen können, daß die Herrschaft von der Juli-Bourgeoisie auf die Armee übergegangen ist. Die Beleuchtung ist glänzend, aber doch sieht man noch mehr Polizisten als Laternen; es gibt keinen Winkel in allen Straßen, wo man nicht sicher wäre, in irgendeiner Richtung wenigstens, dem beobachtenden Blicke eines uniformierten agent de police, gendarmes, municipal oder wie sie alle heißen, zu begegnen; man kann nicht stillstehn, ohne neben sich zu hören: circulez, s'il vous plait.[2]

1 Louis-Philippe (1773–1850): König von Frankreich 1830 bis 1848.
2 Weitergehen bitte.

87 *An Leopold von Gerlach, 2. Mai 1857:*

So einstimmig wir in betreff der innern Politik sind, so wenig kann ich mich in Ihre Auffassung der äußern hineinleben, der ich im allgemeinen den Vorwurf mache, daß sie die Realitäten ignoriert. Sie gehn davon aus, daß ich einem vereinzelten Manne, der mir imponiere, das Prinzip opfere. Ich lehne mich gegen Vorder- und Nachsatz auf. Der Mann imponiert mir durchaus nicht. Die Fähigkeit, Menschen zu bewundern, ist in mir nur mäßig ausgebildet und vielmehr ein Fehler meines Auges, daß es schärfer für Schwächen als für Vorzüge ist. Wenn mein letzter Brief etwa ein lebhafteres Kolorit hat, so bitte ich das mehr als rhetorisches Hilfsmittel zu betrachten, mit dem ich auf Sie habe wirken wollen. Was aber das von mir geopferte Prinzip anbelangt, so kann ich mir das, was Sie damit meinen, konkret nicht recht formulieren und bitte Sie, diesen Punkt in einer Antwort wiederaufzunehmen, da ich das Bedürfnis habe, mit Ihnen prinzipiell nicht auseinanderzugehn. Meinen Sie damit ein auf Frankreich und seine Legitimität anzuwendendes Prinzip, so gestehe ich allerdings, daß ich dieses meinem spezifisch preußischen Patriotismus vollständig unterordne; Frankreich interessiert mich nur insoweit, als es auf die Lage meines Vaterlandes reagiert, und wir können Politik nur mit dem Frankreich treiben, welches vorhanden ist, dieses aber aus den Kombinationen nicht ausschließen. (…)

Wir müssen mit den Realitäten wirtschaften und nicht mit Fiktionen.

88 An Leopold von Gerlach, 11. Mai 1857:

Berliner Nachrichten sagen mir, daß man mich am Hofe als Bonapartisten bezeichnet. Man tut mir unrecht damit. Im Jahre 50 wurde ich von unsern Gegnern verräterischer Hinneigung zu Österreich angeklagt, und man nannte uns die Wiener in Berlin; später fand man, daß wir nach Juchten rochen, und nannte uns Spree-Kosaken. Ich habe damals auf die Frage, ob ich russisch oder westmächtlich sei, stets geantwortet, ich bin preußisch, und mein Ideal für auswärtige Politiker ist die Vorurteilsfreiheit, die Unabhängigkeit der Entschließungen von den Eindrücken der Abneigung oder der Vorliebe für fremde Staaten und deren Regenten.

89 An Leopold von Gerlach, 30. Mai 1857:

Das Prinzip des Kampfes gegen die Revolution erkenne auch ich als das meinige an, aber ich halte es nicht für richtig, Louis Napoleon als den alleinigen oder auch nur vorzugsweise als den Repräsentanten der Revolution hinzustellen, und halte es nicht für möglich, das Prinzip in der Politik als ein solches durchzuführen, daß die entferntesten Konsequenzen desselben noch jede andre Rücksicht durchbrechen, daß es gewissermaßen den alleinigen Trumpf im Spiel bildet, von dem die niedrigste Karte noch die höchste jeder andern Farbe sticht. Wie viele Existenzen gibt es noch in der heutigen politischen Welt, die nicht in revolutionärem Boden wurzeln? Nehmen Sie Spanien, Portugal, Brasilien, alle amerikanischen Republiken, Belgien, Holland, die Schweiz, Griechenland, Schweden, das noch heut mit Bewußtsein in der glorius revolution von 1688 fußende England; selbst für das Terrain, welches die heutigen deutschen Fürsten teils Kaiser und Reich, teils ihren Mitständen, den Standesherrn, teils ihren eignen Landständen abgewonnen haben, läßt sich kein vollständig legitimer Besitztitel nachweisen, und in unserm eignen staatlichen

Leben können wir der Benutzung revolutionärer Unterlagen nicht entgehn.
(...) Schlagen Sie mir eine andre Politik vor, und ich will sie ehrlich und vorurteilsfrei mit Ihnen diskutieren, aber eine passive Planlosigkeit, die froh ist, wenn sie in Ruhe gelassen wird, könnten wir in der Mitte von Europa nicht durchführen, sie kann uns heut ebenso gefährlich werden, wie sie 1805 war, und wir werden Amboß, wenn wir nichts tun, um Hammer zu werden.

Im Ringen um die Gunst der Bourgeoisie und der Regierungen in den mittleren und kleineren deutschen Staaten besaß Preußen wichtige Trumpfkarten, so den 1834 gegründeten Deutschen Zollverein und den von einer großbourgeois-junkerlichen Interessengemeinschaft getragenen Freihandelskurs in der Wirtschaftspolitik. Demgegenüber bemühte sich die österreichische Regierung seit 1849 verstärkt darum, den Zollverein zu sprengen und die Kompetenz zur Zoll- und Handelsgesetzgebung zugunsten protektionistischer Bedürfnisse Österreichs auf den Deutschen Bund zu übertragen.
Als preußischer Vertreter am Bundestag war Bismarck mit großem Nachdruck beteiligt, den österreichischen Vorstoß in der Zoll- und Handelspolitik abzuwehren.

90 An Otto von Manteuffel, 9. Oktober 1851:

Das Bestreben Östreichs, die deutsche Handelsgesetzgebung aus dem Zollverein in den Bundestag zu verlegen, ist ebenso natürlich als das entgegengesetzte Preußens, seine Stellung im Zollverein nicht mit Östreich zu teilen, namentlich da der einzige Zuwachs, welchen der Verein bei dieser Gelegenheit noch zu erwarten hätte, nach dem Vertrage vom 7. September eben nur in unserm Nebenbuhler um die Hegemonie im Vereine besteht. Ich glaube und hoffe, daß es Delbrück[1] an Gewandtheit nicht fehlen wird, den von der andern Seite stets wiederkehrenden Versuchen die Spitze abzubrechen, ohne seinen Ablehnungen eine Fassung zu geben, die zur Verdächtigung Preußens benutzt werden könnte. Aber ich kann mich der Überzeugung nicht verschließen, daß Östreich seine ganze Energie und Beharrlichkeit für die nächste Zeit auf die angedeutete Handelspolitik konzentrieren wird und wir schließlich der Notwendigkeit trockner Weigerung nicht ausweichen können werden.

1 Rudolf Delbrück (1817–1903): Mitarbeiter im preußischen Handelsministerium, später Chef des Bundes- bzw. Reichskanzleramts.

Bismarck leistete auch seinen bescheidenen Beitrag, wenn es auf den pommerschen Gütern darum ging, den Anschluß an die moderne Entwicklung nicht zu verpassen. Um der exportorientierten Agrarproduktion seiner Standesgenossen im Raume Naugard–Daber den Weg zu den europäischen Getreidemärkten zu öffnen, setzte er sich von Frankfurt aus beim preußischen Handelsminister für einen entsprechenden Ausbau des Eisenbahnnetzes ein.

91 An August von der Heydt, 20. Mai 1856:

Die nördlichere Linie über Daber entspricht den Bedürfnissen eines beträchtlich größeren und besser bevölkerten Distriktes, welcher die Gegend um Massow, Naugard, Greifenberg, Plathe und Daber umfaßt, also die östliche Hälfte des Naugarder, die nordwestlichen Teile des Regenwalder, die südlichen des Caminer und Greifenberger Kreises. Es sind dies Gegenden, welche bisher von Eisenbahnen nicht berührt werden, auch voraussichtlich in der Zukunft nicht, für deren Verkehrsfähigkeit aber die Chausseen sprechen, welche schon jetzt zum Anschluß in Daber und Massow von Plathe, Naugard und Gollnow aus projektiert waren. Auch diese Chausseen werden fallen, wenn Massow und Daber nicht Bahnhöfe werden; die Gegend nördlich von Daber ist fruchtbar und besonders an exportierenden Rittergütern reich, deren Produktion allein in jener Gegend einen rentierenden Gütertransport begründen kann. Daber würde für den Eisenbahnverkehr ein ungleich bedeutende-

Bismarck als Bundestagsabgeordneter 1858. Gemälde von Jakob Becker

rer und einträglicherer Stations- und Anschlußort werden als Freienwalde.

Selbstverständlich trugen auch die persönlichen Eindrücke, die der preußische Junker in der altehrwürdigen Patrizierstadt Frankfurt gewann, dazu bei, sein Verständnis für das Kräftespiel der gesellschaftlichen Gruppen zu schärfen. Insbesondere den Einfluß der Bankiers lernte Bismarck schät-

Frau von Bismarck 1859. Gemälde von Jakob Becker

zen, als der Bundestagsgesandte schon in den ersten Tagen seines Aufenthalts in der Finanz- und Handelsmetropole am Main von dem berühmten Amschel Meyer Rothschild eingeladen wurde.

92 An die Frau, 18. Mai 1851:

Vor der hiesigen Vornehmigkeit fürchte Dich nicht; dem Gelde nach ist Rothschild der Vornehmste, und nimm ihnen allen ihr Geld und Gehalt, so würde man sehn, wie wenig vornehm jeder an und für sich ist; Geld tuts nicht, und sonst – möge der Herr mich demütig erhalten, aber hier ist die Versuchung groß, mit sich selbst zufrieden zu sein.

93 An Otto von Manteuffel, 5. Januar 1853:

Ich beeile mich deshalb, vorbehaltlich des zu erstattenden offiziellen Berichts, zu erwidern, daß ich keine Bedenken gegen die Verleihung des Titels eines Hofbankiers[1] geltend zu machen habe und bei den Beteiligten eine lebhafte Empfänglichkeit für die ihnen zugedachte Ehre glaube voraussetzen zu dürfen. Eine eigentliche antipreußische Tendenz haben die Rothschilds nie verfolgt; nur haben sie sich bei

Bismarcks Kinder Marie, Herbert und Wilhelm in Frankfurt

Gelegenheit eines Konflikts, der vor etwa Jahresfrist zwischen uns und Östreich über die Flüssigmachung von Depositen für die Flotte stattfand, vor Österreich mehr gefürchtet als vor uns. Da indessen (...) die Mitglieder der Familie auch über das damalige Verhalten des von ihnen als altersschwach bezeichneten Baron Amschel sich seither vielfach entschuldigt haben, so glaube ich, daß man diesen Fehler, in Betracht der Dienste, welche diese Geldmacht zu leisten imstande ist, der Vergangenheit übergeben kann.

1 an Meyer Carl von Rothschild.

Als Bismarck schließlich im März 1859 Frankfurt verließ, war das Verhältnis so vertraut geworden, daß er sich von Meyer Carl einen verläßlichen Bankier in Berlin empfehlen ließ. Die Rothschilds schlugen Gerson Bleichröder vor, ihren tüchtigen und erfolgreichen Berliner Agenten, und Bismarck bestellte ihn sogleich als seinen Vermögensverwalter. Damit begann eine über dreißig Jahre bewährte Zusammenarbeit in finanziellen und politischen Geschäften.

V

Zwischen den Stühlen 1858–1862

1858 brach in Preußen die „Neue Ära“ an. Stellvertretend für den nicht mehr regierungsfähigen geisteskranken Friedrich Wilhelm IV. hatte dessen Bruder Wilhelm schon Ende Oktober 1857 die Staatsgeschäfte übernommen und war, nach zäher Gegenwehr der Kamarilla, am 7. Oktober 1858 offiziell mit der Regentschaft betraut worden. Das seit 1849 fast über ein Jahrzehnt unbestrittene reaktionäre Regiment der extremen Konservativen ließ sich nicht länger halten. Dies schien die neue politische Gruppierung um den Prinzregenten Wilhelm erkannt zu haben. Ihr schwebte freilich ein nicht minder fragwürdiges und zudem kaum ausgearbeitetes Konzept für den Regierungskurs vor. Die junkerlich-monarchische Staatsordnung Preußens sollte wohl, ohne mit der Vergangenheit zu brechen und ohne einen grundsätzlichen Eingriff in die überlieferten Machtverhältnisse vorzunehmen, einfach der voranschreitenden ökonomischen und gesellschaftlichen Entwicklung besser angepaßt werden.

Trotz der Erinnerung an 1848, als Prinz Wilhelm aus dem revolutionären Berlin ins englische Exil geflohen, aber bald in die Reihen des preußischen Militärs zurückgekehrt war und bis zum letzten Gefecht gegen die Revolutionäre in der Festung Rastatt als „Kartätschenprinz“ ein Symbol der militärischen Konterrevolution dargestellt hatte, erwartete die liberale öffentliche Meinung von dem neuen Mann eine neue Politik.

Das verhaßte reaktionäre Ministerium Manteuffel wurde auch sogleich entlassen und ein neues gebildet, in dem Vertreter der Wochenblattspartei den Ton angaben. An die Spitze der Regierung trat Fürst Karl Anton von Hohenzollern-Sigmaringen; sein Stellvertreter, Rudolf von Auerswald, galt als der eigentliche Kopf des Kabinetts. Ins Au-

ßenministerium zog Alexander von Schleinitz ein. In einer programmatischen Ansprache verhieß Wilhelm: „In Deutschland muß Preußen moralische Eroberungen machen.“ Zugleich appellierte er an Klugheit und Besonnenheit, Rechtsbewußtsein und, wenn es sein müsse, energisches Verhalten in der Politik. Obwohl der Prinzregent vor „absichtlich überspannten Ideen“ ausdrücklich warnte, sahen die Liberalen ihr politisches Glaubensbekenntnis nun schon fast erfüllt. Als Stimmungsbarometer dienten Ende November 1858 die Wahlen zum Preußischen Abgeordnetenhaus. Die liberalen Kräfte errangen einen überwältigenden Wahlsieg, während die zuvor so mächtigen Konservativen auf eine kleine Minderheit zusammenschmolzen. Eine liberal umgestaltete Hohenzollernmonarchie schien nun zum Greifen nahe. „Nur nicht drängeln“, blieb die vorherrschende bürgerliche Devise in Preußen.
Der von schönen Hoffnungen vieler begleitete Anbruch der „Neuen Ära“ gebot allerdings den politischen Ambitionen Bismarcks vorerst Halt. Zu den neuen Männern, mit denen sich der Regent umgab, zählte er jedenfalls nicht. Der Einfluß der Kamarilla, der Bismarcks Karriere bislang getragen hatte, war gebrochen. Bismarck stand nun für sich allein. Die Konservativen hielten ihn für einen Bonapartisten, den Liberalen war er als Reaktionär verschrien, das liberalkonservative Ministerium sah ihn als unbequemen Störenfried, wenn es moralische Eroberungen zu machen galt.
Um sich im Gespräch zu halten, hatte Bismarck Ende März 1858 in einer Denkschrift seine langjährigen Erfahrungen am Bundestag zusammengefaßt. Im Mittelpunkt stand der unverrückbare preußisch-österreichische Gegensatz in der deutschen Frage.

94 Aus Bismarcks Denkschrift „Einige Bemerkungen über Preußens Stellung am Bunde“, Ende März 1858:

Die Lage Preußens wäre vielleicht eine bessere, wenn der Bund gar nicht existierte, diejenigen näheren Beziehungen zu den Nachbarn, deren Preußen bedarf, hätten sich deshalb doch, und zwar unter Preußens Leitung, gebildet. Nachdem er aber besteht und der Mißbrauch seiner Institu-

Wilhelm I. 1862

tionen gegen Preußen mit Aussicht auf Erfolg versucht wird, kann Preußens Aufgabe nur sein, alle unzweifelhaften Bundespflichten in Krieg und Frieden zwar treu zu erfüllen, aber jede Entwicklung der Bundesgewalt auf Kosten der Unabhängigkeit des einzelnen, welche über den strikten Wortlaut der Verträge hinausgeht, abzuschneiden. Preußen würde dadurch seinem deutschen Berufe keines-

wegs untreu werden, es würde sich nur von dem Druck losmachen, mit dem die Fiktion seiner Gegner auf ihm lastet, daß „Bundestag“ und „Deutschland“ identische Begriffe seien und daß Preußens deutsche Gesinnungen nach dem Maße seiner Fügsamkeit unter die Majorität der Bundesversammlung zu beurteilen seien. Seine deutschen Gesinnungen unabhängig von der Bundesversammlung zu betätigen, hat kein Staat in dem Maße den Beruf und die Gelegenheit wie Preußen, und es vermag dabei zugleich den Beweis zu liefern, daß Preußen für die mittleren und kleineren Staaten mehr Wichtigkeit hat als eine Majorität von neun Stimmen für Preußen.
Die preußischen Interessen fallen mit denen der meisten Bundesländer, außer Österreich, vollständig zusammen, aber nicht mit denen der Bundesregierungen, und es gibt nichts Deutscheres, als gerade die Entwicklung richtig verstandener preußischer Partikularinteressen.

Mit der fast hundert Seiten langen Ausarbeitung, die man in Berlin spöttisch „Das kleine Buch des Herrn von Bismarck“ nannte, gelang es Bismarck allerdings nicht, seine Stellung beim Prinzen von Preußen zu festigen. Obwohl er bemüht gewesen war, sich auf den Adressaten einzustellen, hatte er das monarchisch-legitimistische Denken des Prinzen Wilhelm eindeutig überfordert. Bismarcks maßlose Entschiedenheit in den Fragen der deutschen Politik ließ ihn den neuen Männern als Vertreter Preußens am Bundestag nicht länger geeignet erscheinen. Wieder einmal schien Bismarck resignieren, sich aufs Land zurückziehen und eine konservativ-ständische Opposition betreiben zu wollen. Doch nunmehr siegte die Rücksicht auf die diplomatische Laufbahn. Am 29. Januar 1859 als Bundestagsgesandter abberufen und zum Gesandten am russischen Hof in St. Petersburg ernannt, fühlte sich Bismarck zwar „kaltgestellt“, doch Ende März 1859 trat er seinen neuen Posten in der Hauptstadt des Zarenreiches an.

Wenn die Herren die Fühlung der konservativen Partei behalten, sich aufrichtig um Verständigung und Frieden im Innern bemühen, so können sie in unsern auswärtigen Verhältnissen einen unzweifelhaften Vorzug vor Manteuffel haben, und das ist mir viel wert; denn wir „waren heruntergekommen und wußten selber nicht wie". Das fühlte ich hier am empfindlichsten. Ich denke mir, daß man den Fürsten von Hohenzollern grade deshalb an die Spitze gestellt hat, um eine Garantie gegen reine Partei-Regierung und gegen Rutschen nach links zu haben. Irre ich mich darin, oder will man über mich lediglich aus Gefälligkeit für Stellenjäger disponieren, so werde ich mich unter die Kanonen von Schönhausen zurückziehen und zusehn, wie man in Preußen auf linke Majoritäten gestützt regiert, mich auch im Herrnhause bestreben, meine Schuldigkeit zu tun. Abwechslung ist die Seele des Lebens, und hoffentlich werde ich mich um 10 Jahre verjüngt fühlen, wenn ich mich wie-

Wohnhaus der Familie Bismarck in Petersburg

der in derselben Gefechtsposition befinde wie 48–49. Wenn ich die Rollen des Gentleman und des Diplomaten nicht mehr miteinander verträglich finde, so wird mich das Vergnügen oder die Last, ein hohes Gehalt mit Anstand zu depensieren, keine Minute in der Wahl beirren. Zu leben habe ich, nach meinen Bedürfnissen, und wenn mir Gott Frau und Kind gesund erhält, wie bisher, so sage ich „vogue la galère“[1], in welchem Fahrwasser es auch sein mag.

1 Komme, was da wolle!

96 An Justus von Gruner, 17./19. Februar 1859:

Ich stehe auf dem Sprunge zur Reise nach Norden und warte nur noch auf Usedom[1]; fast mit Ungeduld, denn ich liebe die Übergänge nicht. So trübe wie in Berlin, unter dem Einfluß der Grippe und nervöser Niedergeschlagenheit betrachte ich meine Sendung nach Norden nicht mehr; aber recht begeistern kann ich mich doch noch nicht dafür. Meine Kollegen fassen diese Versetzung als disgrâce[2] auf, als Desaveu der Rastatter pp. Politik,[3] deren Träger ich war. Die Ordensverleihung nennen sie ein Pflaster auf meine Wunde und erwarten nun, daß Usedom des goldne Zeitalter der Bundespolitik bringen werde. Ich wünsche ihm Glück zu den Hoffnungen, die er zu enttäuschen haben wird, wenn er nicht den Leporello der österreichischen Don-Juan-Politik spielen will.

1 Usedom, Guido Graf von (1805–1884): Bismarcks Nachfolger in Frankfurt.
2 Ungnade.
3 Als Vertreter Preußens am Bundestag hatte Bismarck seit Mai 1857, auf die Gleichberechtigung mit Österreich bedacht, eine preußische Beteiligung an der von Baden und Österreich gestellten Besatzung der Bundesfestung Rastatt gefordert.

Von April 1859 bis April 1862 blieb Bismarck preußischer Gesandter am russischen Kaiserhof. Der Unmut des Abgeschobenen war bald verflogen. Immerhin zählte Petersburg zu den bedeutendsten Posten der preußischen Diplomatie, nicht zuletzt weil Zar Alexander II. ein Neffe des Prinzregenten Wilhelm war. Bismarck lernte während der drei Jahre das russische Zarenreich, seine gesellschaftlichen Zustände und die entscheidenden Männer, allen voran Außenminister Gortschakow, gründlich und aus der Nähe kennen. Natürlich nutzte Bismarck auch jede Gelegenheit, um in der Weite der russischen Wälder seiner Jagdleidenschaft nachzugehen.

97 *An die Frau, 4. April 1859:*

Der 60. Breitegrad läßt sich nicht verlegen, und wir haben uns unser Los nicht ausgesucht. Es leben viele Leute glücklich hier, obgleich das Eis noch felsenfest liegt und die Nacht wieder Schnee fiel und kein Garten und kein Taunus da ist. Mir könnte es recht gut hier gefallen, wenn ich nur von Dir dasselbe wüßte und vor allem Dich erst bei mir hätte. Alle amtlichen Beziehungen, und in ihnen beruht doch eigentlich der Beruf, der mir zuteil geworden ist auf dieser Welt und den Du nach Deinem bedeutungsvollen Ja in der Kolziglower Kirche schon mit Freud und Leid mußt tragen helfen; – alle amtlichen Beziehungen sind im Vergleich zu Frankfurt aus Dornen zu Rosen geworden, ob sie immer blühn werden, ist freilich ungewiß. Die Bundesbosheiten und das Präsidialgift sehn von hier wie Kindereien aus. Wir sind hier, wenn wir uns nicht mutwillig unangenehm machen, gern gesehn; wenn beim Nachhausefahren in das wartevolle Treppenhaus prusku passlannika[1] (Wagen) hineingeschrien wird, so sehn sich alle russischen Gesichter mit wohlwollendem Lächeln um, als hätten sie eben einen 90gradigen Schnaps hinuntergeschnalzt. Gesellschaft ist nämlich alle Abend und doch andre Leute darin wie in Frankfurt. Auch Deine Abneigung gegen Hofleben wird sich mindern; der Kaiser kann nicht anders wie Dir gefallen, gesehn hast Du ihn ja wohl schon? Er ist außerordentlich gnädig für mich, auch die Kaiserin, die junge nämlich; und mit der Mutter verkehrt sich leicht, trotz dem imposanten Aussehn. (...) Kurz, nur Mut, so raucht sich schon der Tabak gut! Ich habe bisher nur angenehme Eindrücke; das einzige, was mich erbittert, ist, daß man auf der Straße nicht rauchen darf.

1 für den preußischen Gesandten.

98 An den Bruder, 8. Mai 1859:

Hier habe ich zunächst die Vorstellungen bei Hofe, die vielen Hunderte von Visiten, die Mühe, ein Quartier zu suchen, und verschiednes andre Notwendige zu kaufen gehabt, vor allem aber einen Geschäftsverkehr, wie er so heftig hoffentlich nicht bald wiederkehrt. Die laufenden Sachen bestehn in dem polizeilichen und gerichtlichen Schutz von etwa 40000 Preußen, die in Rußland leben, und in Besorgung preußischer Prozesse gegen russische Untertanen. Man ist Advokat, Polizei, Landrat, Ersatz-Kommission für all diese Leute und korrespondiert für sie direkt mit allen Behörden des russischen Reiches von Weichsel bis Ural. Ich habe oft über 100 Unterschriften den Tag. Nimm dazu die gegenwärtige politische Krisis,[1] die mir während der Verhandlungen über Kongreß täglich 2 bis 4 lange chiffrierte Depeschen, gleich zu beantworten, brachte und fast tägliche Konferenzen mit dem Franzosen und dem Engländer bei Gortschakow veranlaßte, über die dann wieder telegrafisch zu berichten war. Dabei habe ich die Kanzlei noch nicht im Hause und muß deshalb das meiste vom Chiffrieren und Dechiffrieren mit Hilfe meines attachierten Ltnt. Klüber selbst besorgen, oft auch allein, mitten in der Nacht.

1 Im April 1859 spitzte sich der Konflikt Österreichs und Frankreichs um Oberitalien zur militärischen Auseinandersetzung zu.

Auch von seinem Petersburger Außenposten schaltete sich Bismarck in die weitere Entwicklung der deutschen Frage ein. Wie zuvor schon der Krimkrieg veranlaßte der 1859 ausbrechende Konflikt um Oberitalien, in dem die Habsburger Monarchie gegen das mit Napoleon III. verbündete, nach nationaler Einigung Italiens drängende Sardinien stand, Bismarck erneut, Plädoyers für eine Offensive der preußischen Machtpolitik vorzutragen. Das italienische Geschehen wurde in allen politischen Lagern der deutschen Staaten stark beachtet und hinsichtlich seiner Konsequenzen für die nationale Einigungsbewegung in Deutschland erörtert. Auffallend an Bismarcks Ratschlägen, die selbstredend von der wieder einmal unentschlossenen offiziellen Politik Preußens abwichen, war, daß in ihnen immer stärker das wachsende Gewicht militärischer Macht für den politischen Entscheidungsprozeß betont wurde.

99 An die Frau, 19. April 1859:

Unsre Politik verstimmt mich; wir bleiben Treibholz, auf unsern eigenen Gewässern planlos umhergeblasen von fremden Winden; und was für ruppige Winde, übelriechende!

100 An Gustav von Alvensleben, 5. Mai 1859:

Die gegenwärtige Lage hat wieder einmal das große Los für uns im Topf, falls wir den Krieg Österreichs mit Frankreich sich scharf einfressen lassen und dann mit unsrer ganzen Armee nach Süden aufbrechen, die Grenzpfähle im Tornister mitnehmen und sie entweder am Bodensee oder da, wo das protestantische Bekenntnis aufhört vorzuwiegen, wieder einschlagen.

101 An Alexander von Schleinitz, 12. Mai 1859:

Aus den acht Jahren meiner Frankfurter Amtsführung habe ich als Ergebnis meiner Erfahrungen die Überzeugung mitgenommen, daß die dermaligen Bundeseinrichtungen für Preußen im Frieden eine drückende, in kritischen Zeiten eine lebensgefährliche Fessel bilden, ohne uns dafür dieselben Äquivalente zu gewähren, welche Österreich, bei einem ungleich größern Maße eigner freier Bewegung, aus ihnen zieht. (...)
Ich gehe vielleicht zu weit, wenn ich die Ansicht äußere, daß wir jeden rechtmäßigen Anlaß, welchen unsre Bundesgenossen uns bieten, mit Eifer ergreifen sollten, um die Rolle der Verletzten zu übernehmen und aus dieser zu derjenigen Revision unsrer gegenseitigen Beziehungen zu gelangen, deren Preußen bedarf, um in geregelten Beziehungen zu den kleinern deutschen Staaten dauernd leben zu können. (...)
Ich sehe in unserm Bundesverhältnis ein Gebrechen Preu-

ßens, welches wir früher oder später ferro et igni[1] werden heilen müssen, wenn wir nicht beizeiten in günstiger Jahreszeit eine Kur dagegen vornehmen.

1 mit Feuer und Schwert.

Im Juni 1859 erkrankte Bismarck. Zu den Folgen einer vernachlässigten Schienbeinverletzung, die er sich auf der Jagd zugezogen hatte, traten rheumatische Beschwerden. Er begab sich in die Heimat, um in deutschen Bädern Genesung zu suchen. Wieder auf der Rückreise nach Petersburg, kam es Anfang November zu einem Rückfall, der Bismarck monatelang im Hause eines pommerschen Freundes in Hohendorf festhielt. Die ersten Tage hatten die Ärzte ihn wegen einer schweren Lungenentzündung schon aufgegeben, und erst im Frühjahr 1860 war die Reisefähigkeit wiederhergestellt. Die gesundheitliche Krise, aber auch quälende Sorgen ums eigene politische Überleben haben Bismarck im Winter 1859/60 sehr zugesetzt.

102 An die Schwester, 29. Juni 1859:

Ich bin schon seit dem Januar in Berlin nie wieder recht gesund gewesen, und Ärger, Klima und Erkältung trieben ein ursprünglich unscheinbares Gliederreißen vor etwa 10 Tagen auf die Höhe, daß mir der übliche Atem nicht mehr ausreichend zufloß und nur unter sehr schmerzhaften Anstrengungen einzuziehn war. Das Übel, rheumatisch-gastrisch-nervös, hatte sich in der Lebergegend eingemietet und wurde mit massenhaften Schröpfköpfen wie Untertassen und spanischen Fliegen und Senf über den ganzen Leib bekämpft, bis es mir gelang, nachdem ich schon halb für eine bessere Welt gewonnen war, die Ärzte zu überzeugen, daß meine Nerven durch 8jährigen ununterbrochenen Ärger und stete Aufregung geschwächt wären und weitres Blutabzapfen mich mutmaßlich typhös oder blödsinnig machen würde. Gestern vor 8 Tagen wars am schlimmsten; meine gute Natur hat sich aber rasch geholfen, seit man mir Sekt in mäßigen Quantitäten verordnet hat.

103 An Alexander von Schleinitz, 19. Dezember 1859:

Der Rückfall meiner Krankheit war fast ernsthafter als der erste Ausbruch; ich fürchtete Nervenfieber, Typhus und dergleichen. Ich sehe das Ganze als eine Explosion alles des Ärgers an, den ich 8 Jahre hindurch in Frankfurt angesammelt habe, über alle die Dinge, die ich sah, ohne sie ändern zu können, ohne in Berlin auch nur Glauben zu finden, außer bei Herrn von Manteuffel, der eine ganz klare Einsicht in die Sachlage hatte, aber nicht immer für gut fand, dieser Einsicht gemäß zu handeln. Wenn man täglich contre vent et marée[1], sozusagen am kurzen Ende des Hebels arbeitet, dabei den schlimmsten Widerspruch aus dem eigenen Lager und von den früheren Freunden erfährt, den Gegner stetig Terrain gewinnen sieht, so muß man nach Jahren hoffnungslosen Ringens entweder zu einer hochdiplomatischen Gleichgültigkeit gegen die zukünftigen Geschicke des eigenen Landes oder zum Bankrott seiner privaten Nerven gelangen. Der war bei mir eigentlich schon eingetreten, als ich nach Petersburg kam, und das dortige Klima hat nichts weiter getan, als diese Tatsache zur klaren Anschauung zu bringen.

1 gegen den Strom.

104 Johanna von Bismarck an Robert von Keudell, 30. Januar 1860:

Was wird nun? Ja, wer weiß es! Ich nicht! Kein Mensch kann's sagen. Bismarck spricht entschieden von Rückkehr nach dem gräßlichen Petersburg, wogegen Ärzte predigen und Freunde warnen. Wenn er alles aufgeben möchte, was mit Politik und Diplomatie zusammenhängt, wenn wir, sobald er ganz gesund wäre, schnurstracks nach Schönhausen gingen, uns um nichts kümmernd als um uns selbst, um unsre Kinder, Eltern und die wirklichen Freunde, das wäre meine Wonne. Dann würde er gewiß bald wieder so stark und frisch werden wie vor 10 Jahren, als er eintrat in diese unleidliche stürmische Diplomaten-Welt, die ihm gar nichts Gutes gebracht – nur Krankheit, Ärger, Feindschaft, Mißgunst, Undankbarkeit und – Verbannung; wenn er den

Staub seiner lieben Füße über den ganzen nichtsnutzigen Schwindel schütteln und all dem Unsinn entrinnen wollte, in den er mit seinem ehrlichen, anständigen grundedlen Charakter nie hineinpaßt – dann wäre ich vollkommen glücklich und zufrieden! – Aber – er wird's leider wohl nicht tun, weil er sich einbildet, dem „teuren Vaterland" seine Dienste schuldig zu sein, was ich vollkommen übrig finde.

Von seinem Krankenlager in Hohendorf reiste Bismarck Anfang März 1860 zunächst nach Berlin, um an den Sitzungen des Herrenhauses teilzunehmen. Im Herbst 1852 hatte er eine Wiederwahl in die Zweite Kammer des Preußischen Landtags abgelehnt, am 21. November 1854 war er jedoch auf Vorschlag des alten und befestigten Grundbesitzes im Landschaftsbezirk des Herzogtums Stettin ins Herrenhaus berufen worden, in das die Erste Kammer umgebildet worden war. Seitdem war er dort nicht aufgetreten, benutzte nun aber die Gelegenheit, um das politische Terrain bei Hofe zu sondieren. Bismarck wurde mehrmals vom Prinzregenten empfangen, der sich, um nach allen Seiten handlungsfähig zu bleiben, mit dem Gedanken trug, das Kabinett nach rechts zu erweitern. Freilich hatte Bismarck noch keine ernsthafte Chance, und er wollte sich auch nicht ohne weiteres einbinden lassen.

105 An den Bruder, 12. Mai 1860:

Ich habe deshalb vor einigen Tagen noch einen entschlossenen amtlichen Schritt gemacht, um auf meinen Posten zu gehn, und gleichzeitig in scherzhafter Weise um 6 Wochen Urlaub gebeten, die ich in Petersburg zuzubringen beabsichtige. Das Ergebnis ist aber ein ziemlich ungnädiger Befehl gewesen, „hier zu bleiben". Nun weiß ich wenigstens, woran ich bin, oder vielmehr, was ich zu tun habe, und da der Regent gleichzeitig Perponchers[1] Bitte, ihm die Rückkehr und Übersiedlung nach Neapel zu gestatten, trotz ministerieller Befürwortung abgeschlagen hat, so ist klar, daß er mich in den nächsten Tagen wenigstens noch nicht nach Petersburg läßt. An Johanna habe ich geschrieben, daß sie mich vor Schluß des Landtags (23.) nicht erwarten möge. Das Gerücht erklärt sich mein Festhalten natürlich durch die Annahme, daß ich Schleinitz ersetzen soll; dieselbe verliert aber für mich dadurch jede Wahrscheinlichkeit, daß mit mir von kompetenter Stelle kein Wort in diesem Sinne gesprochen worden ist, und man doch nicht annehmen kann, daß ich gar keine Bedingungen machen würde, wenn ich in dieses Kabinett entreten sollte. Wollte ich bereitwillig in diese Galeere hineingehen, so müßte ich ein ehrgeiziger Narr sein; jeder große Gesandtschaftsposten, auch der Petersburger, der, abgesehn vom Klima, der angenehmste von allen ist, ist ein Paradies im Vergleich mit der Schinderei eines heutigen Ministergeschäftes, besonders des auswärtigen. Wenn mir aber die Pistole auf die Brust gesetzt wird mit Ja und Nein, so habe ich das Gefühl, eine Feigheit zu begehn, wenn ich in der heutigen, wirklich schwierigen und verantwortungsvollen Situation „nein" sage.

1 Perponcher-Sedlnitzky, Wilhelm von: preußischer Diplomat.

Inzwischen war das Staatsschiff der „Neuen Ära" längst in kritisches Fahrwasser geraten. Die Absicht, sich mittels wohlklingender Versprechen der einen und braver Zuversicht der anderen Seite an den machtpolitischen Klippen vorbeizumogeln, hatte sich beiderseits als Mißverständnis der bestehenden Verhältnisse erwiesen. Wie der Zaubermeister sah sich Prinzregent Wilhelm in die Lage versetzt, jene Geister nicht mehr bannen zu können, die er selbst gerufen hatte.
Der Regierungswechsel von 1858 hatte in den Reihen der Bourgeoisie die Hoffnung geweckt, ihre unbestrittenen ökonomischen Positionen auch in einen ausschlaggebenden Anteil an der politischen Macht ummünzen zu können. Im Gefolge der Wirtschaftskrise von 1857 und des oberitalienischen Konflikts von 1859 war die politische Aktivität in ganz Deutschland belebt worden und die nationale Einigungsbewegung wieder in Gang gekommen. Mit der Gründung des Deutschen Nationalvereins hatte sich die liberale Bourgeoisie 1859 an die Spitze gesetzt, die Bewegung auf einen liberalen deutschen Bundesstaat unter preußischer

Führung orientiert und dabei auf Initiativen des Kabinetts der „Neuen Ära" vertraut. Daneben aber waren auf ungezählten Schützen-, Sänger- und Turnerfesten von breitesten Volkskreisen ungebrochene demokratische und nationale Energien demonstriert worden, die in der revolutionären Tradition von 1848/49 wurzelten.

Die Erinnerung an bittere Tage des konservativen Preußentums war es, die dem Prinzregenten die „Neue Ära" bald als innenpolitisches Wagnis erscheinen ließ. Das überraschende Wahlergebnis vom November 1858 hatte auf ihn einen nicht weniger bedenklichen Eindruck gemacht. „Sehr unangenehme Renkontres" erwartend, versteifte sich Wilhelm darum in den Vorsatz, dem linksorientierten Abgeordnetenhaus äußerst entschieden entgegenzutreten. Das konservative Junkertum befürchtete ohnehin eine seinen Interessen zuwiderlaufende Entwicklung im Staat und war ebenso fest entschlossen, vor der vom neuen Ministerium betriebenen Ausgleichspolitik mit der liberalen Bourgeoisie seinen Platz nicht kampflos zu räumen.

Eine Machtprobe zwischen preußischer Krone und Parlament kündigte sich an, als am 10. Februar 1860 Kriegsminister Albrecht von Roon, der erst wenige Wochen zuvor als konservativer Aufpasser ins Kabinett der „Neuen Ära" eingetreten war, die Vorlage für die Heeresreorganisation einbrachte. Es ging um die Verwandlung des preußischen Heeres in eine moderne schlagkräftige Angriffsarmee. Wilhelm, Roon und die junkerliche Militärpartei dachten nicht daran, die Armee als Hort von monarchischer Kommandogewalt und Junkerprivilegien in Frage stellen zu lassen. Die geplante Reform erforderte allerdings jährliche Mehrausgaben von etwa 10 Millionen Talern, und dazu brauchte man das Parlament schon. Die liberale Mehrheit des Abgeordnetenhauses wußte gegen die Heeresreorganisation an sich keine prinzipiellen Einwände vorzubringen, sie war allerdings, auf die parlamentarische Budgetgewalt pochend, auch nicht ohne weiteres bereit, der Militärpartei einen Gefallen zu tun. Bestimmte Abstriche und Modifikationen am Reformwerk sollten wenigstens eingeräumt werden.

Während die durchaus kompromißwillige Kammermehrheit, vorbehaltlich einer endgültigen Klärung, die Kosten provisorisch für ein Jahr bewilligte, schufen die Militärpolitiker vollendete Tatsachen. Die Reorganisation des Heeres wurde wie geplant einfach in Gang gesetzt und damit das Budgetrecht des Parlaments unterminiert. So war schließlich der Heereskonflikt in einen Verfassungskonflikt übergegangen und eine Konfrontation entstanden, die Preußens innen- und außenpolitische Aktionsfähigkeit lähmte.

Eine zusätzliche Pointe erhielten die innenpolitischen Auseinandersetzungen durch interne Differenzen im Regierungslager über gewisse Vorrechte des Königtums. Als der Prinzregent mit dem Tode Friedrich Wilhelms IV. am 2. Januar 1861 endlich als Wilhelm I. auf den preußischen Königsthron gelangt war, erwartete er nach mittelalterlichem Feudalzeremoniell ein Treuegelöbnis der Ständevertreter. Nachdem aber Preußen ein Verfassungsstaat geworden war, mutete eine solche Erbhuldigung reichlich anachronistisch an. Während Roon und die engsten militärischen Ratgeber den König in seinem überkommenen Standpunkt bestärkten, um die schrankenlose Machtstellung der Krone demonstrativ zu beweisen, widersetzte sich die Mehrheit im liberalkonservativen Ministerium der „Neuen Ära" recht entschieden. In dieser ziemlich verfahrenen Situation hat Roon Ende Juni 1861 mit Wissen des Königs Bismarck nach Berlin gebeten und ihm einen Ministerposten in Aussicht gestellt.

Bevor Bismarck sich von Petersburg auf den Weg machte, entwickelte er in seinem Antwortbrief an Roon ein Programm, wie der konservative Kern im Regierungslager seine Position gegen die Mehrheit im Abgeordnetenhaus durchsetzen könne. Zugleich vor der Rückkehr zu fragwürdigen Experimenten einer neuen restaurativen Kamarillapolitik warnend, setzte sich Bismarck für eine kraftvolle, den populären Erwartungen entgegenkommende Außenpolitik ein. Nur auf diesem Wege sei die Opposition innenpolitisch auszumanövrieren und das politische Prestige der preußischen Krone zu konsolidieren.

106 An Albrecht von Roon, 2. Juli 1861:

Meinem Eindruck nach lag der Hauptmangel unsrer bisherigen Politik darin, daß wir liberal in Preußen und konservativ im Auslande auftraten, die Rechte unsres Königs wohlfeil, die fremder Fürsten zu hoch hielten. Eine natürliche Folge des Dualismus zwischen der konstitutionellen Richtung der Minister und der legitimistischen, welche der persönliche Wille Sr. Majestät unsrer auswärtigen Politik gab. Ich würde mich nicht leicht zu der Erbschaft Schwerins[1] entschließen, schon weil ich mein augenblickliches Gesundheitskapital dazu nicht ausreichend halte. Aber selbst wenn es der Fall wäre, würde ich auch im Innern das Bedürfnis einer andern Färbung unsrer auswärtigen Politik fühlen. Nur durch eine Schwenkung in unsrer „auswärtigen" Haltung kann, wie ich glaube, die Stellung der Krone im Innern von dem Andrang degagiert werden, dem sie auf die Dauer sonst tatsächlich nicht widerstehn wird, obschon ich an der Zulänglichkeit der Mittel dazu nicht zweifle, die Pression der Dämpfe im Innern muß ziemlich hochgespannt sein, sonst ist es gar nicht verständlich, wie das öffentliche Leben bei uns von Lappalien wie Stieber, Schwark, Macdonald, Patzke, Twesten[2] und dergleichen so aufgeregt werden konnte, und im Auslande wird man nicht begreifen, wie die Huldigungsfrage das Kabinett sprengen konnte. Man sollte glauben, daß eine lange und schwere Mißregierung das Volk gegen seine Obrigkeit so erbittert hätte, daß bei jedem Luftzug die Flamme aufschlägt. Politische Unreife hat viel Anteil an diesem Stolpern über Zwirnsfäden; aber seit 14 Jahren haben wir der Nation Geschmack an Politik beigebracht, ihr aber den Appetit nicht befriedigt, und sie sucht die Nahrung in den Gossen. Wir sind fast so eitel wie die Franzosen; können wir uns einreden, daß wir auswärts Ansehn haben, lassen wir uns im Hause viel gefallen; haben wir das Gefühl, daß jeder kleine Würzburger uns hänselt und geringschätzt und daß wir es dulden aus Angst, weil wir hoffen, daß die Reichsarmee uns vor Frankreich schützen wird, so sehn wir innre Schäden an allen Ecken, und jeder Preßbengel, der den Mund gegen die Regierung aufreißt, hat recht. Von den Fürstenhäusern von Neapel bis Hannover wird uns keins unsre Liebe danken, und wir üben an ihnen recht evangelische Friedensliebe auf Kosten der Sicherheit des eignen Thrones. Ich bin meinem Fürsten treu bis in die Vendée[3], aber gegen alle andern fühle ich in keinem Blutstropfen eine Spur von Verbindlichkeit, den Finger für sie aufzuheben. In dieser Denkungsweise fürchte ich von der unsers allergnädigsten Herrn so weit entfernt zu sein, daß er mich schwerlich zum Rate seiner Krone geeignet finden wird. Deshalb wird er mich, wenn überhaupt, lieber im Innern verwenden. Das bleibt sich aber meines Erachtens ganz gleich, denn ich verspreche mir von der Gesamtregierung keine gedeihlichen Resultate, wenn unsre auswärtige Haltung nicht kräftiger und unabhängiger von dynastischen Sympathien wird, an denen wir aus Mangel an Selbstvertrauen eine Anlehnung suchen, die sie nicht gewähren können und die wir nicht brauchen.

1 Schwerin, Maximilian Graf von (1804–1872): Innenminister im Kabinett der „Neuen Ära".

2 Innenpolitische Affären, die u. a. Mißstände im Justizwesen enthüllten.

3 Westfranzösische Landschaft am Atlantischen Ozean. Die Vendée bildete in den Jahren der Französischen Revolution 1789 bis 1795 den Hauptherd der adligen Konterrevolution.

Als Bismarck am 10. Juli 1861 in Berlin eintraf, war der Streit in der Huldigungsfrage beigelegt. Der König hatte nachgegeben und lediglich eine feierliche Krönung angeordnet. Sodann war er zur Kur nach Baden-Baden gereist, wohin ihm Bismarck folgte. In einer längeren Audienz legte der Petersburger Gesandte dem König seine Gedanken über das künftige Vorgehen der preußischen Außenpolitik in der deutschen Frage dar, die er anschließend in einer mehrmals überarbeiteten Denkschrift zusammenfaßte.
Im Kern brachte Bismarck zum Ausdruck, daß sich der preußische Staat nicht von der nationalen Bewegung des Liberalismus ins Schlepptau nehmen lassen dürfe, vielmehr selbst die nationalen Kräfte und Tendenzen in den Rahmen seiner Politik einspannen müsse. In Konfrontation zu den kleindeutschen Bundesreformplänen einer liberalen Fürstengruppe der Mittel- und Kleinstaaten solle Preußen die Vorhut im Ringen um eine Reform des Deutschen Bundes übernehmen.

107 *Aus Bismarcks Denkschrift über die deutsche Frage, Oktober 1861:*

In der gesamten deutschen Bevölkerung nährt und steigert sich das Mißvergnügen durch das niederschlagende Gefühl, daß eine große und kräftige Nation durch die Mängel ihrer Gesamtverfassung verurteilt ist, nicht nur auf die ihr gebührende Geltung in Europa zu verzichten, sondern in steter Sorge vor dem Angriff von Nachbarn zu leben, denen sie unter Umständen mehr als gewachsen sein würde. Je mehr dieses Gefühl und die Erkenntnis seiner Ursachen das allgemeine Bewußtsein durchdringen, um so schärfer und zuletzt gefährlicher kehrt sich seine Spitze gegen die Gesamtheit der deutschen Regierungen. Von den letztern wird erwartet, daß sie mit mehr praktischem Erfolge als bisher dem Ziele einer engeren Einigung Deutschlands zustreben, und diese Erwartung erscheint auch der konservativsten Auffassung nicht unberechtigt, soweit es sich darum handelt, die Wehrkraft Deutschlands einheitlicher und straffer zusammenzufassen und der allgemeinen Wohlfahrt diejenige freie Bewegung im Gebiete aller materiellen Interessen zu sichern, welche für Handel und Verkehr durch den Zollverein angebahnt ist. Mit der jetzigen Bundesverfassung ist es nicht möglich, den bestehenden Übelständen abzuhelfen. (...)
Eine solche deutsche Gesamtvertretung dürfte zugleich mit einiger Sicherheit dahin führen, daß der bedauerlichen Tendenz der meisten deutschen Landtage, sich vorwiegend kleinlichen Reibungen mit der eigenen Regierung zu widmen, eine heilsame Ablenkung auf breitere und gemeinnützigere Bahnen gegeben würde und die subalternen Streitigkeiten der Ständesäle einer mehr staatsmännischen Behandlung deutscher Gesamtinteressen Platz machten. (...)
Eine offizielle Erklärung Preußens, dahingehend: daß wir die jetzige Bundesverfassung den Bedürfnissen der Bundesgenossen und der deutschen Nation nicht entsprechend und der Reform für bedürftig halten, daß wir entschlossen sind, am Bunde Vorschläge für eine solche Reform zu machen, durch welche die Mitwirkung einer nationalen Vertretung in Aussicht genommen wird, daß wir die freie Einwilligung unsrer Mitverbündeten in unsre Anträge durch

Verhandlung erstreben, und wenn wir sie sofort nicht erlangen, von der Zeit erwarten wollen in der Hoffnung, daß richtigere Ansichten sich Bahn brechen werden, daß wir, bis dieses Ziel erreicht sein werde, in freiwilligen und kündbaren Vereinigungen neben dem Bunde Surrogate für die fehlenden Bundesinstitutionen herzustellen suchen werden – eine derartige Erklärung würde als erster Schritt zu bessern Einrichtungen tiefen Eindruck in Deutschland machen und besonders der Regierung Preußens ihre Aufgabe im Innern, den Wahlen und den Kammern gegenüber, wesentlich erleichtern. Die Fassung der Erklärung müßte auf die doppelte Wirkung berechnet sein, einmal, daß die deutschen Fürsten über die Tragweite unsrer Pläne beruhigt werden und erkennen, daß wir nicht auf Mediatisierung[1], sondern auf freie Verständigung zum Nutzen aller ausgehn, daß im Volke der entmutigenden Besorgnis entgegengetreten wird, als fände Preußen den Gang der deutschen Entwicklung mit dem heutigen Bundestage abgeschlossen und strebe nicht ernstlich nach fortschreitender Reform desselben.

1 Eingliederung bislang unabhängiger Territorialherrschaft unter die Landeshoheit größerer Staaten.

Die Kräfte, die, wie Roon und womöglich auch bereits der König, Bismarck schon im Frühsommer 1861 als kompromißlosen Parteigänger der äußersten Rechten in Anspruch nehmen wollten, hatten erkennen müssen, daß der von ihnen gesuchte starke Mann seine 1848/49 eingenommenen Positionen doch um einiges hinter sich gelassen hatte. Der Gesichtskreis des einstigen konservativen Heißsporns war weltoffener geworden. Niemand empfand dies klarer als Bismarck selbst, und gelegentlich sprach er es auch offen aus.

108 Im Gespräch mit Viktor von Unruh, Mitte März 1859:

Ich bin derselbe Junker wie vor zehn Jahren, als wir uns in der Kammer kennenlernten, aber ich müßte kein Auge und keinen Verstand im Kopfe haben, wenn ich die wirkliche Lage der Verhältnisse nicht klar erkennen könnte.

109 An Rudolf von Auerswald, 3. August 1860:

Zwischen den pommerschen Kartoffelfeldern, die bis 48 Gegenstand meiner Aufmerksamkeit waren, lernt man eben nicht europäische Politik richtig zu beurteilen.

110 An Leopold von Gerlach, 2./4. Mai 1860:

Ich bin ein Kind andrer Zeiten als Sie, aber ein ebenso ehrliches der meinigen wie Sie der Ihrigen (...) Um aber zu Realitäten zurückzukehren, zur Gegenwart, so wäre mir Frankreich von allen Bundesgenossen der bedenklichste, obschon ich mir die Möglichkeit offenhalten muß, weil man nicht Schach spielen kann, wenn einem 16 Felder von 64 von Hause aus verboten sind.

Bismarck stand im Begriff, die preußische Politik auf Ziele und Wege zu drängen, die das Machtstreben des konservativen Junkerstaates und die nationalen Interessen der Bourgeoisie einander näherbringen mußte. Die reaktionären konservativen Kreise wollten sich mit einem solchen Vorgehen freilich nicht befreunden. Darum hatte Bismarck im September 1861 auch Anlaß, das Programm der Konservativen Partei in Preußen zu kritisieren.

111 An Alexander von Below-Hohendorf, 18. September 1861:

Ich hätte gewünscht, daß in dem Programm anstatt des vagen Ausfalles gegen die deutsche Republik offen ausgesprochen wäre, was wir in Deutschland geändert und hergestellt wünschen, sei es durch Anstrebung rechtlich zustande zu bringender Änderungen der Bundesverfassung, sei es auf dem Wege kündbarer Assoziationen nach Analogie des Zollvereins und des Koburger Militärvertrags. Wir haben die doppelte Aufgabe, Zeugnis abzulegen, daß das Bestehende der Bundesverfassung unser Ideal nicht ist, daß wir die notwendige Änderung aber auf rechtmäßigem Wege offen anstreben und über das zur Sicherheit und zum Gedeihn aller erforderliche Maß nicht hinausgehen wollen. Wir brauchen eine straffere Konsolidation der deutschen

Wehrkraft so nötig wie das liebe Brot; wir bedürfen einer neuen und bildsamen Einrichtung auf dem Gebiet des Zollwesens und einer Anzahl gemeinsamer Institutionen, um die materiellen Interessen gegen die Nachteile zu schützen, die aus der unnatürlichen Konfiguration der deutschen innern Landesgrenzen erwachsen. Daß wir diese Dinge ehrlich und ernst fördern wollen, darüber sollten wir jeden Zweifel heben.

Noch war Bismarcks politische Zukunft unsicher, zumal er mehr denn je nur solche „Musik" machen wollte, wie er sie für wohlklingend empfand, oder gar keine. Als verlängerter Arm Roons oder willfähriger Diener der Krone wollte er 1861 jedenfalls nicht antreten. Es blieb ihm also nur, auf den Posten nach Petersburg zurückzukehren und abzuwarten.

112 An die Schwester, 17. Januar 1862:

Ich fahre deshalb fort, hausbacken meine Schuldigkeit zu tun. Ich bin seit meiner Krankheit geistig so matt geworden, daß mir die Spannkraft für bewegte Verhältnisse verlorengegangen ist. Vor 3 Jahren hätte ich noch einen brauchbaren Minister abgegeben, jetzt komme ich mir in Gedanken daran vor wie ein kranker Kunstreiter, der seine Sprünge machen soll.

Der preußische Verfassungskonflikt, ein Machtkampf zwischen Bourgeoisie und Junkertum um den entscheidenden Einfluß auf den Kurs der Regierungspolitik in Preußen, trieb seinem Höhepunkt entgegen.
Am 6. Juni 1861 hatten sich die trutzigen Verfechter des bürgerlichen Liberalismus von den kompromißfreudigen Altliberalen getrennt und die Deutsche Fortschrittspartei gegründet. Ihnen ging es darum, Ernst zu machen mit der „Neuen Ära". Man forderte die Einigung Deutschlands unter preußischer Führung, aber auch den konsequenten Ausbau Preußens als Rechts- und Verfassungsstaat. Bei den Abgeordnetenhauswahlen im Dezember 1861 hatten die

Bismarck 1862 als Gesandter in Paris

Linksliberalen die Altliberalen auf Anhieb überholen können. In der Militärfrage verlangte die Fortschrittspartei nun klare Verhältnisse. Gewillt, das parlamentarische Budgetrecht uneingeschränkt durchzusetzen, lehnte man es ab, das bisherige Provisorium, welches die Regierung kaum hinderte, an das Geld für die Heeresreorganisation zu gelangen, zu verlängern. Als ein entsprechender Antrag von der Mehrheit angenommen war, löste der König am 11. März 1862 das Abgeordnetenhaus auf. Das Kabinett der „Neuen Ära" wurde entlassen und ein konservatives Ministerium berufen, in dem Kriegsminister Roon der beherrschende Mann war.

Nach der Neuwahl vom 6. Mai 1862, die der Fortschritts-

partei einen triumphalen Sieg brachte, die Altliberalen erheblich reduzierte und die Konservativen auf die klägliche Zahl von elf Abgeordneten zusammenschmelzen ließ, stand eine entscheidende Machtprobe zwischen Krone und Parlament bevor. Für die Heeresreform gab es im Abgeordnetenhaus keine Mehrheit mehr. Die Minister des Königs, Roon eingeschlossen, glaubten, den Konflikt nicht weiter durchstehen zu können. Nur Wilhelm I. schien noch fest entschlossen, den Kampf fortzusetzen.
Dies war die Situation, in der Bismarck im März 1862 aus Petersburg abberufen wurde. Er erfuhr lediglich, daß über seinen weiteren Einsatz definitiv erst in Berlin entschieden werden solle.

113 An Otto von Wentzel, 19. April 1862:

Ich denke heut über 8 Tage mit Frau und Kind von hier aufzubrechen; wohin ich bestimmt bin, weiß ich noch nicht, nachdem mir im Juli v. J. von Schleinitz angekündigt war, daß ich nach Paris versetzt würde; seitdem sitze ich wie der Vogel auf dem Dache. Amtlich ist mir vor 14 Tagen geschrieben, daß ich nach Paris oder London ernannt sei, durch vollzogne, aber sekretierte Order. S. Majestät wolle vor definitiver Entscheidung mich aber noch in Berlin sehn. Ich reise also, ohne zu wissen, wohin. Ich verstehe dies Geheimnis nicht recht und begreife nicht, warum man vor 6 Wochen, anstatt mir sofortigen Abgang von hier, ohne Aussicht auf Wiederkehr, zur Ordnung meiner Geschäfte zu befehlen, mich nicht einfach nach Berlin zitierte und mich zur Abschiedaudienz wieder herkommen ließ. Qui vivra, verra,[1] woran es eigentlich lag, daß die Dinge so eigentümlich behandelt wurden. Ich wäre nicht ungern hier geblieben, trotz des sonderbaren Anblicks, den mir in der zweiten Hälfte April die Spaziergänger auf der unerschütterlichen Eisdecke der Newa aus meinem Fenster gewähren. Ich kann mich aber auch über die Aussicht auf Paris oder London nicht beklagen und bin nur durch die anhaltende Ungewißheit etwas nervös geworden.

1 Wer lebt, wird sehen.

Die erwartete Berufung Bismarcks ins Ministerium kam auch im Mai 1862 noch nicht zustande. Der König war zwar prinzipiell bereit, scheute aber vor dem letzten Schritt zurück, den umstrittenen Diplomaten zum Minister zu ernennen. Zudem stellte Bismarck personelle Bedingungen. Das unbefriedigende Warten auf einen definitiven Entschluß beendete Bismarck schließlich mit der ultimativen Forderung, ihm einen Posten oder den Abschied zu geben.
So wurde Bismarck am 22. Mai 1862 zum preußischen Gesandten in Paris ernannt. Dabei ließ der König offen durchblicken, daß dies nur eine Übergangsposition sein werde.

114 An die Frau, 21. Mai 1862:

Entscheidung ist hier [Berlin] noch immer nicht. Heydts[1] Ehrgeiz rettet mich vielleicht; er will selbst Minister-Präsident werden; außerdem weigre ich mich dieser Stelle, wenn ich nicht das Auswärtige dazu habe, und Bernstorff will bleiben, aber auch London sich offenhalten. Sonnabend bin ich 14 Tage hier, dann explodiere ich und verlange einen Posten oder meinen Abschied.

1 Heydt, August Freiherr von der (1801–1874): März bis September 1862 Finanzminister und faktischer Leiter des Staatsministeriums.

115 An den Bruder, 30. Mai 1862:

Ich hoffe vor dem 1. Juli wieder in Berlin zu sein, vielleicht dann nach Pommern zu kommen und unsre Übersiedlung hierher [nach Paris] vorzubereiten. Einstweilen bleiben unsre Sachen noch in Petersburg, und ich lebe hier wie im Wirtshause, bei kühlem regnichtem Wetter, etwas langweilig. Morgen oder übermorgen werde ich meine erste Audienz haben und dann wohl auch mehr zu tun. Einstweilen rolle ich den ganzen Tag in Visiten umher und rede mit allen Leuten dasselbe 20 Mal den Tag über durch. Vor allem fehlt mir zu meiner Zufriedenheit ein Reitpferd, was man hier nicht kaufen kann, ohne Geld wegzuwerfen. (...) Vielleicht mache ich bald eine Aquisition in der Reinfelder Gegend. Sollte ich Minister werden müssen, so dauert das

Preußisches Gesandtschaftsgebäude in Paris

wahrscheinlich doch nicht sehr lange, und ich ziehe mich dann einstweilen ins Landleben zurück, um alles, was ich ablangen kann, in Schonung zu legen. Meine fixe Idee ist Eichen-Schälwaldung auf Sandboden. Die Holländer machen damit auf dem infamsten grandigen Fuchs 20 oder 30 fl. vom Morgen.

Am 29. Mai 1862 traf Bismarck in Paris ein und wurde von Napoleon III. empfangen, dem der Stand der Dinge in Berlin natürlich nicht unbekannt war und der in Bismarck sogleich einen Partner im künftigen europäischen Mächtekonzert erkannte. In den verbleibenden Ferienmonaten bis September blieb allerdings nicht mehr viel Gelegenheit, die Möglichkeiten eines preußisch-französischen Zusammengehens zu sondieren. Bismarck reiste Ende Juni 1862 zum Besuch der Weltausstellung nach London und führte auch dort mit den maßgeblichen Männern von Regierung und Opposition politische Gespräche. Vor allem aber leistete sich Bismarck einen sechswöchigen Urlaub in Südfrankreich und den Pyrenäen. Er wollte von allen politischen Spekulationen und Kombinationen Abstand gewinnen, verfiel dafür allerdings in ganz anderen leidenschaftlichen Schwung. In Biarritz lernte er Katharina Orlow kennen, die Frau des russischen Gesandten in Brüssel. Auf der Stelle war Bismarck in die bezaubernde zweiundzwanzigjährige Schöne verliebt, und er genoß die sich entwickelnde Romanze in vollen Zügen. Zwischen den Zeilen seiner Briefe konnte Bismarcks Frau Johanna manches ahnen, ohne aber in ihrem Vertrauen wankend zu werden.

116 *An die Schwester, 20. August 1862:*

Ich bin in Biarritz hängengeblieben, an der Schwelle der Pyrenäen, die ich vielleicht noch betrete. Das Seebad bekam mir zunächst so ausgezeichnet, daß ich die Abreise von einem Tage zum andern aufschob, obschon ich mich etwas einsam fühlte. Seit die Orlows gekommen sind, lebe ich mit ihnen, als ob wir allein auf dem Lande wären, und habe mich etwas in die niedliche principesse verliebt. Du weißt, wie mir das gelegentlich zustößt, ohne daß es Johanna Schaden tut. Wir baden des Morgens, gehn dann in die Klippen, frühstücken in einer entlegenen Schlucht hinter dem Leuchtturm, wo ich augenblicklich neben einer gelb und blauen Robe auf dem Rasen sitze, zwischen zwei heidebraunen Felsen, auf grüne Wellen und weißen Schaum blikkend, diese Zeilen schreibe; große weiße Möwen mit schwarzen Flügeln schweben und kreischen in der Höhe, und die allgegenwärtige Tamarinde beschattet uns ausreichend gegen die glühende Sonne eines „schönen Wetters", d. h. 25° im Schatten, nur hier nicht, wo die Seebrise kühlt. Einige Birnen, Pfirsich und Hunde liegen neben uns, Orlow (Du kennst ihn doch, mit der schwarzen Binde auf dem Auge, der Gesandte in Brüssel) sitzt rauchend und lesend, seine Frau schreibt wie ich. Sie würde auch Dir sehr gefallen. Figur und Äußeres etwa wie die Croy, dabei sehr originell, gescheit und lustig, etwas exzentrisch, wie ihre Landsmänninnen zu sein pflegen, aber zivilisiert durch französisch-deutsche Erziehung; ihre Eltern (Trubetzkoi) wohnen seit 20 Jahren in Fontainebleau. Um 3 nehmen wir das zweite Bad, essen um 5, gehn dann wieder spazieren und lagern im Seewind bis zur Schlafenszeit auf dem Heidekraut. Ein behagliches Stilleben, bei dem ich Berlin und Paris (aber nicht Reinfeld) vergesse und von dem ich mich mit sehr lieben Erinnerungen trennen werde, wann?

117 *Johanna von Bismarck an Robert von Keudell, 7. September 1862:*

In diesem Monat soll sich viel entscheiden. Bismarcks letzter Brief (vom 30ten aus Biarritz) war fast wehmütig über die baldige Trennung von dem reizenden Meer, den liebenswürdigen Russen und der schönen Bummelzeit, die er mit ihnen vier Wochen dort vollführt – er ist ganz hingerissen von Kathi Orlow, die ihm täglich alle Beethovens, Schuberts, Mendelssohns usw. vorspielt; und wenn ich Anlage zu Neid und Eifersucht hätte, könnte ich mich jetzt wahrscheinlich bis in tiefste Abgründe von diesen Leidenschaften tyrannisieren lassen. In meiner Seele ist aber gar kein Stoff dazu vorhanden, ich freue mich nur immerzu ganz ungeheuer, daß mein lieber Gemahl die reizende Frau dort gefunden, ohne deren Gesellschaft er nimmer so lange Ruhe auf einem Fleck gehabt hätte und dann nicht so gesund geworden wäre, wie er's in jedem Briefe rühmt. Das biskayische Meerwasser und die südfranzösische Luft haben ihm wundervoll wohlgetan, – Gott sei tausend Dank dafür.

Mitte Juli, vor seinem Urlaubsantritt, hatte Bismarck einen regelrechten Operationsplan für die in Berlin anstehenden politischen Entscheidungen entworfen. In der Frage der Militärausgaben solle die Regierung fest und unnachgiebig bleiben, zunächst aber noch die oppositionellen Redner im Abgeordnetenhaus im eigenen Saft schmoren lassen. Erst wenn die Parlamentarier in ihrer ganzen Hilflosigkeit bloßgestellt wären, werde sein Eintritt ins Kabinett den nötigen politischen Effekt machen.

Je länger sich die Sache hinzieht, desto mehr sinkt die Kammer in der öffentlichen Achtung, da sie den Fehler begangen hat und noch weiter begehn wird, sich in alberne Kleinigkeiten zu verbeißen, und da sie keinen Redner hat, der nicht die Langeweile des Publikums vermehrte. Kann man sie dahin bringen, daß sie sich in solche Lappalie wie die Kontinuität des Herrnhauses verbeißt und darüber Krieg anfängt und die Erledigung der eigentlichen Geschäfte verschleppt, so ist es ein großes Glück. Sie wird müde werden, hoffen, daß der Regierung der Atem ausgeht, und die Kreisrichter müssen mit den Kosten ihrer Stellvertretung geäng-

Bismarcks Abschied von Napoleon III. Karikatur der „Frankfurter Laterne“ von Oktober 1862

stigt werden. Wenn sie mürbe wird, fühlt, daß sie das Land langweilt, dringend auf Konzessionen seitens der Regierung hofft, um aus der schiefen Stellung erlöst zu werden, dann ist m. E. der Moment gekommen, ihr durch meine Ernennung zu zeigen, daß man weit entfernt ist, den Kampf aufzugeben, sondern ihn mit frischen Kräften aufnimmt.

Als Anfang September zu erfahren war, daß in der preußischen Hauptstadt noch immer alles in der Schwebe sei, drängte Bismarck auf eine Klärung.

119 An Albrecht von Bernstorff, 12. September 1862:

Ich habe meine Frau und Kinder seit dem 8. Mai nicht gesehn und führe seitdem eine Existenz, welche allen Gewohnheiten eines Familienvaters widerspricht. Die Meinigen sind auf dem Lande in Hinterpommern, meine Sachen noch in Petersburg, meine Wagen in Stettin, meine Pferde in Schönhausen, und ich selbst weiß nicht, wo ich mein Haupt zu Winter niederlegen werde. Ich appelliere an Ihre eignen deutsch-hausväterlichen Gefühle, ob ein solches Leben auf die Dauer für einen Gatten und Vater von achtbarem Schlage erträglich ist. Ich wüßte nicht, welchen Posten ich mir von der Gnade des Königs lieber erbitten möchte als den des Gesandten oder gar Botschafters Sr. M. in Paris, sobald ich meine Ernennung als eine definitive betrachten könnte, und meine Lebenseinrichtung danach treffen. Wenn ich eine Gewißheit darüber, daß von meinem Eintritt in das Ministerium überhaupt Abstand genommen ist, jetzt nicht erhalten kann, so würde S. M. vielleicht doch die Gnade haben, mir zuzusichern, daß ich bis zum 1. April oder Neujahr oder bis zu irgendeinem festen Termine in Paris bliebe; dann würde ich mich danach einrichten können. Einstweilen habe ich den 1. Oktober als Termin ins Auge gefaßt, um meine Familie nach Paris überzusiedeln; wenn ich den Umzug meines zahlreichen Hausstandes mit Kindern und Lehrerpersonal einmal bewirkt habe, so wäre es eine Härte, in die ich mich nicht leicht zu finden wüßte, wenn ich unmittelbar danach wieder einpacken sollte. Da

Die Geschäftsübergabe 1862. Karikatur des „Kladderadatsch" vom 5. Oktober 1862

ich mich niemals geweigert habe, sobald S. M. es befiehlt, auch ohne Portefeuille in das Ministerium zu treten, so weiß ich im Grunde nicht, was einer allerhöchsten Entscheidung über meine Zukunft entgegensteht.

Vor den entscheidenden Sitzungen des Abgeordnetenhauses war man im Kabinett zu der einmütigen Ansicht gelangt, daß es unmöglich sei, die Heeresreform samt Nachtragshaushalt über die parlamentarischen Hürden zu bringen, ohne zuvor erhebliche Zugeständnisse an die bürgerlich-liberale Opposition gemacht zu haben. Demgegenüber hat Wilhelm I. in der Kronratssitzung am 17. September 1862 jedes Entgegenkommen kategorisch abgelehnt. Der Monarch wollte an den bestehenden Machtverhältnissen in Staat und Gesellschaft nicht rütteln lassen und war eher gewillt abzudanken. Ein Vermittlungsvorschlag einiger Abgeordneter, die Zustimmung zum Militäretat von der Rückkehr zur zweijährigen Dienstzeit abhängig zu machen, scheiterte schließlich auch an der Mehrheit im Abgeordnetenhaus. So galt die Ablehnung des Heeresbudgets als beschlossene Sache.

Nun war die innenpolitische Krise auf dem Höhepunkt angelangt: Das Parlament verlangte seinen Anteil an der Macht, das Kabinett brach auseinander, der König resignierte. Dies war endlich auch die Stunde, in der Bismarck gerufen wurde, der als einziger noch fähig und bereit schien, die konservative Junkermacht Preußen vor den „Abgründen" des bürgerlichen Liberalismus zu bewahren.
Die entscheidende Audienz zwischen Bismarck und Wilhelm I. hat am 22. September 1862 auf Schloß Babelsberg stattgefunden.

120 Aus Bismarcks „Gedanken und Erinnerungen":

In der Tat war mir jeder Gedanke an Abdikation des Königs fremd, als ich am folgenden Tage, dem 22. September, in Babelsberg empfangen wurde, und die Situation wurde mir erst klar, als Se. Majestät dieselbe ungefähr mit den Worten präzisierte: „Ich will nicht regieren, wenn ich es nicht vermag, wie ich es vor Gott, meinem Gewissen und meinen Untertanen verantworten kann. Das kann ich aber nicht, wenn ich nach dem Willen der heutigen Majorität des Landtags regieren soll, und ich finde keine Minister mehr, die bereit wären, meine Regierung zu führen, ohne sich und mich der parlamentarischen Mehrheit zu unterwerfen. Ich habe mich deshalb entschlossen, die Regierung niederzulegen, und meine Abdikationsurkunde, durch die angeführten Gründe motiviert, bereits entworfen." Der König zeigte mir das auf dem Tische liegende Aktenstück in seiner Handschrift, ob bereits vollzogen oder nicht, weiß ich nicht. Se. Majestät schloß, indem er wiederholte, ohne geeignete Minister könne er nicht regieren.
Ich erwiderte, es sei Sr. Majestät schon seit dem Mai bekannt, daß ich bereit sei, in das Ministerium einzutreten, ich sei gewiß, daß Roon mit mir bei ihm bleiben werde, und ich zweifelte nicht, daß die weitere Vervollständigung des Kabinetts gelingen werde, falls andre Mitglieder sich durch meinen Eintritt zum Rücktritt bewogen finden sollten. Der König stellte nach einigem Erwägen und Hinundherreden die Frage, ob ich bereit sei, als Minister für die Militär-Reorganisation einzutreten, und nach meiner Bejahung die weitere Frage, ob auch gegen die Majorität des Landtags

und deren Beschlüsse. Auf meine Zusage erklärte er schließlich: „Dann ist es meine Pflicht, mit Ihnen die Weiterführung des Kampfes zu versuchen, und ich abdiziere nicht." Ob er das auf dem Tische liegende Schriftstück vernichtet oder in rei memoriam[1] aufbewahrt hat, weiß ich nicht.

Der König forderte mich auf, ihn in den Park zu begleiten. Auf diesem Spaziergange gab er mir ein Programm zu lesen, was in seiner engen Schrift acht Folioseiten füllte, alle Eventualitäten der damaligen Regierungspolitik umfaßte und auf Details wie die Reform der Kreistage einging. Ich lasse es dahingestellt sein, ob dieses Elaborat schon Erörterungen mit meinen Vorgängern zur Unterlage gedient hatte oder ob dasselbe zur Sicherstellung gegen eine mir zugetraute konservative Durchgängerei dienen sollte. Ohne Zweifel war, als er damit umging, mich zu berufen, eine Befürchtung der Art in ihm von seiner Gemahlin geweckt worden, von deren politischer Begabung er ursprünglich eine hohe Meinung hatte, welche aus der Zeit datierte, wo Sr. Majestät nur eine kronprinzliche Kritik der Regierung des Bruders, ohne Pflicht zu eigner besserer Leistung, zugestanden hatte. In der Kritik war die Prinzessin ihrem Gemahl überlegen. Die ersten Zweifel an dieser geistigen Überlegenheit waren ihm gekommen, als er genötigt war, nicht mehr nur zu kritisieren, sondern selbst zu handeln und die amtliche Verantwortung für das Bessermachen zu tragen. Sobald die Aufgaben beider Herrschaften praktisch wurden, hatte der gesunde Verstand des Königs begonnen, sich allmählich von der schlagfertigen weiblichen Beredsamkeit mehr zu emanzipieren.

Es gelang mir, ihn zu überzeugen, daß es sich für ihn nicht um Konservativ oder Liberal in dieser oder jener Schattierung, sondern um Königliches Regiment oder Parlamentsherrschaft handle und daß die letztere notwendig und auch durch eine Periode der Diktatur abzuwenden sei. Ich sagte: „In dieser Lage werde ich, selbst wenn Ew. Majestät mir Dinge befehlen sollten, die ich nicht für richtig hielte, Ihnen zwar diese meine Meinung offen entwickeln, aber wenn Sie auf der Ihrigen schließlich beharren, lieber mit dem Könige untergehen, als Ew. Majestät im Kampfe mit der Parlamentsherrschaft im Stiche lassen." Diese Auffas-

sung war damals durchaus lebendig und maßgebend in mir, weil ich die Negation und die Phrase der damaligen Opposition für politisch verderblich hielt im Angesicht der nationalen Aufgaben Preußens und weil ich für Wilhelm I. persönlich so starke Gefühle der Hingebung und Anhänglichkeit hegte, daß mir der Gedanke, in Gemeinschaft mit ihm zugrunde zu gehen, als ein nach Umständen natürlicher und sympathischer Abschluß des Lebens erschien.
Der König zerriß das Programm und war im Begriff, die Stücke von der Brücke in die trockene Schlucht im Park zu werfen, als ich daran erinnerte, daß diese Papiere mit der bekannten Handschrift in sehr unrechte Hände geraten könnten. Er fand, daß ich recht hätte, steckte die Stücke in die Tasche, um sie dem Feuer zu übergeben, und vollzog an demselben Tage meine Ernennung zum Staatsminister und interimistischen Vorsitzenden des Staatsministeriums, die am 23. veröffentlicht wurde. Meine Ernennung zum Ministerpräsidenten behielt der König vor, bis er mit dem Fürsten von Hohenzollern, der staatsrechtlich diese Stellung noch innehatte, die desfallsige Korrespondenz beendet haben werde.

1 zur Erinnerung (des Königs).

Bismarcks schwungvoller Bericht ist sicher in manchen Passagen ausgeschmückt. Das Ergebnis der Audienz aber steht fest: Gegen die Zusage, die Heeresreform durchzusetzen, hatte er sich eine Blankovollmacht für die Gestaltung der künftigen Politik verschafft. Am 8. Oktober 1862 wurde Otto von Bismarck offiziell zum Präsidenten des Staatsministeriums und zum Minister der auswärtigen Angelegenheiten ernannt.

VI

Revolution von oben 1862–1870/71

Bismarcks Berufung an die Spitze der preußischen Politik wurde wohl nur von einigen Getreuen aus der Kreuzzeitungspartei begrüßt. Ansonsten betrachteten alle Strömungen der öffentlichen Meinung den Amtsantritt mit Mißtrauen und Widerspruch. Der neue Hausherr in der Wilhelmstraße galt innenpolitisch nach wie vor als Reaktionär, außenpolitisch als verwegener Hasardeur. Allgemein ging man davon aus, daß der „prahlende Junker" und „hohle Großsprecher" die Zeichen der Zeit nicht begriffen habe und zum baldigen Scheitern verurteilt sei. Zu den wenigen, die Bismarck nicht von vornherein die politische Durchschlagskraft absprachen, gehörten Karl Marx und Friedrich Engels.

121 Neue Preußische (Kreuz-)Zeitung, 26. September 1862:

Zum Glück haben wir es nicht mit einem schwächlichen, sondern mit einem energischen Charakter zu tun; mit einem Manne, dessen staatsmännische Einsicht klar genug ist, um zu wissen, daß, wenn die Demokratie ihren Angriff gegen das Königtum sofort gegen dessen stärkste, aber auch verwundbarste Stelle, gegen die Armee richtete, damit die Notwendigkeit gegeben ist, auf diesem Gebiete den Entscheidungskampf zu schlagen, aber damit freilich auch die Folge, daß mit diesem ersten Siege auch der endliche Sieg errungen wird.

122 Wochenschrift des Nationalvereins, 3. Oktober 1862:

Mit der Verwendung dieses Mannes ist der schärfste und letzte Bolzen der Reaktion von Gottes Gnaden verschossen. Wenn er auch manches gelernt und verlernt haben mag, ein

Bismarck als Ministerpräsident 1863

vollgültiger Staatsmann ist er keinesfalls, sondern nur ein Abenteurer vom allergewöhnlichsten Schnitt, dem es lediglich um den nächsten Tag zu tun ist.

123 Max von Forckenbeck, 14. September 1862:

Bismarck-Schönhausen bedeutet: regieren ohne Etat, Säbelregiment im Innern, Krieg nach außen. Ich halte ihn für den gefährlichsten Minister für Preußens Freiheit und Glück.

124 *Ferdinand Lassalle an Sophie von Hatzfeldt, 27. September 1862:*

Gegen Bismarck-Schönehose ist hier alle Welt natürlich wütend und oppositionslustig bis zur Krawatte. In der Tat bleibt er, Sie mögen sagen, was Sie wollen, ein durchaus reaktionärer Bursche und Junker, von dem nur reaktionäre Versuche zu erwarten sind. Das einzige, was ihn von der gewöhnlichen Kreuzzeitungspartei unterscheidet, ist, daß er nicht die doktrinäre Konsequenz derselben hat, sondern barock ist! Er ist barocker Kreuzzeitungsmann. Er wird entweder bloß ein obligates Säbelgerassel beginnen, um durch die Vorschwindlung eines Krieges die Armeegelder durchzusetzen – man ist aber bereits fest entschlossen, nicht auf diesen Zopf zu beißen – oder er wird wirklich versuchen, irgendein „unschmackhaftes Gebäck" von reaktionärer Einheit zustande zu bringen. Aber auf reaktionärem Boden läßt sich die deutsche Einheit nicht errichten; dies ist die lächerlichste, barockste Idee von allen!

Bismarck und Borussia. Karikatur des „Figaro" Wien 1862

125 Friedrich Engels an Karl Marx, 16. Oktober 1862:

Die Ernennung von Bismarck wurde von den Bourgeois mit schallendem Gelächter empfangen. Überhaupt waren die Kerle außerordentlich sicher und gewissermaßen verwegen. Sie haben den braven Wilhelm endlich an einer Geldfrage fest und wissen, daß er ihnen da auf die Dauer nachgeben muß; sie stellen sich aber den Verlauf der Sache merkwürdig idyllisch vor und meinen, wenn sie den Burschen nur einige Zeit zappeln lassen, so müsse er ihnen schon von selbst kommen. Die werden sich noch wundern.

126 Karl Marx an Friedrich Engels, 17. November 1862:

Übrigens ist das Ministerium Bismarck durchaus nichts als der realisierte fromme Wunsch der kleindeutschen Fortschrittler. Sie schwärmten für den „Fortschrittsmann" Louis Bonaparte. Sie sehn jetzt, was ein „bonapartistisches" Ministerium in Preußen meint.

An dem Tage, als Bismarck zum Ministerpräsidenten avancierte, am 23. September 1862, hat das preußische Abgeordnetenhaus mit 308 gegen 11 Stimmen den geforderten Etat der Militärverwaltung aus dem Haushalt für 1862 gestrichen. Damit war der Kampf zwischen Parlament und Regierung offen entbrannt.
Vor der Budgetkommission des Abgeordnetenhauses trat Bismarck den konstitutionellen Illusionen des bürgerlichen Liberalismus entgegen, indem er den engen Zusammenhang zwischen Stärkung der preußischen Militärmacht und einem erfolgreichen Vorgehen in der deutschen Frage betonte.

127 Bismarck in der Budgetkommission, 30. September 1862:

Nicht auf Preußens Liberalismus sieht Deutschland, sondern auf seine Macht; Bayern, Württemberg, Baden mögen den Liberalismus indulgieren, darum wird ihnen doch keiner Preußens Rolle anweisen; Preußen muß seine Kraft zusammenfassen und zusammenhalten auf den günstigen Augenblick, der schon einige Male verpaßt ist; Preußens

Politischer Eiertanz. Karikatur der „Frankfurter Laterne“ vom 30. September 1863

Grenzen nach den Wiener Verträgen sind zu einem gesunden Staatsleben nicht günstig; nicht durch Reden und Majoritätsbeschlüsse werden die großen Fragen der Zeit entschieden – das ist der große Fehler von 1848 und 1849 gewesen –, sondern durch Eisen und Blut.

Dieses kaum verhüllte Angebot, die innenpolitische Konfrontation auf dem Wege kriegerischer nationaler Einigungspolitik zu überbrücken, stützte Bismarck überdies auf die weiterhin den ökonomischen Interessen der Bourgeoisie entsprechende Wirtschaftspolitik des preußischen Staates. Der Anfang August 1862 auf freihändlerischer Grundlage abgeschlossene Handelsvertrag Preußens mit Frankreich wird von Bismarck zur Stärkung der preußischen Hegemonie im Zollverein ausgenutzt.

128 Bismarck im Herrenhaus, 2. Oktober 1862:

Es kommt der königlichen Staatsregierung in diesem Stadium der Frage vorzugsweise darauf an, zu konstatieren, daß die gesamte Landesvertretung, so verschieden auch der politische Standpunkt des einzelnen sein mag, einig bleibt in der Bereitwilligkeit, die königliche Regierung in ihren Bestrebungen zur gedeihlichen Entwicklung der materiellen Wohlfahrt des Landes zu unterstützen, und daß die königliche Regierung auf dem Wege, welchen sie beschritten hat, getragen wird von einer gleichmäßigen Zustimmung der beiden Häuser des Landtages. Die königliche Staatsregierung würde sich freuen, wenn es ihr gelänge, den Zollverein nach Ablauf der jetzigen Periode fortzusetzen. Sie muß aber die Erneuerung des Zollvereins von der Durchführung desjenigen Programms abhängig machen, zu dem sie sich durch Abschluß des Vertrages vom 2. August bekannt hat. Insoweit ihre Zollverbündeten nicht imstande sein sollten, diesem Programm beizustimmen, wird die königliche Staatsregierung eine Erneuerung des Zollvereins mit ihnen nicht ins Auge fassen können.

Als Bismarck vor der Budgetkommission sein militantes „Blut und Eisen"-Konzept enthüllte und damit einen ungeheuren Sturm der Entrüstung in der liberalen öffentlichen Meinung auslöste, waren selbst seine politischen Freunde von dem Auftritt wenig begeistert. Auch der König, der sich Anfang Oktober in Baden-Baden in der Gesellschaft seiner Bismarck hassenden Frau Augusta befand und vor allem dem liberalisierenden Einfluß seines badischen Schwiegersohns, des Großherzogs Friedrich I., ausgesetzt war, schien über die politische Zukunft unsicher zu werden. Um alle Zweifel auszuräumen, fuhr Bismarck Wilhelm I. bei dessen Rückkehr bis Jüterbog, der letzten Bahnstation vor Berlin, entgegen.

129 Aus Bismarcks „Gedanken und Erinnerungen":

In den ersten Tagen des Oktobers fuhr ich dem Könige, der sich zum 30. September, dem Geburtstage seiner Gemahlin, nach Baden-Baden begeben hatte, bis Jüterbog entgegen und erwartete ihn in dem noch unfertigen, von Reisenden dritter Klasse und Handwerkern gefüllten Bahnhofe, im Dunkeln auf einer umgestürzten Schiebkarre. Meine Absicht, indem ich die Gelegenheit zu einer Unterredung suchte, war, Se. Majestät über eine Aufsehen erregende Äußerung zu beruhigen, welche ich am 30. September in der Budget-Kommission getan hatte und die zwar nicht stenographiert, aber in den Zeitungen ziemlich getreu wiedergegeben war.

Ich hatte für Leute, die weniger erbittert und von Ehrgeiz verblendet, deutlich genug gesagt, wo ich hinauswollte. Wir könnten – das war der Sinn meiner Rede –, wie schon ein Blick auf die Karte zeigte, mit unsrem schmalen langgestreckten Leibe Preußen die Rüstung, deren Deutschland zu seiner Sicherheit bedürfe, allein nicht länger tragen; dieselbe müsse sich auf alle Deutschen gleichmäßig verteilen. Dem Ziele würden wir nicht durch Reden, Vereine, Majoritätsbeschlüsse näher kommen, sondern es werde ein ernster Kampf nicht zu vermeiden sein, ein Kampf, der nur durch Blut und Eisen erledigt werden könne. Um uns darin Erfolg zu sichern, müßten die Abgeordneten das möglichst große Gewicht von Blut und Eisen in die Hand des Königs von Preußen legen, damit er es nach seinem Ermessen in die eine oder die andre Waagschale werfen könne. Ich hatte demselben Gedanken schon im Abgeordnetenhause 1849 Kinkel gegenüber auf der Tribüne Ausdruck gegeben bei Gelegenheit einer Amnestie-Debatte.

Roon, der zugegen war, sprach beim Nachhausegehen seine Unzufriedenheit mit meinen Äußerungen aus, sagte u. a., er hielte dergleichen „geistreiche Exkurse“ unsrer Sache nicht für förderlich. Meine eignen Gedanken bewegten sich zwischen dem Wunsche, Abgeordnete für eine energische nationale Politik zu gewinnen, und der Gefahr, den König in seiner vorsichtigen und gewaltsame Mittel scheuenden Veranlagung mißtrauisch gegen mich und meine Absichten zu machen. Um dem vermutlichen Eindruck der Presse auf ihn beizeiten entgegenzuwirken, fuhr ich ihm nach Jüterbog entgegen.

Ich hatte einige Mühe, durch Erkundigungen bei kurz angebundenen Schaffnern des fahrplanmäßigen Zuges den Wagen zu ermitteln, in welchem der König allein in einem gewöhnlichen Coupé erster Klasse saß. Er war unter der Nachwirkung des Verkehrs mit seiner Gemahlin sichtlich in gedrückter Stimmung, und als ich um die Erlaubnis bat, die Vorgänge während seiner Abwesenheit darzulegen, unterbrach er mich mit den Worten: „Ich sehe ganz genau voraus, wie das alles endigen wird. Da vor dem Opernplatz, unter meinen Fenstern, wird man Ihnen den Kopf abschlagen und etwas später mir."

Ich erriet, und es ist mir später von Zeugen bestätigt worden, daß er während des achttägigen Aufenthalts in Baden mit Variationen über das Thema Polignac[1], Strafford[2], Ludwig XVI.[3] bearbeitet worden war. Als er schwieg, antwortete ich mit der kurzen Phrase „Et après, sire?" – „Ja, après, dann sind wir tot!" erwiderte der König. „Ja", fuhr ich fort, „dann sind wir tot, aber sterben müssen wir früher oder später doch, und können wir anständiger umkommen? Ich selbst im Kampfe für die Sache meines Königs und Ew. Majestät, indem Sie ihre königlichen Rechte von Gottes Gnaden mit dem eignen Blute besiegeln, ob auf dem Schafott oder auf dem Schlachtfelde, ändert nichts an dem rühmlichen Einsetzen von Leib und Leben für die von Gottes Gnaden verliehenen Rechte. Ew. Majestät müssen nicht an Ludwig XVI. denken; der lebte und starb in einer schwächlichen Gemütsverfassung und macht kein gutes Bild in der Geschichte. Karl I. dagegen, wird er nicht immer eine vornehme historische Erscheinung bleiben, wie er, nachdem er für sein Recht das Schwert gezogen, die Schlacht verloren hatte, ungebeugt seine königliche Gesinnung mit seinem Blute bekräftigte? Ew. Majestät sind in der Notwendigkeit zu fechten, Sie können nicht kapitulieren, Sie müssen, und wenn es mit körperlicher Gefahr wäre, der Vergewaltigung entgegentreten."

Je länger ich in diesem Sinne sprach, desto mehr belebte sich der König und fühlte sich in die Rolle des für Königtum und Vaterland kämpfenden Offiziers hinein. (...) Er hatte sich bis dahin auf seiner Fahrt nur gefragt, ob er vor der überlegenen Kritik seiner Frau Gemahlin und ob er vor der öffentlichen Meinung in Preußen mit dem Wege, den er mit mir einschlug, würde bestehen können. Demgegenüber war die Wirkung unsrer Unterredung in dem dunklen Coupé, daß er die ihm nach der Situation zufallende Rolle mehr vom Standpunkt des Offiziers auffaßte. Er fühlte sich bei dem Portepee gefaßt und in der Lage eines Offiziers, der die Aufgabe hat, einen bestimmten Posten auf Tod und Leben zu behaupten, gleichviel, ob er auf demselben umkommt oder nicht. Damit war er auf einen seinem ganzen Gedankengange vertrauten Weg gestellt und fand in wenigen Minuten die Sicherheit wieder, um die er in Baden gebracht worden war, und selbst seine Heiterkeit. Das Leben für König und Vaterland einzusetzen, war die Pflicht des preußischen Offiziers, um so mehr die des Königs als des ersten Offiziers im Lande. Sobald er seine Stellung unter dem Gesichtspunkte der Offiziersehre betrachtete, hatte dieselbe für ihn ebensowenig Bedenkliches wie für jeden normalen preußischen Offizier die instruktionsmäßige Verteidigung eines vielleicht verlorenen Postens. Er war der Sorge vor der „Manöverkritik", welche von der öffentlichen Meinung, der Geschichte und der Gemahlin an seinem politischen Manöver geübt werden könnte, überhoben. Er fühlte sich ganz in der Aufgabe des ersten Offiziers der Preußischen Monarchie, für den der Untergang im Dienste derselben ein ehrenvoller Abschluß der ihm gestellten Aufgabe ist. Der Beweis der Richtigkeit meiner Beurteilung ergab sich darin, daß der König, den ich in Jüterbog matt, niedergeschlagen und entmutigt gefunden hatte, schon vor der Ankunft in Berlin in eine heitere, man kann sagen, fröhliche und kampflustige Stimmung geriet, die sich den empfangenden Ministern und Beamten gegenüber auf das unzweideutigste erkennbar machte.

1 Polignac, Jules Auguste Fürst von (1780–1847): 1828 französischer Ministerpräsident, dessen reaktionäre Anordnungen 1830 die Julirevolution auslösten, nach dem Sturz der Bourbonen zu lebenslänglichem Gefängnis verurteilt.
2 Wentworth, Thomas, Graf von Strafford (1593–1641): englischer Staatsmann, als Verteidiger des Absolutismus Karls I. vom revolutionären Parlament hingerichtet.
3 Ludwig XVI.: König von Frankreich 1774 bis 1792, in der Französischen Revolution 1793 guillotiniert.

Mitte Oktober 1862 hat Bismarck mit Familie die Dienstwohnung im Ministerium für auswärtige Angelegenheiten, Wilhelmstraße 76, bezogen. Ein sonderlich repräsentativer

Wohnsitz war es nicht, aber er genügte Bismarcks Absicht, die amtlichen Erfordernisse und Pflichten eines Königlichen Ministers mit dem Lebensstil eines Landjunkers zu kombinieren. Erst im Juni 1878 übersiedelte Bismarck in das zum Reichskanzlerpalais ausgebaute ehemalige Palais Radziwill in der Wilhelmstraße 77.

130 Bericht von Moritz Busch:

Wilhelmstraße 76, in den anderthalb Jahrzehnten, in denen der Minister von Bismarck unter seinem Dache weilte, das vornehmste und zuletzt das einflußreichste Auswärtige Amt der Welt, war seinem Äußern und Innern nach zugleich das unscheinbarste und unbequemste. (...) Dem Minister in einer Zeit zugewiesen, wo Preußen in der Reihe der europäischen Mächte nur gelegentlich im Ernst mitzählte, mochte es, solange diese Zeit währte, nicht bloß genügen, sondern als Symbol der geringen Bedeutung des Staates nach außen hin bis zu einem gewissen Grade zweckentsprechend sein. Seitdem Preußen einen höhern Rang gewonnen und aller Augen auf sich gelenkt hatte, seitdem seine Diplomatie eine umfassendere Tätigkeit entfaltete, war schon aus Gründen der Ästhetik und des Dekorums, vor allem aber aus solchen, die der Raummangel an die Hand gab, dringend zu wünschen, daß für Besseres gesorgt würde.

131 Johanna von Bismarck an Robert von Keudell, 27. Januar 1863:

Man sieht ihn nie und nie – morgens beim Frühstück fünf Minuten während Zeitungsdurchfliegens – also ganz stumme Szene. Drauf verschwindet er in sein Kabinett, nachher zum König, Ministerrat, Kammerscheusal – bis gegen fünf Uhr, wo er gewöhnlich bei irgendeinem Diplomaten speist, bis 8 Uhr, wo er nur en passant guten Abend sagt, sich wieder in seine gräßliche Schreibereien vertieft, bis er um halb zehn zu irgendeiner Soiree gerufen wird, nach welcher er wieder arbeitet bis gegen ein Uhr und dann natürlich schlecht schläft. Und so geht's Tag für Tag – Soll man dabei nicht elend werden vor Angst und Sorge um seine armen Nerven. (...)

Wie sich das Demokraten-Volk gegen meinen besten Freund benimmt, lesen Sie hinlänglich in allen Zeitungen. Er sagt, es sei ihm „nitschewo“, aber ganz kalt läßt es ihn doch nicht.

132 Lucius von Ballhausen, Erinnerungen:

Er trug damals noch Zivil, der starke Schnurrbart war noch rotblond wie auch das Haupthaar, das zwar schon gelichtet, aber doch noch vorhanden war. Seine hohe breitschultrige Figur erschien an dem Ministertisch mächtig und imponierend, während eine gewisse Nonchalance in Haltung, Bewegung und Sprechweise etwas Provokantes hatte. Er hielt die rechte Hand in der Tasche seines hellen Beinkleides und erinnerte mich lebhaft an die „krähenden Sekundanten“ bei den Heidelberger Mensuren. Die Art, wie er in zögernden Sätzen die Worte zu suchen schien und stets das bezeichnendste fand, schnelle, schlagende Erwiderungen gab, hatte er schon damals. Mir machte er einen junkerhaften, aber höchst „forschen“ Eindruck des alten Korpsstudenten, besonders die Art, wie er scheinbar gutlaunig den erregten Gegnern Malicen einpumpte.

Ende 1862/Anfang 1863 war eine Einigung zwischen preußischer Regierung und Landtag aussichtsloser denn je. Die bürgerliche Opposition schenkte dem Kooperationsangebot des neuen Ministerpräsidenten keinerlei Beachtung, und folglich entfesselte Bismarck den Kampf gegen die liberale Bourgeoisie auf der ganzen Linie.
Zunächst wurde der Verfassungskonflikt auf die Spitze getrieben. Das vom Abgeordnetenhaus beschlossene Budget für 1862, aus dem alle Mittel für die Heeresreorganisation gestrichen waren, hatte das königstreue Herrenhaus verworfen und dafür den vom Abgeordnetenhaus abgelehnten Regierungsentwurf verabschiedet. Als das Abgeordnetenhaus daraufhin den Beschluß des Herrenhauses für null und nichtig erklärte, war am 13. Oktober 1862 der Landtag geschlossen und von Bismarck das budgetlose Regiment verkündet worden. Dieses Vorgehen rechtfertigte er mit der sogenannten Lückentheorie. Da die Verfassung nichts aussage, was bei Nichtübereinstimmung der gesetzgebenden

Kräfte in der Budgetfrage geschehen solle, das Staatsleben aber weitergeführt werden müsse, bleibe nichts übrig, als daß diejenigen, welche die Macht besitzen, diese auch gebrauchen – das heißt die Regierung auch ohne Budget ihre Politik fortsetze.

133 Bismarck im Abgeordnetenhaus, 27. Januar 1863:

Wenn eine Vereinbarung zwischen den drei Gewalten nicht stattfindet, so fehlt es in der Verfassung an jeglicher Bestimmung darüber, welche von ihnen nachgeben muß. In früheren Diskussionen ist man freilich über diese Schwierigkeit mit Leichtigkeit hinweggegangen; es würde nach Analogie von anderen Ländern, deren Verfassung und Gesetze aber in Preußen nicht publiziert sind und keine Gültigkeit haben, angenommen, die Schwierigkeit sei einfach dadurch zu erledigen, daß die beiden anderen Faktoren sich des Abgeordnetenhause fügen, daß, wenn zwischen der Krone und dem Abgeordnetenhause eine Verständigung über das Budget nicht zu erreichen ist, die Krone sich dem Abgeordnetenhause nicht nur selbst unterwirft, und die Minister, die das Vertrauen des Abgeordnetenhauses nicht haben, entläßt, sondern auch das Herrenhaus, wenn es mit den Abgeordneten nicht übereinstimmt, durch massenhafte Ernennungen zwingt, sich auf das Niveau des Abgeordnetenhauses zu setzen. Auf diese Weise würde allerdings die souveräne Alleinherrschaft des Abgeordnetenhauses hergestellt werden; aber eine solche Alleinherrschaft ist nicht verfassungsmäßiges Recht in Preußen. Die Verfassung hält das Gleichgewicht der drei gesetzgebenden Gewalten in allen Fragen, auch in der Budgetgesetzgebung, durchaus fest; keine dieser Gewalten kann die andere zum Nachgeben zwingen; die Verfassung verweist daher auf den Weg der Kompromisse zur Verständigung. (...)
Das preußische Königtum hat seine Mission noch nicht erfüllt, es ist noch nicht reif dazu, einen rein ornamentalen Schmuck Ihres Verfassungsgebäudes zu bilden, noch nicht reif, als ein toter Maschinenteil dem Mechanismus des parlamentarischen Regiments eingefügt zu werden.

Das Abgeordnetenhaus bewertete die windigen Interpretationen Bismarcks als klaren Verfassungsbruch und sagte seinem politischen Kurs den Kampf an. Der innenpolitische Konflikt, der sich durch die Maßregelung politisch unbequemer Beamter und die Anfang Juni 1863 verfügte Regierungsaufsicht über die Presse weiter verschärfte, erhielt noch zusätzlichen Antrieb auf außenpolitischem Gebiet, als Bismarck dem russischen Zarismus Beistand für die Unterdrückung des im Januar 1863 ausgebrochenen Aufstandes in den von Rußland beherrschten Gebieten Polens zusagte.

134 Maximilian Graf von Schwerin im Abgeordnetenhaus, 27. Januar 1863:

Der Herr Ministerpräsident, ich bedauere sehr, daß er sich nicht mehr auf seinem Platze befindet, hat uns erinnert, daß heut der Geburtstag des Erben der Preußischen Krone sei, und daran die Erklärung geknüpft, daß das Ministerium mit allen Mitteln und aus allen Kräften bestrebt sein werde, die Rechte der Krone aufrechtzuerhalten. Ich zweifele daran nicht, daß dies die Absicht ist, meine Herren, aber ich glaube, man sollte auch uns zutrauen, daß wir diese Rechte zu wahren entschlossen sind, deshalb aber eben erkläre ich hier, daß ich den Satz, in dem die Rede des Herrn Ministerpräsidenten kulminierte: „Macht geht vor Recht, sprecht Ihr, was Ihr wollt, wir haben die Macht, und also werden wir unsere Theorie durchführen", nicht für einen Satz halte, der die Dynastie in Preußen auf die Dauer stützen kann (stürmisches, mehrfach wiederholtes Bravo auf allen Seiten des Hauses), daß dies nicht ein Satz ist, auf der die Größe unserer Dynastie, die Größe unseres Landes beruht, daß vielmehr der Satz auf dem die Größe unseres Landes und die Verehrung, die das Preußische Regentenhaus bisher im Inland wie im Ausland genießt und fort und fort genießen wird, daß dieser Satz vielmehr umgekehrt lautet: Recht geht vor Macht. (Stürmisches Bravo.)

135 Heinrich von Sybel im Abgeordnetenhaus, 31. März 1863:

Wundere sich niemand, daß auch die besten Patrioten bei dem Rufe: Freiwillige vor, zurückbleiben, solange notorisch unfähige und unglückliche Befehlshaber an der Spitze stehen. Wundere sich niemand, daß sich keine freiwilligen Matrosen melden, wenn zur Expedition ein notorisch seeuntüchtiges Schiff gewählt wird. Meine Herren! Unser Staat ist das einst so stolze Kriegsschiff, dessen scharfer Kiel mit Brausen die Wellen der Jahrhunderte durchschnitt, dessen Seiten (...) mit dem Eisenpanzer preußischer Volkskraft gefestigt waren, und welches jetzt, mit töricht überhöhten Masten, des besten Teiles seines Eisens und seiner Dampfkraft beraubt, mit Herrn von Roon im Maschinenraum und Herrn von Bismarck am Steuer in den gärenden Ozean der europäischen Händel sich hinauswagen soll. Dafür mag stimmen, wer will, ich vermag es nicht, und ich hoffe, Sie alle werden es nicht vermögen.

Vor dem widerspenstigen Abgeordnetenhaus von 1863 brach Bismarcks hitziges Kampftemperament aus den Revolutionsjahren wieder auf. Ganz entschieden bestritt er dem Parlamentspräsidenten die Befugnis, gegenüber Mitgliedern der Regierung disziplinarische Rechte wahrzunehmen.

136 Bismarck im Abgeordnetenhaus, 26. Februar 1863:

Ich erlaube mir, dem Herrn Präsidenten zu bemerken, daß ich ihm das Recht zur disziplinarischen Unterbrechung meiner Äußerungen nicht einräumen kann. Ich habe nicht die Ehre, Mitglied dieser Versammlung zu sein; ich habe ihre Geschäftsordnung nicht gemacht, ich habe ihren Präsidenten nicht mitgewählt: ich unterliege nicht dem disziplinarischen Einfluß der Kammer. Die Disziplinargewalt des Herrn Präsidenten hat an diesen Schranken ihre Grenzen. Ich habe zum Vorgesetzten nur Seine Majestät den König, und ich wüßte nicht, welche Gesetzes- oder Verfassungsbestimmung mich der Disziplin des Herrn Präsidenten dieses Hauses unterstellte. – (Unterbrechung.)
Ich nehme nicht das Wort nach Ihrer Geschäftsordnung,

sondern kraft der von Seiner Majestät mir verliehenen Autorität, auf Grund des Paragraphen der Verfassung, welcher vorschreibt, daß die Minister zu jeder Zeit, wenn sie es verlangen, das Wort erhalten und gehört werden müssen. (Unterbrechung.) Sie haben nicht das Recht, mich zu unterbrechen! –

Vizepräsident Behrend: Ich muß den Herrn Ministerpräsidenten trotz dieser seiner letzten Äußerung dennoch unterbrechen. Ich habe dem Herrn Ministerpräsidenten das Wort nicht entzogen und nach der Verfassung nicht entziehen können; der Präsident dieses Hauses übt in diesem Saale seine Disziplinargewalt aus, so weit diese vier Wände reichen; sie endet nicht am Ministertische. (Lebhafter, anhaltender Beifall.) Diese Disziplinargewalt, wo es nötig ist, auszuüben, bin ich bereit und werde es stets tun; sie gestattet, den Herrn Ministerpräsidenten zu unterbrechen, wenn auch nicht, ihm das Wort zu entziehen.

Bismarck: Ich muß diese Ansicht als eine irrtümliche bezeichnen, welche von der Königlichen Staatsregierung nicht geteilt wird.

Amtlich wie privat hatte der preußische Ministerpräsident für die Parlamentarier nur Spott und Hohn übrig.

137 An John Lothrop Motley, 17. April 1863:

I hate politics, aber wie Du sehr richtig sagst, like the grocer hating figs,[1] ich bin nichtsdestoweniger genötigt, meine Gedanken unablässig mit jenen figs zu befassen. Auch in diesem Augenblick, während ich Dir schreibe, habe ich die Ohren davon voll. Ich bin genötigt, ungewöhnlich abgeschmackte Reden aus dem Munde ungewöhnlich kindischer und aufgeregter Politiker anzuhören, und habe dadurch einen Augenblick unfreiwilliger Muße, die ich nicht besser benützen kann, als indem ich Dir von meinem Wohlbefinden Nachricht gebe. Ich habe niemals geglaubt, daß ich in meinen reifen Jahren genötigt werden würde, ein so unwürdiges Gewerbe wie das eines parlamentarischen Ministers zu betreiben. Als Gesandter hatte ich, obschon Beamter, doch das Gefühl, ein Gentleman zu sein. Als Minister ist man Helot. Ich bin heruntergekommen und weiß doch selber nicht, wie.

April 18. – So weit schrieb ich gestern, dann schloß die Sitzung: 5 Stunden Kammer bis 3 Uhr, dann 1 Stunde reiten, 1 Stunde Vortrag bei Seiner Majestät, 3 Stunden auf einem langweiligen Diner, old important Whigs,[2] dann 2 Stunden Arbeit, schließlich ein Souper bei einem Kollegen, der es mir übelgenommen hätte, wenn ich seinen Fisch verschmäht hätte.

Heut früh kaum gefrühstückt, da saß mir Karolyi[3] schon gegenüber; ihn lösten ohne Unterbrechung Dänemark, England, Portugal, Rußland, Frankreich ab, dessen Botschafter ich darauf aufmerksam machen mußte, daß es für mich Zeit sei, in das Haus der Phrasen zu gehn. In diesem sitze ich nun wieder, höre die Leute Unsinn reden und beendige meinen Brief; die Leute sind alle darüber einig, unsre Verträge with Belgien gutzuheißen, und doch sprechen 20 Redner, schelten einander mit der größten Heftigkeit, als ob jeder den andern umbringen wollte; sie sind über die Motive nicht einig, aus denen sie übereinstimmen, darum der Zank; echt deutsch, leider, Streit um des Kaisers Bart, querelle d'Allemand; etwas davon habt Ihr Anglo-Saxon Yankees auch.

1 Ich hasse die Politik wie der Krämer die Feigen.
2 altehrwürdige Whigs (liberal geprägte politische Gruppierung in England).
3 Karolyi, Alois Graf (1825–1889): österreichisch-ungarischer Diplomat.

Auf die zahllosen Kriegserklärungen von Regierungsseite antwortend, brach das Abgeordnetenhaus alle Brücken der Verständigung ab, als es am 22. Mai 1863 mit 239 gegen 61 Stimmen eine Adresse an den König beschloß, in der ein Sturz des Kampfkabinetts Bismarck gefordert wurde. Eine solche Forderung erhob die Fortschrittspartei allerdings nur im Landtag und in der Presse. Aus Furcht vor ähnlichen Zuständen wie 1848/49 verzichtete der preußische Liberalismus, an die Volksmassen zu appellieren, und verurteilte sich somit selbst zu politischer Erfolglosigkeit.

138 Adresse des preußischen Abgeordnetenhauses an den König, 22. Mai 1863:

Das Haus der Abgeordneten naht dem Throne in einem Augenblick, in welchem es leider nicht mehr zweifeln kann, daß Ew. Majestät die Absichten des Hauses und die Wünsche des Landes nicht der Wahrheit getreu vorgetragen werden. Es erfüllt noch einmal seine Gewissenspflicht, indem es vor Ew. Majestät in tiefster Ehrfurcht erklärt: Das Haus der Abgeordneten hat kein Mittel der Verständigung mehr mit diesem Ministerium; es lehnt seine Mitwirkung zu der gegenwärtigen Politik der Regierung ab. Jede weitere Verhandlung befestigt uns nur in der Überzeugung, daß zwischen den Ratgebern der Krone und dem Lande eine Kluft besteht, welche nicht anders als durch einen Wechsel der Personen und mehr noch durch einen Wechsel des Systems ausgefüllt werden wird.

Maßlos aufgebracht über die hartnäckige Opposition der linksliberalen Fortschrittspartei und wie immer bedenkenlos in der Wahl auch unkonventioneller politischer Mittel, knüpfte Bismarck sogar zeitweilige Kontakte zu Ferdinand Lassalle, dem Präsidenten des am 23. Mai 1863 gegründeten Allgemeinen Deutschen Arbeitervereins. Im Sommer 1863 kam es zu mehreren Gesprächen, die von der gemeinsamen Gegnerschaft zur Bourgeoisie getragen waren, aber ergebnislos blieben. Lassalle offerierte das allgemeine Wahlrecht, um die liberale Mehrheit im Abgeordnetenhaus zu brechen, und Bismarck spielte ein wenig auf der Klaviatur der sozialen Demagogie. Lassalle, der bei der politischen Trennung der bewußtesten Arbeiter von der Bourgeoisie eine wichtige Rolle gespielt hatte, konnte der Arbeiterbewegung weder theoretisch noch praktisch eine revolutionäre Perspektive geben und wurde nicht zuletzt wegen seines Kokettierens mit Bismarck von den Begründern des wissenschaftlichen Kommunismus scharf kritisiert.

139 An Ferdinand Lassalle, 11. Mai 1863:

Euer Wohlgeboren benachrichtige ich ergebenst, daß es mit Rücksicht auf die über die Verhältnisse der arbeitenden Klassen schwebenden Beratungen in der Absicht liegt, die gutachtlichen Äußerungen unabhängiger Männer, die sich mit dieser Frage beschäftigt haben, zu hören.
Aus diesem Grunde würde es mir erwünscht sein, wenn Euer Wohlgeboren mir Ihre Ansichten über den Gegenstand mitteilen wollten.

140 Ferdinand Lassalle an Bismarck, 8. Juni 1863:

Ew. Exzellenz sende ich hierbei ergebenst als eine, wenn auch nur scherzhafte Fortsetzung unserer neulichen Unterredung die Verfassung meines Reichs, um die Sie mich vielleicht beneiden dürften! Aber es wird Ihnen aus diesem Miniaturgemälde deutlich die Überzeugung hervorgehen, wie wahr es ist, daß sich der Arbeiterstand instinktmäßig zur Diktatur geneigt fühlt, wenn er erst mit Recht überzeugt sein kann, daß dieselbe in seinem Interesse ausgeübt wird, und wie sehr er daher, wie ich Ihnen schon neulich sagte, geneigt sein würde, trotz aller republikanischen Gesinnungen – oder vielmehr gerade auf Grund derselben – in der Krone den natürlichen Träger der sozialen Diktatur, im Gegensatz zu dem Egoismus der bürgerlichen Gesellschaft, zu sehen, wenn die Krone ihrerseits sich jemals zu dem – freilich sehr unwahrscheinlichen Schritt entschließen könnte, eine wahrhaft revolutionäre und nationale Richtung einzuschlagen und sich aus einem Königtum der bevorrechteten Stände in ein soziales und revolutionäres Volkskönigtum umzuwandeln! (...)
Ist es wirklich Ihre Absicht, wie Ew. Exzellenz äußerten, die Krone eines Tages zu jener Umkehr, zur Proklamierung des allgemeinen Wahlrechts und zur Allianz mit dem Volke zu bewegen, so kann ein Fortschreiten auf dieser Bahn nur dazu dienen, Ihnen die Erreichung Ihrer eigenen Absichten unmöglich und jede Allianz zwischen Krone und Volk schlechthin unausführbar zu machen! Es wird eine Mißstimmung erzeugt, die zuletzt selbst beim aufrichtigsten Willen der Krone jede Allianz mit dem Volke ausschließt.

Freilich würde gerade das zu einem endlichen Siege der von mir vertretenen Ideen führen, aber nicht mehr auf jenem friedlichen und für die gesamte Gesellschaft wohltätigen Weg, den mir Ew. Exzellenz neulich in Aussicht stellten.

141 *Karl Marx an Johann Baptist von Schweitzer, 13. Februar 1865:*

Wie die bürgerliche Partei in Preußen sich namentlich dadurch blamiert und ihr jetziges Misere herbeigeführt hat, daß sie ernsthaft glaubte, mit der „Neuen Ära" sei ihr durch des Prinzregenten Gnade die Regierung in den Schoß gefallen, so wird sich die Arbeiterpartei noch viel mehr blamieren, wenn sie sich einbildet, durch die Bismarckära oder durch irgendeine andre preußische Ära werden ihr von Königs Gnaden die goldnen Äpfel in den Mund fallen. Daß die Enttäuschung über Lassalles unselige Illusion eines sozialistischen Eingreifens einer preußischen Regierung kommen wird, ist über allen Zweifel erhaben. Die Logik der Dinge wird sprechen. Aber die Ehre der Arbeiterpartei erheischt, daß sie solche Trugbilder zurückweist, selbst bevor deren Hohlheit an der Erfahrung geplatzt ist. Die Arbeiterklasse ist revolutionär oder sie ist nichts.

Bismarck gelang es im Verlauf des Jahres 1863 nicht, die geschlossene Phalanx der bürgerlichen Opposition aufzubrechen. Neuwahlen zum Abgeordnetenhaus brachten Ende Oktober trotz erheblichen Wahlterrors der Regierung den liberalen Kräften eine Mehrheit wie nie zuvor. Die Fortschrittspartei erhöhte ihre Mandate von 133 auf 141, die liberale Mitte von 96 auf 106. Bismarcks erster Anlauf, aus der innenpolitischen Sackgasse herauszukommen, war vorerst gescheitert.

142 *Robert von Keudell über ein Gespräch mit Bismarck, 20. Oktober 1863:*

Er sah blaß und müde aus und sagte nach längerer Pause: „Es kommt mir vor, als wäre ich in diesem einen Jahr um

fünfzehn Jahre älter geworden. Die Leute sind doch noch viel dümmer, als ich sie mir gedacht hatte."
Ich erwiderte: „Sie werden hoffentlich wieder viel jünger werden, sobald es eine große auswärtige Verwickelung gibt."

Wie gerufen, stellte sich der erwünschte auswärtige Konflikt ein, als die seit der Revolution von 1848/49 schwelende Schleswig-Holstein-Frage erneut aufflammte. Dabei rieb sich die bürgerliche Nationalbewegung an einem mittelalterlichen staatsrechtlichen Unikum. Die Elbherzogtümer Schleswig und Holstein hatten, als sie sich im 15. Jahrhundert in Personalunion mit dem dänischen Königtum verbanden, die Zusicherung erhalten, selbständig und „up ewig ungedeelt" zu bleiben. Seit dem Wiener Kongreß von 1815 gehörte nun Holstein mit seiner deutschen Bevölkerung zugleich zum Deutschen Bund, während Schleswig, wo Dänen und Deutsche national gemischt lebten, außerhalb des Bundes verblieb. Im Revolutionsjahr 1848 hatten sich dann die Deutschen in Holstein und Schleswig gegen die dänische Fremdherrschaft erhoben und in ganz Deutschland die Unterstützung der bürgerlichen Demokratie gefunden und zunächst auch die preußische Regierung zum Eingreifen veranlaßt, allerdings nur um die nationalrevolutionäre Bewegung zu verraten. Im Londoner Protokoll von 1852 hatten sich die europäischen Großmächte schließlich auf die Beibehaltung des Status quo verständigt, was weder den deutschen noch dänischen nationalen Erwartungen entsprach.
Wieder in die Debatte geriet die Frage, als am 13. Oktober 1863 der dänische Reichsrat eine neue Verfassung annahm, welche im Widerspruch zum Londoner Protokoll die Eingliederung Schleswigs in den dänischen Gesamtstaat verfügte. Zu diesem Verfassungsproblem trat zwei Tage später noch die Thronfolgefrage, als am 15. Oktober 1863 der kinderlose dänische König Friedrich VII. unerwartet verstarb. Wie im Londoner Protokoll vereinbart, bestieg Prinz Christian von Glücksburg den dänischen Thron, bestätigte aber sogleich die neue Verfassung. Eine Welle nationaler Entrüstung brach sich unter allen Klassen in ganz Deutschland

Am Kreuzweg. Karikatur 1864

Bahn. Schleswig und Holstein sollten von Dänemark losgerissen und ungeteilt dem Deutschen Bund angeschlossen werden. Durch den Vertragsbruch des Glücksburgers beflügelt, erhob gleichzeitig der Erbprinz Friedrich von Augustenburg, dessen Vater eigentlich 1852 alle Rechte in den Herzogtümern an den dänischen König verkauft hatte, erneute Ansprüche und proklamierte sich als Friedrich VIII. zum Herzog von Schleswig Holstein. Nicht nur die öffentli-

che Meinung in Deutschland und die Landstände Schleswig-Holsteins, auch die mittel- und kleinstaatliche Mehrheit am Bundestag in Frankfurt stand auf der Seite des liberal gesinnten Augustenburgers.
Die Schleswig-Holstein-Frage war schon ein überaus kompliziertes Problem. Nur drei Männer hätten sie wohl überhaupt verstanden, scherzte einmal der britische Premierminister Palmerston. Der eine sei schon tot, der andere darüber verrückt geworden, und der dritte, er selbst, habe alles schon wieder vergessen. Inzwischen gab es allerdings einen von Palmerston offenbar übersehenen vierten Kenner, Otto von Bismarck, der die Sache am Ende zugunsten preußischer Machtpolitik entschied.

143 Erzählung Bismarcks (1877):

Schleswig-Holstein (...) das ist die diplomatische Kampagne, auf die ich am stolzesten bin (...) Alles war dabei gegen mich, die Kronprinzlichen, er und sie, von wegen der Verwandtschaft, der König selbst zuerst und lange Zeit, Österreich, die kleinen deutschen Staaten, die Engländer, die es uns nicht gönnten. Mit Napoleon, da ging es, der dachte uns damit zu verpflichten. Endlich waren zu Hause die Liberalen dawider, die auf einmal das Fürstenrecht für wichtig hielten – es war aber nur ihr Haß und Neid gegen mich –, und auch die Schleswig-Holsteiner wollten nicht. Die alle, und was weiß ich noch.
Wir hatten damals [November 1863] eine Staatsratssitzung, wo ich eine der längsten Reden hielt, die ich je abgeschlossen habe, und vieles sagte, was den Zuhörern unerhört und unmöglich vorgekommen sein muß. Ich stellte zum Beispiel dem König vor, alle seine Vorgänger hätten dem Staate was hinzugefügt, wären Mehrer des Reiches gewesen, nur sein hochseliger Herr Bruder nicht; ob ers denn auch so halten wollte? Nach ihren erstaunten Mienen zu urteilen, dachten sie offenbar, ich hätte zu stark gefrühstückt. Costenoble führte das Protokoll, und wie ich mir das hernach ansah, fand ich, daß die Stellen, wo ich am deutlichsten und eindringlichsten geworden war, weggelassen worden waren. Sie enthielten gerade meine besten Gründe. Ich machte ihn darauf aufmerksam und beschwerte mich darüber. Ja, sagte

er, das wäre richtig; er hätte aber gemeint, daß mirs lieb sein würde, wenn das wegbliebe. Ich erwiderte: Ganz und gar nicht. Sie dachten wohl, ich hätte einen gepfiffen? Aber ich bestehe darauf, daß es so, wie ich es gesagt habe, hineinkommt.

Was Bismarck unumwunden zur Sprache brachte, war die Absicht, Schleswig-Holstein zu annektieren. Ein solcher Schritt der preußischen Politik mußte allerdings viele ungeheuerlich anmuten. Einerseits verließ er die Bahnen konservativer Legitimität, andererseits kollidierte er mit der liberalen und demokratischen Nationalbewegung. In der Tat handelte es sich um nichts anderes als den Ansatz, Preußen auf den Weg einer Revolution von oben zu bringen, um auf antidemokratisch-militaristische Weise die nationale Frage in Deutschland zu entscheiden.
Die nachträgliche Selbstdarstellung Bismarcks wie das bewundernde Urteil späterer Historiker lassen vermuten, als sei dabei ein vorgefaßter Plan zielstrebig, konsequent und auf lange Sicht durchgesetzt worden. Tatsächlich wußte aber der preußische Ministerpräsident zunächst ganz genau nur, was er nicht wollte. Es galt, der kleinbürgerlich-demokratischen Volksbewegung entgegenzutreten, die bürgerlich-liberale Oppositionsfront nicht zu stärken und auch keinesfalls den Deutschen Bund aufzuwerten. Dieser mußte vielmehr weiterhin in einem Lichte bleiben, als sei er unfähig, deutsche Interessen wahrzunehmen.

144 *August Ludwig von Rochau an Johannes Miquel, 1. Dezember 1863:*

Es gilt einen Generalsturm auf die Regierungen, vor allem andern auf die preußische und hannoversche. In Preußen muß der Schrei: Nieder mit Bismarck! organisiert werden, zunächst in Berlin, was binnen drei Tagen geschehen kann und wird, wenn die Herren dort einen Funken von richtiger Erkenntnis der Lage und ihrer Schuldigkeit haben. Man erfülle die Straßen von Berlin vom Morgen bis zum Abend mit diesem Rufe, und binnen weiterer drei Tage ist die Sache fertig.

145 An Robert von der Goltz, 20. Dezember 1863:

Die besonneneren und gemäßigteren Elemente bilden innerhalb der Bewegung, welche Deutschland durchzieht, eine verschwindende Minorität. Mit den eigentlichen Führern derselben zu einer auch nur vorübergehenden Gemeinschaft des Handelns zu gelangen, halte ich für unmöglich, weil mit dem Bestande geordneter Verhältnisse in Preußen für unverträglich. Ich glaube deshalb mehr Gewicht auf unsere Allianzverhältnisse mit den übrigen Großmächten als auf die Übereinstimmung mit der gegenwärtigen Richtung der öffentlichen Meinung legen zu sollen, und glaube, daß wir eher in der Notwendigkeit sein werden, uns auf einen offenen Kampf als auf ein Bündnis mit der sich vorbereitenden nationalen und revolutionären Bewegung einzurichten.

146 An Rudolf von Sydow, 23. Dezember 1863:

Es erscheint notwendig und im Interesse aller deutschen Regierungen zu liegen, daß ein Entwicklungsgang, welcher sich mehr und mehr den Bahnen des Frühjahrs von 1848 nähert, rechtzeitig und entschieden abgeschnitten werde.

147 An Robert von der Goltz, 24. Dezember 1863:

Die Frage ist, ob wir eine Großmacht sind oder ein deutscher Bundesstaat, und ob wir, der ersten Eigenschaft entsprechend, monarchisch oder, wie es in der zweiten Eigenschaft allerdings zulässig ist, durch Professoren, Kreisrichter und kleinstädtische Schwätzer zu regieren sind. Die Jagd hinter dem Phantom der Popularität „in Deutschland", die wir seit den vierziger Jahren betrieben, hat uns unsre Stellung in Deutschland und in Europa gekostet, und wir werden sie dadurch nicht wiedergewinnen, daß wir uns vom Strome treiben lassen, in der Meinung, ihn zu lenken, sondern nur dadurch, daß wir fest auf eignen Füßen stehn und zuerst Großmacht, dann Bundesstaat sind. (...)
Wenn wir jetzt den Großmächten den Rücken drehn, um uns der in dem Netze der Vereinsdemokratie gefangnen Politik der Kleinstaaten in die Arme zu werfen, so wäre das die elendeste Lage, in die man die Monarchie nach innen

und nach außen bringen könnte. Wir würden geschoben, statt zu schieben; wir würden uns auf Elemente stützen, die wir nicht beherrschen und die uns notwendig feindlich sind, denen wir uns aber auf Gnade und Ungnade zu ergeben hätten. Sie glauben, daß in der „deutschen öffentlichen Meinung", Kammern, Zeitungen etc. irgend etwas steckt, was uns in einer Unions- oder Hegemoniepolitik stützen oder helfen könnte. Ich halte das für einen radikalen Irrtum, für ein Phantasiegebilde. Unsre Stärkung kann nicht aus Kammern- und Preßpolitik, sondern nur aus waffenmäßiger Großmachtspolitik hervorgehn, und wir haben nicht nachhaltiger Kraft genug, um sie in falscher Front und für Phrasen und Augustenburg zu verpuffen. Sie überschätzen die ganze dänische Frage und lassen sich dadurch blenden, daß dieselbe das allgemeine Feldgeschrei der Demokratie geworden ist, die über das Sprachrohr von Presse und Vereinen disponiert und diese an sich mittelmäßige Frage zum Moussieren bringt. Vor zwölf Monaten hieß es zweijährige Dienstzeit, vor acht Monaten – Polen, jetzt Schleswig-Holstein. Wie sahen Sie selbst die europäische Lage im Sommer an? Sie fürchteten Gefahren jeder Art für uns und haben in Kissingen kein Hehl gemacht über die Unfähigkeit unsrer Politik; sind denn nun diese Gefahren durch den Tod des Königs von Dänemark plötzlich geschwunden, und sollen wir jetzt an der Seite von Pfordten, Koburg[1] und Augustenburg, gestützt auf alle Schwätzer und Schwindler der Bewegungspartei, plötzlich stark genug sein, alle vier Großmächte zu brüskieren, und sind letztere plötzlich so gutmütig oder so machtlos geworden, daß wir uns dreist in jede Verlegenheit stürzen können, ohne etwas von ihnen zu besorgen zu haben? (...) Sie fragen: wann in aller Welt sollen wir denn Krieg führen, wozu die Armeeorganisation? und Ihre eignen Berichte schildern uns das Bedürfnis Frankreichs, im Frühjahr Krieg zu haben, die Aussicht auf eine Revolution in Galizien daneben. Rußland hat 200000 Mann über den polnischen Bedarf auf den Beinen und kein Geld zu Phantasie-Rüstungen, muß also mutmaßlich doch auf Krieg gefaßt sein; ich bin es auf Krieg und mit Revolution kombiniert. (...)

Ich bin dabei in keiner Weise kriegsscheu, im Gegenteil, bin auch gleichgültig gegen revolutionär oder konservativ, wie gegen alle Phrasen; Sie werden sich vielleicht sehr bald überzeugen, daß der Krieg auch in meinem Programme liegt; ich halte nur Ihren Weg, dazu zu gelangen, für einen staatsmännisch unrichtigen. Daß Sie dabei im Einverständnis mit Pfordten, Beust, Dalwigk und wie unsre Gegner alle heißen, sich befinden, macht für mich die Seite, die Sie vertreten, weder zur revolutionären noch zur konservativen, aber nicht zur richtigen für Preußen. Wenn der Bierhaus-Enthusiasmus in London und Paris imponiert, so freut mich das, es paßt ganz in unsern Kram; deshalb imponiert er mir aber noch nicht und liefert uns im Kampfe keinen Schuß und wenig Groschen. Mögen Sie den Londoner Vertrag[2] revolutionär nennen: die Wiener Traktate[3] waren es zehnmal mehr und zehnmal ungerechter gegen viele Fürsten, Stände und Länder, das europäische Recht wird eben durch europäische Traktate geschaffen. Wenn man aber an letztere den Maßstab der Moral und Gerechtigkeit legen wollte, so müßten sie ziemlich alle abgeschafft werden.

1 Ernst II., Herzog von Sachsen-Coburg und Gotha.
2 Londoner Protokoll vom 8. Mai 1852, es betraf die Erbfolge im Königreich Dänemark.
3 Wiener Kongreßakte vom 9. Juni 1815, territoriale und politische Neugestaltung des europäischen Kontinents nach der Französischen Revolution und den Napoleonischen Kriegen.

Bismarck blieb fest in der Abwehr aller Forderungen, daß Preußen an die Spitze der patriotischen Bewegung für Schleswig-Holsteins Unabhängigkeit treten solle. Er scherte sich nicht um die Beschlüsse des Bundestags, die verletzten Rechte des Bundesmitglieds Holstein durch eine Bundesexekution zu wahren. Einzig und allein für die zwischenstaatliche Rechtsgültigkeit des Londoner Protokolls war er bereit, sich einzusetzen. Und damit brachte er fürs erste auch Österreich auf seine Seite.

Nachdem Berlin und Wien Dänemark ultimativ aufgefordert hatten, die den Londoner Abmachungen zuwiderlaufende Gesamtstaatsverfassung zurückzunehmen, überschritten am 1. Februar 1864 die preußischen und österreichischen Truppen die Eider. Preußen und Österreich hatten

den Krieg gegen Dänemark begonnen, ohne über das künftige Schicksal der Elbherzogtümer etwas Bindendes vereinbart zu haben.
Während Bismarck die Entwicklung auf der europäischen Ebene, auf diplomatischem und militärischem Feld, mehr und mehr in den Griff bekam, war seine innenpolitische Stellung nach wie vor schwierig. Das Abgeordnetenhaus lag noch immer in Konflikt mit Krone und Regierung und lehnte die im Zusammenhang mit der schleswig-holsteinschen Krise geforderte Anleihe am 22. Januar 1864 ab.

148 Aßmann im Abgeordnetenhaus, 21. Januar 1864:

Soll durch die Bismarcksche Politik die deutsche Großmacht Preußen zum Feinde Deutschlands gemacht werden, soll die preußische, die tapfere preußische Armee dazu verwendet werden, um gegen ihre deutschen Brüder zu kämpfen, die deutsches Recht zu schützen ausgezogen sind, um Schleswig und Holstein gebunden an Dänemark wieder zu überliefern – soll ein deutscher Bundeskrieg entbrennen in einer Frage, über die ganz Deutschland einig ist, bloß weil Preußen das Schicksal hat, von Herrn v. Bismarck regiert zu werden: dann, meine Herren, muß auch die letzte Rücksicht schwinden, die wir gegen dieses Ministerium zu nehmen etwa verpflichtet wären. Dann mag Deutschland wissen, daß wir in dieser Frage zu ihm und nicht zu unserm Ministerium stehen, daß das preußische Volk mit der Politik dieses Ministeriums nichts gemein hat, und daß wir alle uns zuständigen Mittel anwenden werden, um dieser Politik, dieser verwerflichen Politik, entgegenzutreten, sie zu vereiteln.

Die Opposition setzte Bismarck in der Debatte am 21. und 22. Januar arg zu. Rudolf Virchow hielt ihm rundheraus vor, er werde immer mehr zum Sprachrohr der Kreuzzeitung, wie sein Zusammenwirken mit Österreich zur unbedingten Wahrung des Status quo in Schleswig-Holstein zeige. Bismarck sei „nicht mehr der Mann, wie er hier eingetreten ist mit dem Gefühl, er werde durch eine energische äußere Politik etwas ausrichten".

Einer solchen Argumentation gegenüber, die sein politisches Grundkonzept in Zweifel zog, sah sich der preußische Ministerpräsident genötigt, für einen Augenblick sein eigentliches politisches Ziel aufblitzen zu lassen: Kooperation mit der verständigungsbereiten Bourgeoisie auf dem Wege großpreußisch-kleindeutscher Einigungspolitik bei gleichzeitiger entschiedener Absage an die bürgerliche Demokratie.

149 Bismarck im Abgeordnetenhaus, 21. Januar 1864:

Der Herr Vorredner, wenn ich ihm in der bunten Reihenfolge, die er beobachtet hat, folgen darf, kam darauf auf den Umstand, daß ich meine politische Stellung seit meinem Eintritt in das Ministerium wesentlich geändert, daß ich sie, um mich trivial auszudrücken, nach rechts hinübergerückt habe. Wenn das in dem Sinne zuträfe, und wenn ich bei seiner Auffassung des „Bösen", dem ich verfallen wäre, stehenbleibe, so glaube ich, ihm meine Gedanken von seinem Standpunkt aus mundrecht zu machen, wenn ich sage, ich habe nach dem Satz gehandelt: Flectere si nequeo superos, Acheronta movebo![1] Ich habe, als ich herkam, allerdings die Hoffnung gehegt, daß ich noch bei anderen als bei mir die Neigung finden könnte, den Parteistandpunkt unter Umständen dem allgemeinen vaterländischen Interesse zu opfern. Ich will nicht näher hervorheben, um niemand zu verletzen, inwieweit und bei wem ich mich darin getäuscht habe; getäuscht aber habe ich mich, und natürlich wirkt das auf meine politische Stellung und Beziehungen ein.

1 Wenn ich die Götter nicht beugen kann, will ich die Unterwelt in Bewegung setzen.

150 Bismarck im Abgeordnetenhaus, 22. Januar 1864:

Der Herr Vorredner hat ferner als Motiv unserer Handlungsweise die Furcht vor der Demokratie und Furcht vor dem Auslande der Regierung unterschoben. Ich glaube, der Herr Redner kennt mich lange genug, um zu wissen, daß ich Furcht vor der Demokratie nicht kenne. Hätte ich diese, so stände ich nicht an diesem Platze oder würde das Spiel verlorengeben. (Große Bewegung. Rufe: „Ein Spiel! Ein

Spiel!") Ich lasse mich auf Worte nicht ein; rechten Sie nicht über Ausdrücke, rechten Sie über die Sache! – Ich fürchte diesen Gegner nicht, ich hoffe sicher, ihn zu besiegen; (Ruf: Oho!) ich glaube, das Gefühl, daß es so kommen werde, ist Ihnen nicht mehr ganz fern. (Heiterkeit.)

Am 18. April 1864 erstürmten die preußischen Truppen die Düppeler Schanzen. Die Frage nach der politischen Zukunft Schleswig-Holsteins war aber auch nach diesem militärischen Triumph noch immer nicht beantwortet. Eine internationale Lösung auf der Basis des Londoner Protokolls kam für Bismarck kaum noch in Betracht, aber auch auf die politische Selbständigkeit der Herzogtümer im Rahmen des Deutschen Bundes ließ er sich nicht festlegen. Bismarcks Ziel war die Annexion durch Preußen, doch konnte er die Karten noch nicht offen auf den Tisch legen.
Allerdings bereitete er die europäischen Mächte ideologisch auf seine Sicht einer Krieg wie Revolution einbindenden konservativen preußischen Machtpolitik vor. Um den Möglichkeiten einer revolutionären Entwicklung beizeiten zu begegnen, müsse eine entschlossene Staatspolitik im Interesse eigentlich aller monarchisch-konservativen Kräfte selbst Hand anlegen an die bestehenden inneren und äußeren Machtverhältnisse, gewissermaßen von oben die Revolution von unten überflüssig machen.

151 *Aufzeichnung über Gespräche Bismarcks mit Alexander II. und Gortschakow, Berlin 11./13. Juni 1864:*

Ich bemerkte, daß wir das Gefährliche und Traurige eines allgemeinen Krieges in keiner Weise verkennen, daß es aber Übel gäbe, die noch schlimmer seien als der Krieg, und daß ich zu diesem einen solchen Abschluß des dänischen Streites rechnen müßte, der die Deutschen in Schleswig ungedeckt ließe und dadurch für Seine Majestät meinen allergnädigsten Herrn, für sein tapferes Heer und für die preußische Nation eine Demütigung herbeiführen, hierdurch aber eine starke Waffe in die Hände der Revolutionspartei liefern würde, einer Partei, gegen die zu kämpfen, wie ich hinzufügte, die Hauptaufgabe der Regierungen bleibe.

152 An Karl von Werther, 14. Juni 1864:

Wir betrachten den dänischen Konflikt wesentlich als eine Episode im Kampf des monarchischen Prinzips gegen die europäische Revolution, und wir entnehmen unsre Richtschnur für die Behandlung der Frage der Herzogtümer den Auffassungen, welche wir von ihrer Rückwirkung auf jene größere Zeitfrage haben. Wenn das Einverständnis und die tatkräftige Energie der Monarchen von Preußen und Östreich den berechtigten nationalen Bedürfnissen, welche auch von dem achtbaren Teile der Nation gefühlt werden, Befriedigung verschafft, so werden der Revolution die Vorwände genommen, aus welchen sie ihre Kraft zieht. Von dieser Überzeugung ist die gegenwärtige preußische Regierung in Behandlung der dänischen Frage von Hause aus geleitet worden. Bis jetzt ist der Erfolg ein unsern Wünschen entsprechender gewesen; und ich bin überzeugt, daß auch in Wien, ebenso wie hier, die wohltuende Rückwirkung empfunden wird, welche die beiden deutschen Mächte durch ihre gemeinsame und energische Aktion auf die gesamten öffentlichen Zustände Deutschlands geübt haben.

153 An Heinrich von Redern, 15. April 1865:

Während ein konservatives Ministerium in Preußen die Sache aller deutschen Fürsten im Kampfe der Monarchie gegen die Revolution seit zwei Jahren mit sichtbarem Erfolge geführt und damit die Regierungsgewalt auch in den Mittelstaaten auf das unzweifelhafteste gestärkt hat, benutzen eben diese Staaten gerade diese Stärkung, um in der illoyalsten Weise dieselben Elemente (national-liberale und radikale) gegen Preußens konservative Regierung zu entfesseln und letzterer nach Kräften den Kampf im eigenen Lande zu erschweren. Ihr Ziel ist, den Staat, welcher ihr Schutz und Schirm in stürmischen Zeiten gewesen und auf den sie in solchen Gefahren im Grunde immer noch hoffen, in seiner inneren wie in seiner äußeren Politik durch liberal-„nationale“ Agitationen zu hemmen und zu schädigen. Mit solchen Staaten können wir unmöglich auf die Basis vertrauensvoller Verständigung treten, wenn wir nicht unser großes Ziel, die konservativen Interessen zu fördern, preisgeben wollen. (...)

Wollten wir der konservativen Richtung unserer inneren Politik, welche uns neben der Befriedigung des sehr regen preußischen Nationalgefühls auch bei der schleswig-holsteinschen Frage durchweg leitet, untreu werden, so würden wir die revolutionären Waffen unserer mittelstaatlichen Gegner mit weit mehr Erfolg gegen sie selbst wenden können, als es ihnen gegen uns gelungen ist. Es widerspricht aber jedes Abweichen von dem von uns betretenen Wege den allerhöchsten Intentionen Seiner Majestät des Königs. Zur Festhaltung der bisherigen Politik und dem damit zusammenhängenden Bestande des konservativen Ministeriums in Preußen gehört daher, daß auch von seiten der anderen deutschen Staaten eine analoge Richtung eingeschlagen werde. Wir vermögen nur mit ihnen zu gehen, wenn sie konservativer werden. Im entgegengesetzten Falle müssen wir uns unabhängig von ihnen bewegen und können in unserer Aktion in den inneren wie in den äußeren Fragen keine Rücksicht auf sie nehmen.

Bismarck als Seiltänzer. Karikatur des „Kladderadatsch" vom 9. Juli 1865

Im Wiener Frieden vom 30. Oktober 1864 mußte der dänische König allen seinen Rechten auf die Herzogtümer Schleswig, Holstein und Lauenburg zugunsten des Kaisers von Österreich und des Königs von Preußen entsagen. Damit war zunächst einmal mit den Mitteln kriegerisch-dynastischer Kabinettspolitik und im erklärten Gegensatz zur nationalen Bewegung ein wichtiges nationales Ziel erreicht worden, die Unabhängigkeit Schleswig-Holsteins von Dänemark. Der künftige Status war allerdings noch immer ungeklärt. Nach wie vor blieben die nationalen Erwartungen in Deutschland auf die Konstituierung eines selbständigen Herzogtums unter dem Augustenburger, nicht auf die preußisch-österreichische Herrschaftsteilung und schon gar nicht auf eine preußische Annexion festgelegt.
Der Dänische Krieg hat darum auch kaum zur Auflockerung der innenpolitischen Fronten in Preußen beigetragen. Die Opposition hielt an ihrer Parole fest: „Diesem Ministerium keinen Groschen", Bismarck hingegen lavierte weiter mit dem Angebot außenpolitischer Zusammenarbeit.

154 Bismarck im Abgeordnetenhaus, 1. Juni 1865:

Könnten wir uns rechtzeitig klar im voraus über alle Pläne der Zukunft Ihnen gegenüber aussprechen, ich glaube, Sie würden mehr davon billigen, als Sie bisher zu tun sich getrauen (...) Könnten wir auch jetzt Ihnen die Wahrscheinlichkeiten, die wir haben, unsere Politik in den Herzogtümern durchzuführen, die Wege, auf denen wir dies zu erreichen gedenken, mit derjenigen Klarheit auseinandersetzen, mit der ich es Seiner Majestät dem König gegenüber imstande bin, sie zu entwickeln: ich glaube, Sie würden in der Heftigkeit Ihrer Opposition gegen das, was wir treiben, einigermaßen nachlassen (...) Ich kann doch nicht leugnen, daß es mir einen peinlichen Eindruck macht, wenn ich sehe, daß angesichts einer großen nationalen Frage, die seit zwanzig Jahren die öffentliche Meinung beschäftigt hat, diejenige Versammlung, die in Europa für die Konzentration der Intelligenz und des Patriotismus gilt, zu keiner anderen Haltung als zu der einer impotenten Negative sich erheben kann. Es ist dies, meine Herren, nicht die Waffe, mit der Sie dem König das Zepter aus der Hand winden werden, es ist auch nicht das Mittel, durch das es Ihnen gelingen wird, unseren konstitutionellen Einrichtungen diejenige Festigkeit und weitere Ausbildung zu geben, deren sie bedürfen.

Allmählich begann man im liberalen Lager zu spüren, wie Bismarcks überlegene Strategie und Taktik der Opposition den Boden unter den Füßen entzog.

155 *Theodor Mommsen an Heinrich von Sybel, Berlin 3. Juni 1865:*

Hier greift der Bismarck-Wahnsinn täglich weiter um sich; kein Mensch sagt und bedenkt mehr, was recht und was preußisch ist, sondern einzig, was für oder gegen Bismarck ist, und so stützen wir ihn nach Kräften. Die Debatte der beiden letzten Tage war wohl die größte Niederlage, die wir seit langem erlebt haben; vernichtendere Abfertigungen wie die von Löwe und Bunsen durch Bismarck habe ich noch nicht erlebt – diesmal war es wirklich der Staatsmann gegenüber dem oberflächlichen Zeitungsleser.

Der im Wiener Frieden vom 30. Oktober 1864 vereinbarten gemeinschaftlichen österreichisch-preußischen Herrschaft über Schleswig-Holstein hatte Bismarck vor allem in der Annahme zugestimmt, daß absehbarer Streit bei der gemeinsamen Verwaltung über kurz oder lang zu einer politisch verwertbaren Konfrontation der beiden Rivalen führen werde. Als letzte Zwischenstation auf dem Wege in eine kriegsreife Situation zwischen den deutschen Großmächten kam am 14. August 1865 die Gasteiner Konvention zustande. Unbeschadet der fortdauernden gemeinsamen Rechte in den Herzogtümern erhielt Wien die Verwaltung Holsteins, Preußen die von Schleswig zugesprochen, während die österreichischen Rechte am Herzogtum Lauenburg an den preußischen König verkauft wurden. Befriedigt über den politischen Erfolg Bismarcks, der immerhin Österreich ins Fahrwasser der preußischen Außenpolitik gebracht hatte, erhob König Wilhelm I. ihn am 15. September 1865 in den erblichen Grafenstand.

156 An Moritz von Blanckenburg, 18. Juli 1865:

Ich habe in der Hitze übermächtig zu tun, und die Sachen gehn faul, vom Standpunkt des friedliebenden Diplomaten gesehn. Die Firma Halbhuber-Augustenburg treibt es in den Herzogtümern so, daß wir werden nächstens einseitig Gewalt anwenden müssen, um die Basis des Wiener Friedens und die Anwendung der geltenden Landesgesetze herzustellen. Das wird in Wien böses Blut machen, und dann hängt sich Gewicht an Gewicht bis zum vollen Bruch. Es ist nicht, was ich wünsche, aber Österreich läßt uns nur die Wahl, in Holstein zum Kinderspott zu werden. Dann schon lieber Krieg, der bei einer solchen österreichischen Politik doch nur eine Zeitfrage bleibt.

157 An den Bruder, 20. Juli 1865:

In Regensburg und Salzburg bin ich nicht vom Arbeitstisch losgekommen, und die fünf Tage hier [Gastein], wo mich zwei österreichische Diplomaten Tag und Nacht bearbeiten und täglich mindestens ein Feldjäger abgeht, muß ich wegen Zeitmangel das Baden aufgeben und heut eine Stunde dadurch gewinnen, daß ich dem Könige den Tee absage. Diese benutze ich unter andern, um Dir nachträglich meinen herzlichen Glückwunsch zu schicken. Wir rücken beide auf die 60 los, gebe Gott, daß wir noch einst mit dem Vater die ersten 70 als die besten rühmen. Von mir glaube ich es nicht; ich kann an dem Bergsteigen hier recht messen, wie jedes Jahr meine Kräfte abnehmen. Was mir im vorigen noch leicht war, unternehme ich jetzt gar nicht mehr, und die Gemsen lasse ich ganz in Ruhe. Man wird eben verbraucht, dies Leben würde niemand ohne Schaden aushalten.

158 König Wilhelm I. an Bismarck, 15. September 1865:

Mit dem heutigen Tage vollziehet sich ein Akt, die Besitzergreifung des Herzogtums Lauenburg, als eine Folge meiner von Ihnen mit so großer und ausgezeichneter Umsicht und Einsicht befolgten Regierung. Preußen hat in den vier Jahren, seit welchen ich Sie an die Spitze der Staatsregierung berief, eine Stellung eingenommen, die seiner Geschichte würdig ist und demselben auch eine fernere glückliche und glorreiche Zukunft verheißt. Um Ihren hohen Verdiensten, denen ich so oft Gelegenheit hatte, meinen Dank auszusprechen, auch einen öffentlichen Beweis desselben zu geben, erhebe ich Sie hiermit mit Ihrer Deszendenz in den Grafenstand, eine Auszeichnung, welche auf immerhin beweisen wird, wie hoch ich Ihre Leistungen um das Vaterland zu würdigen wußte.

Der Entscheidungskampf zwischen Preußen und Österreich war nach Bismarcks Überzeugung nicht mehr aufzuhalten. Auch nach dem Burgfrieden von Gastein hatte das Wiener Kabinett erneut begonnen, die augustenburgische Agitation in Holstein zu unterstützen, und damit dem Rivalen in Berlin Stoff für andauernde Beschwerden geliefert. Für Bismarck waren die Schwierigkeiten in den Herzogtümern indessen nur ein Vorwand, um die herangereifte Frage nach der grundsätzlichen Stellung Preußens in Deutschland aufzuwerfen.
Am 28. Februar 1866 hatte der preußische Kronrat entschieden, sich einem als unumgänglich angesehenen Krieg

Zirkus Renz: Bismarcks Hohe Schule im Heeres- und Verfassungskonflikt. Karikatur des „Kladderadatsch“ vom 28. Januar 1866

nicht zu entziehen. Natürlich blieb dem österreichischen Gesandten in Berlin nicht verborgen, daß eine große Aktion der auswärtigen Politik Preußens bevorstand. Welch ungeheuerliche Kräfte der preußische Ministerpräsident aber schließlich gegen Österreich entfesseln sollte, ahnte Anfang 1866 kaum jemand. „Soll Revolution sein, so wollen wir sie lieber machen als erleiden", wurde zur erklärten Devise Bismarcks.

159 Bericht des Grafen Alois Károlyi aus Berlin, 22. Februar 1866:

Er [Bismarck] hält den Zeitpunkt für gekommen und die Verhältnisse danach angetan, um eine große preußische Aktion nach außen – seit jeher das Ideal seiner politischen Laufbahn, und welches seinen ungeregelten und gewissenlosen, aber kühnen Tatendurst zu stillen geeignet wäre – in Szene zu setzen, und wenn nicht anders, an die Entscheidung der Schlachten zu appellieren.
Die Annexion der Herzogtümer oder ein derselben sich annäherndes Resultat betrachtet Graf Bismarck als Lebensfrage für seine politische Existenz, und er ist bestrebt, sie auch als solche für Preußen erscheinen zu lassen. Nach einem solchen Erfolge, zumal wenn er durch einen glücklichen Krieg erreicht worden, würde die Regierung leichter des inneren Zerwürfnisses Herr werden, während dessen Austrag ohne diesen Ableiter den bedenklichsten Schwierigkeiten unterworfen ist, wie es überhaupt gar nicht abgesehen werden kann, wie König Wilhelm ohne Staatsstreich den von Seiner Regierung vertretenen Maximen staatsrechtliche Anerkennung wird verschaffen können. Zu einem Staatsstreich, welchen Graf Bismarck wohl befürwortet haben mag, soll S. M. mit Entschiedenheit Seine Einwilligung verweigert haben. Das wirksamste, ja einzige Mittel zu einem inneren Umschwung wäre sodann auf dem Felde der äußeren Politik zu suchen. Durch solche Gesichtspunkte wird die Bismarcksche Politik geleitet.

Die Auseinandersetzung um die deutsche Frage eröffnete Bismarck mit einem Paukenschlag. Am 9. April 1866 stellte

Der unverschämte Oberkellner im deutschen Bundeshotel. Karikatur des „Punsch“ vom 29. April 1866

Preußen am Bundestag den Antrag, ein Nationalparlament zu berufen, welches aus allgemeinen und direkten Wahlen hervorgehen und über eine Reform der alten Bundesverfassung beraten solle. Der sensationelle Vorschlag sollte für den bevorstehenden Konflikt mit Österreich die bürgerlich-liberale Nationalbewegung zugleich mobilisieren und entwaffnen sowie die mittleren und kleineren Bundesstaaten unter Druck setzen.
In einem Runderlaß an die diplomatischen Missionen Preußens begründete Bismarck sein Vorgehen als notwendigen Ansatz zu einer Reform, welche einer Revolution von oben nahekomme.

Wenn wir in der jetzigen Gestaltung des Bundes einer großen Krisis entgegengehen sollten, so ist eine vollständige revolutionäre Zerrüttung in Deutschland bei der Haltlosigkeit der gegenwärtigen Zustände die wahrscheinlichste Folge. Einer solchen Katastrophe kann man lediglich durch eine rechtzeitige Reform von obenher vorbeugen.
Es ist nicht die Masse der unberechtigten Forderungen, welche den revolutionären Bewegungen Kraft verleiht, sondern gewöhnlich ist es der geringe Anteil der berechtigten Forderungen, welcher die wirksamsten Vorwände zur Revolution bietet und den Bewegungen nachhaltige und gefährliche Kraft gewährt.
Unbestreitbar ist eine Anzahl berechtigter Bedürfnisse des deutschen Volkes nicht in dem Maße sichergestellt, wie es jede große Nation beansprucht. Die Befriedigung derselben im geordneten Wege der Verständigung herbeizuführen, ist die Aufgabe der Bundesreform. Die letztere ist recht eigentlich im Interesse des monarchischen Prinzips in Deutschland notwendig. Sie soll durch die Initiative der Regierungen den Übelständen abhelfen, welche in bewegten Zeiten die Quelle und der Vorwand für gewaltsame Selbsthilfe werden können. In dieser Richtung bewegen sich die Reformvorschläge der preußischen Regierung. Sie werden sich auf das Allernotwendigste beschränken und den Bundesgenossen auf das bereitwilligste mit den ihnen erwünschten Modifikationen entgegenkommen.
Das Ziel verlangt allerdings Opfer, aber nicht von einzelnen, sondern von allen gleichmäßig.

Überall stellte man sich die Frage, ob Bismarcks Bundesreformvorschlag vom 9. April ernst zu nehmen sei. Ausgerechnet Preußens als reaktionär geltender Ministerpräsident, der gegen sein Abgeordnetenhaus den Heeres- und Verfassungskonflikt praktizierte, der in Berlin am Dreiklassenwahlrecht festhielt und sogar die parlamentarische Redefreiheit juristisch anfechten ließ, brachte in Frankfurt fortschrittliche Neuerungen zur Sprache, ein Nationalparlament sowie das Wahlrecht der Revolution von 1848. Die überraschten Liberalen wußten nicht, was sie sagen sollten.

Viele doktrinäre Konservative waren ob der neuen Töne bestürzt. Selbst aus der Hauptstadt des russischen Zarenreiches kamen besorgte Anfragen. Was die herrschenden Klassen vorerst noch verunsicherte, waren die ersten Schritte zur Errichtung der bonapartistischen Diktatur Bismarcks.

161 *Adolph von Kleist an Ludwig von Gerlach, 10. April 1866:*

Was sagen Sie zu dieser Wendung von Bismarck? Anrufung der Volkssouveränität!!! Bildung einer Konstituante!! (...) Unsere Alliierten: nur die Revolution in all ihren Nuancen. Um Gottes willen kommen Sie her. Sie sind der einzige, der noch Einfluß auf ihn hat, den er wenigstens hört. Wir sind hier alle vollkommen vor den Kopf geschlagen. Ich bin in Verzweiflung.

162 *Hermann Baumgarten an Heinrich von Sybel, 1. Mai 1866:*

Nach allem, was ich hörte und sah, dominiert Bismarck die Situation durchaus. Und daß er Krieg will und Österreich aus dem Bunde herauswerfen und womöglich für immer unschädlich machen, das wissen Sie. Auch daß es ihm mit der Lösung der deutschen Frage voller Ernst ist. Der Antrag auf Parlament war in keiner Weise so improvisiert, wie man meinen könnte. (...) Freilich steht er auf einer schwankenden Grundlage, freilich ist er arm an sittlichem Ernst, freilich läßt er im Innern die dümmsten Geschichten nicht nur geschehen, sondern macht sie selbst; aber trotz allem ist er ein Mensch von bedeutendem Schnitt. Es war mir höchst interessant, die Regierungsweise jetzt und vor 6 Jahren in denselben Räumen zu vergleichen: man kann sich keinen größeren Kontrast denken, und leider sind alle Vorteile, namentlich was das eigentliche Regiment angeht, und die Technik auf Bismarcks Seite.

163 *Friedrich Engels an Karl Marx, 13. April 1866:*

Also Bismarcks Coup mit dem allgemeinen Wahlrecht ist gemacht, wenn auch ohne seinen Lassalle. Wie es den Anschein hat, wird der deutsche Bürger nach einigem Sträuben darauf eingehen, denn der Bonapartismus ist doch die wahre Religion der modernen Bourgeoisie. Es wird immer klarer, daß die Bourgeoisie nicht das Zeug hat, selbst direkt zu herrschen, und daß daher, wo nicht eine Oligarchie wie hier in England es übernehmen kann, Staat und Gesellschaft gegen gute Bezahlung im Interesse der Bourgeoisie zu leiten, eine bonapartistische Halbdiktatur die normale Form ist; die großen materiellen Interessen der Bourgeoisie führt sie durch selbst gegen die Bourgeoisie, läßt ihr aber keinen Teil an der Herrschaft selbst. Andrerseits ist diese Diktatur selbst wieder gezwungen, diese materiellen Interessen der Bourgeoisie widerwillig zu adoptieren. So haben wir jetzt den Monsieur Bismarck, wie er das Programm des Nationalvereins adoptiert.

164 An Heinrich von Redern, 17. April 1866:

Der Fürst Vizekanzler[1] gibt nicht näher an, worin der revolutionäre Charakter dieses Vorschlages liegen soll. In der Maßregel einer Reform der Bundesverfassung überhaupt kann das nicht sein, da das Bedürfnis dazu von keiner Seite in Zweifel gezogen wird. Soll er etwa in der Anwendung parlamentarischer Institutionen auf die Bundesverfassung liegen? Man kann über den Wert solcher Institutionen verschiedener Meinung sein, beseitigen aber lassen sie sich in jetziger Zeit aus dem öffentlichen Leben Deutschlands schwerlich. Sie sind eben einer der Faktoren, mit welchen ein praktischer Staatsmann rechnen oder sich abfinden muß, indem er sich nur zur Aufgabe machen kann, ihre Auswüchse zu verhindern. Auch wird sich niemand, der die deutschen Verhältnisse praktisch mit durchlebt, verhehlen können, daß eine nicht geringe Anzahl wirklicher, auch von allen Konservativen empfundener Bedürfnisse vorhanden sind, durch deren Befriedigung die Regierungen der Revolution die Vorwände entziehn, welche ihr auch bei besser Gesinnten Eingang schaffen. Auf Einigung der Regierungen darüber ohne die Mitwirkung einer Vertretung der Nation ist aber nicht zu hoffen.

1 Gortschakow, A. M. (1798–1883): russischer Außenminister 1856 bis 1882.

Wie Bismarck gegenüber dem Verfassungssystem des Deutschen Bundes ein revolutionäres Programm verkündete, drohte er, notfalls die überlieferte Ordnung in ganz Mitteleuropa auf den Kopf zu stellen. Am 8. April 1866 hatte er ein antiösterreichisches Kriegsbündnis mit dem nationalrevolutionären Italien geschlossen, und zur Schwächung der österreichischen Positionen schreckte Bismarck nicht davor zurück, auch auf die Sprengkraft der nationalrevolutionären Bewegung innerhalb des Habsburger Vielvölkerstaates zu setzen.

165 *Aus den Erinnerungen von Wilhelm Stieber:*

Weiter erwartete von Bismarck von meinen Agenten jetzt eine Aufrührung aller Nationalitäten des Vielvölkerlandes: der Ungarn, Slawen, Tschechen ... alle Ungeister von 1848 sollten neu erwachen! Ich verwendete sehr viel (falsches) Geld daran und unterhielt bald 800 fett bezahlte Wühler und Aufwiegler nur hierfür, welche ihrerseits mit Geschick den Hunderttausenden Hitzköpfen tschechischer und slowakischer Minderheiten einheizten, im Kriegsfalle sogleich in Ungarn, Dalmatien und Slowenien loszuschlagen. Ja, ich ließ auf von Bismarcks Geheiß über Nacht in Prag eine Flut von Plakaten anschlagen mit einer flammenden „Proklamation an alle Einwohner des Königreichs Böhmen und Mähren", welche jenen die baldige Erfüllung ihrer nationalen „Befreiungswünsche" zusicherte.
Ein noch provozierenderes Vorhaben war die Begründung einer „ungarischen Freiheitslegion" aus Deserteuren der österreichischen Armee, mit Strömen gefälschten österreichischen Geldes, zu deren „Oberkommandierendem" ein gewisser Klapka ernannt wurde, ein glühender ungarischer Patriot, der nichts Geringeres erstreiten wollte als die Lostrennung eines „selbständigen Königreichs Ungarn" von Österreich. Am Ende hatte ich so, noch bevor überhaupt ein Krieg ausgebrochen, fast schon einen Umsturz in Österreich vorbereitet.

Die auf eine militärische Auseinandersetzung mit Österreich zielende politische Offensive Bismarcks brachte alle

Klassen und Parteien in Bewegung und führte im Frühjahr 1866 die nationalrevolutionäre Krise in Deutschland auf den Höhepunkt.
Die seit langem auf den preußischen Einigungskurs orientierte liberale Bourgeoisie befand sich in einem Zwiespalt. Ein offener Anschluß an Bismarck, der immer noch gegen die Verfassung regierte, war angesichts des ungewissen Ausgangs seiner Pläne nicht ohne Risiko. Andererseits erschien es kaum opportun, sich ausgerechnet dann gegen Bismarck zu sperren, als er sich anschickte, die nationalen Erwartungen der Bourgeoisie zu erfüllen.
Die allgemeine Volksstimmung war freilich gegen den sich abzeichnenden Bruderkrieg gerichtet. Zahlreiche Massenversammlungen und Antikriegsdemonstrationen protestierten gegen die preußische Eroberungspolitik in Deutschland und forderten eine Volkserhebung gegen Preußen. Noch bestand die große Hoffnung, daß in letzter Minute einer demokratischen Lösung der deutschen Frage der Weg gebahnt werden könnte. Der Bewegung, unter kleinbürgerlicher Führung stehend, organisatorisch zersplittert und ohne einheitliches Programm, blieb ein durchschlagender Erfolg versagt.
Zu ihren wichtigsten Trägern hatten die Arbeiter gehört. Vor allem im Verband Deutscher Arbeitervereine verfocht man die demokratische Alternative gegen Bismarcks „Blut und Eisen"-Politik. Jener Verband war 1863 als Antwort auf die Aktivitäten Lassalles von bürgerlichen Arbeiterführern, darunter Leopold Sonnemann, gegründet worden. Mehr und mehr drängte jedoch die Mehrheit der Mitglieder, an ihrer Spitze der Drechslergeselle August Bebel, sich aus der bürgerlichen Bevormundung zu befreien und eigene proletarisch-sozialistische Ziele zu verfolgen. 1866 stand allerdings die breite Aktionseinheit der antibismarckschen Volksbewegung im Vordergrund.

166 Leopold Sonnemann, in: Die Arbeit, 20. April 1866:

Die große politische Aufregung, welche seit vier Wochen ganz Deutschland ergriffen hat, ließ die sozialen Angelegenheiten etwas in den Hintergrund treten. An den zahlreichen Volksversammlungen, welche in fast allen Teilen des

Vaterlandes stattfanden, haben unseren Mitteilungen zufolge sich die Mitglieder der Arbeitervereine vielfach beteiligt, und es ist sehr bezeichnend, daß der Arbeiterstand der einzige ist, der im Norden wie im Süden, im Osten wie im Westen über die Lage übereinstimmend urteilt und überall die gleichen Wege empfiehlt. Während zwischen den verschiedenen liberalen Parteien im Augenblicke eine große Zerfahrenheit herrscht, während man im Norden zwar die „gewaltsame" Annexion verwirft, aber die verschämte empfiehlt, während im Süden sogar ein Teil der Demokratie eine feige Neutralität in einen etwa ausbrechenden Bruderkampf zu befürworten wagt, hat z. B. die vom Berliner Arbeiterverein veranstaltete große Arbeiterversammlung unter dem Vorsitze Bandows[1] Beschlüsse gefaßt, mit denen sich ebensogut jeder süddeutsche wie norddeutsche Arbeiter einverstanden erklären wird. Beschlüsse, die den erfreulichen Beweis liefern, daß die Arbeiterkreise die ersten in Preußen sind, welche sich aus den Banden des verderblichen Großpreußentums losgemacht haben. Diese Resolutionen lauten:

1. Ein Krieg zwischen Preußen und Österreich ist ein nationales Unglück und kann nur die Verstümmelung Deutschlands durch fremde Einmischung sowie die gänzliche Vernichtung des Volkswohlstandes auf lange Zeit zur Folge haben.
2. Preußen hat durch seine Regierung die Sympathien des deutschen Volkes verloren. Nur ein freisinniges, verantwortliches Ministerium ist unter Wiederherstellung der verfassungsmäßigen Rechte des Landes imstande, dieselbe wiederzugewinnen, und nur ein solches wird für eine Bundesreform auf freisinniger Grundlage allgemeines Vertrauen finden.
3. Den Schleswig-Holsteinern ist vor allen Dingen das Recht der Selbstbestimmung zu wahren. In der Selbstbestimmung der Völker allein liegt die sittliche und rechtliche Grundlage jeder Staatsform.
4. Die deutsche Frage ist nur zu lösen durch ein deutsches Parlament, welche nach Gewährleistung der in der Reichsverfassung vom 28. März 1849 festgestellten Grundrechte des deutschen Volkes durch freie Wahlen mit allgemeinem gleichem Stimmrecht in geheimer Abstimmung gebildet ist.

5. Die Umwandlung der stehenden Heere in den deutschen Staaten zu Volksheeren ist allein geeignet, die Volksrechte dauernd zu wahren, die Arbeitskräfte dem Lande zu erhalten, wird die Steuerlast desselben mindern und ist eine Notwendigkeit, um für die Zukunft Kabinettskriege unmöglich zu machen.
6. Wir fühlen uns einig mit allen Deutschen, welche nicht staatliche Sonderinteressen, sondern die Einheit und Größe des gemeinsamen Vaterlandes anstreben, und reichen ihnen im Geiste die Hand.

1 Bandow, Fritz (gest. 1866): Journalist, Vorsitzender des Berliner Arbeitervereins.

167 *August Bebel auf einer Volksversammlung in Frankfurt (Main), 20. Mai 1866:*

Überhaupt möge man uns doch nachweisen, wo die besonderen Verdienste sind, die Preußen sich um Deutschland erworben hat? Etwa in der Demagogenhetze der zwanziger und dreißiger Jahre und in der Unterdrückung jeder freien Meinungsäußerung, wobei es so einig mit Österreich ging? Wer war es denn in erster Linie, der die glorreiche Erhebung in den Jahren 1848 und 1849 blutig niedergeschlagen hat? Preußen! Wer hat in Baden die Freiheitskämpfer zu Hunderten niedergeknallt und andere, wie zum Beispiel Adolf von Trützschler und Max Dortu, standrechtlich erschießen lassen? Preußen! Und wer hat in Dresden den Maiaufstand niedergeschlagen, die Kämpfer für die Reichsverfassung niedergemetzelt und der verzagten sächsischen Regierung wieder ans Ruder geholfen? Preußen! Oder war das Preußen des Herrn von Manteuffel oder ist das Preußen des Herrn von Bismarck mit seiner Mißachtung von Recht und Verfassung der Staat, zu dem das deutsche Volk Vertrauen haben kann? Sicher nicht! Und dieses Preußen will man jetzt an die Spitze Deutschlands stellen, den Staat, der nach seiner ganzen Geschichte mit Ausnahme jener Periode von 1807 bis 1820, wo er zerschmettert am Boden lag, nie ein liberaler Staat gewesen ist und nie ein solcher sein wird!

Attentat auf Bismarck am 7. Mai 1866. Holzschnitt

168 *Heinrich von Sybel an Hermann Baumgarten, 14. Mai 1866:*

Alles wird dominiert durch den bitteren, zähen, allgemeinen Haß, den die Mißregierung im Innern in den letzten vier Jahren hervorgerufen und den leider gerade Bismarck durch seine Bedeutung und durch seine Allüren auf seine Person konzentriert hat.

169 *Theodor von Bernhardi im Gespräch mit Albrecht von Roon:*

Jetzt kommt es darauf an, daß Herr von Bismarck seine Stellung behauptet und seine Politik durchführt. Wenn er zurücktreten muß und in der äußeren Politik nachgegeben wird, dann treiben wir haltungslos auf die Revolution zu.

Von der hochgradigen Spannung in Deutschland und einer gleichzeitigen gewissen Orientierungslosigkeit der Anti-Bismarck-Kampagne zeugt das am 7. Mai 1866 auf den preußischen Ministerpräsidenten von dem Studenten Ferdinand Cohen-Blind verübte Attentat.

170 Mitteilung im „Staatsanzeiger", Berlin, 8. Mai 1866:

Über den gestern, den 7. d., gegen den Herrn Ministerpräsidenten Grafen von Bismarck unternommenen Mordversuch teilt der Bericht des Polizeipräsidiums folgendes mit: Als der Herr Ministerpräsident Graf von Bismarck heute nachmittag nach 5 Uhr, vom Vortrage bei Sr. Majestät dem Könige zurückkehrend, zu Fuß die Linden-Promenade entlangging, wurde er von einem ihm unbekannten Menschen in der Gegend der Schadowstraße angegriffen. Nachdem das betreffende Individuum zwei Schüsse aus einem 6läufigen Taschenrevolver gegen den Rücken des Herrn Ministerpräsidenten abgegeben, ohne ihn getroffen zu haben, drehte sich letzterer um und ergriff den Täter, welcher aber wieder auf ihn zielte und während des Ringens Gelegenheit fand, noch drei Schüsse abzufeuern. Obgleich diese in unmittelbarer Nähe abgegeben wurden und den Herrn Ministerpräsidenten auf die Brust trafen, ist derselbe wunderbarerweise dennoch unverletzt. Eine der Kugeln hat alle Bekleidungsstücke durchbohrt und ist bis auf das seidene Unterhemde gedrungen. Der Verbrecher nennt sich „Blind", ist 22 Jahre alt, will aus London und erst seit 3 Tagen in Berlin sein. Er räumt sein Verbrechen unumwunden ein.

171 „Der Beobachter", Stuttgart, 10. Mai 1866:

Das Attentat gegen diesen, von einem ganzen Volke einmütig verdammten Attentäter hat nichts Überraschendes, und es wird sich niemand getrauen, den jungen Mann für einen schlechten Menschen zu erklären, der sein Leben daran gegeben hat, um das Vaterland von einem solchen Unhold zu befreien.

Die preußisch-österreichische Krise spitzte sich nun rasch zu. Anfang Juni hatte das Wiener Kabinett die Entscheidung über das Schicksal Schleswig-Holsteins dem Bundestag übertragen. Österreich sagte sich damit offiziell von der in Gastein vereinbarten Politik des Ausgleichs mit Preußen los. Als Antwort rückte am 9. Juni preußisches Militär in Holstein ein, allerdings ohne daß es zu dem von Bismarck erhofften Aufeinandertreffen mit österreichischen Truppen kam. Am 10. Juni unterbreitete Bismarck sodann in Frankfurt die Grundzüge einer neuen Bundesverfassung, die den Ausschluß Österreichs vorsah. Die Mehrheit der Bundesstaaten hielt zur Habsburger Monarchie und beschloß am 14. Juni die Mobilmachung der Bundestruppen. Daraufhin erklärte der preußische Gesandte am Bundestag den alten Bundesvertrag für gebrochen und erloschen. Das war der Krieg.
Preußische Truppen drangen am 16. Juni in Sachsen, Hannover und Kurhessen ein. Sechs Tage später überschritt die Hauptarmee die Grenze nach Böhmen, und schon am 3. Juli 1866 kam es zum Sieg Preußens in der Entscheidungsschlacht bei Königgrätz. Am 30. Juni hatte sich Bismarck im Gefolge des Königs ins Hauptquartier der Armee nach Böhmen begeben.

172 An die Frau, 9. Juli 1866:

Weißt Du noch, mein Herz, wie wir vor 19 Jahren auf der Bahn von Prag nach Wien hier durchfuhrn? Kein Spiegel zeigte die Zukunft, auch nicht, als ich 1852 mit dem guten Lynar diese Eisenbahn passierte. Wie wunderbar romantisch sind Gottes Wege. Uns geht es gut, trotz Napoleon: wenn wir nicht übertrieben in unsern Ansprüchen sind und nicht glauben, die Welt erobert zu haben, so werden wir auch einen Frieden erlangen, der der Mühe wert ist. Aber wir sind ebenso schnell berauscht wie verzagt, und ich habe die undankbare Aufgabe, Wasser in den brausenden Wein zu gießen und geltend zu machen, daß wir nicht allein in Europa leben, sondern mit noch 3 Mächten, die uns hassen und neiden.

Bismarck, Roon und Moltke

173 An den Sohn Wilhelm, 1. August 1866:

Ich habe viel Arbeit gehabt und noch mehr steht bevor. Der Friede mit Österreich ist so gut wie fertig; nachdem es uns den Platz in Deutschland geräumt, haben wir es glimpflich behandelt; Holstein und 40 Millionen Taler, wovon 20 für

Gegenforderungen abgehen. Es ist wohlfeil, aber in der Politik muß man, wenn man viele Gegner hat, zunächst den stärksten außer Spiel setzen und die schwächern schröpfen, was im Privatleben eine sehr unritterliche Gemeinheit wäre. Was wir brauchen, ist Norddeutschland, und da wollen wir uns breitmachen. Der Süden soll Geld bezahlen.

Nach dem Erfolg der Militärs stand Bismarck noch ein schwieriger politischer Kampf bevor, das Ringen mit seinem königlichen Herrn um einen maßvollen Frieden. Angesichts drohender europäischer Koalitionen, insbesondere einer diplomatischen Intervention Napoleons III. gegen das siegreiche Preußen, wollte Bismarck einen schnellen Friedensschluß. Und er wollte das geschlagene Österreich schonend behandeln. Preußens Ministerpräsident war auf der Höhe des politischen und militärischen Triumphs von 1866 weitblickend genug, die Habsburger Monarchie im Interesse künftigen außenpolitischen Zusammenwirkens nicht zu einem unversöhnlichen Feind zu machen. Dagegen wollte König Wilhelm I. wieder einmal lieber abdanken, als ohne großen Gebietserwerb aus dem Felde nach Berlin zurückzukehren. Vor allem ging es ihm darum, Österreich und auch Sachsen zu bestrafen.
Am 24. Juli 1866 kam es im Schloß Nikolsburg, dem Sitz des preußischen Hauptquartiers, zu einer erregten Auseinandersetzung zwischen dem König und seinen Ministerpräsidenten.

174 Aus Bismarcks „Gedanken und Erinnerungen":

Der Hauptschuldige könne doch nicht ungestraft ausgehen, die Verführten könnten wir dann leichter davonkommen lassen, sagte er und bestand auf den schon erwähnten Gebietsabtretungen von Österreich. Ich erwiderte: Wir hätten nicht eines Richteramts zu walten, sondern deutsche Politik zu treiben; Österreichs Rivalitätskampf gegen uns sei nicht strafbarer als der unsrige gegen Österreich; unsre Aufgabe sei Herstellung oder Anbahnung deutsch-nationaler Einheit unter Leitung des Königs von Preußen. (...)
Der Widerstand, welchen ich den Absichten Sr. Majestät in

Bismarck mit Kürassierhelm

betreff der Ausnutzung der militärischen Erfolge und seiner Neigung, den Siegeslauf fortzusetzen, meiner Überzeugung gemäß leisten mußte, führte eine so lebhafte Erregung des Königs herbei, daß eine Verlängerung der Erörterung unmöglich war und ich mit dem Eindruck, meine Auffassung sei abgelehnt, das Zimmer verließ mit dem Gedanken, den König zu bitten, daß er mir erlauben möge, in meiner Eigenschaft als Offizier in mein Regiment einzutreten. In mein Zimmer zurückgekehrt, war ich in der Stimmung, daß mir der Gedanke nahetrat, ob es nicht besser sei, aus dem offenstehenden, vier Stock hohen Fenster zu fallen, und sah mich nicht um, als ich die Tür öffnen hörte, obwohl ich vermutete, daß der Eintretende der Kronprinz sei, an dessen Zimmer ich auf dem Korridor vorübergegangen war. Ich fühlte seine Hand auf meiner Schulter, während er sagte: „Sie wissen, daß ich gegen den Krieg gewesen bin,

Sie haben ihn für notwendig gehalten und tragen die Verantwortlichkeit für denselben. Wenn Sie nun überzeugt sind, daß der Zweck erreicht ist und jetzt Friede geschlossen werden muß, so bin ich bereit, Ihnen beizustehen und Ihre Meinung bei meinem Vater zu vertreten." Er begab sich dann zum Könige, kam nach einer kleinen halben Stunde zurück in derselben ruhigen und freundlichen Stimmung, aber mit den Worten: „Es hat sehr schwer gehalten, aber mein Vater hat zugestimmt." Diese Zustimmung hatte ihren Ausdruck gefunden in einem mit Bleistift an den Rand einer meiner letzten Eingaben geschriebenen Marginale ungefähr des Inhalts: „Nachdem mein Ministerpräsident mich vor dem Feinde im Stiche läßt und ich hier außerstande bin, ihn zu ersetzen, habe ich die Frage mit meinem Sohne erörtert, und da sich derselbe der Auffassung des Ministerpräsidenten angeschlossen hat, sehe ich mich zu meinem Schmerze gezwungen, nach so glänzenden Siegen der Armee einen so schmachvollen Frieden anzunehmen."

So schmachvoll war der Frieden für den Sieger nun auch nicht, der nach den Präliminarien von Nikolsburg am 23. August 1866 in Prag geschlossen wurde.
Zwar blieb der Territorialbestand von Österreich und Sach-

Schlacht bei Königgrätz. Holzschnitt von L. Burger

Eine Liebe ist der anderen Wert. Karikatur des „Kladderadatsch“ vom 12. August 1866

sen sowie der süddeutschen Staaten unangetastet, doch konnte Preußen Schleswig-Holstein und zudem Hannover, Kurhessen, Nassau sowie Frankfurt annektieren. An Preußens Kriegspartner Italien verlor Österreich Venetien und hatte außerdem 20 Millionen Taler Kriegsentschädigung zu zahlen. Die Habsburger Monarchie mußte der Auflösung des Deutschen Bundes sowie ihrem Ausscheiden aus dem deutschen Staatsverband zustimmen. Damit war der Weg frei für eine großpreußisch-kleindeutsche Einigungspolitik. Die Vorgänge von 1866, die Preußens Staatsgebiet um ein Fünftel des bisherigen Umfangs vergrößerten, dabei drei Herrschern von Gottes Gnaden den Thron kosteten, die ehrwürdige Ruine des Deutschen Bundes zerstörten und das Ringen um die Vorherrschaft über Deutschland zugunsten Preußens entschieden, wurden von Bismarck, seinen Freunden wie Feinden als eine „Revolution von oben“ empfunden.

175 An Edwin von Manteuffel, z. Z. in Petersburg, 11. August 1866:

Wir sind mit Württemberg und Darmstadt auf billige Bedingungen, bewilligt aus Rücksicht auf Rußland[1], so gut wie einig. Reicht das nicht hin, uns Rußlands Duldung wenigstens bezüglich der Annexion Hessens, Hannovers, Nassaus zu sichern, so schließen wir auch mit Stuttgart und Darmstadt nicht ab. Pression des Auslandes wird uns zur Proklamierung der deutschen Reichsverfassung von 1849 und zu wirklich revolutionären Maßregeln treiben. Soll Revolution sein, so wollen wir sie lieber machen als erleiden.

1 Die preußisch-deutsche Großmachtpolitik und Bismarcks Schachzüge in der deutschen Frage wurden von der zaristischen Regierung in Petersburg mit einigem Argwohn betrachtet.

176 Heinrich von Treitschke an seine Frau, 28. Juli 1866:

Die Revolution, in der wir stehen, kommt von oben.

177 Jacob Burckhardt an Friedrich von Preen, 26. April 1872:

Bismarck hat nur in eigene Hand genommen, was mit der Zeit doch geschehen wäre, aber ohne ihn und gegen ihn. Er sah, daß die wachsende demokratisch-soziale Woge irgendwie einen unbedingten Gewaltzustand hervorrufen würde, sei es durch die Demokraten selbst, sei es durch die Regierungen, und sprach: ipse faciam,[1] und führte die drei Kriege 64, 66, 70.

1 ich mache es selbst.

178 Friedrich Engels an Karl Marx, 9. Juli 1866:

Die Geschichte, d. h, die Weltgeschichte, wird immer ironischer. Gibt es etwas Feineres als diese praktische Verhöhnung Bonapartes durch seinen Schüler Bismarck, der, Krautjunker wie er ist, seinem Meister plötzlich über den Kopf wächst und der ganzen Welt auf einmal handgreiflich klarmacht, wie sehr nur geduldet dieser Schiedsrichter Europas existiert. Und dann dieser Bismarck selbst, der, um im Innern einige Monate scheinbar feudal und absolutistisch regieren zu können, nach außen die Politik der Bourgeoisie mit einer Besessenheit verfolgt, der Bourgeoisie die Herrschaft präpariert, Wege einschlägt, auf denen nur mit liberalen, selbst revolutionären Mitteln voranzukommen ist, und dabei seine eignen Krautjunker ihren eignen Prinzipien tagtäglich ins Gesicht schlagen läßt.

Die gewaltsame Staatsumwälzung von 1866 bewirkte mehr als einen bloßen Wandel der äußeren Machtverhältnisse. In die innere Struktur von Gesellschaft und Staat eingreifend, vollendete Bismarcks „Revolution von oben" den Übergang von der halbfeudalen zur junkerlich-bürgerlichen Monarchie in Preußen.

Zwar erhielten die Repräsentanten des alten Preußentums, die Krone, die junkerliche Armee und das antiliberale Konfliktsministerium durch den Erfolg von 1866 Rückenstärkung. Am 3. Juli 1866, dem Tag von Königgrätz, war das im März 1866 aufgelöste Abgeordnetenhaus neu gewählt worden. Die liberale Opposition verlor nahezu 100 Sitze. Ebenso viele gewannen die Konservativen und verfügten trotzdem noch immer nicht über eine Mehrheit. So schien das Regieren für Bismarck wohl kaum einfacher zu werden. Doch konnte die preußische Politik in der zweiten Hälfte der sechziger Jahre überhaupt eine neue Gestaltung Deutschlands ins Auge fassen und zugleich den Kampf gegen die Bourgeoisie, gegen den Liberalismus und den Parlamentarismus fortsetzen? Es gab für Bismarck schließlich keinen anderen Weg, als einen Kompromiß zu schließen, einen Ausgleich mit der Bourgeoisie anzubahnen, deren wirtschaftspolitische und nationale Interessen er längst vertreten bzw. übernommen hatte. Es kam nur darauf an, dabei keine wesentlichen Rechte der Krone und des Junkertums fallenzulassen.

Erst nach langen Debatten gelang es Bismarck, den widerstrebenden König für den taktischen Schachzug zu gewinnen, im Parlament einen Antrag auf „Indemnität" einzubringen. Das Budgetrecht im Prinzip anerkennend, zugleich aber jedes Schuldbekenntnis vermeidend, wurde in der Thronrede vom 5. August 1866 das Abgeordnetenhaus ersucht, die Regierung für die seit 1862 ohne gesetzliche Grundlage geleisteten Staatsausgaben nachträglich zu entlasten.

179 Thronrede im Landtag, 5. August 1866:

Über die Feststellung des Staatshaushaltsetats hat eine Vereinbarung mit der Landesvertretung in den letzten Jahren nicht herbeigeführt werden können. Die Staatsausgaben, welche in dieser Zeit geleistet worden sind, entbehren daher der gesetzlichen Grundlage, welche der Staatshaushalt, wie Ich wiederholt anerkenne, nur durch das nach Artikel 99 der Verfassungsurkunde alljährlich zwischen Meiner Regierung und den beiden Häusern des Landtags zu vereinbarende Gesetz erhält.
Wenn Meine Regierung gleichwohl den Staatshaushalt ohne diese gesetzliche Grundlage mehrere Jahre geführt hat, so ist dies nach gewissenhafter Prüfung in der pflichtmäßigen Überzeugung geschehen, daß die Fortführung einer geregelten Verwaltung, die Erfüllung der gesetzlichen Verpflichtungen gegen die Gläubiger und die Beamten des Staates, die Erhaltung des Heeres und der Staatsinstitute Existenzfragen des Staates waren, und daß daher jenes Verfahren eine der unabweisbaren Notwendigkeiten wurde, denen sich eine Regierung im Interesse des Landes nicht entziehen kann und darf. Ich hege das Vertrauen, daß die jüngsten Ereignisse dazu beitragen werden, die unerläßliche Verständigung insoweit zu erzielen, daß Meiner Regierung in bezug auf die ohne Staatshaushaltsgesetz geführte Verwaltung die Indemnität, um welche die Landesvertretung angegangen werden soll, bereitwillig erteilt und damit der bisherige Konflikt für alle Zeit um so sicherer zum Abschluß gebracht werden wird, als erwartet werden darf, daß die politische Lage des Vaterlandes eine Erweiterung der Grenzen des Staates und die Einrichtung eines einheitlichen Bundesheeres unter Preußens Führung gestatten werden, dessen Lasten von allen Genossen des Bundes gleichmäßig werden getragen werden.

Wir wünschen den Frieden, nicht weil wir kampfunfähig sind in diesem inneren Kampf; im Gegenteil, die Flut fließt in diesem Augenblick mehr zu unseren Gunsten als vor Jahren; wir wünschen ihn auch nicht, um einer etwaigen künftigen Anklage auf Grund eines künftigen Verantwortlichkeitsgesetzes zu entgehen; ich glaube nicht, daß man uns anklagen wird, ich glaube nicht, daß, wenn es geschieht, man uns verurteilen wird, und wie dem auch sein möge: – man hat dem Ministerium viele Vorwürfe gemacht, den der Furchtsamkeit noch nicht!

Wir wünschen den Frieden, weil unserer Meinung nach das Vaterland ihn im gegenwärtigen Augenblicke in höherem Grade bedarf als früher; wir wünschen ihn und suchen ihn namentlich deshalb, weil wir glauben, ihn in gegenwärtigem Moment zu finden; wir hätten ihn früher gesucht, wenn wir früher hätten hoffen können, ihn zu finden; wir glauben ihn zu finden, weil Sie erkannt haben werden, daß die königliche Regierung den Aufgaben, welche auch Sie in Ihrer Mehrzahl erstreben, nicht so fern steht, wie Sie vielleicht vor Jahren gedacht haben, nicht so fern steht, wie das Schweigen der Regierung über manches, was verschwiegen werden mußte, Sie zu glauben berechtigen könnte.

Am 3. September 1866 stimmte das Preußische Abgeordnetenhaus mit 230 gegen 75 Stimmen der Indemnitätsvorlage zu. Der Mehrheit erschien es sinnlos, den Protest gegen die Reorganisation eines Heeres fortzusetzen, welches soeben erst für das von der Bourgeoisie akzeptierte Ziel der Einigung Deutschlands unter preußischer Hegemonie einen großen Sieg errungen hatte. Die konstitutionellen Prinzipienreiter von gestern kapitulierten vor Bismarcks erfolgreicher Machtpolitik. Damit war der Verfassungskonflikt beendet.

Die bürgerliche Opposition brach auseinander. Das Gros der Liberalen, Interessenvertreter der Industrie- und Handelsbourgeoisie, ergab sich Bismarck mit Herz und Hand. Die bourgeoisen Verfechter eines Kompromisses mit dem Junkerstaat organisierten sich in der Nationalliberalen Partei, die für das nächste Jahrzehnt zu einer parlamentari-

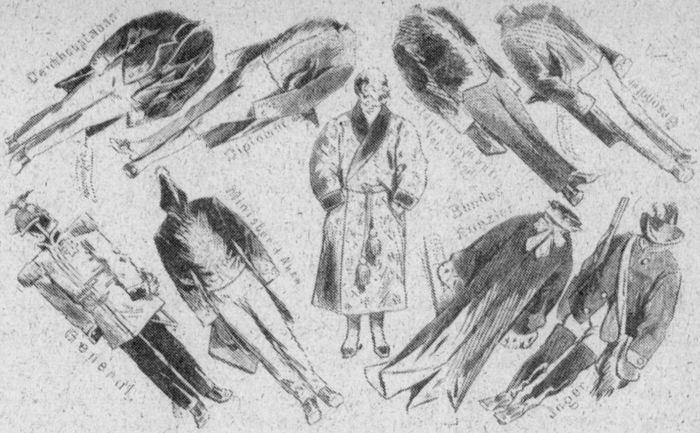

Die Verkleidungen unseres Hofmeisters. Karikatur des „Kladderadatsch“ vom 29. Dezember 1867

schen Hauptstütze Bismarcks wurde. In der Opposition gegen den preußischen Militärstaat und das Bismarck-Regime verblieb allerdings noch etwa die Hälfte der Abgeordneten der alten Fortschrittspartei. Die Konservativen stimmten geschlossen für die Indemnitätsvorlage, obwohl die meisten unter ihnen viel lieber einen vollen Sieg ausgekostet hätten und Bismarcks Einlenken gegenüber der Bourgeoisie noch lange innerlich mißbilligten. Auch im konservativen Lager vollzog sich 1866 eine parteipolitische Scheidung. In den Reihen der sich formierenden Freikonservativen Partei war man gewillt, Bismarcks Weg der Revolution von oben auch an der Seite der Bourgeoisie bedingungslos zu folgen, während die Altkonservativen mehr auf kritische Distanz hielten und sich zuweilen auch sperrten.

Für die demokratische Volksbewegung war es nicht einfach, Positionen zu den Ereignissen von 1866 zu beziehen. Zwar hatte die Sache der Demokratie eine Niederlage erlitten, doch konnte es nicht darum gehen, die Entscheidung von 1866 etwa rückgängig machen zu wollen. Schließlich ebnete auch die Revolution von oben dem bürgerlichen Fortschritt und der nationalen Einigung den Weg. Marx und Engels wiesen die Arbeiterklasse auf die günstigeren

Organisationsmöglichkeiten hin und forderten dazu auf, im Kampf gegen Preußentum, Militarismus und Bonapartismus, für einen demokratischen deutschen Nationalstaat nicht nachzulassen.

181 Friedrich Kapp an Ludwig Feuerbach, 29. Dezember 1866:

Jetzt kann Deutschland wieder eine weltgebietende Macht werden. Es ist allerdings unangenehm, daß Bismarck und nicht die Demokratie diesen kolossalen Umschwung bewirkt hat; daß überhaupt dieses süffisante, freche Junker- und Bürokratenpack, wie es das alte Preußen erzeugte, an der Spitze steht; aber sind die Resultate nicht da, und ist es nicht einerlei und eine verhältnismäßig untergeordnete Frage, wer es bewirkt hat, wenn es sich um so große Errungenschaften handelt.

182 Gustav LeCoq an Ludwig von Gerlach, 20. August 1866:

Die Junker sind wie rasend. Eine jede Gebietsvermehrung wird als ein unumstößliches Recht Preußens, außerdem aber auch als eine unzweifelhafte Machtstärkung betrachtet und jeder noch so leise Einwand als Zeichen antipatriotischer Gesinnung weit abgewiesen. Mit unseren ehemaligen Parteigenossen der Fraktion Stahl[1] ist nichts anzufangen; kaum einer möchte Bedenken nur anhören wollen. Dagegen finden sich in den anderen Fraktionen einzelne besonnene Männer, welche in vertrauten Gesprächen den ganzen Gang der Bismarckschen Politik tadeln und tief beklagen.

1 Stahl, Friedrich Julius (1802–1861): konservativer Ideologe und Politiker, Führer der Ultrakonservativen im preußischen Herrenhaus.

183 Friedrich Engels an Karl Marx, 25. Juli 1866:

Die Geschichte in Deutschland scheint mir jetzt ziemlich einfach. Von dem Augenblick an, wo Bismarck den kleindeutschen Bourgeoisplan mit der preußischen Armee und

Im Norddeutschen Parlament. Karikatur des „Figaro" vom 5. März 1870

so kolossalem Sukzeß durchführte, hat die Entwicklung in Deutschland diese Richtung so entschieden genommen, daß wir ebensogut wie andre das fait accompli anerkennen müssen, ob es uns gefällt oder nicht. (...)
Politisch wird Bismarck genötigt sein, sich auf die Bourgeoisie zu stützen, die er gegen die Reichsfürsten braucht. Vielleicht nicht in diesem Augenblick, da jetzt noch das Prestige und die Armee hinreichen. Aber schon um sich vom Parlament die nötigen Bedingnisse für die Zentralgewalt zu sichern, muß er den Bürgern etwas geben, und der natürliche Verlauf der Sache wird ihn oder seine Nachfolger immer zwingen, wieder an die Bürger zu appellieren; so daß, wenn Bismarck auch möglicherweise jetzt den Bürgern nicht mehr gibt, als er eben muß, er doch in das Bürgerliche mehr und mehr hineingetrieben wird.
Die Sache hat das Gute, daß sie die Situation vereinfacht, eine Revolution dadurch erleichtert, daß sie die Krawalle der kleinen Hauptstädte beseitigt und die Entwicklung jedenfalls beschleunigt. Am Ende ist ein deutsches Parlament ein ganz andres Ding als eine preußische Kammer. Die ganze Kleinstaaterei wird in die Bewegung hineingerissen, die schlimmsten lokalisierenden Einflüsse hören auf, und

die Parteien werden endlich wirklich nationale statt bloß lokale.
Der Hauptnachteil ist die unvermeidliche Überflutung Deutschlands durch das Preußentum, und das ist ein sehr großer. (...)
Wir können also meiner Ansicht nach gar nichts andres tun, als das Faktum einfach akzeptieren, ohne es zu billigen, und die sich jetzt jedenfalls darbieten müssenden größeren Erleichterungen zur nationalen Organisation und Vereinigung des deutschen Proletariats benutzen, soweit wir können.

Bismarck war sich sehr wohl bewußt, daß er mit dem Erfolg von 1866 das Ziel preußisch-deutscher Großmachtpolitik noch nicht erreicht hatte. Doch warnte er alle, die nun mit dem Kopf durch die Wand wollten. Während im hochkonservativen Lager es noch die Einsicht in das Notwendige zu wekken galt, mußte den drängenden Liberalen beigebracht werden, nur das anzustreben, was möglich und erreichbar sei.

184 An die Frau, 3. August 1866:

Morgen denken wir in Berlin zu sein. Großer Zwist im Ministerium über die Thronrede; Lippe[1] führt das große Wort im konservativen Sinne gegen mich, und Hans Kleist hat mir einen aufgeregten Brief geschrieben. Die Leutchen haben alle nicht genug zu tun, sehn nichts als ihre eigne Nase und üben ihre Schwimmkunst auf der stürmischen Welle der Phrase. Mit den Feinden wird man fertig, aber die Freunde! Sie tragen alle Scheuklappen und sehn nur einen Fleck der Welt.

1 Lippe-Biesterfeld, Leopold Graf zu (1815–1890): preußischer Justizminister 1862 bis 1867.

185 Im Gespräch mit Hermann Wagener (1866):

Ich treibe jetzt auswärtige Politik, wie ich früher auf die Schnepfenjagd ging, und setze nicht eher den Fuß vorwärts, als bis ich den Bülten, auf den ich treten will, als sicher und tragfähig erprobt habe.

Der Herr Abgeordnete hat das jetzt Erreichte oder Erstrebte als zu gering kritisiert; ja, meine Herren, es ist das günstigste Feld der Opposition gegen die Regierung jederzeit gewesen, stets das als ein notwendiges Bedürfnis hinzustellen, was für den Augenblick nicht erreichbar war, und der Regierung die Schuld davon aufzubürden, daß das nicht erreicht wurde; der Grundsatz, daß das Beste des Guten Feind ist, wurde von der Opposition der Regierung gegenüber niemals beherzigt. Ich darf Ihnen aber vorhalten, daß wir vielleicht noch etwas Besseres erreicht hätten, wenn Sie die Politik, deren Ereignisse Sie jetzt tadeln, unterstützt hätten. (...)

Ich habe schon angedeutet, wir glauben in dem Gegebenen die Grundlage dessen zu besitzen, was wir brauchen, um einem verständigen deutschen Nationalgefühl entsprechende Einrichtungen zu schaffen; es ist selbstverständlich, daß diese nicht sofort Ihnen fertig auf den Tisch gelegt werden können, daß Rom nicht in einem Tage gebaut wird und auch minder bedeutende historische Schöpfungen wie Rom ihre Zeit und ihre Vorbereitung fordern. (...)

Wir sind nicht am Ziele unserer Politik, wir sind am Anfange derselben, und Sie tun uns unrecht, wenn Sie das Vorliegende als etwas Fertiges, Abgeschlossenes behandeln. Der Herr Vorredner hat nun angedeutet, wir würden dieses Ziel nicht erreichen. Wenn wir es dennoch erreichten, so würde er sich der Regierung anschließen. Der bedeutende Wert, den ich dieser Unterstützung beilege, veranlaßt mich, dem Herrn Vorredner selbst eine Betrachtung zu Gemüte zu führen. Seit vier Jahren hat er in bezug auf die Ergebnisse der Politik der Regierung stets das Gegenteil von dem prophezeit, was eingetroffen ist. Ich glaube daher und hoffe, daß er sich auch diesmal in derselben Weise irren werde und daß er sich daher dreist schon heute der Politik der Regierung anschließen kann.

Bismarck, durch die Anstrengung der letzten Monate gesundheitlich erneut angeschlagen und völlig erschöpft, zog sich Anfang Oktober 1866 für einen längeren Urlaub nach Putbus auf Rügen zurück. Doch mehr als eine Atempause gab es für ihn kaum. Er beschäftigte sich intensiv mit den vorliegenden Entwürfen für eine Verfassung des Norddeutschen Bundes und nahm kurz entschlossen die Sache im wesentlichen selbst in die Hand.

187 *Johanna von Bismarck an Robert von Keudell, 2. Oktober 1866:*

Wenn wir gesund wären, könnte es ein paradiesisches Dasein geben, ganz wie wir es uns geträumt; aber in dieser Sorge, in dieser Herzensangst, im Anschauen des geliebten Bismarck, der so blaß, so matt, so traurig daliegt, für den man alles tun möchte, um ihm zu helfen, und der doch trotz allem Pflegen und Sorgen und Beten so jämmerlich aussieht wie seit 1859 nicht; ach, das ist so traurig, daß man stundenlang weinen möchte. Wenn man's nur könnte, würde es einem vielleicht leichter ums Herz.

188 *Diktat Bismarcks, 22. Oktober 1866:*

Ich wäre Savigny sehr dankbar, wenn er mir seine Ansicht über die Bundesverfassung mitteilen wollte. Den König möchte ich aber über diese Dinge nicht gern ins Gefecht gezogen sehen, weil ich fürchte, daß sich in der Diskussion darüber mit Seiner Majestät Ansichten oder Antipathien festsetzen, die nachher schwer zu bekämpfen sind. Außerdem würden die Gegen- und Seitenströmungen unseres Hofes und anderer Höfe sich sofort in die geöffneten Schleusen stürzen, sobald die Sache Allerhöchsten Orts zur Entscheidung kommen soll. Die Zeit der Wirksamkeit dieser Einflüsse muß möglichst kurz bemessen werden. Wir Fachleute, die dabei mitreden, müssen unter uns einig sein, bevor die Sache zur Entscheidung gestellt wird, sonst verliert sich nachher der Meinungsstreit ins Bodenlose, und die Sache mißlingt.

Am 24. Februar 1867 trat der Konstituierende Reichstag des Norddeutschen Bundes zusammen, um über den von Bismarck eingebrachten Entwurf der Bundesverfassung zu beraten.

Der Bund war föderalistisch aus formell souveränen Einzelstaaten zusammengesetzt. Im Bundesrat sollte der Gesamtwille der verbündeten Monarchen und Regierungen Ausdruck finden, während Preußen als Inhaber des Bundespräsidiums über gewisse Vorrechte verfügte, die ihm eine hegemoniale Stellung sicherten. Dazu gehörten insbesondere die völkerrechtliche Vertretung, die Entscheidung über Krieg und Frieden und der Oberbefehl über die gesamte Streitmacht des Bundes. Der Bundeskompetenz unterlag vor allem die Gesetzgebung über das Verkehrswesen, den Gewerbebetrieb, die Zoll- und Handelspolitik, das Maß-, Münz- und Gewichtssystem sowie Post- und Telegrafenwesen.

Dem Bundesrat stand der Reichstag gegenüber, der gleichberechtigt an der Bundesgesetzgebung mitwirken und aus

Der Heiland der Nationalliberalen. Karikatur des „Punsch" vom 5. Juni 1870

allgemeinen und direkten Wahlen hervorgehen sollte. Bismarck war durchaus an einem Gegengewicht zum Bundesrat interessiert, schon um gegebenenfalls widerspenstige Fürsten oder Regierungen unter Druck setzen zu können. Sein Verfassungsentwurf enthielt allerdings auch ausreichende Sicherungen, um ein wirklich parlamentarisches Regierungssystem zu verhindern. Der alte Kampf um die Macht im Staat dauerte in veränderter Form an.
Die Nationalliberalen, die im Konstituierenden Reichstag über eine Schlüsselstellung verfügten, setzten sich mit dem Verfassungsentwurf gründlich auseinander und versuchten dabei, die Grenzen ihrer Kompromißbereitschaft sichtbar zu machen. Rudolf von Bennigsen, der führende Mann der neuen liberalen Partei, forderte mehr Machtvollkommenheit für das Parlament und ein verantwortliches Kollegium von Bundesministern. Bismarck bekämpfte solche Anträge wegen seines prinzipiell entgegengesetzten Staatsverständnisses, es gelang dem Parlament dennoch, den Verfassungsentwurf noch in bestimmten Punkten zu modifizieren.
Am 1. Juli 1867 trat die Norddeutsche Bundesverfassung in Kraft, nachdem sie am 16. April mit großer Mehrheit angenommen worden war.

189 *Bismarck im Reichstag des Norddeutschen Bundes, 11. März 1867:*

Es hat nicht unsre Absicht sein können, ein theoretisches Ideal einer Bundesverfassung herzustellen, in welcher die Einheit Deutschlands einerseits auf ewig verbürgt werde, auf der anderen Seite jeder partikularistischen Regung die freie Bewegung gesichert bleibe. Einen solchen Stein der Weisen, wenn er zu finden ist, zu entdecken, müssen wir der Zukunft überlassen, einer solchen Quadratur des Zirkels um einige Dezimalstellen näher zu rücken, ist nicht die Aufgabe der Gegenwart. Wir haben uns zur Aufgabe gestellt, in Erinnerung und in richtiger Schätzung, glaube ich, derjenigen Widerstandskräfte, an welchen die früheren Versuche in Frankfurt und Erfurt gescheitert sind, diese Widerstandskräfte so wenig, als es irgend mit dem Zweck verträglich war, herauszufordern. Wir haben es für unsere

Aufgabe gehalten, ein Minimum derjenigen Konzessionen zu finden, welche die Sonderexistenz auf deutschem Gebiete der Allgemeinheit machen müssen, wenn diese Allgemeinheit lebensfähig werden soll; wir mögen das Elaborat, das dadurch zustande gekommen ist, mit dem Namen einer Verfassung belegen oder nicht, das tut zur Sache nichts. Wir glauben aber, daß, wenn es hier angenommen wird, für das deutsche Volk die Bahn frei gemacht worden ist, und daß wir das Vertrauen zum Genius unseres eigenen Volkes haben können, daß es auf dieser Bahn den Weg zu finden wissen wird, der zu seinen Zielen führt. (...)
Sie müssen doch die Regierung nicht in Verdacht haben und keine der zweiundzwanzig Bundesregierungen, daß sie sich von der historischen konstitutionellen Entwicklung Deutschlands lossagen wolle, daß sie nun dieses Parlament etwa benutzen wolle, um den Parlamentarismus im Kampf der Parlamente gegeneinander aufzureiben.
Was ferner die Machtfrage betrifft, so halte ich die Vereinigung von Nord- und Süddeutschland jedem Angriffe gegenüber in allen Fragen, wo es sich um die Sicherheit des deutschen Bodens handelt, für definitiv gesichert. Im Süden kann kein Zweifel darüber sein, daß, wenn er in seiner Integrität gefährdet werden sollte, Norddeutschland ihm unbedingt brüderlich beisteht, im Norden ist kein Zweifel darüber, daß wir des Beistandes Süddeutschlands gegen jeden Angriff, der uns treffen könnte, vollständig sicher sind. (...)
Meine Herren, arbeiten wir rasch! Setzen wir Deutschland, sozusagen, in den Sattel! Reiten wird es schon können.

190 *Bismarck im Reichstag des Norddeutschen Bundes, 27. März 1867:*

Der Herr Vorredner hat ferner mir zwar schmeichelhaftes Vertrauen für die auswärtige Politik, aber gemäßigtes Mißtrauen in bezug auf meine Vorliebe für die Entwicklung der Volksfreiheit ausgesprochen. Er tut mir, glaube ich, in letzter Beziehung unrecht. Ich habe niemals in meinem Leben gesagt, daß ich der Volksfreiheit mich feindlich entgegenstellte, sondern nur gesagt, und natürlich unter der Voraussetzung „rebus sic stantibus"[1]: meine Interessen an den auswärtigen Angelegenheiten sind nicht nur stärker, sondern zur Zeit allein maßgebende und fortreißende, so daß ich, soviel ich kann, jedes Hindernis durchbreche, welches mir im Wege steht, um zu dem Ziele zu gelangen, welches, wie ich glaube, zum Wohle des Vaterlandes erreicht werden muß. Das schließt nicht aus, daß auch ich die Überzeugung des Herrn Vorredners teile, daß, den höchsten Grad von Freiheit des Volkes, des Individuums, der mit der Sicherheit und gemeinsamen Wohlfahrt des Staates verträglich ist, jederzeit zu erstreben, die Pflicht jeder ehrlichen Regierung ist.

1 unter den augenblicklichen Umständen.

191 Bismarck im Reichstag des Norddeutschen Bundes, 29. März 1867:

Wenn man fünf Jahre lang schwer gekämpft hat, um das zu erreichen, was hier vorliegt, wenn man seine Zeit, die beste Zeit des Lebens, seine Gesundheit dabei geopfert hat, wenn man sich der Mühe erinnert, die es gekostet hat, oft einen ganz kleinen Paragraphen, eine Interpunktionsfrage zwischen zweiundzwanzig Regierungen zu entscheiden, wenn man nun auf den Punkt gekommen ist, wie er hier vorliegt, dann treten Herren, die von allen diesen Kämpfen wenig erfahren haben, von den amtlichen Vorgängen nichts wissen können, in einer Weise auf, die ich nur damit vergleichen kann, daß jemand in meine geschlossenen Fenster einen Stein hineinwirft, ohne zu wissen, wo ich stehe. Er weiß nicht, wo er mich trifft, er weiß nicht, welche Geschäfte er mir gerade im Augenblick erschwert, die vorliegen und die mir durch diesen Widerstand unmöglich werden. Er weiß nicht, welche auswärtigen Fragen im Augenblicke schweben, die bei energischer Unterstützung der Regierung von seiten des Parlaments eine andere Behandlung gestatten würden als in einem Falle, wo man sieht, daß das Parlament nicht unbedingt mit der Regierung geht und nur sehr kleine Anlässe nötig sind, um eine ernste tiefgehende Spaltung zu erzeugen.

Nach Inkrafttreten der Verfassung wurde Bismarck, zusätzlich zu seinen bisherigen Ämtern als preußischer Ministerpräsident und Minister der auswärtigen Angelegenheiten, am 14. Juli 1867 zum Kanzler des Norddeutschen Bundes berufen. Diese Ernennung hing mit der Aufwertung der Kanzlerposition zusammen, die von den Nationalliberalen kurz vor der Schlußabstimmung über die Verfassung noch durchgesetzt werden konnte. Mit dem Verlangen nach einem dem Parlament verantwortlichen Ministerkollegium gescheitert, erreichten sie wenigstens, daß ein verantwortlicher Minister in die Verfassung eingeführt wurde. Die Gültigkeit aller Akte des Bundespräsidiums wurde einem Antrag Bennigsens entsprechend von der Gegenzeichnung des Bundeskanzlers abhängig gemacht, der auf diese Weise in die Verantwortlichkeit eintrat.
Damit war der Bundeskanzler aus der ursprünglich gedachten untergeordneten Stellung als geschäftsführender Vorsitzender im Bundesrat, für die der bisherige preußische Bundestagsgesandte Savigny vorgesehen war, in den einzigen staatsrechtlich verantwortlichen Minister verwandelt worden, an den sich der Reichstag halten konnte.
Für Bismarck gab es nunmehr nur noch eine Konsequenz: Er selbst mußte das mit außerordentlicher Machtfülle ausgestattete Amt des Bundeskanzlers übernehmen.

192 An Karl Friedrich von Savigny, 9. Juli 1867:

Durch die Revision ist die Bestimmung in die Verfassung gekommen, daß der Kanzler alle Verfügungen der Bundesgewalt verantwortlich kontrasigniert. Sie sind mit dem konstitutionellen Staatsrecht zu vertraut, um nicht darüber klar zu sein, daß der Kanzler dadurch die maßgebende Entscheidung für die Ressorts des preußischen Handels-, Kriegs-, Marineministeriums, des wichtigeren Teiles des Finanzministeriums und, wenn die Bundesverfassung sich richtig entwickelt, des auswärtigen Ministeriums unter unmittelbarem Befehls Seiner Majestät des Königs in die Hand bekommt, je nachdem er den Reichstag beeinflußt und demnächst seine Kontrasignatur gewährt oder verweigert. Nach dieser Änderung kann daher der Kanzler nur zu-

gleich Präsident des preußischen Staatsministeriums sein, wenn die neue Maschine überhaupt fungieren soll.
Vor jener Änderung war der Bundeskanzler, wie Sie sich aus unseren Besprechungen erinnern werden, als der höchste, aber doch als ein Beamter des auswärtigen Ministeriums gedacht, der von dem Chef des letzteren seine Instruktionen zu empfangen hatte, eine Art von Bundespräsidialgesandter mit parlamentarischer Tätigkeit, aber unter der Verantwortlichkeit des ihm vorgesetzten auswärtigen Ministers von Preußen, dessen faktischer Vorgesetzter der Kanzler dagegen, ebenso wie für den sächsischen oder hessischen auswärtigen Minister wird, sobald er selbst unter eigener Verantwortung kontrasigniert.
Wollen Sie mir das Amt des auswärtigen Ministers und des Präsidiums abnehmen, so machen Sie mich glücklich, wenn Seine Majestät der König diesen Tausch gutheißen will, ich werde Ihnen vielleicht zehn Jahre Leben danken. Solange ich aber die jetzige Stellung innehabe und dem Könige für dieselbe verantwortlich bin, kann ich einem Bundeskanzler oder Vizekanzler neben mir keine politische Selbständigkeit und damit verbundene Verantwortung und keine politische Mitwirkung über die Kompetenz eines meine Instruktionen, wie sie aus meinem Vortrage beim Könige sich ergeben, befolgenden Beamten des auswärtigen Ministe-

Herrenhaus in Varzin, Vorderseite

riums einräumen und kann dem Amte des Vizekanzlers keinen anderen Grad von Unabhängigkeit verbürgen als den eines Botschafters im Auslande oder eines früheren österreichischen Präsidialgesandten.

Der Weg zum politischen Erfolg erwies sich für Bismarck ganz persönlich zugleich als Aufstieg zu materiellem Wohlstand. Als Ministerpräsident bezog er jährlich 15000 Taler und hatte eine bescheidene kostenfreie Dienstwohnung. Hinzu kamen aus der Verpachtung Schönhausen etwa 3500 Taler sowie noch eine gewisse Summe aus Kniephof, bis es zum Ende 1867 verkauft wurde. Die Zeiten, da er mehr Schulden als Geld hatte, lagen längst hinter ihm. Doch um die Mehrung seines Vermögens machte er sich ständig Sorgen.

Während der Krieg von 1864 nur die Ehre der Erhebung in den erblichen Grafenstand eingebracht hatte, erhielt er nach dem Sieg von 1866 eine Dotation von 400000 Talern, die in großem Grunderwerb angelegt wurden. Ende April 1867 kaufte er in Hinterpommern bei Köslin die Herrschaft Varzin, ein Besitztum von 22500 Morgen, fast zur Hälfte Wald, mit einem halben Dutzend Dörfern. Nicht nur der preußische Ministerpräsident, auch der Gutsherr Otto von Bismarck trachtete danach, sein Territorium auszudehnen. Durch späteren Zukauf wurde der Varziner Besitz noch um 10000 Morgen erweitert. Bismarck ließ den vernachlässigten Wald aufforsten. Industrielle Anlagen, wie Holzschleifereien und eine Papierfabrik, wurden errichtet und verpachtet. Dem Komfort im abgewohnten Herrenhaus in Varzin widmete er dagegen viel weniger Aufmerksamkeit. Neben dem starken ökonomischen Engagement war es vor allem die Freude an der Natur und an der Jagd, die Bismarck in Varzin nach kräftezehrender Arbeit immer wieder in Schwung brachte.

193 Wilhelm I. an Bismarck, 12. Februar 1867:

Im Rückblick auf den entscheidenden Wendepunkt, an welchen die Geschicke Preußens durch die ruhmwürdigen Kämpfe des vergangenen Jahres gelangt sind, wird es den

spätesten Geschlechtern unvergessen sein, daß die Erhebung des Vaterlandes zu neuer Macht und unvergänglichen Ehren, daß die Eröffnung einer Epoche reicher und mit Gottes Hilfe segensvoller Entwickelung wesentlich Ihrem Scharfblicke, Ihrer Energie und Ihrer geschickten Leitung der Ihnen anvertrauten Geschäfte zu danken war.
Diesen Ihren Verdiensten von höchster Auszeichnung habe Ich durch Verleihung einer Dotation von vierhunderttausend Talern eine erneute Anerkennung zu gewähren beschlossen. Der Finanzminister ist angewiesen, diese Summe zu Ihrer Verfügung zu stellen.
Es würde Meinen Wünschen entsprechen, wenn Sie diese Dotation, deren Verleihung Meinen und des Vaterlandes Dank betätigen soll, durch fideicommissarische[1] Anordnungen zu einem Grund- oder Kapitalbesitze bestimmten, welcher mit dem Ruhme Ihres Namens auch Ihrer Familie dauernd erhalten bliebe.

1 Ein Fideikommiss stellte nach altem preußischem Recht ein Wertobjekt dar, in der Regel Grundbesitz, das unveräußerlich war und innerhalb der Familien nach einer bestimmten Erbfolge ungeteilt an ein einziges anderes Glied der Familie überging.

194 An die Frau, 30. Juni 1867:

Wenn ich gefrühstückt und gezeitungt habe, wandre ich mit Jagdstiefeln in die Wälder, bergsteigend und sumpfwatend, lerne Geographie und entwerfe Schonungen; sobald ich heimkehre, wird gesattelt und dasselbe Geschäft bis zum Überdruß Josephs, Röschens und Walters fortgesetzt. Letztrer schreckt bergauf vor nichts zurück, bergab läßt er mitunter seine 4 Hufe Wurzel schlagen und erklärt mit resigniertem Schweigen, es ginge nicht. Es gibt doch sehr dicke Buchen hier, auch Balken und Blöcke, Wüsteneien, Schonungen, Bäche, Moore, Heiden, Ginster, Rehe, Auerhähne, undurchdringliche Buch- und Eichenaufschläge und andre Dinge, an denen ich meine Freude habe, wenn ich dem Terzett von Taube, Reiher und Weihe lausche oder die Klagen der Pächter über die Untaten der Sauen höre. Wie soll ich Dir dabei schreiben? In Brotzen war ich einen Abend, eine dort gelegene Holzkavel[1] und die schöne Bülow anzusehn, die ich gestern auch in Beswitz traf. Bernhard[2] war nicht so unterhaltend wie gewöhnlich, er grübelt und rechnet innerlich zuviel. Ich werde ihm Kniephof ja wohl lassen, falls ich hier noch etwas zu kaufen finde. Aber wenn ich dort bin, laufe ich immer Gefahr festzuwachsen; ich fand es jetzt wieder reizend, sie lassen mich nur niemals allein, und ich habe mir dort mit den Bäumen mehr zu sagen als mit den Menschen.

1 Ein bearbeitetes Stück Holz, das im älteren Rechtswesen zur Verlosung benutzt wurde.
2 Bismarcks Bruder.

195 Johanna von Bismarck an Robert von Keudell, 15. Juli 1867:

Pommern! $1^1/_2$ Stunden vor Varzin wird's erträglich, und Varzin selbst ist reizend, richtige Oase in der langweiligen Wüste. (...) Das Haus ist ziemlich scheußlich, ein altes verwohntes Ungetüm mit 10000 Kammern und Winkeln, schiefen Decken und Fußböden, so daß man Versenkung und Einstürzung auf Schritt und Tritt befürchtet. Vier Zimmer oben und vier unten sind erträglich, alle anderen sind Scheusäler – aber der Park so wunderreizend, wie man selten findet. Solche dicke, kräftige, alte Buchen und Eichen habe ich weder im Harz noch Taunus, noch Oden-, noch Schwarzwald gesehen.

196 Erinnerung Alexander Keyserlings, 10. Oktober 1868 in Varzin:

Wie wir aus dem Walde heraustraten, zeigte uns Bismarck die angrenzenden Nachbarsgüter und sagte, an jedem Abend bekäme er einen Heißhunger nach dem Annektieren dieser Güter, am Morgen könne er sie ruhig betrachten.

Die Herrschaft in Varzin war Bismarcks kleines Reich. Wie er dort schaltete und waltete, suchte er auch im großen, vorerst im Norddeutschen Bund und später im Deutschen Reich, alles nach seinem Gutdünken einzurichten und alle Fäden in der Hand zu behalten. Dabei hatte er natürlich nicht die Vollmacht, die Politik nach freiem persönlichem

Bismarck 1869

Belieben zu betreiben. Den Erwartungen der gesellschaftlich Mächtigen, der ökonomisch dominierenden Bourgeoisie wie des politisch tonangebenden Junkertums, mußte schon entsprochen werden. Vom Bundeskanzleramt, der neu eingerichteten Behörde zur Verwaltung der über ganz Norddeutschland ausgedehnten preußischen Macht und seinem Präsidenten Rudolf Delbrück, dem einstigen bourgeoisen Vertrauensmann im preußischen Handelsministerium, wurde ein großes Reformwerk in Angriff genommen, um die Wirtschafts-, Sozial- und Rechtsordnung im Bund zu vereinheitlichen. Der Norddeutsche Bund entwickelte sich zu einem modernen Staatswesen – Ergebnis der Revolution von oben.

Des steigenden materiellen Profits sicher, verzichtete die

Bourgeoisie endgültig auf die offensive Durchsetzung eigener politischer Machtansprüche. Das Junkertum, nach wie vor der unbeschränkte Herr auf dem platten Lande und im Besitz der entscheidenden Staatsämter in Armee, Verwaltung und Diplomatie, konnte sich weiterhin der althergebrachten Herrlichkeit erfreuen. Zwar gab es noch immer Reibungsflächen zwischen Bourgeoisie und Junkertum, doch keinen zwingenden Grund zu weiterer erbitterter Konfrontation, zumal beider Interessen mit dem aufstrebenden, sich organisierenden und politische Forderungen erhebenden Proletariat kollidierten und eine gegenseitige Verständigung nahelegten. So wurde der Klassenkompromiß zwischen Großbourgeoisie und Junkertum etabliert. Seinen politischen Ausdruck fand dieses auf Bismarck eingeschworene Klassenbündnis im Zusammenwirken von Nationalliberaler und Freikonservativer Partei, die mehr oder weniger in die Funktion einer Regierungskoalition eintraten.

*

197 An Friedrich Graf zu Eulenburg, 17. Januar 1867:

Es ist natürlich, daß die Verwaltungsbehörden bei der Auswahl von Kandidaten für den Reichstag des Norddeutschen Bundes vorzugsweise konservative Persönlichkeiten in das Auge fassen. Fraglich aber scheint mir, ob diese Richtung mit derselben Ausschließlichkeit festzuhalten sei, wie es bei den Wahlen für eine rein preußische Versammlung angezeigt wäre. Die Aufgabe, zu deren Lösung der bevorstehende Reichstag durch die Bündnisverträge und das Wahlgesetz berufen, ist eine vorübergehende, und sie schließt den Druck in sich, den wir nötigenfalls durch das Parlament auf die deutschen Regierungen zu üben haben werden. Daß dieser nötig werden kann, läßt die Haltung der sächsischen Regierung in einigen und der mecklenburgischen in anderen Fragen mit Wahrscheinlichkeit voraussehen. Ihn auszuüben, wird aber die Versammlung nur fähig sein, wenn sie auch andre Parteien als die konservative repräsentiert, sobald dieselben nur für das preußische Interesse empfänglich sind. Zu diesen rechne ich die Altliberalen und die, wenn auch im Innern unbequeme, sogenannte nationale

Fraktion. Ew. Exzellenz erlaube ich mir daher ganz ergebenst anheimzustellen, gefälligst die Landräte dahin instruieren zu wollen, daß sie nur die Unverbesserlichen, die gleich den mit Virchow und Jacoby[1] stimmenden Abgeordneten der Regierung jede Mitwirkung versagen, grundsätzlich abzulehnen und zu bekämpfen, dagegen, wo ein altliberaler oder nationaler Kandidat die Aussicht auf die Majorität hat, demselben nicht entgegenzutreten und, wenn seine Persönlichkeit nicht zu besondern Bedenken Anlaß gibt, seine Wahl nicht durch Aufstellung von solchen Gegenkandidaten, deren Wahl nicht gesichert ist, zu erschweren (haben). So unerwünscht eine oppositionelle Mehrheit im Reichstage wäre, so halte ich doch einen dauernden, vielleicht vom Auslande unterstützten Widerstand der Bundesregierungen noch gefährlicher für die Durchführung der der Regierung obliegenden Aufgabe. Angesichts einer liberalen Majorität, welche sicher in ihren Anforderungen an unsre Bundesgenossen weiter gehn würde als wir, würde uns immer noch ein günstiger Abschluß mit letzteren voraussichtlich gelingen und dann der Abschluß der Aufgabe mit einem neu zu wählenden Reichstag offenstehn. Ein Reichstag ohne liberalen Zusatz aber würde keine ausreichende Pression auf die widerstrebenden Regierungen ausüben.

1 Jacoby, Johann (1805–1877): konsequenter Vertreter der kleinbürgerlichen Demokratie in Preußen.

198 An Heinrich von Itzenplitz, 2. Februar 1868:

Bei der Behandlung der jetzt vorliegenden Notstandssachen hat sich bei mir unter anderm die Wahrnehmung geltend gemacht, daß es den staatlichen Institutionen in manchen Beziehungen an denjenigen Organen gebricht, welche berufen und geeignet sind, die Wechselwirkung zwischen der Staatsregierung und dem wirklichen Leben, insbesondere dessen in der Neuzeit erst entwickelten Erscheinungen, zu vermitteln und aufrechtzuerhalten. (...)
Unser in seiner ursprünglichen Konzeption relativ mustergültiger Beamtenorganismus ist auf einen in der Hauptsache Ackerbau treibenden Staat, und zwar auf einen Betrieb

mit eigenen Leuten, berechnet und seitdem im wesentlichen unverändert geblieben, obwohl die Entwicklung der Gegenwart den Grundcharakter des Staates wesentlich gewandelt und Gestaltungen in das Leben gerufen hat, die bis heute unvermittelt neben dem Beamtentum stehen und sich fortbilden und für welche es der Regierung an den entsprechenden Handhaben gebricht.

199 An Gustav von Diest-Daber, 31. August 1869:

Wollen wir aber einen praktischen Erfolg erzielen, so glaube ich, müssen wir beherzigen, daß das Beste des Guten Feind ist, und dürfen wir nicht in den gebräuchlichen, meist nur die Negation der Reform bergenden Fehler verfallen, daß wir den partiellen Umbau verschmähen, weil der generelle ohnehin nötig und deshalb bevorstehend ist. Halten wir uns zunächst an die zu erwartende Vorlage über die Kreisordnung und deren Gebiet. Gelingt es, diesen wichtigen Flügel des Gebäudes wohnlich zu restaurieren, so folgt das corps de logis und der Rest. Ich weiß nicht, wie weit die Vorlage des Ministers des Innern greifen wird, aber hüten wir uns vor allem vor dem Irrtum, als könnten wir beim Kreise nicht anfangen, wenn nicht Provinz, Gemeinde und Staat gleichzeitig umgearbeitet würden. Damit schieben wir die Sache auf die lange Bank. Ein zweites Erfordernis, um zum Ziele zu gelangen, ist die Fernhaltung der Parteitaktik aus der Frage. Die Besprechungen des Winters haben gezeigt, daß auf diesem Boden weder die Opposition so unpraktisch ist, wie die Konservativen, noch letztere so reaktionär sind, wie die Liberalen glaubten. Die Leute vom Lande und die Praktischen unter den Studierten waren eigentlich von Hoverbeck[1] bis Blankenburg-Kleist viel weniger weit voneinander, als sie vorher gedacht hatten. Deshalb möchte ich raten, daß Sie bis zum Zusammentritt des Landtages Besprechungen verschiedener Parteiführer untereinander zu vermitteln suchen, bevor die Animosität der Plenar-Beratungen Konflikte und Spaltungen hervorruft, welche meist mehr persönlich als sachlich sind.

1 Hoverbeck, Leopold Freiherr von (1822–1875): einer der Führer des linken Flügels der Fortschrittspartei.

Bismarcks Arbeitszimmer in Varzin. Holzschnitt

Die unentschiedene Situation im Lager der herrschenden Klassen, bei der weder Bourgeoisie noch Junkertum völlig Herr der Lage waren, noch einen beiderseits akzeptablen und haltbaren Interessenausgleich aus eigener Kraft herbeiführen konnten, versetzte die Staatsgewalt in eine Position, die es Bismarck ermöglichte, relativ selbständig zu agieren und divergierende Klassen- und Parteiinteressen im junkerlich-bourgeoisen Klassenkompromiß auszubalancieren. Es war die große historische Chance Bismarcks, die Machtausübung im Interesse von Junkertum und Großbourgeoisie mit dem Streben nach diktatorialer Alleinherrschaft zu verbinden. Ein bonapartistisches Regime war im Entstehen, in dem fast alle wesentlichen Dinge von Bismarck abhingen.

200 *Albrecht von Roon an Moritz von Blanckenburg, 16. Januar 1870:*

Bismarck verkehrt mit den Geschäften – auch den preußischen – ungefähr wie vor Jahren, ist in den Sitzungen überlebhaft, spricht fast allein und scheint in dem alten Irrtum befangen, daß er durch geistige Regsamkeit und persönliche Liebenswürdigkeit alle Schwierigkeiten der Lage überwinden werde. Es wird daher auch mit den Nationalliberalen fortkokettiert, und die alten Freunde und Gesinnungsgenossen werden ziemlich ignoriert; er meint durch diplomatische Dialektik und menschliche Klugheit übrigens alle gewinnen und über den Gänsezucker führen zu können, redet mit den Konservativen konservativ und mit den Liberalen liberal und bekundet durch dies alles entweder eine so souveräne Verachtung aller seiner Umgebungen oder so unbegreifliche Illusionen, daß mir dabei ganz graulich zu Sinne wird. Er will à tout prix[1] möglich bleiben, jetzt und künftig, und zwar weil er wohl die Empfindung hat, daß der begonnene Bau unter dem Hohngelächter der Welt zusammenfällt, sobald er die Hand davon tut. Das ist auch nicht unrichtig – aber die Mittel zum Zwecke! Werden sie um seinetwillen geheiligt?

1 um jeden Preis.

Es gehörte zum bonapartistisch-cäsaristischen Stil der Bismarckschen Kanzlerdiktatur, daß ein ebenso liebedienerisch wie geschäftstüchtig betriebener Heroenkult um den „Eisernen Kanzler" in Mode kam, wie schon eine der ersten, 1868 erschienene Bismarck-Biographie zu berichten weiß.

201 *Aus George Hesekiel: Das Buch vom Grafen Bismarck (1868):*

Deutsche Schiffe tragen Bismarcks Namen und sein Bild unter der schwarzweiß und roten Flagge an die fernsten Küsten. Kluge Champagnerfabrikanten machen mit Bismarck-Schoenhausen-Champagner der Witwe Cliquot und dem Duc de Montebello Konkurrenz, und von Cannes in Südfrankreich bis Rügenwaldermünde in Hinterpommern machen spekulative Badehoteliers Reklame mit der Ankündigung: „Für Graf Bismarck sind hier soeben Zimmer gemietet." Nach englischer Sitte wird der Name Bismarck den Kindern auch als Taufname beigelegt; wir kennen selbst ein kleines Fräulein vom X., welches Wilhelmine Bismarck Sadowa heißt, die junge Dame ist am 3. Juli 1866 geboren. (...)

Die Gärtner haben eine Bismarck-Rose und eine riesenhafte Bismarck-Erdbeere, die Modewelt aber kleidet sich in Bismarck-Braun. Von dieser Couleur Bismarck hat uns auf unsere Anfrage die Redaktion des Basar, die kompetentste Stelle für solche Dinge, gütigst vierzehn Nuancen in Seide vorgelegt und dazu bemerkt, daß solcher Bismarck-Nuancen noch viel mehr existierten, dunkler noch als Bismarck foncé sei Bismarck courroucé. Übrigens heißt diese Farbe ursprünglich „hanneton". Maikäfer, und überflügelte im ersten Anlauf das „vert Metternich"; während sich in Österreich der „Bismarck", eine kleine, mit ein wenig Mohn bestreute, in Zöpfchenform auftretende Semmel, selbst neben dem Radetzky-Köpfel behauptet. Auf dem Paraná und Paraguay fährt lustig der Dampfer „Graf Bismarck"; in Alexandrien wimmelt die „passage Bismarck" von braunen und schwarzen Gestalten; in Blumberg, in der südaustralischen Grafschaft Adelaide, sammeln sich die Deutschen in „Bismarck-Hall", um ihr Nationalgefühl durch einen Trunk aufzufrischen, sie rauchen vielleicht eine Zigarre „Conde de Bismarck" dazu, dieselbe wird als „hochelegant" bezeichnet, kostet freilich aber auch 130 Tlr.! Es gibt indessen noch eine billigere, halbstarke Bismarck-Zigarre. Im Großherzogtum Posen endlich ist durch Königliche Kabinettsordre den vier zu einem Gemeindeverband vereinigten Ortschaften Karsy, Bobry, Budy und Zwierzchoslaw, im Kreise Pleschen, statt ihrer bisherigen besonderen Ortsnamen auf ihren Wunsch der gemeinsame Name „Bismarcksdorf" beigelegt worden.
In Berlin selbst aber verbindet die Bismarckstraße nun die Roonstraße mit der Moltkestraße; während 1865 noch die Bosheit des Berliner Witzes die Wassertorstraße, als dort der schreckliche Häusereinsturz stattfand, in Bismarckstraße umtaufen wollte.

Ungetrübt aber war das politische Wirken für Bismarck dennoch nicht. Er vermutete ständig Intrigen, und tatsächlich wurde in seiner Umgebung, in höfischen Kreisen und in den Reihen der Konservativen gegen den herrschsüchtigen Ministerpräsidenten gearbeitet. Insbesondere aber machte Bismarck ein wachsender Unmut im konservativen Lager zu

schaffen. Viele seiner Standesgenossen begriffen die Zeichen der Zeit nicht und murrten, daß vor allem die aufsteigende Bourgeoisie die Früchte des Sieges genoß.
Als es Anfang 1869 aus ziemlich belanglosen Gründen zu einer sachlichen Differenz mit dem König gekommen war, reichte Bismarck kurzerhand am 22. Februar 1869 zum erstenmal ein Entlassungsgesuch ein. Seitdem gehörten Rücktrittsdrohungen zu Bismarcks ständigem Repertoire, um die eigene Unentbehrlichkeit zu demonstrieren und den von ihm konzipierten politischen Kurs durchzusetzen. Der völlig überraschte König lehnte Bismarcks Angebot natürlich ab.

202 *Wilhelm I. an Bismarck, 22. Februar 1869:*

Wie können Sie nur daran denken, daß ich auf Ihren Gedanken eingehen könnte! Mein größtes Glück ist es ja, mit Ihnen zu leben und immer fest einverstanden zu sein! Wie können Sie sich Hypochondrien darüber machen, daß eine einzige Differenz Sie bis zum extremsten Schritt verleitet. (...) Ihr Name stehet in Preußens Geschichte höher als der irgendeines preußischen Staatsmanns. Den soll ich lassen? Niemals. Ruhe und Gebet wird alles ausgleichen. Ihr treuster Freund W.

203 *An Alexander von Below-Hohendorf, 25. Februar 1869:*

Feinde habe ich seit Jahren genug gehabt, sie werden sich auch wieder mehren; die Gefahr aber liegt nicht da, sie liegt in dem Mangel an politischem Sinn und an politischer Disziplin, den die konservative Partei jedesmal zeigt, sobald sie etwas Oberwasser fühlt. Zehn Monat die Dinge lässig und dilettantisch aus der Ferne beobachten, dann auf 3 Wochen oder 3 Tagen herkommen und mit fürstlicher Willkür hineingreifen, Freude an jeder Kritik, ein offenes Ohr für jede Lüge und zorniges Aufwallen, wenn die Invaliden der Arbeit im Ministerium nicht Zeit und Kraft finden, jeden einzelnen freundlich bittend zu überreden, daß die seit Monaten beratene, bearbeitete, diskutierte Sache so oder so nützlicher oder weniger schädlich für das Ganze zu machen sei. (...)

Die Hofleute diskutieren meinen Nachfolger seit 5 Jahren, und wenn sie es endlich mit Erfolg täten, so würde ich Gott auf meinen Knien danken. Ich würde dann auch nach meinem Behagen leben, im Winter einige Wochen zu kritischer Inspektion der Minister nach Berlin kommen, um meine Gallenbewegung mit diesen „Kammerknechten" zu heben, die dann an meiner Stelle sitzen werden, und wenn sie mir einen Wunsch aussprechen, so werde ich Zweifel äußern, ob das ihre wahre Meinung sei, werden sie dann entschiedener oder gar reizbar, so werde ich sagen: Befehlen lassen wir uns nicht. Ich werde mich rächen an meinem Nachfolger, sobald diese Tagediebe von Ministern behaupten sollten, daß sie nicht Zeit hätten, mich zu überreden. Leider kann ich diesen Übergang aus der Bühne in das kritische Parterre nicht jetzt schon ausführen; denn ich kann den alten Herrn nicht zu seinem 72. Geburtstage im Stich lassen. Aber daß ich mit dieser republikanischen Zerfahrenheit der Konservativen nicht Minister des Kronprinzen sein kann, falls ich meinen alten Herrn überleben sollte, das ist mir klarer wie je geworden. Ich hatte früher zwei weiche Stellen auf dem harten Lager der Berufspflicht, an die ich glaubte mich lehnen zu können; die eine: meine Anhänglichkeit an diesen König, die andre: das persönliche Verhältnis zu gleichgesinnten Standes-Kampfes- und Jugendgenossen. Auf die zweite hat man mir einen Stein gelegt, und die erste soll mir genügen, solange ich in dieser amtlichen Wüste ausharren muß.

Zur politischen Strategie und Taktik Bismarcks nach 1866 gehörte es, sich bei den zum Abschluß der Revolution von oben führenden Schritten nicht unter Zeitdruck setzen zu lassen. Klar war, daß die großpreußisch-kleindeutsche nationale Einigung nicht beim Stande von 1866 angehalten werden sollte. Klar war aber auch, daß auf dem Wege zu einem bürgerlichen deutschen Nationalstaat, wie ihn die nationalliberale Bourgeoisie anstrebte, noch einige innere und äußere Barrieren zu überwinden blieben. Zu bedenken galt es schließlich die Unwägbarkeiten eines überspannten gesamtdeutschen Enthusiasmus der nationalen Einigungsbewegung, die aus der Kontrolle geraten und einen besonders gestärkten bürgerlich-liberalen Einfluß auf das politische Geschehen zur Folge haben könnte. Bismarck suchte darum dem Eindruck vorzubeugen, als käme es der preußisch-deutschen Politik nun auf schnellen Erfolg an.

204 An Georg von Werthern, 26. Februar 1869:

Daß die deutsche Einheit durch gewaltsame Ereignisse gefördert werden würde, halte auch ich für wahrscheinlich. Aber eine ganz andere Frage ist der Beruf, eine gewaltsame Katastrophe herbeizuführen, und die Verantwortlichkeit für die Wahl des Zeitpunkts. Ein willkürliches, nur nach subjektiven Gründen bestimmtes Eingreifen in die Entwicklung der Geschichte hat immer nur das Abschlagen unreifer Früchte zur Folge gehabt; und daß die deutsche Einheit in diesem Augenblicke keine reife Frucht ist, fällt meines Erachtens in die Augen. Wenn in der Richtung auf dieselbe die kommende Zeit ebenso fortschreitet wie die seit dem Regierungsantritt Friedrich des Großen verflossene und namentlich wie die seit 1840, dem Jahre, wo zuerst seit den Befreiungskriegen wieder eine nationale Bewegung fühlbar wurde, so können wir der Zukunft mit Ruhe entgegensehen und unseren Nachkommen das Weitere zu tun überlassen. Hinter der wortreichen Unruhe, mit der Leute außerhalb der Geschäfte nach dem Stein der Weisen suchen, der sofort die deutsche Einheit herstellen könne, verbirgt sich in der Regel eine flache und jedenfalls impotente Unbekanntschaft mit den Realitäten und ihren Wirkungen. Ich gebe Ew. pp. diese allgemeinen Betrachtungen gleichsam als ein Gegengift gegen den erklärlichen Einfluß der Verhältnisse, in deren Mitte Sie leben[1] und deren gegenwärtige Erscheinung den Gegenstand eines anderen Ew. pp. gleichzeitig zugehenden Erlasses bildet. Wir können die Uhren vorstellen, die Zeit geht aber deshalb nicht rascher, und die Fähigkeit zu warten, während die Verhältnisse sich entwickeln, ist eine Vorbedingung praktischer Politik.

1 Als preußischer Gesandter in München hatte Werthern einen recht pessimistischen Eindruck von der Möglichkeit gewonnen, die süddeutschen Staaten, insbesondere Bayern, zu einem engeren Anschluß an den Norddeutschen Bund zu bewegen.

Zu den Realitäten, die Bismarck in der letzten Etappe der nationalen Einigung ins Kalkül ziehen mußte, zählte in erster Linie die europäische Mächtekonstellation. Zwar erwiesen sich die herrschenden Kreise in Petersburg und London nicht als unbedingte Gegner einer preußisch-deutschen Einigung, um so entschiedener aber machten Wien und Paris Front gegen die kleindeutsche Nationalstaatsbildung. Seit der Luxemburger Krise von 1867 lag ein unüberbrückbarer Gegensatz zwischen Frankreich und dem von Preußen geführten Norddeutschen Bund. Als Kompensation für den preußischen Machtzuwachs hatte Napoleon III. das unter Oberherrschaft des niederländischen Königs stehende Großherzogtum Luxemburg erwerben wollen und dabei mit Bismarcks Beistand gerechnet. Dieser schien anfänglich den Napoleonischen Plänen auch entgegenzukommen, bereitete im entscheidenden Augenblick aber der französischen Außenpolitik eine empfindliche diplomatische Niederlage.
Zu den Realitäten gehörte ferner, daß der Zollverein allein als materiell-ökonomische Klammer zwischen dem Norddeutschen Bund und den süddeutschen Staaten nicht ausreichte, um eine weitergehende staatliche Vereinheitlichung anzustoßen. Die süddeutschen Kleinstaaten verharrten in dynastisch-partikularistischer Eigenwilligkeit, wobei nicht nur Aristokratie, Bürokratie und katholischer Klerus aus feudalreaktionären Motiven bremsten, sondern auch breiteste Volkskreise, noch immer für die Ideale von 1848/49 empfänglich, sich gegen die drohende Verpreußung und Militarisierung sperrten. Die Wahlen zum Zollparlament im Februar und März 1868 brachten in Süddeutschland nicht den von Bismarck erhofften Erfolg der nationalliberalen, propreußisch-kleindeutschen Kräfte. Überall, besonders aber in Bayern und Württemberg, gewannen „großdeutsche“, partikularistische und demokratische Gruppen ein Übergewicht.
Die antimilitaristischen und antipreußischen Potenzen der demokratischen Volksbewegung griff schließlich die im August 1869 in Eisenach gegründete Sozialdemokratische Arbeiterpartei Deutschlands auf. Mit ihr war das Fundament für die revolutionäre Massenpartei der deutschen Arbeiterklasse und das entscheidende Gegengewicht gegen die Politik von Junkertum und Bourgeoisie gelegt.

Bismarck ließ sich in seinem Kurs der Revolution von oben freilich nicht mehr aufhalten. Auch für den letzten Schritt brauchte er einen Krieg: außenpolitisch, um den Widerstand des französischen Kaiserreiches zu brechen; innenpolitisch, um die Vorherrschaft von Preußentum und Militarismus in Staat und Gesellschaft ganz Deutschlands legitimieren zu können.

205 *Bismarck im Gespräch mit Richard von Friesen, Herbst 1869:*

Er sehe einen baldigen Krieg mit Frankreich als eine unabweisliche Notwendigkeit an. Der Kaiser Napoleon III. werde in seiner Stellung nach innen immer unsicherer, habe aber auch seine frühere klare Entschiedenheit größtenteils verloren und mache in seiner inneren Politik Fehler aller Art, wodurch die Unzufriedenheit im französischen Volke sich immer mehr verbreite und die Macht sowie der Einfluß seiner prinzipiellen Gegner täglich wachse und für ihn gefährlicher werde. Es werde daher dem Kaiser bald nichts übrigbleiben, als durch einen Krieg die Aufmerksamkeit der Nation von der inneren Lage ab nach außen zu wenden und womöglich durch einen siegreichen Feldzug der Eitelkeit der Franzosen, die seine ruhmlose, schwächliche Haltung im Jahre 1866 noch immer nicht vergessen hätten, zu schmeicheln, um dadurch seine eigene Stellung und die seiner Dynastie von neuem zu befestigen. Auch für den Norddeutschen Bund sei ein Krieg mit Frankreich nicht nur unvermeidlich, sondern auch notwendig, denn solange die jetzige unsichere Lage Frankreich gegenüber dauere, sei an eine gedeihliche Entwicklung und Sicherstellung der Verhältnisse auch bei uns nicht zu denken. Indessen, fügte er bei, der Norddeutsche Bund müsse sich zwar für alle Fälle vorbereiten, habe aber gar keinen Grund, selbst den Ausbruch eines Kriegs zu veranlassen oder auch nur zu beschleunigen, wenn er von Frankreich beabsichtigt würde. Der Bund könne ruhig zuwarten und bei einem Aufschub des Krieges nur gewinnen, denn seine militärische Kraft, die Zahl der in den Waffen geübten Soldaten, über die er gebieten könne, wachse noch mehrere Jahre hindurch sehr bedeutend. Die preußische Militärverfassung, durch welche den Reserven der Armee alljährlich eine große Menge geübter Soldaten zugeführt und eine ebenso große neu ausgebildet werde, sei in den neu erworbenen Provinzen, im Königreich Sachsen und in den übrigen Bundesstaaten erst seit wenigen Jahren eingeführt, die Landwehr dieser Länder und Provinzen hätte daher ihre normalmäßige Höhe noch nicht erreicht, so daß für die nächsten vier bis fünf Jahre noch eine Vermehrung unserer Streitkräfte um jährlich etwa 40 000 Mann zu erwarten sei. Auch mit Rücksicht auf die Verhältnisse des Bundes zu den süddeutschen Staaten liege es, wie Graf Bismarck noch besonders hervorhob, in unserem Interesse, nicht selbst den Anlaß zu einem Kriege zu geben, denn auf Grund der mit diesen Staaten im Jahre 1866 abgeschlossenen Verträge könnten wir, wenn der Krieg von Frankreich erklärt oder unvermeidlich gemacht würde, mit voller Bestimmtheit auf ihre Hilfe rechnen, was, wenn wir der angreifende oder provozierende Teil wären, wohl kaum der Fall sein dürfte.

Um nach außen nicht als Kriegstreiber dazustehen, fädelte Bismarck mit den Mitteln geheimer Kabinettsdiplomatie ein Intrigenspiel ein, dazu bestimmt, den französischen Kaiser Napoleon III. zum Kriege zu provozieren.
Mit der spanischen Regierung wurde abgesprochen, den Prinzen Leopold von Hohenzollern-Sigmaringen, Sproß einer Seitenlinie des preußischen Herrscherhauses, auf den seit 1868 vakanten spanischen Königsthron zu bringen. Als diese Absicht durch eine Indiskretion Anfang Juli 1870 vorzeitig bekannt wurde, hatte die französische Regierung allerdings Gelegenheit zu einem Gegenschlag erhalten. Man könne nicht dulden, daß auf diese Weise das Gleichgewicht Europas in Unordnung gebracht werde, erklärte der französische Außenminister großsprecherisch vor seinem Parlament. Zugleich war der französische Botschafter Benedetti nach Bad Ems beordert worden, wo der preußische König Wilhelm zur Kur weilte. Er sollte durchsetzen, daß das Familienoberhaupt der Hohenzollern solchen Kandidaturgelüsten seiner Prinzen ein für allemal eine Absage erteilte. Wilhelm I. war dreiundsiebzig Jahre alt, kriegsmüde, natürlich nicht in alle Konspirationen Bismarcks eingeweiht und

somit durchaus an einer gütlichen Einigung interessiert, zumal Prinz Leopold von sich aus sofort auf die Kandidatur verzichtete.
Kein Wunder, daß die drei Paladine des preußischen Militärstaates – Kriegsminister Roon, Generalstabschef Moltke und Bismarck – keinen Appetit verspürten, als sie am Abend des 13. Juli 1870 beim Ministerpräsidenten zu Tische saßen. Wie sollte es bei der Nachgiebigkeit des Königs zum gewünschten Krieg kommen? Frankreich schien einen großen diplomatischen Erfolg errungen, Bismarck eine empfindliche Niederlage erlitten zu haben. In der Niedergeschlagenheit an jenem Abend dachte Bismarck schon an Rücktritt, bis man ihm ein Telegramm aus Ems hereinreichte. Ein Geheimrat aus der Umgebung des Königs berichtete, daß Seine Majestät in dem diplomatischen Hin und Her um den spanischen Thronverzicht auf der Kurpromenade in Bad Ems nicht mehr weiter wußte und Benedetti zur Fortsetzung der Gespräche an die Regierung in Berlin verwies. Zudem wurde Bismarck ermächtigt, von diesem Vorgang der Presse Kenntnis zu geben.
Dies war der unerwartete Ausweg aus der Misere. Nachdem sich Bismarck bei Moltke und Roon nochmals über den Stand der militärischen Vorbereitungen informiert hatte, ging er daran, den Text des Telegramms „veröffentlichungsreif" zu machen. Er strich ganze Passagen, zog Sätze zusammen und gab dem Ganzen eine gänzlich andere Bedeutung: Eine Information über schwebende diplomatische Verhandlungen verwandelte sich dank Bismarcks Redaktion in eine definitive schroffe Zurückweisung. Bismarck wußte, daß ein solcher Text, herausfordernd in Ton und Inhalt, vom prestigebedürftigen französischen Kaiser Napoleon III. nicht hingenommen werden konnte.

206 Die Emser Depesche

a) – Heinrich Abeken an Bismarck, Ems, 13. Juli 1870:

Seine Majestät der König schreibt mir:
„Graf Benedetti fing mich auf der Promenade ab, um auf zuletzt sehr zudringliche Art von mir zu verlangen, ich sollte ihn autorisieren, sofort zu telegrafieren, daß ich für

alle Zukunft mich verpflichtete, niemals wieder meine Zustimmung zu geben, wenn die Hohenzollern auf ihre Kandidatur zurückkämen. Ich wies ihn, zuletzt etwas ernst, zurück, da man à tout jamais[1] dergleichen Engagements nicht nehmen dürfe noch könne. – Natürlich sagte ich ihm, daß ich noch nichts erhalten hätte, und da er über Paris und Madrid früher benachrichtigt sei als ich, er wohl einsähe, daß mein Gouvernement wiederum außer Spiel sei.
Seine Majestät hat seitdem ein Schreiben des Fürsten[2] bekommen. Da Seine Majestät dem Grafen Benedetti gesagt, daß er Nachricht vom Fürsten erwarte, hat Allerhöchstderselbe mit Rücksicht auf die obige Zumutung, auf des Grafen Eulenburg und meinen Vortrag beschlossen, den Grafen Benedetti nicht mehr zu empfangen, sondern ihm nur durch einen Adjutanten sagen zu lassen: daß Seine Majestät jetzt vom Fürsten die Bestätigung der Nachricht erhalten, die Benedetti aus Paris schon gehabt, und dem Botschafter nichts weiter zu sagen habe.
Seine Majestät stellt Eurer Exzellenz anheim, ob nicht die neue Forderung Benedettis und ihre Zurückweisung sogleich sowohl unseren Gesandten als in der Presse mitgeteilt werden sollte?“

1 für immer.
2 Karl Anton von Hohenzollern-Sigmaringen, Vater des zur Kandidatur stehenden Prinzen Leopold.

b) – Von Bismarck redigierte Fassung, Berlin, 13. Juli 1870:

Nachdem die Nachrichten von der Entsagung des Erbprinzen von Hohenzollern der Kaiserlich Französischen Regierung von der Königlich Spanischen amtlich mitgeteilt worden sind, hat der französische Botschafter in Ems an Seine Majestät den König noch die Forderung gestellt, ihn zu autorisieren, daß er nach Paris telegrafiere, daß Seine Majestät der König sich für alle Zukunft verpflichte, niemals wieder seine Zustimmung zu geben, wenn die Hohenzollern auf ihre Kandidatur wieder zurückkommen sollten. Seine Majestät der König hat es darauf abgelehnt, den französischen Botschafter nochmals zu empfangen, und demselben durch den Adjutanten vom Dienst sagen lassen, daß Seine Majestät dem Botschafter nichts weiter mitzuteilen habe.

c) – Aus Bismarcks „Gedanken und Erinnerungen“:

Nachdem ich meinen beiden Gästen die konzentrierte Redaktion vorgelesen hatte, bemerkte Moltke: „So hat das einen andern Klang, vorher klang es wie Chamade, jetzt wie eine Fanfare in Antwort auf eine Herausforderung.“ Ich erläuterte: „Wenn ich diesen Text, welcher keine Änderungen und keinen Zusatz des Telegramms enthält, sofort nicht nur an die Zeitungen, sondern auch telegrafisch an alle unsre Gesandtschaften mitteile, so wird er vor Mitternacht in Paris bekannt sein und dort nicht nur wegen des Inhalts, sondern auch wegen der Art der Verbreitung den Eindruck des roten Tuches auf den gallischen Stier machen. Schlagen müssen wir, wenn wir nicht die Rolle des Geschlagenen ohne Kampf auf uns nehmen wollen. Der Erfolg hängt aber doch wesentlich von den Eindrücken bei uns und andern ab, welche der Ursprung des Krieges hervorruft; es ist wichtig, daß wir die Angegriffenen seien, und die gallische Überhebung und Reizbarkeit wird uns dazu machen, wenn wir mit europäischer Öffentlichkeit, soweit es uns ohne das Sprachrohr des Reichstags möglich ist, verkünden, daß wir den öffentlichen Drohungen Frankreichs furchtlos entgegentreten.“
Diese meine Auseinandersetzung erzeugte bei den beiden Generalen einen Umschlag zu freudiger Stimmung, dessen Lebhaftigkeit mich überraschte. Sie hatten plötzlich Lust zu essen und zu trinken wiedergefunden und sprachen in heiterer Laune. Roon sagte: „Der alte Gott lebt noch und wird uns nicht in Schande verkommen lassen.“ Moltke trat so weit aus seiner gleichmütigen Passivität heraus, daß er sich, mit freudigem Blick gegen die Zimmerdecke und mit Verzicht auf seine sonstige Gemessenheit in Worten, mit der Hand vor die Brust schlug und sagte: „Wenn ich das noch erlebe, in solchen Kriege unsre Heere zu führen, so mag gleich nachher ‚die alte Carcasse‘ der Teufel holen.“

Wie erwartet, tappte die Kriegspartei der französischen Chauvinisten nun endlich in die von Bismarck gestellte Falle. Am 19. Juli 1870 erfolgte die französische Kriegserklärung an Preußen. Der Deutsch-Französische Krieg von 1870/71, von Bismarck zielstrebig anvisiert, begann auf

Der Kanzler und sein politischer Stab 1870/71

deutscher Seite als nationaler Verteidigungskrieg. Bayern, Württemberg, Baden und Hessen kamen der in den Schutz- und Trutzbündnissen von 1866 vorgesehenen Pflicht nach, an der Seite des Norddeutschen Bundes den Kampf aufzunehmen. Bismarck, der im Gefolge des Königs am 31. Juli Berlin verließ, nahm mit einer kleinen politischen Arbeitsgruppe im Großen Hauptquartier am Feldzug gegen Frankreich teil. In den ersten Kriegswochen schien sich, ähnlich wie 1866 beim Waffengang gegen Österreich, eine schnelle Entscheidung anzubahnen. Nach den beiderseits sehr verlustreichen Schlachten von Vionville/Mars-la-Tour und Gravelotte/St. Privat und der Belagerung einer französischen Armee in der Festung Metz mußte am 2. September 1870 die in der Festung Sedan eingeschlossene letzte kaiserliche Feldarmee kapitulieren. Unter den in Sedan Kapitulierenden befand sich auch Napoleon III., der als Kriegsgefangener aber nicht über einen etwaigen Friedensschluß sprechen wollte und Bismarck in dieser Frage an die kaiserliche Regierung in Paris verwies.

207 *An die Frau, 3. September 1870:*

Vorgestern vor Tagesgrauen verließ ich mein hiesiges Quartier, kehre heut zurück und habe in der Zwischenzeit die große Schlacht von Sedan am 1. erlebt, in der wir gegen 30 000 Gefangene machten und den Rest der französischen Armee, der wir seit Bar le Duc nachjagten, in die Festung warfen, wo sie sich mit dem Kaiser kriegsgefangen ergeben mußten. Gestern früh 5 Uhr, nachdem ich bis 1 Uhr früh mit Moltke und den französischen Generälen über die abzuschließende Kapitulation verhandelt hatte, weckte mich der General Reille, den ich kenne, um mir zu sagen, daß Napoleon mich zu sprechen wünschte. Ich ritt ungewaschen und ungefrühstückt gegen Sedan, fand den Kaiser im offenen Wagen mit 3 Adjutanten und 3 zu Pferde daneben auf der Landstraße vor Sedan haltend. Ich saß ab, grüßte ihn ebenso höflich wie in den Tuilerien und frage nach seinen Befehlen. Er wünschte den König zu sehn; ich sagte ihm der Wahrheit gemäß, daß S. M. 3 Meilen davon an dem Orte, wo ich jetzt schreibe, sein Quartier habe. Auf N.s Frage, wohin er sich begeben solle, bot ich ihm, da ich ge-

gendunkundig, mein Quartier in Donchery an, einem kleinen Ort an der Maaß dicht bei Sedan; er nahm es an und fuhr von seinen 6 Franzosen, von mir und von Carl[1], der mir inzwischen nachgeritten war, geleitet durch den einsamen Morgen nach unsrer Seite zu. Vor dem Ort wurde es ihm leid, wegen der möglichen Menschenmenge, und er fragte mich, ob er in einem einsamen Arbeiterhause am Wege absteigen könne; ich ließ es besehn durch Carl, der meldete, es sei ärmlich und unrein: n'importe, meinte N., und ich stieg mit ihm eine gebrechliche enge Stiege hinauf. In einer Kammer von 10 Fuß Gevierte, mit einem fichtnen Tische und 2 Binsenstühlen, saßen wir eine Stunde, die andern waren unten. Ein gewaltiger Kontrast mit unserm letzten Beisammensein, 67 in den Tuilerien. Unsre Unterhaltung war schwierig, wenn ich nicht Dinge berühren wollte, die den von Gottes gewaltiger Hand Niedergeworfnen schmerzlich berühren mußten. Ich hatte durch Carl Offiziere aus der Stadt holen und Moltke bitten lassen, zu kommen. Wir schickten dann einen der erstern auf Rekognoszierung und entdeckten 1/2 Meile davon in Fresnois ein kleines Schloß mit Park. Dorthin geleitete ich ihn mit einer inzwischen herangeholten Eskorte vom Leib-Kür. Regt.,

Bismarcks Begegnung mit Napoleon III. nach der Schlacht bei Sedan

und dort schlossen wir mit dem französischen Obergeneral Wimpfen die Kapitulation, vermöge deren 40 bis 60000 Franzosen, genauer weiß ich es noch nicht, mit allem, was sie haben, unsre Gefangenen wurden. Der vor- und gestrige Tag kosten Frankreich 100000 Mann und einen Kaiser. Heut früh ging letztrer mit allen seinen Hofleuten, Pferden und Wagen nach Wilhelmshöh bei Kassel ab.
Es ist ein weltgeschichtliches Ereignis, ein Sieg, für den wir Gott dem Herrn in Demut danken wollen und der den Krieg entscheidet, wenn wir auch letztern gegen das kaiserlose Frankreich noch fortführen müssen.

1 Carl von Bismarck-Bohlen, Adjutant Otto von Bismarcks.

Am 4. September 1870 wurde in Paris die Republik ausgerufen und eine bourgeoisrepublikanische „Regierung der nationalen Verteidigung" gebildet, in die auch radikale kleinbürgerliche Demokraten eintraten. Mit dem Sturz Napoleons III. war der entscheidende Widersacher der Einigung Deutschlands abgetreten, und es bestand auf deutscher Seite kein gerechtfertigtes Motiv mehr, den Krieg fortzusetzen. Anstatt aber mit der französischen Republik eine Verständigung über einen ehrenvollen Frieden zu suchen, proklamierten der preußische Militarismus und die expansionshungrige deutsche Bourgeoisie die Annexion der französischen Provinzen von Elsaß und Lothringen offiziell als Ziel einer Fortsetzung des Krieges. Mit unerbittlicher Härte bestand Bismarck auf den Gebietsabtretungen.

208 An den Sohn Herbert, 7. September 1870:

In Paris ist Republik, ob sie sich hält, wie sie sich entwikkelt, müssen wir abwarten. Mein Wunsch wäre, daß wir die Leute dort etwas in ihrer Sauce schmoren lassen und uns in den eroberten Departements häuslich einrichten, ehe wir weiter vorgehn. Tun wir es zu früh, so verhindern wir damit, daß sie sich untereinander entzweien. Lange kann ihr innrer Frieden mit dieser ziemlich sozialistischen Gesellschaft an der Spitze nicht dauern.

209 *An den Sohn Herbert, 23. September 1870:*

Ich habe hier mit den Franzosen (Favre[1] von Ring und Hall, sehr kleinlaut, begleitet) schon dreimal stundenlang verhandelt, sie bekamen aber über das Elsaß noch immer so schweres Bauchgrimmen, daß wir abbrechen mußten. Fünftausend Millionen Franken glauben sie zahlen zu können und schienen bereit dazu, wenn wir ihnen Straßburg ließen. Aber ich sagte ihnen, von dem Gelde wollten wir erst später reden, vorher die deutsche Grenze feststellen und dicht machen. Denn sobald sie zu Kräften kämen, griffen sie uns doch wieder an, sagte ich, was sie unter ganz pomphaften Friedensschwüren bestritten. Alles schon dagewesen.

1 Favre, Jules (1809–1880): französischer Außenminister 1870/71.

Die offiziöse Begründung, daß eine Annexion Elsaß-Lothringens Deutschland mehr Sicherheit bringe, wurde von Karl Marx schon Ende August in seinem Brief an den Ausschuß der 1869 in Eisenach gegründeten Sozialdemokratischen Arbeiterpartei widerlegt.

210 *Karl Marx/Friedrich Engels an den Ausschuß der SDAP, Ende August 1870:*

Die Militärkamarilla, Professorschaft, Bürgerschaft und Wirtshauspolitik gibt vor, dies sei das Mittel, Deutschland auf ewig vor Krieg mit Frankreich zu schützen. Es ist umgekehrt das probateste Mittel, diesen Krieg in eine europäische Institution zu verwandeln. Es ist in der Tat das sicherste Mittel, den Militärdespotismus in dem verjüngten Deutschland zu verewigen als eine Notwendigkeit zur Behauptung eines westlichen Polens, des Elsaß und Lothringens. Es ist das unfehlbarste Mittel, den kommenden Frieden in einen bloßen Waffenstillstand zu verwandeln, bis Frankreich so weit erholt ist, um das verlorene Terrain herauszuverlangen. Es ist das unfehlbarste Mittel, Deutschland und Frankreich durch wechselseitige Selbstzerfleischung zu ruinieren. (...)

Wer nicht ganz vom Geschrei des Augenblicks übertäubt ist oder ein Interesse hat, das deutsche Volk zu übertäuben, muß einsehen, daß der Krieg von 1870 ganz so notwendig einen Krieg zwischen Deutschland und Rußland im Schoß trägt wie der Krieg von 1866 den Krieg von 1870. (...) Nehmen sie Elsaß und Lothringen, so wird Frankreich mit Rußland Deutschland bekriegen. Es ist überflüssig, die unheilvollen Folgen zu deuten.

Diese durch den Verlauf der Geschichte vollauf bestätigte Voraussage von Marx und Engels nahm der Parteiausschuß der Eisenacher in sein am 5. September 1870 veröffentlichtes Manifest auf, in dem alle deutschen Arbeiter aufgerufen wurden, gegen die Annexion zu protestieren und für einen ehrenvollen Frieden mit Frankreich einzutreten. Der auch international stark beachtete Aufruf war für Bismarck Anlaß, die Legende von der deutschen Sozialdemokratie als „vaterlandslosen Gesellen" in die Welt zu setzen.

211 *An den Oberpräsidenten in Königsberg, 28. September 1870:*

Das Braunschweiger Arbeitermanifest vom 5. d. M. und die Königsberger Resolution vom 14. d. M., von der französischen Presse wirksamer ausgebeutet, als in der Heimat erkennbar sein mag, haben wesentlich zur Ermutigung Frankreichs, zur Verlängerung seines Widerstandes beigetragen. Die republikanische Partei, welche gegenwärtig in Paris die Herrschaft errungen hat, ist in ihrer Auffassung der Lage wesentlich bestärkt worden durch die Kundgebungen der gleichgesinnten Partei in Deutschland.

Die preußisch-deutschen Waffenerfolge gegen Frankreich brachten endlich auch die nationalstaatliche Einigung Deutschlands unter preußischer Führung zum Abschluß. Zunächst mit Delbrück in München, dann im preußischen Hauptquartier in Versailles mit Bismarck selbst handelten von Ende September 1870 an die süddeutschen Regierungen die Modalitäten ihres Beitritts zu einem erweiterten

Norddeutschen Bund aus. In dem langwierigen und zähen Feilschen sicherte sich vor allem Bayern, aber auch Baden und Württemberg bestimmte Sonderrechte in der Verfassung des künftigen Deutschen Reiches. Bayern behielt zum Beispiel die eigene Post- und Eisenbahnhoheit, das Recht auf landesgesetzliche Regelung der Bier- und Branntweinsteuer und den Oberbefehl seines Königs über die bayrische Armee in Friedenszeiten. Für Bismarck waren es sehr arbeitsreiche Wochen, denn neben den Verhandlungen um die deutschen Probleme ergaben sich auch aus dem Kriegsgeschehen komplizierte diplomatische Aufgaben. Einmischungsgelüste der neutralen europäischen Mächte waren abzuwehren, Waffenstillstands- und Friedensverhandlungen mit den neuen französischen Machthabern zu führen. Und bei alledem wollte Bismarck natürlich den Taktstock schwingen, was gelegentlich auch zu internen Reibereien mit den preußischen Militärinstanzen führte.

212 An die Frau, 12. September 1870:

In der kriegerischen Ruhe hier haben sich die diplomatischen Korrespondenzen wieder gemehrt, der aufgestaute Tintenbach hat sich über mich ergossen, falsche Friedenstauben schwirren umher und girren mich heuchlerisch an, vor allem aber die Verwaltungsorganisation macht mir viel Reibungen, wegen der unglaublichen Zopfigkeit und Ressort-Eifersucht der Militärs, namentlich im Generalstabe, dem Post- und Telegrafen- und Etappenwesen. Wenn ich mit solcher Ressort-Verwirrung im Zivil haushalten sollte, so wäre ich längst gesprungen wie eine Granate. Hier aber denkt keiner daran, ob das Ganze leidet, jeder tut, was ihm befohlen wird, und was nicht befohlen wird, darüber tröstet er sich wie der Junge, dem sein Vater keine Handschuh kaufte. Vor dem Feinde lauter Helden, aber an ihren Schreibtischen wie ein Rattenkönig mit den Zöpfen zusammengewachsen.

213 An die Frau, 20. Oktober 1870:

Ich habe jeden Tag einige Stunden zuwenig, und von morgen an wird es noch schlimmer, weil die Minister der süddeutschen Staaten kommen, um das neue 1000jährige Reich zu beraten.

214 *An den Sohn Herbert, 12. November 1870:*

Meine Tintenklexer aber manövrieren Tag und Nacht und intrigieren nach Frankfurter Art. Wenn nicht ein deutsches Unwetter dazwischenfährt, so wird mit diesen Diplomaten und Bürokraten der alten Schule nichts zustande kommen, wenigstens in diesem Jahre nicht.

215 *An die Frau, 16. November 1870:*

Es ist die Luft wieder so dick von Vermittlungsversuchen und Händeln unter den neutralen Mächten, die in unsre hineinspielen, und es spuken so viele fürstliche Phantasiegebilde über Deutschland im Hauptquartier umher, daß ich mich von Sr. M. nicht trennen kann, so schwer es mir wird, mir eine Unterbrechung meiner Tretmühlen-Arbeit zu versagen. Ich komme wenig aus dem Arbeitszimmer, fast gar nicht aus dem Garten heraus, da nicht alle Tage Zeit und Wetter zum Reiten ist; ich sehe fast niemand als unsre Räte und Kanzleidiener, den König beim Vortrage und konferierende Minister; ich erinnere mich kaum eines an Zerstreuung so armen Daseins, gewürzt höchstens durch Besuche hoher Herrn, deren politische Hirngespinste ich bekämpfe.

Als in den späten Abendstunden des 23. November 1870 der „Vertrag betreffend den Beitritt Bayerns zur Verfassung des Deutschen Bundes" unterzeichnet wurde, war mit den Mitteln der Kabinettspolitik der letzte entscheidende Schritt zu einem einheitlichen bürgerlichen deutschen Nationalstaat erfolgt.

216 *Tischgespräch Bismarcks, 23. November 1870:*

Nun wäre der bayrische Vertrag fertig und unterzeichnet. Die deutsche Einheit ist gemacht und der Kaiser auch. Es ist ein Ereignis. Die Zeitungen werden nicht zufrieden sein, und wer einmal in der gewöhnlichen Art Geschichte schreibt, kann unser Abkommen tadeln. Er kann sagen, der dumme Kerl hätte mehr fordern sollen; er hätte es erlangt, sie hätten gemußt, und er kann recht haben – mit dem Müssen. Mir aber lag mehr daran, daß die Leute mit der Sache innerlich zufrieden waren – was sind Verträge, wenn man muß! –, und ich weiß, daß sie vergnügt fortgegangen sind. – Ich wollte sie nicht pressen, die Situation nicht ausnutzen. Der Vertrag hat seine Mängel, aber er ist so fester. Was fehlt, mag die Zukunft beschaffen (...) Ich rechne ihn zu dem Wichtigsten, was wir in diesen Jahren erreicht haben.

Den partikularistischen süddeutschen Sonderwünschen gegenüber hatte Bismarck bewußt auf alle Gewaltanwendung verzichtet. Schließlich brauchte er auch die süddeutschen Dynastien als Gegengewicht zur bürgerlich-liberalen Nationalbewegung wie zu den demokratischen Volkskräften.
Das Vertragswerk von November 1870 begründete einen neuen „Deutschen Bund", bestehend aus vier Königreichen, sechs Großherzogtümern, fünf Herzogtümern, sieben Fürstentümern und drei Freien Städten. Bismarck konnte und wollte mit dieser föderativen Struktur des Verfassungsbaus leben, zumal die preußische Hegemonie dabei nicht in Gefahr geriet. Als Referenz gegenüber der bourgeoisen Nationalidee wurde allerdings, nicht zuletzt um die Zustimmung des norddeutschen Reichstages leichter zu erlangen, in der Verfassungsterminologie symbolisch ein nationalstaatlicher Zentralismus akzentuiert. So wurde anstelle der in der Verfassung von 1867 verwendeten Begriffe „Bund" und „Bundespräsidium" die geschichtsgeladene Bezeichnung „Deutsches Reich" und „Deutscher Kaiser" eingeführt. Dabei waren allerdings noch einige interne Widerstände zu überwinden.
Zunächst galt es dem bayrischen König Ludwig II. die Zustimmung zur Standeserhöhung seines preußischen Kollegen Wilhelm I. abzulocken. Mit einem von Bismarck zweckmäßigerweise gleich eigens entworfenen Schreiben und dem Angebot einer jährlichen Zuwendung von 100000 Talern an die königlich-bayrische Privatschatulle war dieses Problem bald gelöst.

217 An Ludwig II., 27. November 1870:

Bezüglich der deutschen Kaiserfrage ist es nach meinem ehrfurchtsvollen Ermessen vor allem wichtig, daß deren Anregung von keiner andern Seite wie von Eurer Majestät und namentlich nicht von der Volksvertretung zuerst ausgehe. Die Stellung würde gefälscht werden, wenn sie ihren Ursprung nicht der freien und wohlerwogenen Initiative des mächtigsten der dem Bunde beitretenden Fürsten verdankte. Ich habe mir erlaubt, dem Grafen Holnstein[1] den Entwurf einer etwa an meinen Allergnädigsten König und, mit den nötigen Änderungen der Fassung, an die anderen Verbündeten zu richtenden Erklärungen auf seinen Wunsch zu übergeben. Demselben liegt der Gedanke zugrunde, welcher in der Tat die deutschen Stämme erfüllt: der deutsche Kaiser ist ihr Landsmann, der König von Preußen ihr Nachbar; nur der deutsche Titel bekundet, daß die damit verbundenen Rechte aus freier Übertragung der deutschen Fürsten und Stämme hervorgehn. Daß die großen Fürstenhäuser Deutschlands, das preußische eingeschlossen, durch das Vorhandensein eines von ihnen gewählten deutschen Kaisers in ihrer hohen europäischen Stellung nicht beeinträchtigt würden, lehrt die Geschichte.

1 Holnstein, Max Graf von (1835–1895): Oberstallmeister des bayrischen Königs.

Schwieriger war es schon, den preußischen König selbst dahin zu bringen, den Titel „Deutscher Kaiser“ zu akzeptieren. Bis zuletzt fand in dieser Frage ein aufreibendes Ringen zwischen Bismarck und Wilhelm I. statt.

218 Kronprinz Friedrich Wilhelm, Tagebuch, 17. Januar 1871:

Beim König fand nachmittags eine Sitzung statt, welcher Graf Bismarck, Hausminister v. Schleinitz und ich beiwohnten. Als Graf Bismarck dem Hausminister von Schleinitz im Vorzimmer begegnete, sagte er ihm ziemlich barsch, er begriffe eigentlich nicht, was der Bundeskanzler gemeinschaftlich mit dem Hausminister beim König verhandeln

solle. In überheiztem Zimmer wurde drei Stunden über den Titel des Kaisers, die Benennung des Thronfolgers, die Stellung der Königlichen Familie, des Hofes und Heeres zum Reiche usw. beraten.
Hinsichtlich des kaiserlichen Titels bekannte Graf Bismarck, daß bereits bei den Verfassungsbesprechungen die bayrischen Abgeordneten und Bevollmächtigten die Bezeichnung „Kaiser von Deutschland“ nicht hätten zulassen wollen, und daß er endlich ihnen zuliebe, aber allerdings, ohne Se. Majestät vorher zu fragen, diejenige eines „Deutschen Kaisers“ zugestanden habe. Diese Bezeichnung, mit welcher gar kein eigentlicher Begriff zu verbinden ist, mißfiel dem König ebenso wie mir, und wir taten unser möglichstes, um an ihrer Statt das „von Deutschland“ zu erlangen. Graf Bismarck blieb jedoch dabei (...) Ferner suchte er zu beweisen, daß der Ausdruck „Kaiser von Deutschland“ eine Territorialmacht, die wir über das Reich gar nicht besäßen, bedeute, während dagegen „Deutscher Kaiser“ die natürliche Konsequenz des ehemaligen imperator romanus sei. So mußten wir uns leider fügen (...) Bei diesem Anlaß entspann sich eine recht peinliche Debatte über das Verhältnis von Kaiser zu König, weil Se. Majestät, den alten preußischen Traditionen zuwider, einen Kaiser höher als einen König stellt. Beide Minister und ich mit ihnen widersprachen dieser Ansicht aufs entschiedenste unter Berufung auf die historischen Dokumente unserer Archive, in denen König Friedrich I. bei Anerkennung des russischen Zaren als eines Kaisers ausdrücklich hervorgehoben hat, daß derselbe niemals den Vorrang vor dem preußischen König haben dürfe. (...)
Die Frage der Reichsfarben erregte wenig Bedenken, da der König nichts Wesentliches gegen eine schwarzweißrote Kokarde einwandte, um so weniger, als, wie er sich ausdrückte, selbige nicht wie die schwarzrotgoldene aus dem Straßenschmutz erstiegen wäre; doch würde er obige dreifarbige nur neben der preußischen dulden.
Das von Graf Bismarck und mir vorgeschlagene Wappen fand nicht Widerspruch, ward aber auch nicht ausdrücklich angenommen.
Je deutlicher sich nun aber die Konsequenzen von „Kaiser und Reich“ im Laufe der Verhandlungen zeigten, desto auf-

gebrachter wurde der König. Schließlich brach er in die Worte aus, nur ein Scheinkaisertum übernähme er, nichts weiter als eine andere Bezeichnung für „Präsident"; er müßte sich mit einem Major vergleichen, dem der „Charakter als Oberstleutnant" verliehen worden sei. Nun es soweit gekommen wäre, müßte er zwar dieses Kreuz tragen, doch wollte er dafür auch der alleinige sein, weshalb er sich verbäte, daß man von ihm erwarte, der preußischen Armee eine gleiche Zumutung wie seiner eigenen Person zu machen; er wollte daher nichts von einem „Kaiserlichen Heere" hören, weil er wenigstens unsere Armee vor dergleichen bewahren möchte und nicht dulden könnte, daß die Truppen gar „deutsche" Namen und Bezeichnungen sich gefallen lassen müßten. Die Marine möge „die Kaiserliche" genannt werden. Ferner sagte er in äußerster Aufregung, er könne uns gar nicht schildern, in welcher verzweifelten Stimmung er sich befände, da er morgen von dem alten Preußen, an welchem er allein festhielte und fernerhin auch festhalten wollte, Abschied nehmen müßte. Hier unterbrach Schluchzen und Weinen seine Worte (...)
Unverrichtetersache und einer den anderen fragend, was nun eigentlich geschehen würde, verließen wir die Präfektur (...).
Unter solchen Eindrücken leiteten wir die zu morgen angesetzte großartige deutsche Feier ein!

Im Spiegelsaal des Schlosses zu Versailles, auf dem Boden des besiegten Frankreich, wurde Wilhelm I. schließlich am 18. Januar 1871 zum Deutschen Kaiser proklamiert und damit das junkerlich-bourgeoise Deutsche Reich offiziell aus der Taufe gehoben.
Der bürgerliche Nationalstaat brachte einen wesentlichen gesellschaftlichen Fortschritt. Die Überwindung der staatlichen Zersplitterung Deutschlands entsprach den Bedürfnissen der kapitalistischen Entwicklung und bot auch der sozialistischen Arbeiterbewegung neue Möglichkeiten, sich auf nationaler Grundlage für den weiteren Kampf zu formieren. Maßgebend für die historisch-politische Stellung des 1871 entstandenen kleindeutschen Kaiserreichs aber war, daß es aus einer Revolution von oben hervorging, die

Kaiserproklamation am 18. Januar 1871 in Versailles. Holzschnitt von Anton von Werner

bürgerliche Nationalstaatsbildung mit Preußentum und Militarismus verklammerte, das Klassenbündnis von Junkertum und Großbourgeoisie fest installierte und auf diese Weise eine erhebliche Zukunftsbelastung für das deutsche Volk darstellte. Treffender konnten der Charakter des neuen Reiches und die entgegengesetzten Klassenlinien deutscher Politik nicht offenbart werden: Während am 18. Januar 1871 im Schlosse von Versailles Fürsten, Generale, Offiziere und ein paar Minister bei Abwesenheit des deutschen Volkes in einer pompösen Staatsaktion Kaiser und Reich hochleben ließen, saßen die Führer der Sozialdemokratischen Arbeiterpartei Deutschlands, August Bebel und Wilhelm Liebknecht, im Leipziger Bezirksgerichtsgefängnis hinter Schloß und Riegel. Weil sie einen Eroberungskrieg gegen das französische Volk bekämpften und gegen die Vergewaltigung der Demokratie in Deutschland protestierten, wollte die herrschende Reaktion ihnen den Prozeß machen.
Allerdings war auch Bismarck am Abend des 18. Januar nicht nur zum Jubeln zumute. Keines Händedrucks, nicht einmal eines Blickes war der erfolgreiche Stratege der „Revolution von oben" gewürdigt worden, als der nunmehrige Kaiser Wilhelm händeschüttelnd durch die Reihen seiner Mannen schritt. Die kleinliche Titular-Kontroverse wirkte nach. Bismarck war souverän genug, die Brüskierung zu ertragen, eine gewisse Enttäuschung verschwieg er freilich nicht.

219 An die Frau, 21. Januar 1871:

Ich habe Dir schrecklich lange nicht geschrieben, verzeih, aber diese Kaisergeburt war eine schwere, und Könige haben in solchen Zeiten ihre wunderlichen Gelüste, wie Frauen, bevor sie der Welt hergeben, was sie doch nicht behalten können. Ich hatte als Accoucheur[1] mehrmals das dringende Bedürfnis, eine Bombe zu sein und zu platzen, daß der ganze Bau in Trümmer gegangen wäre. Nötige Geschäfte greifen mich wenig ab, aber die unnötigen verbittern.

1 Geburtshelfer.

VII

Menetekel im neuen Reich 1871–1878

Die Stürme des Krieges und der Revolution von oben waren vorüber, als am 1. Januar 1871 mit Inkrafttreten der neuen Verfassung das Deutsche Reich staatsrechtlich zu existieren begann. Nach einem Ende Januar geschlossenen Waffenstillstand war mit dem Versailler Präliminarfrieden vom 26. Februar 1871 auch der preußisch-deutsche Eroberungskrieg an sein Ziel gelangt. Frankreich mußte Elsaß-Lothringen abtreten und eine Kriegskontribution von fünf Milliarden Francs zahlen. Unter dem frischen Eindruck des Friedens hatten am 3. März Reichstagswahlen stattgefunden, und am 21. März 1871 war im Weißen Saal des Berliner Schlosses der Deutsche Reichstag eröffnet worden. Als stärkste Partei waren die Nationalliberalen mit 125 Abgeordneten vertreten. Zusammen mit den Freikonservativen, die mit 37 Abgeordneten vertreten waren, bildeten sie die parlamentarische Grundlage des junkerlich-bourgeoisen Klassenkompromisses. Dazu gehörten auch die 57 Vertreter der Konservativen Partei, die allerdings noch Schwierigkeiten hatten, sich von der dominierenden Rolle in Preußen auf die neuen Bedingungen des Reiches umzustellen. Die liberale Fortschrittspartei war mit 46 Abgeordneten in den Reichstag eingezogen, die zusammen mit den 63 Fraktionsmitgliedern der Zentrumspartei in Opposition zum politischen Kurs Bismarcks standen. Als einzigem Vertreter der sozialistischen Arbeiterbewegung war August Bebel die Wahl in den ersten Reichstag gelungen.

Die herrschenden Klassen, Bourgeoisie und Junkertum, begannen, das neue Reich nach ihren Bedürfnissen auszugestalten.

Otto von Bismarck war auf dem Höhepunkt seiner politischen Karriere angelangt und wurde am 21. März 1871 in den Fürstenstand erhoben.

Bismarck in den siebziger Jahren

220 Wilhelm I. an Bismarck, 21. März 1871:

Mit der heutigen Eröffnung des ersten deutschen Reichstags nach Wiederherstellung eines Deutschen Reiches beginnt die erste öffentliche Tätigkeit desselben. Preußens Geschichte und Geschicke wiesen seit längerer Zeit auf ein Ereignis hin, wie es sich jetzt, durch dessen Berufung an

die Spitze des neugegründeten Reiches, vollzogen hat. Preußen verdankt dies weniger seiner Ländergröße und Macht, wenngleich beides sich gleichmäßig mehrte, als seiner geistigen Entwicklung und seiner Heeres-Organisation. In unerwartet schneller Folge haben sich im Laufe von 6 Jahren die Geschicke meines Landes zu dem Glanzpunkte entwickelt, auf dem es heute stehet. In diese Zeit fällt die Tätigkeit, zu welcher ich Sie vor 10 Jahren zu mir berief. In welchem Maße Sie das Vertrauen gerechtfertigt haben, aus welchem ich damals den Ruf an Sie ergehen ließ, liegt offen vor der Welt. Ihrem Rat, Ihrer Umsicht, Ihrer unermüdlichen Tätigkeit verdankt Preußen und Deutschland das weltgeschichtliche Ereignis, welches sich heute in meiner Residenz verkörpert.
Wenngleich der Lohn für solche Taten in Ihrem Innern ruhet, so bin ich doch gedrungen und verpflichtet, Ihnen öffentlich und dauernd den Dank des Vaterlandes und den meinigen auszudrücken. Ich erhebe Sie daher in den Fürstenstand Preußens mit der Bestimmung, daß sich derselbe stets auf das älteste männliche Mitglied Ihrer Familie vererbt.

221 *Paul Bronsart von Schellendorff, Tagebuch, 22. März 1871:*

Graf Bismarck wurde in den Fürstenstand erhoben; er soll hierüber sehr überrascht und nicht angenehm berührt getan haben, da er nicht die erforderlichen Mittel zur Führung eines fürstlichen Haushaltes besäße. Ich denke, der arme Mann wird diesem Mangel abzuhelfen wissen. Während übrigens die Leute, die von diesen Standeserhöhungen etwas zu verstehen vorgeben, noch darüber debattieren, ob dem neugebackenen Fürsten das Prädikat „Durchlaucht" oder nur „Fürstliche Gnaden" zustehe und ob der Fürstentitel nur dem Haupt der Familie oder der letzteren in der Gesamtheit zustehe, sollen sich alle Glieder, die männlichen wie die weiblichen, in das Schicksal schnell gefunden und sämtlich das Prädikat „Durchlaucht" akzeptiert haben.

222 *Chlodwig Fürst zu Hohenlohe-Schillingsfürst, Tagebuch, 25. März 1871:*

Abends bei Bismarck. Es waren einige Damen und auch mehrere Herren da ... Ich wurde auf ein Kanapee gesetzt vor einen Tisch mit Teetassen und Bierflaschen, auch Heringe und Austern waren da. Bald kam die neue Durchlaucht und setzte sich zu mir. Zuerst vertilgte er eine Unzahl Austern, Heringe und Schinken und trank dazu Bier mit Sodawasser. Wir sprachen anfangs über Varzin, Holzhandel, Ackerbau usw. Nach und nach wurde er mitteilender und kam auch auf Politik zu sprechen. Über die Zustände in Paris sagte er, daß er es Thiers[1] vorausgesagt habe, daß die französische Regierung nicht in der Lage sein werde, das bewaffnete Gesindel ohne deutsche Hilfe zu entwaffnen. Thiers habe es nicht glauben wollen. Auf die deutsche Frage übergehend, meinte er, der Reichstag mache ihm den Eindruck wie das, was ihm seine Eltern von seiner Kindheit erzählt hätten. Er habe einen Garten bearbeitet und da jeden Tag die Pflanzen herausgezogen, um zu sehen, wie dick die Radieschen seien.

1 Thiers, Adolphe (1797–1877): Präsident der französischen Republik 1871 bis 1873.

Mitten in der Freude über die neue preußisch-deutsche Reichsherrlichkeit ließen Nachrichten aus der französischen Hauptstadt an dem Bestand der ganzen bürgerlichen Gesellschafts- und Staatsordnung zweifeln.

Am 18. März 1871 hatten die Volksmassen in Paris die reaktionäre großbürgerliche Regierung Thiers nach Versailles verjagt und die Macht in die eigenen Hände genommen. Die Pariser Kommune, der erste historische Schritt auf dem Wege zur Diktatur des Proletariats, markierte die Grenzen der gesellschaftlichen Perspektive der Bourgeoisie. Für den „Kampf der Arbeiterklasse mit der Kapitalistenklasse und ihrem Staat“ war, wie Karl Marx am 17. April 1871 sogleich hervorhob, ein „neuer Ausgangspunkt von welthistorischer Wichtigkeit“ gewonnen. Überall in der Welt, wo es klassenbewußte Proletarier gab, erklärten sie sich mit der sozialen Revolution der Pariser Kommunarden solidarisch. Überall fanden sich aber auch die herrschenden Ausbeuterklassen in Erregung versetzt. Die staatlichen Hüter von Ruhe und Ordnung in den europäischen Hauptstädten bangten um die Stabilität der eigenen Klassenherrschaft. An Zündstoff mangelte es wahrlich nirgendwo.

In der Stunde der Not stand Bismarck dem bedrängten bourgeoisen Regime in Frankreich bei. Zwar ließ er sich nicht zu einer Milderung der harten Friedensbedingungen erweichen, aber als am 10. Mai 1871 in Frankfurt (Main) der definitive Friedensvertrag zwischen dem Deutschen Reich und Frankreich unterzeichnet wurde, vereinbarte man in geheimer Nebenabrede eine enge Kooperation zwischen den noch vor Paris stehenden preußisch-deutschen Truppen und der Versailler Konterrevolution bei der Niederschlagung der Kommune.

Noch bevor aber die Pariser Erhebung im Blute ihrer Anhänger erstickt werden konnte, verteidigte August Bebel am 25. Mai 1871 im Deutschen Reichstag die Kommune als die künftige Sache des ganzen europäischen Proletariats. Der Kampf in Paris sei „nur ein kleines Vorpostengefecht" gewesen, die „Hauptsache in Europa" stehe noch bevor, und „ehe wenige Jahrzehnte vergehen", werde „der Schlachtruf des Pariser Proletariats: ‚Krieg den Palästen, Frieden den Hütten, Tod der Not und dem Müßiggang', der Schlachtruf des gesamten europäischen Proletariats" werden. Bebels Bekenntnis zum revolutionären Kampf für die Befreiung der Arbeiterklasse wirkte auf Bismarck wie ein Signal.

223 Bismarck im Reichstag, 17. September 1878:

Jener Anruf der Kommune war ein Lichtstrahl, der in die Sache fiel, und von diesem Augenblick an habe ich in den sozialdemokratischen Elementen einen Feind erkannt, gegen den der Staat, die Gesellschaft sich im Stande der Notwehr befindet.

Von der welthistorischen Mission der Arbeiterklasse konnte der preußische Staatspolitiker nichts begreifen. Immerhin aber übersah er nicht, daß das Proletariat an Zahl unaufhörlich wuchs, daß es sich politische Organisationen schuf, die international verbunden waren. Vor allem aber konstatierte Bismarck, daß sich die revolutionäre sozialistische Bewegung nicht gängeln oder korrumpieren und schon gar nicht in das politische Spiel der bonapartistischen Diktatur einspannen ließ.

Die Vision vom bevorstehenden sozialen Umsturz, Bis-

marcks Alptraum einer Revolution, bereitete ihm nicht bloß schlaflose Nächte, sondern ließ ihn alle Kräfte des monarchisch-konservativen Staates zu innen- und außenpolitischer Gegenwehr mobilisieren.
Schon der Sturz der Monarchie und die Errichtung der bürgerlichen Republik in Frankreich war Bismarck im September 1870 Anlaß gewesen, an die Gemeinsamkeit konservativer Interessen unter den herrschenden Kreisen Preußen-Deutschlands, Österreich-Ungarns und Rußlands zu appellieren. Dieser Kurs monarchischer Solidarität der Dreikaisermächte – von Bismarck einerseits genutzt, um das neue Reich respektabel in Europa einzuführen; andererseits dazu bestimmt, bestehende Interessengegensätze zwischen den Partnern zu überbrücken – bildete das Leitmotiv der Bismarckschen Außenpolitik nach 1871.

224 An Heinrich VII. Prinzen Reuß, 12. September 1870:

Daß der letztere [Zar Alexander II.] nach der Wendung, welche die Dinge in Frankreich genommen haben, in dem gegenwärtigen Kriege Deutschlands gegen das revolutionierte Frankreich die Verteidigung des monarchisch-konservativen Prinzips gegen das republikanisch-sozialistische, welches die jetzigen Machthaber in Paris auf ihre Fahne geschrieben, erkennt, ist mir nicht zweifelhaft. Die Sympathien, mit welchen die französische Republik sofort in Spanien begrüßt worden ist und ohne Zweifel sofort auch in Italien begrüßt werden wird, lassen keine Zweifel über die Seite, von welcher her das jetzige Regiment in Paris seine Unterstützung erwartet, und über die Gefahren, welche darin für alle europäischen Länder liegen.
Gegenüber dieser Solidarität der revolutionären und republikanischen Interessen würde die sicherste Bürgschaft für die Sache der Ordnung und Zivilisation in einem festeren Zusammenhalten der Elemente liegen, welche wie Rußland, Deutschland und Österreich dem monarchischen Prinzip noch einen festeren Halt gewähren.

225 Aus dem Dreikaiserabkommen vom 22. Oktober 1873:

Ihre Majestäten versprechen sich wechselseitig, sobald die Interessen ihrer Staaten irgendwelche Abweichungen in be-

zug auf Sonderfragen darbieten sollten, sich zu verständigen, damit diese abweichenden Ansichten nicht über Erwägungen höherer Art, die sie beschäftigen, das Übergewicht gewinnen können.
Ihre Majestäten sind entschlossen zu verhindern, daß ihre Trennung auf dem Gebiete der Grundsätze gelingen könnte, die sie als allein geeignet betrachten, die Aufrechterhaltung des europäischen Friedens gegen alle Erschütterungen, von welcher Seite sie auch kommen mögen, zu sichern und, wenn nötig, zu erzwingen.

Die nach der Pariser Kommune auf die Tagesordnung der europäischen Politik gesetzte Verfolgung der I. Internationale, der 1864 in London von Karl Marx organisierten „Internationalen Arbeiterassoziation", brachte 1871 auch innenpolitisch Erörterungen über die sogenannte „soziale Frage" in Gang. Der Katalog der gegen die Arbeiterbewegung ins Auge gefaßten Kampfmittel reichte von repressiven Maßregeln bis zu präventiven sozialpolitischen Schritten. Bismarck wollte von vornherein eine Verschärfung der Vereins- und Pressegesetzgebung nicht ausschließen. Zudem rechnete er noch mit der Möglichkeit, aus der Spaltung zwischen Eisenachern und Lassalleanern bonapartistisches Kapital schlagen zu können.

226 An Heinrich von Itzenplitz, 17. November 1871:

Die neuere sozialistische Doktrin, insoweit sie namentlich mit der sogenannten Internationalen in Verbindung steht, rechnet überhaupt mit den jetzigen Staaten weder in ihrer nationalen noch in ihrer prinzipiellen Bedeutung. Sie weist deshalb auch jede Unterstützung und Kooperation der bestehenden Regierungen auf das entschiedenste zurück und stellt an die Spitze ihres Programms die Umformung der bestehenden Staaten in den sozialistischen Volksstaat.
Eine Einmischung der bestehenden Staaten in die sozialistische Bewegung ist deshalb so wenig gleichbedeutend mit dem Siege der sozialistischen Doktrin, daß mir vielmehr die Aktion der gegenwärtig herrschenden Staatsgewalt als das einzige Mittel erscheint, der sozialistischen Bewegung in

ihrer gegenwärtigen Verirrung Halt zu gebieten und dieselbe insbesondere dadurch in heilsamere Wege zu leiten, daß man realisiert, was in den sozialistischen Forderungen als berechtigt erscheint und in dem Rahmen der gegenwärtigen Staats- und Gesellschaftsordnung verwirklicht werden kann. (...)

Soweit mir das Tatsächliche der Bewegung bekannt geworden ist, wird bis dahin die sozialistische Bewegung von der Internationalen durchaus noch nicht in der von dieser erstrebten Weise beherrscht, vielmehr ist namentlich in Preußen dieselbe der Internationalen eher feindlich, wie dies in dem Gegensatze der Lassalleanischen Partei gegen die mit der Internationalen in Verbindung stehenden Bebel-Liebknechtsche hervortritt. Hier ist nicht allein eine sachliche Verständigung noch möglich, sondern es wird beim rechten Eingreifen des Staates zur Zeit auch noch gelingen, die Mehrzahl der Arbeiter mit der bestehenden Staatsordnung auszusöhnen und die Interessen von Arbeitern und Arbeitgebern wiederum in Harmonie zu bringen. Im übrigen sind aber die sozialistischen Theorien und Postulate bereits so tief und breit in die Massen eingedrungen, daß es als ein vergebliches Bemühen erscheint, dieselben ignorieren oder die Gefahren derselben durch Stillschweigen beschwören zu wollen. Im Gegenteil erscheint es mir als dringend geboten, dieselben so laut und so öffentlich als möglich zu erörtern, damit die irregeleiteten Massen nicht immer lediglich die Stimme der Agitatoren vernehmen, sondern aus dem Für und Wider lernen, was an ihren Forderungen berechtigt und unberechtigt, möglich und unmöglich ist.

Daß hierbei die brennendsten Fragen von Arbeitszeit und Arbeitslohn, Wohnungsnot u. dgl. nicht ausgeschlossen werden dürfen, betrachte ich als selbstverständlich, um so mehr, als Ew. Exzellenz in den Schieds- und Einigungsämtern selbst Institute vorschlagen, welche recht eigentlich auf die Regulierung der beiden ersten Fragen berechnet sind und es als ein vergebliches Bestreben erscheint, die Agitation zu beschwören, wenn man den Agitatoren ihre besten Agitationsmittel beläßt.

227 *An Wilhelm I., 4. April 1872:*

Die sogenannte Internationale ist nur eine, wenn auch augenblicklich die hervorragendste von den Formen, in welchen eine die ganze zivilisierte Welt durchziehende Krankheit zur Erscheinung kommt. Diese Krankheit hat ihre Ursachen darin, daß die besitzlosen Klassen in dem Maße, als ihr Selbstgefühl und ihre Ansprüche am Lebensgenuß allmählich steigen, sich auf Kosten der besitzenden Klassen die Mittel zur Befriedigung dieser Ansprüche zu verschaffen streben. Auf eine Heilung dieser Krankheit durch repressive Mittel wird man verzichten müssen; dieselbe kann nur das sehr langsame Werk teils der fortschreitenden Bildung und Erfahrung, teils einer Reihe die verschiedensten Gebiete des staatlichen und wirtschaftlichen Lebens berührender legislativer und administrativer Maßregeln sein, welche darauf gerichtet sind, die Hindernisse tunlichst zu beseitigen, die der Erwerbsfähigkeit der besitzlosen Klassen im Wege stehen.
Solange dieser Heilungsprozeß nicht vollzogen ist, wird es allerdings die Aufgabe der Regierungen sein, die Gesellschaft gegen den Versuch eines gewaltsamen Angriffs auf den Bestand des Besitzes zu schützen. Mit bloß polizeilichen Mitteln ist diese Aufgabe nach meiner Überzeugung nicht zu lösen. Es handelt sich nicht um die Fernhaltung fremder Emissäre, denn die Krankheit ist bei uns selbst vorhanden und überträgt sich ohne fremde Vermittlung. Es handelt sich vielmehr darum, jede Vorbereitung zu einem gewaltsamen Angriff nicht bloß überwachen und entdekken, sondern vor allen Dingen bestrafen zu können, und zu diesem Zwecke bedarf es geeigneter Gesetze. Ich bin schon vor Monaten mit dem Justiz-Minister über die Frage in Beratung getreten, ob die im Strafgesetzbuch enthaltenen Bestimmungen über die Strafbarkeit des Versuchs und der Teilnahme für den Zweck ausreichen.

Fast zwei Jahrzehnte überdauerte das Bismarck-Regime nach der Reichsgründung von 1870/71, bewegt von erbitterten Klassenkämpfen und kleinlichen Intrigen, angefüllt mit großen innen- und außenpolitischen Auseinandersetzungen, gezeichnet von Erfolgen wie Niederlagen. Doch der

Schwung der Bismarckschen Politik erlahmte. Ihre einst weitausholende Strategie zog nur noch immer engere Kreise um das einmal Geschaffte. Dies war zunächst objektiv bedingt. Eine gewisse „Saturiertheit" – die bloße Absicht, die Ergebnisse der Revolution von oben zu sichern, die erreichte innere wie äußere Ordnung gesellschafts- und machtpolitisch zu verteidigen – wurde zum einzigen Prinzip der Bismarckschen Politik nach innen und außen.
Hinzu kam aber auch Subjektives. Der preußische Junker teilte durchaus nicht den unerschütterlichen Zukunftsglauben, mit dem insbesondere die Mehrheit der liberalen Bourgeoisie vom neuen Reich Besitz ergriffen hatte. Neben dem „Alptraum der Koalitionen", der Sorge vor drohenden antideutschen Bündnissen auswärtiger Mächte, quälte ihn der „Alptraum der Revolution", eine permanente, keineswegs irreale, zuweilen aber aus taktischen Gründen auch hochgespielte Angst vor dem sozialen Umsturz. Mehr und mehr verspürte Bismarck nach 1871 Veranlassung zu persönlicher Niedergeschlagenheit, Zweifel und Resignation.

228 An Katharina Orlow, 25. Dezember 1871:

Gegen das herannahende Alter ist kein Kraut gewachsen, und ich fühle ohne Freude, aber auch ohne Bitterkeit, wie mein Gestell physisch und seelisch allmählich in Unordnung gerät. Ich bin müde, und während ich noch mit dem Leben dieser Welt verknüpft bin, fange ich an, den Reiz der beschaulichen Ruhe zu schätzen. Ich würde am liebsten von der Bühne in eine Zuschauerloge abtreten.

229 Im Gespräch mit Parlamentariern, 5. Mai 1872:

Mein Schlaf ist keine Erholung, ich träume weiter, was ich wachend denke, wenn ich überhaupt einschlafe. Neulich sah ich die Karte von Deutschland vor mir, darin tauchte ein fauler Fleck nach dem anderen auf und blätterte sich ab.

230 *Aus Bismarcks Ansprache anläßlich der Überreichung des Berliner Ehrenbürger-Briefes, 9. September 1872:*

Nach allem Großen, was wir erlebt, würde er nichts dagegen haben, wenn die Weltgeschichte eine Weile stehenzubleiben schiene.

231 *Karl Marx an Wilhelm Liebknecht, 11. Februar 1878:*

Bismarck hatte die Staatsweisheit leicht in der österreichischen und französischen Affäre; gegen Östreich hatte er den Schutz Bonapartes und die Italiener, und gegen Frankreich hatte er ganz Europa. Außerdem war das Ziel, das er anstrebte, von den Verhältnissen gestellt und vorbereitet. Jetzt, wo die Verhältnisse verwickelt, ist's mit der Genialität zu Ende.

An Rückzug dachte Bismarck freilich nicht, was bei seiner ungebrochenen Kämpfernatur und der Machtfülle, die er nun genoß, auch kaum verwunderte.
Weiterhin preußischer Ministerpräsident und Außenminister, gebot er über die Stimmen der preußischen Hegemonialmacht im Bundesrat, nominell dem obersten Organ des Deutschen Reiches. Ganz auf seine Person und Politik zugeschnitten war das neue Amt des Reichskanzlers. In dieser Funktion konzentrierte sich die unbestrittene Führung und alleinige Vertretung der Reichspolitik.
Gegen die hegemoniale Stellung des Reichskanzlers in der Verfassung sind schon von der zeitgenössischen demokratischen Kritik erhebliche Einwände vorgebracht worden.

232 *„Die Wage", 16. November 1877:*

Über die deutsche Reichsverfassung:

Alle diese Umstände wirken zusammen, die Funktion des Reichskanzlers zur allumfassenden und dominierenden Amtsfunktion im Reiche zu machen. Der Reichskanzler hat demgemäß die Leitung aller Geschäfte des Reiches ohne Ausnahme; in seiner Hand laufen alle Fäden der Reichsregierung zusammen, alle Reichsämter stehen direkt oder in-

Reichskanzlerpalais in der Wilhelmstraße

direkt unter ihm, insbesondere leitet er auch die dem Kaiser übertragene völkerrechtliche Vertretung des Reiches, er überwacht die Ausführung der Reichsgesetze. In seiner Person findet eine Häufung der allerverschiedensten und weittragendsten Amtskompetenzen statt, und es hat dies eine so allgewaltige Amtsstellung für ihn zur Folge, wie sie sonst in keinem Staate sich findet und auch wohl noch nirgends in der Welt vorgekommen sein mag. (...)
Das Reichskanzlertum ist der Gipfel des Anti-Konstitutionalismus im Reiche. Es widerspricht allen sonst gültigen Begriffen von der Teilung der Gewalten, von der ordnungsmäßigen Organisation der Behörden und von der ministeriellen Verantwortlichkeit.

Zur außerordentlichen staatsrechtlichen Machtkompetenz des Reichskanzlers trat noch hinzu Bismarcks autoritärer Führungsstil und sein übersteigertes Selbstbewußtsein, welches keinerlei Widerspruch ertragen konnte.

233 Heinrich Abeken an seine Frau, 24. Januar 1871:

Er will der Alleinherrscher sein, nur Befehle erteilen, aber keine Meinung hören; es ist ihm schon unbequem genug, daß er im Conseil mit den Ministern oder den Generalen andere Meinungen hören und gelten lassen muß; aber im eigenen Hause darf das nicht sein. Es ist dies freilich manchmal das Richtige; und daß er nicht sprechen mag über das, was er innerlich noch verarbeitet, ist sehr begreiflich. Mißtrauen oder Geheimniskrämerei ist niemals dabei; er hält nichts absichtlich zurück, sondern es ist nur in seiner Natur. Aber es ist zuweilen unbequem für die Geschäfte, weil man nicht genug unterrichtet ist und seine Intentionen dann nicht immer treffen kann, was ihn dann wieder ungeduldig macht.

234 Hans Lothar von Schweinitz, 6. Mai 1884:

Er, der Fürst, habe sich ganz mit dem Staat und dessen Interessen identifiziert; er sage freilich nicht wie Louis XIV.: „L'Etat c'est moi!" sondern: „Moi je suis l'Etat".[1]

1 Der Staat bin ich – ich bin der Staat.

235 Erinnerung Christoph von Tiedemanns:

Der Geisteskraft des Fürsten Bismarck entsprach sein Selbstbewußtsein. Es war der hervorstechendste Charakterzug seines Wesens. Er konnte sich alles zutrauen, tat es aber auch, und niemals gab er zu, etwas Verkehrtes getan zu haben. (...)
Seiner Coriolannatur[1] war jede kollegialische Geschäftsbehandlung unbequem. (...)
Sein Selbstgefühl war, ähnlich wie bei Friedrich dem Großen und Napoleon, mit einer starken Dosis Menschenverachtung gepaart, und diese verleitete ihn nicht selten, Freunde und Feinde zu unterschätzen. Er sah in den Freunden dann nur willenlose Werkzeuge seiner Pläne, Schachfiguren, die er beliebig auf dem Brette seiner Politik hin und her schieben und auch opfern konnte, wenn dies ins Spiel paßte, in seinen Feinden nur Schurken und Dummköpfe. Freunde konnte er nur gebrauchen, wenn sie

sich vollständig mit ihm identifizierten. Er betrachtete sie mit Mißtrauen, sobald sie sich erlaubten, eine andere Meinung zu haben wie er oder eine Haltung einzunehmen, die seinen Erwartungen nicht entsprach. Ich habe nie gefunden, daß er einem Gegner volle Gerechtigkeit hat widerfahren lassen. Dazu war er zu leidenschaftlich, impetuos, zu kampflustig.

1 Altrömischer Patrizier, der von den Plebejern aus Rom vertrieben wurde, als er versuchte, das Amt des Volkstribunen abzuschaffen.

Alle Aufgaben der Reichsverwaltung konzentrierten sich im Reichskanzleramt, welches am 12. Mai 1871 aus dem Bundeskanzleramt des Norddeutschen Bundes hervorgegangen war. Mit Rudolf Delbrück an der Spitze erfüllte es faktisch die Funktion eines Handels- und Finanzministeriums des Reiches. Als spezieller Apparat zur Unterstützung des Kanzlers wurde am 18. Mai 1878 die Reichskanzlei gebildet. Über die Arbeitsweise Bismarcks berichtet deren erster Chef, Christoph von Tiedemann.

236 Erinnerung Christoph von Tiedemanns:

Der Dienst in der Reichskanzlei begann spät und endete spät. Damals (Schweninger war noch nicht entdeckt) erhob sich der Fürst erst gegen Mittag. Von 12 bis 6 Uhr wurde rastlos gearbeitet und dann wieder von 9 Uhr bis tief in die Nacht. Vor 1 Uhr verließ ich selten mein Bureau. – Es war nicht ganz leicht, dem Fürsten Vortrag zu halten. Er verlangte bei jeder Sache einen suszitierenden Extrakt[1], wie er es nannte, und behauptete, es gäbe keine noch so verwikkelte Angelegenheit, aus der nicht der Kern mit wenigen Worten herausgeschält werden könne. Man gewöhnte sich allmählich daran, im Lapidarstil zu sprechen, und ich habe schließlich über Gesetzentwürfe von mehr als hundert Paragraphen in zehn Minuten referiert. Die Vorbereitung auf einen solchen Vortrag hatte freilich dann Stunden gekostet. – Sobald der Vortrag beendet war, gab der Fürst, ohne sich einen Moment zu besinnen, seinen Bescheid. Es war erstaunlich, mit welcher Sicherheit er immer sofort die Punkte herausfand, auf die es ankam. Niemals habe ich irgendein Schwanken in der Entscheidung bei ihm bemerkt.

Er wußte immer sofort, was er wollte. Freilich, wenn ihn eine Sache nicht näher interessierte, sagte er auch wohl: „Machen Sie, was Sie wollen."
Jede Nummer mußte in der Regel in 24 Stunden erledigt werden. Reste gab es nicht in der Reichskanzlei. Es kam aber auch vor, daß der Fürst schon nach einer halben Stunde ein Konzept verlangte, für dessen Ausarbeitung ein gewöhnlicher Sterblicher mindestens zwei Stunden Ruhe beanspruchte. Ruhe aber war ein rarer Artikel in der Reichskanzlei. Der Fürst sorgte dafür, daß man beständig in Bewegung gehalten wurde: bald verlangte er eine Auskunft, bald gab er einem einen Auftrag an irgendeinen Minister, der sofort erledigt werden mußte (für solche Fälle hielt stets ein bespannter Wagen, die sogenannte Reichsdroschke, vor dem Reichskanzlerpalais), bald wünschte er dies oder jenes in den stenographischen Berichten nachgeschlagen zu haben usw. Es ist vorgekommen, daß ich vielleicht zehnmal in einer Stunde zu ihm gerufen worden bin (die Kanzleidiener liefen stets Trab durch den Saal), und dabei brannte mir unter den Fingern ein Bericht an den Kaiser oder ein Erlaß an einen Staatssekretär, der auf das schleunigste fertiggestellt werden mußte. Das eben war das Aufreibende des Dienstes, daß alles im Galopp ging und daß für keine Arbeit die erforderliche Muße vorhanden war.

1 Kern der Sache.

Die Verfassungswirklichkeit des preußisch-deutschen Reiches war durch die bonapartistische Diktatur Bismarcks geprägt. Verfassungsrechtlich stand der Reichskanzler und preußische Ministerpräsident allerdings hinter dem Monarchen zurück, und als Leiter der Reichspolitik mußte Bismarck auch damit fertig werden, daß die Armee in Staat und Gesellschaft Preußen-Deutschlands eine eigenständige Rolle spielte. Der preußisch-deutsche Bonapartismus beruhte darum auf dem Zusammenwirken von drei Köpfen: Kanzler – Kaiser – Generalstabschef. Bismarcks Problem war es, seine dominierende Position gegen konkurrierende Machtansprüche der anderen zu behaupten.

Gegenüber Wilhelm I. setzte Bismarck auch im Gewand des kaiserlichen Dieners und königlichen Vasallen seine politischen Ziele in der Regel beharrlich durch. Der eigenwillige Monarch hielt lange an der Fiktion fest, daß er selbst regiere und entscheide, konnte sich am Ende der Suggestion Bismarck aber nie entziehen. Augusta hingegen, Wilhelms Frau, bereitete Bismarck einige Schwierigkeiten. Ihr Salon galt als eine Schaltstelle des höfischen Intrigenspiels gegen die Kanzlerpolitik. Problematisch schien sich auch das Verhältnis Bismarcks zum Kronprinzen Friedrich Wilhelm anzulassen, der eine gewisse Liberalisierung des innenpolitischen Lebens wünschte und vor allem an Bismarcks Regierungsstil Kritik übte. Auswirken konnte sich das freilich kaum, und als der Kronprinz 1888 als todkranker Mann seinem Vater auf dem Thron folgte, wurde in den 99 Tagen seiner Herrschaft so ziemlich alles beim alten gelassen.

237 *Im Gespräch mit Henry Hucks Gibbs*[1]*, Oktober 1885:*

In allem, nur nicht dem Namen nach bin ich Herr von Deutschland, nur habe ich nicht alle Vorrechte des Königs.

1 Englischer Bankdirektor.

238 *Im Gespräch mit Adolf von Scholz, 3. Oktober 1879:*

Ich liebe und verehre den Kaiser wahrhaftig; er ist voll Güte und Dankbarkeit für mich; wir wollen beide ernstlich uns nicht trennen. Jetzt ist er ein eigenwilliger Greis, bei dem keine Vorstellungen helfen. Die Zeitungen, die immer alles wissen, haben natürlich keine Ahnung von alledem! Wer jemals die intime Geschichte der letzten Jahre zu schreiben hätte, würde finden, daß mein Hauptverdienst darin bestanden habe, der Schild des Landes gegen seinen eigenen Herrn zu sein und es vor unseligem Tun oder Nichttun desselben zu hüten. Was nach außen sonst zu tun war, war eine Kleinigkeit dagegen; ich habe in drei Minuten immer gewußt, was ich zu tun hatte – aber dieser stets aufreibende Kampf mit meinem Herrn hat mich heruntergebracht.

239 Äußerung Wilhelms I.:

Es ist nicht leicht, unter einem solchen Kanzler Kaiser zu sein.

240 Friedrich Kapp an Eduard Cohen, 27. Januar 1876:

Neulich sagte Bismarck einem meiner Freunde: „Ich würde heiter und gesund sein, tanzen und jagen und mich meines Lebens freuen, wenn ich die Stunde von 10 bis 11 aus jedem Tag streichen könnte." Aber warum gerade die, antwortete der Angeredete. „Weil um die Zeit die olle Aujuste mit dem König frühstückt und ihm wie die Mutter Hamlets Gift ins Ohr träufelt. Ich habe dem König", fuhr Bismarck fort, „schon zu verstehen gegeben, diese gemeinschaftlichen Frühstücke nicht zu halten, worauf der alte Herr achselzuckend fragte, ob ich ihm denn sein letztes Familienglück rauben wolle. Ein schönes Familienglück", meinte Bismarck.

241 Kronprinz Friedrich Wilhelm, Tagebuch, 31. Dezember 1870:

Wohl sind wir unbestritten das erste Kulturvolk der Welt, aber zur Stunde will es scheinen, als seien wir weder geliebt noch geachtet, sondern lediglich gefürchtet. Man hält uns für jeder Schlechtigkeit fähig, und das Mißtrauen gegen uns steigert sich mehr und mehr. Das ist nicht die Folge dieses Krieges allein – soweit hat uns die von Bismarck erfundene und seit Jahren in Szene gesetzte Theorie von Blut und Eisen gebracht! Was nützt uns alle Macht, aller kriegerischer Ruhm und Glanz, wenn Haß und Mißtrauen uns überall begegnen, wenn man jeden Schritt uns argwöhnisch mißgönnt, den wir in unserer Entwicklung vorwärts tun? Bismarck hat uns groß und mächtig gemacht, aber er raubte uns unsere Freunde, die Sympathien der Welt und – unser gutes Gewissen. Ich beharre noch heute fest bei der Ansicht, daß Deutschland ohne Blut und Eisen, allein mit seinem guten Rechte „moralische Eroberungen" machen und einig, frei und mächtig werden konnte. Dann erlangte es ein ganz anderes Übergewicht als lediglich durch die Gewalt der Waffen, weil deutsche Kultur, deutsche Wissenschaft und deutsches Gemüt uns Achtung, Liebe und – Ehre gewinnen mußten. Der kühne, gewalttätige Junker hat es anders gewollt.

242 *Friedrich Wilhelm an Hans Lothar von Schweinitz, 25. Januar 1873:*

Andrerseits ist aber die Gefahr nicht zu verkennen, daß Bismarcks Allmacht derartig wächst und sich befestigt, daß er mit der Macht der Krone rivalisiert.

Der preußische Militarismus, speziell die militärpolitische und strategische Planung durch den „Großen Generalstab" und dessen Chef Helmuth von Moltke, hatte eine entscheidende Rolle bei der Verwirklichung preußischer Großmachtpolitik gespielt. Die Gloriole der erfolgreichen Kriegführung von 1864, 1866 und 1870/71 verschaffte auch den militärischen Führungsorganen ein erhebliches Gewicht im politischen System des preußisch-deutschen Reiches. Obwohl militärische und zivile Führung in Grundsätzen und Zielen preußisch-deutscher Machtpolitik übereinstimmten, hat es an internem Kompetenzstreit über die operative Durchführung der Politik nicht gefehlt.
Im Grunde war Bismarck klar, daß der preußische Staat ohne intakte Armee als fester Stütze der Politik nach innen und außen nicht existieren konnte. Schließlich hatte er im Heeres- und Verfassungskonflikt der sechziger Jahre die fast schon verlorene Sache der Militärpartei gerettet und damit seine eigene politische Herrschaft begründet. Bis ans Ende seiner Ära hielt der „Eiserne Kanzler" in der Frage „Kaiserliches oder Parlaments-Heer" an dieser Kampfposition fest. Ebenso nachdrücklich bestand er allerdings im Bereich der internationalen Beziehungen auf dem Vorrang des Politischen gegenüber dem Militärischen.

243 *Friedrich I. von Baden, Tagebuch, Dezember 1870:*

Bismarck klagte dem Kronprinzen darüber, daß Moltke ihn nie von seinen größeren Operationsprojekten in Kenntnis setzt und dadurch die Lage schafft, daß der Bundeskanzler teilweise erst durch die Zeitungen erfährt, was vorgegangen ist. – Auf meine Frage, was denn Moltke dazu sage, erwiderte der Kronprinz, dieser klage über Bismarcks Empfindlichkeit und über sein Streben, sich in die militärischen Angelegenheiten mischen zu wollen, wovon Bismarck nichts verstehe. Moltke sei sehr aufgebracht über Bismarck, weil dieser von ihm verlange, über alle projektierten Operationen unterrichtet zu werden, ehe sie dem König zur Genehmigung vorgelegt werden. Moltke sagt sehr trocken: „Das geht den Bundeskanzler nichts an, und wenn es mir nicht befohlen wird, so werde ich ihm auch ferner nichts mitteilen."

244 *Tischgespräch Bismarcks, 29. Januar 1871:*

Große Staatsgeschäfte, Unterhandlungen mit dem Feinde irritieren mich nicht. Wenn sie mir Einwürfe machen gegen meine Gedanken und Forderungen, auch wenn es unvernünftig ist, so bleibe ich kalt dabei. Aber die kleinen Quengeleien der Militärs in politischen Fragen und ihre Unkenntnis von dem, was hier möglich ist und nicht möglich.

245 *Bismarck im Reichstag, 11. Januar 1887:*

Das deutsche Heer ist eine Einrichtung, die von den wechselnden Majoritäten des Reichstags nicht abhängig sein kann. Wer bürgt uns denn dafür, daß eine Majorität, die sich auf so heterogene Weise zusammengesetzt wie die jetzige,[1] eine dauernde sein werde? Daß die Fixierung der Präsenzstärke von der jedesmaligen Konstellation und Stimmung des Reichstags abhängen sollte, das ist eine absolute Unmöglichkeit. Streben Sie doch nicht nach solchen Phantasiegebilden, meine Herren! Ohne unser deutsches Heer, eine der fundamentalsten Haupteinrichtungen und Grundlagen, ohne das Bedürfnis der gemeinsamen Verteidigung gegen auswärtige Angriffe wäre der ganze Bund, auf dem das Deutsche Reich beruht, gar nicht zustande gekommen. Vergegenwärtigen Sie sich das immer, wenn Sie diese Hauptbedingung seiner Existenz ihm unter den Füßen wegziehen und es gefährden; denn geschützt sein wollen wir alle, auch Ihre Wähler – rechnen Sie darauf!

Der Versuch, der mit diesen Anträgen gemacht worden ist, den Stand des Heeres von den wechselnden Majoritäten und den Beschlüssen des Parlaments abhängig zu machen, also – mit anderen Worten – aus dem Kaiserlichen Heer, das wir bisher in Deutschland haben, ein Parlamentsheer zu machen, ein Heer, für dessen Bestand nicht Seine Majestät der Kaiser und die verbündeten Regierungen, sondern die Herren Windthorst[2] und Richter[3] zu sorgen haben, wird nicht gelingen. Mit anderen Worten: Dieses Streben, wenn Sie es haben, liegt ganz außerhalb aller Möglichkeit, und die Tatsache, die bei diesen Verhandlungen zur Kenntnis gekommen, daß es bei uns Leute gibt, die danach streben, die das für möglich halten, verpflichtet uns allein schon, über diese Frage an das Volk, an die Wähler zu appellieren, ob das wirklich die Meinung der Wähler ist. – (Bravo! rechts. – Aha! links.) Ja, meine Herren, „Aha!", haben Sie denn daran gezweifelt – das wäre ja vollkommen wunderlich – (Heiterkeit), daß wir an die Wähler appellieren werden, um zu erfahren, ob es wirklich der Wille der Wähler ist, daß die Verteidigungsfähigkeit Deutschlands von der jedesmaligen Abstimmung des Parlaments in jedem Jahr abhängt, daß die Hälfte der Armee entlassen werden kann, daß die Armee reduziert werden kann auf den einjährigen Dienst, auf das, was die Sozialdemokraten noch bewilligen? Es ist ja auch eine sozialdemokratische Majorität in diesem Hause möglich. – Es kann unmöglich der Wille der deutschen Nation sein, daß sie auf diese Weise in ihrer Wehrhaftigkeit, in der Sicherheit im eigenen Heere abhängig sein soll von den jedes Jahr wechselnden Majoritäten des Parlaments. Es liegt das ganz außerhalb der Verfassung, und die verbündeten Regierungen wünschen zu einem neuen Kompromiß zu gelangen, aber zu einem siebenjährigen, zu keinem kürzeren.

1 Als Ende 1886 über eine Heeresverstärkung und erneute Bewilligung eines Siebenjahres-Heeresetats zu entscheiden war, fand die Regierungsvorlage auch in den Reihen der bürgerlichen Opposition – bei den Freisinnigen und im Zentrum – keinen prinzipiellen Widerstand.
2 Windthorst, Ludwig (1812–1891): Führer der Zentrumspartei.
3 Richter, Eugen (1838–1906): Führer der Fortschrittspartei.

246 *Aufzeichnung Kuno von Rantzaus, 15. Dezember 1887:*

Seine Durchlaucht bittet, dem Prinzen Reuß in Anknüpfung an das dem Auswärtigen Amt heute mitgeteilte Telegramm Nr. 2 nach Wien zu schreiben, er möchte dem Major von Deines[1] sagen, solche Besprechungen, wie derselbe sie mit dem Kaiser von Österreich gehabt hätte, überschritten nach seiner, des Herrn Reichskanzlers, Ansicht die Grenze zwischen den politischen und militärischen Erwägungen. Die ersteren müßte der Herr Reichskanzler sich ausschließlich vorbehalten und namentlich auch die Beurteilung des Einflusses, der dem militärischen Urteile auf politische Entschließungen beizulegen sei. Die direkten Verhandlungen über die Politik beider Länder wären zwischen ihren auswärtigen Ämtern und nicht zwischen ihren beiden Generalstäben zu führen.

1 Deines, Adolf von: deutscher Militärattaché in Wien.

Die bonapartistische Kanzlerdiktatur Bismarcks verurteilte die Parteien zu politischer Ohnmacht. Gegen ein parlamentarisches Regierungssystem waren ohnehin konstitutionelle Schranken errichtet. Hinzu kam, daß die von Bismarck verlangte „Subordination“ die Fraktionen der herrschenden Klassen nicht aussparte. Die Parteien hatten die Wahl, entweder ihre Gefolgschaft anzubieten und von Bismarck für ein begrenztes Zusammenwirken eine Zeitlang akzeptiert zu werden, oder in Opposition gegen die Regierung zu stehen. Ein bevorzugtes Mittel der Bismarckschen Herrschaftstechnik war es, in inneren Konfliktsituationen mißliebige politische Kräfte als „Reichsfeinde“ zu diskriminieren und gegen sie eine Mehrheit von „reichstreuen“ Elementen unter dem Regierungsbanner zu sammeln. Als solche „Reichsfeinde“ wurden nacheinander aufgebaut die katholische Zentrumspartei, die revolutionäre Sozialdemokratie und, wie in Bismarcks Anfangsjahren als Ministerpräsident, der oppositionelle Linksliberalismus.

247 Im Gespräch mit Robert von Benda, August 1878:

Im übrigen, das sagte er wohl dreimal, sei ihm das Fraktionswesen, konservativ oder liberal, völlig gleichgültig, heute mehr als je; er gehe seinen Weg, wer mit ihm gehe, sei sein Freund, wer wider ihn gehe, sein Feind – bis zur Vernichtung.

248 Bismarck im Reichstag, 9. Juli 1879:

Ich habe, seit ich Minister bin, nie einer Fraktion angehört, auch nicht angehören können, ich bin sukzessiv von allen gehaßt, von einigen geliebt worden. Es ist das à tour de rôle[1] herumgegangen. Als ich zuerst im Jahre 1862 das preußische Ministerpräsidium übernahm, da ist in aller Angedenken, bis zu welcher – ich kann wohl sagen – vaterlandsfeindlichen Höhe sich der Haß mir gegenüber verkörperte, und bis zu gewissem Maße auch gegen die höheren Einflüsse, die mich auf dem Posten erhielten. Ich habe mich dadurch nicht beirren lassen und habe auch nie versucht, mich dafür zu rächen; ich habe von Anfang meiner Karriere an nur den einen Leitstern gehabt: durch welche Mittel und auf welchem Wege kann ich Deutschland zu einer Einigung bringen und, soweit dies erreicht ist, wie kann ich diese Einigung befestigen, fördern und so gestalten, daß sie aus freiem Willen aller Mitwirkenden dauernd erhalten wird.

1 der Reihe nach.

249 Bismarck im Reichstag, 29. November 1881:

Der Herr Vorredner hat mir einen Vorwurf daraus gemacht, daß ich nicht die Parteien zu nützen wüßte zum Heil des Ganzen – ich glaube, er sagte, die großen Strömungen in der öffentlichen Meinung oder in den Fraktionen nicht zu pflegen wüßte, in der Nation, die großen Strömungen. Ja, meine Herren, ich sehe von diesen großen Strömungen nichts, ich sehe nur eine Masse von kleineren. Eine große kann ich nur eine solche nennen, die das Maß einer Majorität überschreitet. Ich sehe, glaube ich, acht oder zehn größere oder kleinere Fraktionen: Sie haben da die Konservativen, die Freikonservativen, Sie haben das Zentrum, Sie haben die Nationalliberalen, Sie haben die Partei, die der Herr Abgeordnete Windthorst nicht liberal nennen wollte, Sie haben den Fortschritt – dies sind sechs, Sie haben dann eine recht beträchtliche Zugabe noch, die bei diesen schwankenden Majoritäten die Zunge der Waage in der Hand hält: da sind die Polen, das sind sieben; da sind die Elsässer – das sind acht. Wir haben das aufgehende Gestirn – und die Sozialdemokratie, die recht stark ist und jeder einzelnen liberalen Fraktion die Waage hält, das wäre die zehnte. – Wie soll ich denn diese großen Strömungen nun pflegen? Ja, der Anspruch steht mir wohl gegenüber, und ich bin ja nicht kurzsichtig genug, um den nicht zu erkennen. Die stärkeren Fraktionen stellen an mich den Anspruch, ich soll ihnen nicht nur meine Person, sondern das kaiserliche Gewicht zur Verfügung stellen für ihre Fraktionszwecke, dann würden sie wohl auskommen können und mit mir zusammen wirtschaften. Ja, wenn das meine Überzeugung wäre, wenn meine Überzeugung mit einer dieser Fraktionen vollständig übereinstimmte, so würde ich mich gern der Fraktion anschließen und würde aus meinem Herzen keine Mördergrube machen, vorausgesetzt, daß ich voraussähe, mit dieser Fraktion kann ich mein Jahrhundert in die Schranken fordern, und die ist stark genug, um das Deutsche Reich mit ihrer Hilfe zu festigen, auszubilden, zu regieren. Wo ist denn aber die Fraktion, an deren Spitze, oder, wie Sie sagen würden, in deren Gefolge ich dies leisten könnte? Zeigen Sie mir die, und dann will ich sie als große Strömung behandeln, ich würde sie studieren und mit ihr in Beziehung treten. Jetzt ist mir aber die schwierige Aufgabe zuteil geworden, zwischen allen Parteien, die sich gegenseitig ohne Sieg bekämpfen bis aufs Blut, zu balancieren und zu lavieren und die Regierung in solcher Lage ohne besondere Krisen so lange zu führen, wie ich sie geführt habe. Das ist eine Leistung, der Sie Anerkennung zollen sollten.

Berlin war 1871 zu einem politischen Mittelpunkt Europas geworden. Doch nur mit Mühe konnte das gesellschaftliche Leben in der preußischen Metropole den neuen Dimensionen gerecht werden. Bismarcks eigener Lebensstil hat dazu beträchtlich beigetragen. Gesellschaftlichen Verpflichtungen suchte er sich möglichst zu entziehen. Zwar führte er ein gastliches Haus, doch war es immer wieder ein ziemlich enger Kreis vertrauter Mitarbeiter, regierungstreuer Parlamentarier, in- und ausländischer Verehrer, der sich bei Bismarck traf. Das geistig-kulturelle Leben ging am Kanzler nahezu vorbei.

250 *Alois Gyula Károlyi an Andrássy, 4. April 1875:*

Fürst Bismarck liebt es und hat seine ganze Existenz danach eingerichtet, sich bloß mit Untergebenen und Gleichgesinnten ganz ungeniert zu umgeben, und sein Geschäftsleben bewegt sich auch meist in diesen Kreisen. Auf keinem Terrain ist, wenn ich mich so ausdrücken darf, der gesellig-politische Verkehr, der zum Beispiel in Paris, London und St. Petersburg eine große und nützliche Rolle in der Politik spielt, so armselig und ressourcelos wie auf dem Berliner.

251 *Lucius von Ballhausen, Erinnerungen:*

Es sammelte sich gewöhnlich ein großer Kreis um ihn, und er trug meist die Kosten der Unterhaltung selbstredend, während die Nächstsitzenden den Faden gewissermaßen weiterspannen durch Zwischenbemerkungen. Ihn selbst schien diese Art der Konversation eher Vergnügen zu machen, und man merkte ihm selten Spuren von Ermüdung an. Er aß und trank reichlich dazu und sah, zumal wenn er sich eine lange Pfeife bringen ließ, wie ein Patriarch unter seinen Jüngern aus. Es waren oft merkwürdig interessante Gruppen um ihn versammelt. Er behandelte jeden seiner Gäste mit der gleichen wahrhaft herzlichen Freundlichkeit und Rücksicht. Man gruppierte sich ganz nach Belieben und Laune. Es herrschte eine vollständige und soziale Gleichheit in Behandlung der Gäste und eine splendide Gastlichkeit, ohne die geringste Affektation oder Prätention.

252 *Friedrich Kapp an Eduard Cohen, 11. November 1880:*

Ich verstehe den Zauber, den Bismarck auf Dich ausübt, sehr gut und freue mich, daß der Verkehr mit ihm in jüngster Zeit so angenehm den täglichen Dienst Deines Berufes unterbrochen hat. Ich rechne noch heute, obgleich es schon einige Jahre her ist, die in seinem Hause und namentlich an seinem Tisch verbrachten Abende zu den anregendsten meines Lebens. Der Mann ist eben nicht durch die Routine des Dienstes, die Steifheit des Bürokratismus gebrochen. Es ist nichts Kommentmäßiges, Studiertes, keine affektierte Würde in ihm, sondern auf übersprudelnder Kraftfülle beruhende Frische und Lebendigkeit. Er wäre noch ein ganz anderer Kerl, wenn seine tägliche Umgebung nicht teilweise Bedienten- und Sklavenseelen wären, Subjekte, die mit dem Halsband am Kragen sich durch die Welt schlängeln, um etwas vorzustellen, bei dem mächtigen Manne unterzukriechen.

Immer wieder waren Bismarcks Gäste über dessen sonderbare Tageseinteilung sowie den Speisezettel verblüfft, der ob der Menge und des bunten Durcheinanders des von Bismarck Bewältigten durchaus ungewöhnlich anmutete.

253 *Hildegard von Spitzemberg, Tagebuch, 16. Mai 1872:*

Wenn diese Riesennatur nur einigermaßen vernünftig Diät hielte im Essen, Trinken und Schlafen, er würde uns alle überleben. Aber jahrelang mittags 2 Uhr aufstehen, von da bis abends dreimal aufs reichlichste essen und trinken, dazwischen aufregende Staatsgeschäfte bis 11½, dann rauchen und Leute sehen bis nachts 1, 2 Uhr, natürlich darauf schlaflos im Bette liegen bis gegen morgen und die Nachtruhe unter Tage nachholen. Es ist zu unsinnig! Aber auch darin, wie in allem andern, ist dieses Haus anders als die übrige Menschheit und wundert sich, wenn es ihm geht wie andern Sterblichen, d. h., wenn die Kräfte ausgehen.

254 Lucius von Ballhausen, Tagebuch, 17. Mai 1874:

Bismarck kam von einem langen Spaziergange im Garten, offenbar mit gutem Appetit. Er erkundigte sich, wo die vielen Möweneier, welche er aus Schlesien geschenkt erhalten hatte, geblieben seien. Sofort wurden welche bestellt, und nachdem er schon Suppe, eine große fette Forelle und Kalbsbraten verzehrt hatte, aß er noch drei oder vier von diesen großen schweren Eiern. Dazu trank er verschiedene Burgunderproben, ohne daß sie ihm recht schmeckten. Dabei war er nach seiner Meinung noch auf Krankenkost gesetzt.

255 Christoph von Tiedemann, Erinnerungen:

Im Essen und Trinken wußte er nicht maßzuhalten. Als ich zum ersten Male bei ihm speiste, klagte er über Appetitlosigkeit, und ich gewahrte dann mit wachsendem Staunen, daß er von jedem Gericht eine Dreimännerportion vertilgte. Mit Vorliebe genoß er schwere und unverdauliche Speisen, und die Fürstin begünstigte diese Neigung. Wenn er in Varzin oder Friedrichsruh an einer Magenverstimmung litt, hatte sie nichts Eiligeres zu tun, als an Borchardt[1] in Berlin um Zusendung einer Gänseleber- oder Krammetsvogelpastete größter Sorte zu telegraphieren. In diese legte, wenn sie am nächsten Tage bei Tische präsentiert wurde, der Fürst schon auf den ersten Anhieb eine große Bresche; während sie weiter herumgereicht wurde, verfolgte er sie mit eifersüchtigen Blicken, was zur Folge hatte, daß jeder der Anwesenden sich des Spruches erinnerte: „Bescheidenheit ist eine Zier“, ohne den Nachsatz zur Anwendung zu bringen. Kam die Pastete dann, in ihrem Volumen nur um ein geringes vermindert, an ihn zurück, so verzehrte er sie bis auf den letzten Rest. Kein Wunder, daß bei solchen kulinarischen Exzessen gastrische Störungen an der Tagesordnung waren.

1 Luxusrestaurant Borchardt in Berlin.

Herrenhaus Friedrichsruh

256 Philipp zu Eulenburg, Tagebuch, 30. Dezember 1888:

Ungewöhnlich wie alles ist auch die Quantität und Art der Nahrungsmittel im Hause Bismarck. Gänseleberpasteten, geräucherte Fische aller Größen, Heringe, Beefsteaks, Koteletts, Gemüse – alles zugleich auf den Tisch gestellt, und schwerer Portwein dazu. Meistens Geschenke von deutschen Verehrern. Man mußte von allem kosten, Vergleiche in Pasteten anstellen und sich den Teller hoch beladen. Während des Essens reichte der Fürst den bettelnden Hunden Semmeln und große Stücke Fleisch. Die Unterhaltung drehte sich um materielle Dinge. „Du ißt zuviel Pastete", sagte die Fürstin, und der Fürst antwortete mit einem langen lateinischen Spruch. „Was heißt das?" fragte die Fürstin. – „Das heißt: Was ich gegessen habe, das hab' ich. Was ich sonst geleistet habe, wird vergessen."

Wie 1866 zahlte sich auch der Erfolg von 1870/71 für Bismarck persönlich aus. Kaiser Wilhelm I. ließ der Erhebung seines Kanzlers zum Fürsten eine fürstliche Gabe folgen.

Am 24. Juni 1871 erhielt Bismarck den Sachsenwald im Herzogtum Lauenburg bei Hamburg als Geschenk. Es war die staatliche Domäne Friedrichsruh mit 25000 Morgen Wald und 2000 Morgen Land, die Bismarck nun unter die großen Grundbesitzer Deutschlands einreihte. Doch zunächst klagte er nur über neu entstehende Unkosten, denn er kaufte einige angrenzende Ländereien hinzu und mußte, um in Friedrichsruh ebenso behaglich wie in Varzin wohnen zu können, erst ein benachbartes Gasthaus erwerben und herrichten lassen. Ein Schloß, eine Fürstenwohnung, ist zu Bismarcks Zeiten nicht daraus geworden. Friedrichsruh blieb ein ziemlich anspruchsloser Bau. Ständig in Sorge um ein profitables Verhältnis von Aufwand und Ertrag, kümmerte sich der vielbeschäftigte Reichskanzler auch fortan um allerlei Einzelheiten der Land- und Forstwirtschaft.

257 *Wilhelm I. an den Minister für Lauenburg, 24. Juni 1871:*

Ich habe mich veranlaßt gefunden, den zu dem Domanium des Herzogtums Lauenburg gehörigen Grundbesitz im Amte Schwarzenbeck, welcher Mir zum freien und unbeschränkten Eigentum durch den mit der Ritter- und Landschaft des Herzogtums unterm 19. d. M. abgeschlossenen, von Mir am 21. d. M. genehmigten Rezeß überlassen worden ist, mit allen daraus resultierenden Privatrechten und Verbindlichkeiten dem Kanzler des Deutschen Reiches, Fürsten von Bismarck, in Anerkennung seiner Verdienste als eine Dotation zum Eigentum zu übereignen. Indem Ich Sie hiervon in Kenntnis setze, haben Sie das Erforderliche zur Ausführung Meiner Gnadenbewilligung zu veranlassen.

258 *An den Bruder, 23. Juli 1871:*

Die neue Dotation ist, wie ich denke, sehr wertvoll, bisher aber brachte sie mir nur eine Ausgabe von 85000 Taler, die ich aufgenommen habe, um eine veräußerte Parzelle mitten darin zu kaufen, den einzigen Fleck, wo man sich etablieren kann, wenn man nicht in einem verwunschenen Jagdschloß im wüsten Walde wohnen will. Die Einnahmen waren bisher 34000 Taler netto, darunter 3500 Taler Jagdpacht und 2 bis 3000 Taler für Mahl-, Brau- und Brennzwang. Beides fällt künftig fort, letztres durch die Gesetzgebung, und die Jagd kann ich doch nicht dauernd den Hamburgern lassen. Die Einnahmen stehn mir erst vom 1. Januar 1872 an zu. Bis dahin mache ich Schulden. Immer wären 30000 Taler eine schöne Revenue, nur muß man nicht Fürst dabei sein.

259 An Inspektor Kohnert, 10. Februar 1875:

Ein Gut, von dem ich nichts weiß, hat kein Interesse für mich, und die Rente von einer Aktie ist höher wie von Grundbesitz. Das Interesse an letzterem muß einen Teil der Zinsen decken, sonst ist es töricht, ihn zu besitzen. Ich wünsche namentlich zunächst folgende Auskunft: Wieviel Fläche, und wo, ist mit Winterkorn bestanden, wieviel mit Klee, rot oder weiß, mit Gras-Saat? Was beabsichtigen Sie im Sommer zu bestellen, wo, wie groß, womit? In Dung oder nicht? Welche Versuche werden Sie mit Lupinen, Seradella machen, ... welche Gras-Mischung zur Weide? Letztere scheint bisher ganz der Natur überlassen ... Wie lohnt das Korn im Drusch? Was ist gedroschen, was noch zu dröschen. Wie ist der Kartoffel- und Rüben-Vorrat? Wer von einem Gut nichts anderes erfährt, als zu zahlen, und nicht hört, wie die Aussicht für die Zukunft ist, der verliert die Lust daran.

260 Herbert Bismarck an Christoph von Tiedemann, 9. Mai 1878:

Im Auftrage meines Vaters übersende ich Ihnen anbei ein Schreiben des Mühlenpächters in Varzin, der sich über das im Reichstage beschlossene Verbot der Sonntagsarbeit beschwert.
Mein Vater ist den Reichstagsverhandlungen nicht gefolgt und bittet Sie um Auskunft darüber, ob die Sache so liegt, wie Behrend[1] sie darstellt. Wenn dem so wäre, so könnte ein solcher Reichstagsbeschluß im Bundesrate keinenfalls zur Annahme gelangen, und man müßte dort beizeiten vorbauen. Bei manchen Gewerbebetrieben wäre jenes Verbot absolut undurchführbar, wenn man sie nicht ruinieren wollte, so z. B. bei Brennereien, wo man des Mittwochs kein Futter für sein Vieh hätte, wenn sonntags nicht eingemaischt werden dürfte; ebenso wäre es bei den mei-

sten Dampfmaschinen und Hochöfenbetrieben doch sehr ruinös, das Feuer am Sonnabend abend ausgehen lassen zu müssen, da die Öfen kalt würden und auch den halben Montag deshalb nicht würden ordentlich arbeiten können.

1 Pächter der Varziner Papiermühlen.

Zwischen 1862 und 1890, den achtundzwanzig Jahren seines Wirkens als Minister und Kanzler, hat Bismarck, abgesehen von Reisen, Kuraufenthalten in Kissingen und der Kriegsteilnahme 1866 und 1870/71, etwa fünfzehn Jahre in Berlin und in Varzin sowie Friedrichsruh im ganzen neun Jahre zugebracht. Schnell begann er, sich auch in Friedrichsruh heimisch zu fühlen, und weilte seit 1877 meist mehrere Monate dort.

261 *Im Gespräch mit Francesco Crispi, 2. Oktober 1887:*

Sie sehen das Haus, es war, wie ich Ihnen sagte, eine Herberge, ein Hotel, wenn Sie wollen. Ich ließ den Pachtvertrag erlöschen und nahm hier meinen Aufenthalt. Ich habe noch andere Wohnsitze, aber dieser ist für mich am bequemsten, um auf dem Lande zu bleiben und zugleich die Geschäfte in der Hand zu behalten. Wir sind nur vier Stunden vom Reichskanzleramt entfernt. Sechzehn Bahnzüge verkehren täglich zwischen Berlin und Hamburg, darunter mehrere Schnellzüge. Ich bin also in fortwährendem Verkehr mit meinen Kanzleien, jeden Abend setzen sie mich bezüglich der Tagesgeschäfte aufs laufende, und jeden Morgen schicke ich die Papiere zurück, die ich tags zuvor empfangen, die einen unterzeichnet, die anderen mit meinen Instruktionen. Mit einem Wort, die Arbeit wird erledigt, wie wenn ich mich in Berlin befände, ja vielleicht noch besser, denn die Post ist verläßlich und pünktlich.

262 *Erinnerung Christoph von Tiedemanns:*

Mit ähnlicher Präzision wie in Berlin gestaltete sich der Dienst in Varzin und Friedrichsruh, wenn ich den Fürsten

Bismarck als Gutsherr

dorthin begleitete. Nur daß wir dort ein etwas sonderbares Leben führten, indem wir die Nacht zum Tage machten. Des Morgens um 11 Uhr, bis dahin schlief ich, brachten mir die Diener die eingegangenen Postsachen ans Bett, die ich öffnete, las und in verschiedene Aktendeckel auf einem Nebentisch unterbrachte. Dann kleidete ich mich an und begab mich ins Frühstückszimmer. Von der Familie war die Fürstin gewöhnlich die einzige, die um diese Zeit schon aufgestanden war. Zwischen 12 und 1 Uhr erschien der

Holzfabriken Bismarcks in Friedrichsruh

Fürst. Während er mit großem Appetit frühstückte, hielt ich meine Vorträge. Ebenso wie in Berlin notierte ich mir am Rande der eingegangenen Sachen seine Entscheidungen, die immer augenblicklich erfolgten. Die Sache dauerte etwa eine Stunde. Gegen 2 Uhr wurde gemeldet, daß die Pferde gesattelt seien. Wir saßen auf und machten, das Wetter mochte sein, wie es wollte, einen drei- bis vierstündigen Ritt. Gewöhnlich begleitete uns die Tochter des Fürsten, die jetzige Gräfin Rantzau, oder einer der Söhne, wenn sie in Varzin anwesend waren. Auf diesem Ritte wurden bisweilen noch die wichtigsten Geschäfte erörtert. Ich ritt neben dem Fürsten wie ein Wachtmeister mit eingeknöpftem Taschenbuche, um mir etwaige Weisungen und Aufträge notieren zu können. In der frischen Luft und im Sattel wurde manches nachgeholt, was beim Frühstück nicht volle Erledigung gefunden hatte. Wir ritten gewöhnlich Schritt oder Trab, nur in der letzten halben Stunde, wenn es nach Hause ging, wurde eine recht starke Pace angeschlagen, so daß wir immer auf dampfenden Rossen eintrafen. Um 6 Uhr wurde diniert, immer vier Gänge mit Sekt, Tischwein und Portwein. Die Söhne und ich hatten das Recht, uns besondere Lieblingsweine nach eigener Wahl aus dem Keller kommen zu lassen. Der Fürst trank gewöhnlich nur Bier aus einem silbernen Humpen. Er liebte eine kräftige Hausmannskost, und es war ein Vergnügen, ihn vor einer Schüssel mit Gänseklein zu beobachten. Von den Krebsen meinte er einmal, sie hätten die sonderbare Eigenschaft, daß sie immer kleiner würden, je häufiger die Schüssel herumgehe. Das rasch servierte Diner dauerte höchstens eine Stunde. Dann begaben wir uns in den großen Salon. Der Fürst zündete sich eine Pfeife an, setzte sich an den Kamin, in den er von Zeit zu Zeit ein Holzscheit warf, und nun begann die interessanteste Stunde des Tags (...) Am Varziner Kamin enthüllte er seine geheimsten Gedanken, hier fühlte er sich jeder Rücksicht frei und empfand das Bedürfnis, sich auszusprechen. Unerschöpflich war er in Mitteilungen aus seiner parlamentarischen und amtlichen Vergangenheit (...) Um 9 Uhr zog sich der Fürst in sein Arbeitszimmer zurück, und nun begann für mich die Zeit der Arbeit. Die beim Frühstück vorgetragenen Sachen mußten bis Mitternacht erledigt werden (...) Etwas nach Mitternacht war Postschluß. Die Diener erschienen, um die Briefe und sonstigen Postsachen zu kuvertieren und zu siegeln. Um halb 1 Uhr war die Tagesarbeit getan. Es folgte die Teestunde im Zimmer der Fürstin, die sich gewöhnlich noch auf Stunden ausdehnte.

Im Brennpunkt des innenpolitischen Geschehens zu Beginn der siebziger Jahre stand die große Auseinandersetzung zwischen preußisch-deutschem Staat und politischem Katholizismus. Die klerikale Zentrumspartei war mit 63 Abgeordneten in den Deutschen Reichstag eingezogen. Den mächtigen Vatikan als Rückhalt, sozial und politisch bunt gemischt, sammelten sich im Zentrum unter antipreußischer Flagge die verschiedensten partikularistischen Kräfte, bayrische Patrioten und protestantische Hannoveraner, katholische Polen wie Elsässer, dazu der katholisch-reaktionäre süddeutsche Adel, katholische Kreise des Großbürgertums, aber auch konfessionell gefärbte breiteste Volksschichten. Recht streitbar zog das Zentrum unter Führung des ehemaligen hannoverschen Ministers Ludwig Windthorst gegen alles Preußische am neuen Reich ins Feld. Nicht minder kampfentschlossen nahm Bismarck den Fehdehandschuh auf und ging seinerseits zum Angriff über. Er fand große Worte über die historische Dimension des politischen Ringens der weltlichen mit der geistlichen Macht.

Praktisch ging es Bismarck, wenn er für die Durchsetzung der monarchischen Staatsautorität gegen überstaatliche Ansprüche der römischen Kurie eine Unzahl drakonischer Zwangsgesetze aufbot, letztlich um den Bestand des bonapartistischen Herrschaftssystems, in dem es keine anderen politischen Reservate geben durfte als die von Bismarck kontrollierten. Eine voraussehbare Übertragung des päpstlichen Unfehlbarkeitsanspruches auf staatliche Bereiche mußte in der öffentlichen Meinung als eine Herausforderung des geistig-kulturellen Zeitgeistes und eines modernen Staatsbewußtseins erscheinen. Deshalb fand Bismarcks Abwehr der ultramontanen „Reichsfeinde" die uneingeschränkte Unterstützung des ganzen liberalen Lagers. Rudolf Virchow hat dafür das Schlagwort vom „Kulturkampf" geprägt.

263 Bismarck im Abgeordnetenhaus, 30. Januar 1872:

Ich habe es von Hause aus als eine der ungeheuerlichsten Erscheinungen auf politischem Gebiete betrachtet, daß sich eine konfessionelle Fraktion in einer politischen Versammlung bildete, eine Fraktion, der man, wenn alle übrigen Konfessionen dasselbe Prinzip annehmen wollten, nur die Gesamtheit einer evangelischen Fraktion gegenüberstellen müßte; dann wären wir allerseits auf einem inkommensurablen Boden, denn damit würden wir die Theologie in die öffentlichen Versammlungen tragen, um sie zum Gegenstande der Tribünediskussion zu machen (...)
Ich habe, als ich aus Frankreich zurückkam, die Bildung dieser Fraktion nicht anders betrachten können als im Lichte einer Mobilmachung der Partei gegen den Staat.

264 Bismarck im Reichstag, 14. Mai 1872:

Ich halte es nach den neuerdings ausgesprochenen und öffentlich promulgierten Dogmen[1] der katholischen Kirche nicht für möglich für eine weltliche Macht, zu einem Konkordat zu gelangen, ohne daß diese weltliche Macht bis zu einem Grade und in einer Weise effaziert würde, die das Deutsche Reich wenigstens nicht annehmen kann. Seien

Sie außer Sorge: Nach Kanossa[2] gehen wir nicht – weder körperlich noch geistig!

1 Dogma der päpstlichen Unfehlbarkeit, vom Vatikanischen Konzil 1870 beschlossen.
2 In der italienischen Burg Kanossa beugte sich im Jahre 1077 Kaiser Heinrich IV. dem politischen Einfluß des Papsttums.

265 Bismarck im Herrenhaus, 10. März 1873:

Die Frage, in der wir uns befinden, wird meines Erachtens gefälscht, und das Licht, in dem wir sie betrachten, ist ein falsches, wenn man sie als eine konfessionelle, kirchliche betrachtet. Es ist wesentlich eine politische; es handelt sich nicht um den Kampf, wie unseren katholischen Mitbürgern eingeredet wird, einer evangelischen Dynastie gegen die katholische Kirche, es handelt sich nicht um den Kampf zwischen Glauben und Unglauben, es handelt sich um den uralten Machtstreit, der so alt wie das Menschengeschlecht, um den Machtstreit zwischen Königtum und Priestertum, den Machtstreit, der viel älter ist als die Erscheinung unseres Erlösers in dieser Welt. (...)
Es ist meines Erachtens eine Fälschung der Politik und der Geschichte, wenn man Seine Heiligkeit den Papst ganz ausschließlich als den Hohenpriester einer Konfession oder die katholische Kirche als Vertreter des Kirchentums überhaupt betrachtet. Das Papsttum ist eine politische Macht jederzeit gewesen, die mit der größten Entschiedenheit und dem größten Erfolge in die Verhältnisse dieser Welt eingegriffen hat, die diese Eingriffe erstrebt und zu ihrem Programm gemacht hat. (...)
Also dieser Machtantritt unterliegt denselben Bedingungen, wie jeder andere politische Kampf, und es ist eine Verschiebung der Frage, die auf den Eindruck auf urteilslose Leute berechnet ist, wenn man sie darstellt, als ob es sich um Bedrückung der Kirche handelte. Es handelt sich um Verteidigung des Staates, es handelt sich um die Abgrenzung, wie weit die Priesterherrschaft und wie weit die Königsherrschaft gehen soll, und diese Abgrenzung muß so gefunden werden, daß der Staat seinerseits dabei bestehen kann. Denn in dem Reiche dieser Welt hat er das Regiment und den Vortritt.

Karikatur der „Berliner Wespen“ zum Kulturkampf

Der „Kulturkampf“ begann mit dem „Kanzelparagraph“, einer am 10. Dezember 1871 beschlossenen Ergänzung des Strafgesetzbuches gegen den Mißbrauch der Religion zu politischen Zwecken. Nach dem preußischen Schulaufsichtsgesetz vom 11. März 1872 führten die Maigesetze von 1873 auf den Höhepunkt des „Kulturkampfes“. Danach war die Übernahme eines geistlichen Amtes von staatlichen Examen und einer Anzeigepflicht bei den staatlichen Provinzialbehörden abhängig. Außerdem wurde die päpstliche Gerichtsbarkeit über die katholische Kirche in Preußen aufgehoben und der Kirchenaustritt erleichtert. 1874 kam es zur Einführung der obligatorischen Zivilehe und zum „Expatriierungsgesetz“, welches die Ausweisung widerspenstiger Geistlicher ermöglichte. 1875 folgten weitere Strafgesetze gegen eine Nichtbefolgung der bisherigen Kirchengesetze: Das „Brotkorbgesetz“ sperrte alle finanziellen Leistungen des Staates an die katholische Kirche, das „Klostergesetz“ legte die Aktivität geistlicher Orden lahm.

Schließlich waren 1876 alle preußischen Bischöfe verhaftet, und in nahezu einem Viertel aller katholischen Kirchgemeinden gab es keine Pfarrer mehr.
Die Brachialgewalt der Kulturkampfgesetze, die der katholischen Kirche das Leben erschwerten, ihren Widerstand aber nur kräftigten, brachte die ganze katholische Bevölkerung des Reiches und viele Sympathisanten im In- und Ausland gegen Bismarck auf. Der deutsche Reichskanzler avancierte zu einer der meistgehaßten Persönlichkeiten Die Erregung nahm extreme Formen an, als am 13. Juli 1874 in Kissingen ein Attentat auf Bismarck versucht wurde und der Kanzler im Anschluß daran im Reichstag das Zentrum für die Tat verantwortlich machte.

266 *Bismarck im Abgeordnetenhaus, 16. Januar 1874:*

Ja, meine Herren, wenn ich mich auf die Widerlegung alles dessen einlassen wollte, was gegen mich gedruckt wird, auch nur vielleicht im Sinne der hier vertretenen Mittelpartei gegen mich gedruckt wird, da reichte kein Preßbureau und kein Welfenfonds[1], da müßte ein besonderes Ministerium dazu eingerichtet werden, um das bloß lesen zu lassen. Und ich rechne es mir zur Ehre! In meinem ganzen, unter verschiedenen Gestaltungen der europäischen Politik stets mit entschlossener Vertretung der Interessen meines Königs und meines Landes durchgeführten politischen Leben ist mir die Ehre zuteil geworden, sehr viele Feinde zu haben. Gehen Sie von der Garonne, um mit der Gascogne anzufangen, bis zur Weichsel, vom Belt bis zur Tiber, suchen Sie an den heimischen Strömen der Oder und des Rheins umher, so werden Sie finden, daß ich diesem Augenblicke wohl die am stärksten und – ich behaupte stolz! – die am besten gehaßte Persönlichkeit in diesem Lande bin.

1 Geheimfonds der Regierung zur finanziellen Unterstützung der bismarckhörigen Presse. Der Fonds wurde aus den Zinsen des nach 1866 beschlagnahmten Vermögens des zur Linie der Welfen gehörenden hannoverschen Königshauses gebildet.

267 Amtliche Depesche, 13. Juli 1874:

Mittags kurz nach 1 Uhr bei der Ausfahrt zur Saline, 15 Schritte vom Hause, schoß ein Böttchergeselle, Eduard Franz Ludwig Kullmann, 21 Jahre alt, mit einläufigem Terzerol auf den Fürsten Bismarck und verwundete ihn leicht am rechten Handgelenk, ergriffen, auf der Flucht das Terzerol fortgeworfen, Brieftasche verloren, gesteht, den Fürsten wegen der Kirchengesetze habe töten wollen. Fürst Bismarck hat den Verbrecher selbst gehört. Recherche im vollen Gange.

268 Bismarck im Reichstag, 4. Dezember 1874:

Der Herr Vorredner wird gewiß nie im Innersten seiner Seele auch nur den leisesten Wunsch gehabt haben: wenn dieser Kanzler einmal irgendwie verunglücken könnte! (Heiterkeit.) Ich bin überzeugt, er hat das nie gedacht. (Heiterkeit.)
Aber mögen Sie sich lossagen von diesem Mörder, wie Sie wollen, er hängt sich an Ihre Rockschöße fest (Bravo! – Murren im Zentrum), er nennt Sie seine Fraktion! (...)
Der Mann hat bei der einzigen Unterredung, welche ich mit ihm gehabt habe, wo ich ihn fragte: wenn Sie mich nicht gekannt haben, warum haben Sie mich dann umbringen wollen? – darauf hat er mir geantwortet: Wegen der Kirchengesetze in Deutschland. Ich habe ihn weiter gefragt, ob er denn glaubte, damit diese Sache zu verbessern. Darauf hat er gesagt: Bei uns ist es schon so schlimm – es kann nicht schlimmer werden. Ich habe mich überzeugt gehalten, daß er diese Redensart irgendwo in Vereinen aufgeschnappt hatte. Und dann hat er noch gesagt: Sie haben meine Fraktion beleidigt! (Große Heiterkeit.)
Ich sagte: Welches ist denn Ihre Fraktion? Darauf hat er mir vor Zeugen gesagt: Die Zentrumsfraktion im Reichstage. (Heiterkeit – Pfui! aus der Zentrumsfraktion.)
Ja, meine Herren (nach dem Zentrum), verstoßen Sie den Mann, wie Sie wollen! Er hängt sich doch an Ihre Rockschöße! (Pfui! aus dem Zentrum. Stürmisches andauerndes Bravo links und rechts unter wiederholten Pfui-Rufen aus dem Zentrum. Glocke des Präsidenten.)
Präsident von Forckenbeck: Ich bitte um Ruhe – und muß

bemerken, daß der Ausdruck „Pfui“ nicht parlamentarisch ist. Der Herr Reichskanzler hat das Wort.
Fürst Bismarck fährt fort:
Meine Herren! Der Herr Präsident hat schon gerügt, was ich von dem Herrn Abgeordneten, der dort auf der zweiten Bank sitzt, rügen wollte – oder vielmehr, rügen ist nicht mein Beruf, aber ich wollte meine Meinung darüber äußern. „Pfui!“ ist ein Ausdruck des Ekels und der Verachtung. Meine Herren, glauben Sie nicht, daß mir diese Gefühle fernliegen; ich bin nur zu höflich, um sie auszusprechen. (Lebhaftes Bravo! von links und rechts. Murren im Zentrum. Aufregung.)

Bismarck hat sein Ziel, die Zentrumsopposition aufzureiben, nicht erreicht. Zum erstenmal mußte er erfahren, daß Ausnahmegesetze und kleinliche Polizeischikanen einer großen und lebendigen Partei nichts anzutun vermögen. Seine restriktive Politik bewirkte vielmehr, daß sich das Zentrum immer stärker konsolidierte, bis es schließlich im Rahmen einer veränderten innenpolitischen Konstellation Ende der siebziger Jahre engere Beziehungen zu den herrschenden Kreisen Preußen-Deutschlands anbahnte.
Indessen aber hatte sich Bismarck durch den Kulturkampf mit der Konservativen Partei, seinem eigenen Fleisch und Blut, einige Schwierigkeiten eingehandelt. Das im Preußischen Landtag eingebrachte Schulaufsichtsgesetz, welches für alle öffentlichen und privaten Schulen die geistliche durch die staatliche Schulaufsicht ablöste, war im Frühjahr 1872 auf erheblichen konservativen Widerstand vor allem im Herrenhaus gestoßen. Der Eingriff in das Verhältnis von Staat und Kirche rührte auch an das unter konservativ-junkerlichem Patronat stehende protestantische Staatskirchentum und trieb die seit 1866 angelegte Entfremdung der Konservativen von Bismarck weiter voran. Zum offenen Bruch kam es schließlich, als im Dezember 1872 die Konservativen im Herrenhaus die Kreisordnung ablehnten, welche die gutsherrliche Patrimonialgewalt beseitigte und der preußischen Verwaltung einen moderneren Zuschnitt geben sollte.
Bismarck trat daraufhin am 20. Dezember 1872 als preußi-

scher Ministerpräsident zurück. Er übergab sein Amt Albrecht von Roon, genau wissend, daß der Kriegsminister dieser Aufgabe nicht mehr gewachsen war. Bismarck wollte mit dem taktischen Manöver demonstrieren, daß ohne seine Person in der preußischen Innenpolitik nichts laufe. Als Roon Anfang November 1873 aus dem Ministerium schied und Bismarck wieder die Ministerpräsidentschaft in Preußen übernahm, waren die verbohrten Konservativen allerdings noch immer nicht zur Räson gekommen.

269 An Albrecht von Roon, 13. Dezember 1872:

Mein Gefühl sagt mir, daß ich die alte Gesundheit nicht wiedererlange und also auch den alten Geschäftskreis nicht wieder übernehmen kann. Solange der König es befiehlt, will ich ihm als auswärtiger Minister gern weiter dienen, da ich die mehr als 20jährige Erfahrung in der europäischen Politik und das Vertrauen fremder Höfe nicht auf einen andern übertragen kann. Aber die auswärtigen Angelegenheiten der stärksten Großmacht nehmen einen vollen Mannesdienst in Anspruch, und es ist eine unerhörte Anomalie, daß der ausw. Minister eines großen Reichs daneben die Verantwortung für die innere Politik desselben tragen soll. Mein Gewerbe ist ein solches, in dem man viele Feinde gewinnt, aber keine neuen Freunde, sondern die alten verliert, wenn man es 10 Jahre lang ehrlich und furchtlos betreibt. Ich bin nachgrade in Ungnade bei allen Gliedern des Königlichen Hauses, und das Vertrauen des Königs zu mir ist im Abnehmen. Jeder Intrigant findet sein Ohr. Dadurch wird der auswärtige Dienst für mich schwieriger. Ich habe Goltz und Usedom jahrelang getragen; es wird mir aber sauer und unwürdig im Gefühl, mich mit einem so leichtfertigen und gewissenlosen Egoisten wie Harry Arnim[1] vor dem König über mein Recht als Minister streiten zu sollen. Das muß ich tragen, wenn ich auswärtiger Minister bleiben und der König mich noch schneller aufreiben will, als ich ohnehin zugrunde gehe. Im Innern habe ich aber den Boden, der mir annehmbar ist, verloren durch die landesfeindliche Desertion der Konservativen Partei in der katholischen Frage. In meinen Jahren und mit der Überzeugung, nicht lange mehr zu leben, hat der Verlust aller alten

Freunde und Verbindungen etwas für diese Welt Entmutigendes, was bis zur Lähmung geht, wenn die Sorge um meine Frau dazutritt, wie das seit einigen Monaten verstärkt wiederkehrt. Meine Federn sind durch Überspannung erlahmt; der König, als Reiter im Sattel, weiß wohl kaum, daß und wie er in mir ein braves Pferd zuschanden geritten hat; die Faulen halten besser aus, aber ultra posse nemo obligatur[2]. Ich glaubte es noch einige Monate bis zur mündlichen Verständigung hinhalten zu können. Aber Ihr Brief vom 10.,[3] lieber Roon, hat meinen Entschluß zur Reife gebracht. Ich kann des Königs Preußischer Ministerpräsident nicht bleiben; will Seine Majestät mich als Reichskanzler und ausw. Minister behalten, so will ich versuchen, diesen Zweig weiter zu besorgen. Die Verantwortung für Kollegen, auf die ich nur bittweisen Einfluß habe, und die Verantwortung für solche Ansichten und Willensmeinungen Sr. Maj., die ich nicht teilen kann, vermag ich in meiner deprimierten Gemütsverfassung nicht mehr durchzufechten. Die meine Bestrebungen kreuzenden Einflüsse sind mir zu mächtig, und die ruchlose Überhebung und politische Unbrauchbarkeit der Konservativen hat meine Freudigkeit im Kampfe seit letztem Frühjahr gebrochen. Mit den Konservativen ist nichts zu machen, sie folgen den „Rednern" wie Kleist und den Intriganten wie Bodelschwingh[4], gegen sie mag ich nicht. Der König muß also m. E. neue, im Parteiwesen nicht verbrauchte Leute an die Spitze bringen und mich in Frieden auf mein diplomatisches Altenteil oder gänzlich ziehn lassen. In diesem Sinne werde ich übermorgen mein partielles Abschiedsgesuch Sr. Majestät vortragen. Das Zeugnis gegen das Ministerium, welches in Ihrem Abschiedsgesuch liegt, hat meinen seit Monaten keimenden Entschluß schnell gereift.

1 Harry von Arnim (1824–1881): von 1871 bis 1874 Botschafter in Paris, stand im Gegensatz zu Bismarcks Frankreichpolitik und wurde vom Kanzler als ein gefährlicher Rivale schonungslos bekämpft.
2 Über sein Können hinaus ist niemand verpflichtet.
3 Roons Gesuch um Entlassung als Kriegsminister, das vom Kaiser abgelehnt wurde.
4 Bodelschwingh, Karl von (1800–1873): preußischer Finanzminister 1862 bis 1866.

Ich stehe dienstlich an der Bresche, und mein irdischer Herr hat keine Rückzugslinie (...) Ich will, krank oder gesund, die Fahne meines Lehnsherrn halten, gegen meine factiösen Vettern so fest wie gegen Papst, Türken und Franzosen. Vermüde ich, so bin ich anschlagmäßig verwendet, und der Verbrauch meiner Person ist vor jedem Rechnungshofe justifiziert. Durch Ihren Austritt bin ich vereinsamt, unter – Ministern – die einzige fühlende Brust. Der Rest vom alten Stamme, der bleibt, ist faul (...) Persönlich also nehme ich nicht Abschied. Wir werden mündlich doch noch manchen Rückblick auf die elf Geschichtsjahre tun können, die Gott uns zusammen hat durchkämpfen lassen und in denen wir mehr von seiner Gnade erlebt haben, als wenigstens mein Verstehn und Erwarten faßte. Im Amte aber wird es einsam um mich sein, je länger, je mehr; die alten Freunde sterben oder werden Feinde, und neue erwirbt man nicht mehr.

Bismarcks trübe Stimmung Ende 1873 hing wohl auch mit dem „Großen Krach" zusammen, der den stürmischen Wirtschaftsaufschwung der Gründerjahre unterbrach. In der liberalen Ära des Reichsausbaus hatten die Spitzen der Gesellschaft, allen voran die bourgeoisen Industrie- und Finanzkreise, aber auch geschäftstüchtige Vertreter des hohen Adels, vom Beamtentum und Offiziersstand, sich einem beispiellosen Gründerrausch hingegeben und wahre Orgien des Geschäftemachens veranstaltet. In atemberaubendem Tempo ging Deutschlands Entwicklung zur großen Industrienation voran.

Vieles an dem Milliarden-Boom erwies sich aber als Scheinblüte, gegründet auf Spekulation und Korruption. Die im Herbst 1873 ausgebrochene Wirtschaftskrise führte zu gründlicher Ernüchterung. Vor allem aber bewirkte die Krise und die lang anhaltende Depression in ihrem Gefolge eine wirtschafts- und sozialpolitische Reaktion, die weitreichende Folgen für Staat und Gesellschaft in Preußen-Deutschland hatte.

Die von der Krise besonders hart getroffenen Eisenindustriellen eröffneten sogleich eine organisierte Kampagne gegen die Zoll- und Handelspolitik der Regierung, welche der auswärtigen Konkurrenz freiwillig und ohne Not die Tore weit geöffnet und damit Absatzstockung wie Produktionsrückgang der deutschen Industrie selbst verschuldet habe. Das Verlangen nach Schutzzöllen, in das allmählich auch die junkerlichen Agrarproduzenten einzustimmen begannen, torpedierte Theorie und Praxis der bisherigen freihändlerischen Wirtschaftspolitik. Es war klar, daß damit die Grundlage der liberalen Ära der Reichspolitik überhaupt in Frage gestellt war und Bismarck über kurz oder lang eine Entscheidung fällen mußte. Die Überlegung, ob er den Zweifeln am liberalen Freihandelssystem nachgeben sollte oder nicht, verband sich für Bismarck mit noch anderen politischen Existenzfragen, die ebenfalls einer Lösung harrten.

Finanzpolitisch stand er vor der Aufgabe, das Reich auf eigene Füße zu stellen; es von Zuwendungen der Einzelstaaten unabhängig zu machen und neue Einnahmequellen zu erschließen, vor allem um die wachsenden Rüstungslasten tragen zu können. Dementsprechende Bemühungen um neue indirekte Steuern, vor allem auf Massenverbrauchsmittel wie Tabak, Kaffee, Bier, und eine Verstaatlichung des Eisenbahnwesens lösten freilich im liberalen Lager stets Sorge um das parlamentarische Budgetrecht aus. So stellte sich erneut die Machtfrage zwischen Regierung und liberaler Parlamentsmehrheit. Die Nationalliberalen waren zur Unterstützung der Bismarckschen Politik bereit, aber nicht ohne Wenn und Aber. Ob beim Reichsmilitärgesetz, beim Pressegesetz, in der Finanz- und Steuerpolitik oder beim Ausbau der Reichsverwaltung, immer mußte sich Bismarck mit den konstitutionellen Bedenken hauptsächlich des linken Flügels der Nationalliberalen herumschlagen.

In dieser scheinbar ausweglosen Situation reifte Bismarcks Entschluß zu einer großen Lösung, einer „totalen Steuerreform inklusive der Zollreform". Das Schutzzollinteresse von Schwerindustrie und Großgrundbesitz sollte mit dem finanzpolitischen und antiparlamentarischen Interesse der staatlichen Zentralgewalt an vermehrten indirekten Steuern kombiniert und zum Ausgangspunkt eines innenpolitischen Kurswechsels gemacht werden.

271 *Im Gespräch mit Parlamentariern, 1874/75:*

Ich langweile mich; die großen Dinge sind getan. Das Deutsche Reich ist aufgerichtet. Es ist anerkannt und geachtet bei allen Staaten und Nationen. Etwaigen Koalitionen, welche sich gegen einen Staat, wenn er große Erfolge errungen, wohl zu bilden pflegen, wird man zuvorzukommen wissen. Wenn auch Frankreich Revanchegedanken hegen sollte, so wird es gegen uns keinen Alliierten finden, und ohne einen solchen wird es nichts wagen. Was bleibt mir da unter solchen Umständen übrig? Die Verwaltung im Innern? Nun ja, ich bin durchaus nicht in allem mit ihr einverstanden und fühle manchmal sogar das Gelüst, nachdem ich mein Amt niedergelegt habe, mich um ein Abgeordneten-Mandat zu bewerben, das mir nicht entgehen kann, und dann den Ministern durch meine Opposition das Leben so sauer als möglich zu machen. Aber all das, mag ich mich nun an der Spitze der Regierung oder an der Opposition in die Verwaltungsfragen hineinstürzen, sind doch höchst untergeordnete Dinge im Vergleich mit dem, was bisher meine Aufgabe gewesen. Warum soll ich mir also nicht Ruhe gönnen? Ich habe keine Lust mehr dazu, auf eine schlechte Hasenjagd zu gehen. Dazu bin ich zu müde. Ja, wenn es gälte, einen großen und mächtigen Eber – meinetwegen einen erymanthischen[1] – zu erlegen, dann würde ich dabeisein, dann würde ich mir noch einmal etwas zumuten. Dem Deutschen Reich eine mächtige, unerschütterliche finanzielle Grundlage zu geben, welche demselben eine dominierende Stellung verleiht und es in organische Verbindung bringt mit allen öffentlichen Interessen in Staat, Provinz, Kreis und Gemeinde, das wäre eine große und würdige Aufgabe, die mich reizen könnte, den letzten Hauch meiner sinkenden Kraft daranzusetzen. Allein die Aufgabe ist schwierig. Ich bin nicht eigentlich Techniker auf diesen Gebieten, und meine jetzigen Ratgeber, so tüchtig sie auch sein mögen für die laufenden Geschäfte, haben keine schöpferischen Ideen. Sie bewegen sich in ausgefahrenen Gleisen. Ich bin darauf angewiesen, selbst die Reformgedanken zu denken und mir die Werkzeuge zu ihrer Ausführung zu nehmen, wo ich sie finde.

1 Erymanthos: Gebirge auf dem Peloponnes, wo Herakles einen Eber fangen sollte.

272 *Im Gespräch mit Moritz Busch, 11. April 1877:*

Dann gibts neben dem Hofe auch andre Friktionen, die mich hemmen und aufreiben. Die Minister, die ihre Ansichten meinen Plänen nicht anbequemen wollen – in Zoll- und Steuersachen – in der Eisenbahnfrage, besonders Camphausen[1] und Delbrück. Wollen nicht heran an meine Gedanken, drehen und wenden sich und verschieben. Ich soll ihnen und dem Reichstage Entwürfe zur Kritik vorlegen. Ich will aber, daß sie, die es zunächst angeht und die Sachverständige sind, das tun und zeigen, was sie vermögen. Es ist da vieles zu ändern, was bis jetzt vertagt werden mußte, weil andre Sachen vorgingen.

1 Camphausen, Otto von (1812–1896): preußischer Finanzminister 1869 bis 1878.

273 *Protokoll des Staatsministeriums, 10. März 1878:*

Was seine Stellung zu der Steuervorlage angehe, so habe er wiederholt zu erkennen gegeben, daß er nur bei einer Steuerreform im großen Stil im Amte zu bleiben gedenke. Er sei der Meinung, daß man durch wesentliche Erhöhung der indirekten Steuern, namentlich, neben Bier- und Petroleum-Steuer, durch Tabak- und Zucker-Monopol wie durch hohe Besteuerung der Branntwein-Schankstätten, zu einer Einnahme bis zu 300 Millionen gelangen und dann auf die Matrikularbeiträge verzichten, ja aus den Reichseinnahmen an die Einzelstaaten herauszahlen könne. Diese würden in der Lage sein, die direkten Steuern zu erleichtern. Letztere mit den an ihre Eintreibung sich knüpfenden Auspfändungen seien ein Haupthebel für die Agitation der Sozialdemokratie, eine Hauptquelle der über unsere wirtschaftlichen Verhältnisse herrschenden Mißstimmung. Bei einem Vorgehen in der angedeuteten Richtung könne die Regierung mit der Hoffnung in den Wahlkampf treten, die jetzigen Fraktionsbildungen durch wirtschaftliche Interessen gekreuzt, die übergroße Zahl der Doctrinairs in den parlamentarischen Körperschaften verringert zu sehen.

Es ging Bismarck um eine Stabilisierung seiner bonapartistischen Diktatur, als er sich das Verlangen nach Schutzzöllen aus Unternehmerkreisen zu eigen machte.
Zuvor allerdings mußte er sich nicht nur der freihändlerisch-liberalen Ministerialbürokratie um den Präsidenten des Reichskanzleramts Delbrück, Finanzminister Camphausen und Handelsminister Achenbach entledigen, sondern auch die Parteien der herrschenden Klassen dahin bringen, endlich über ihre politisch-parlamentarische Stellung zum Bismarck-Regime klar Farbe zu bekennen. Es galt neben den Freikonservativen auch die Nationalliberalen als gouvernementale Basis fest zu vereinnahmen und zudem die äußerste konservative Rechte wie die entschiedene liberale Linke abzublocken.
Im Juni 1875 war in der „Kreuzzeitung" eine Artikelserie über „Die Ära Bleichröder, Delbrück, Camphausen und die neudeutsche Wirtschaftspolitik" erschienen. Es war eine gehässige antisemitische Polemik, in der alle Mißstände des bankrotten liberalen Wirtschaftssystems auf den „höchstregierenden Bankier" Gerson Bleichröder, Bismarcks Vermögensverwalter und Berater in Wirtschaftsfragen, zurückgeführt wurden. Vom Sprachrohr der Altkonservativen wurde Bismarck gewissermaßen beschuldigt, deutsche Interessen zu seinem persönlichen Profit der jüdischen Hochfinanz ausgeliefert zu haben. Natürlich fühlte sich Bismarck schwer gekränkt, doch ließ er sich mit seiner Antwort fast acht Monate Zeit.
Erst am 9. Februar 1876 schlug er gegen die hinter der „Kreuzzeitung" stehenden konservativen Kreise zurück, indem er vor dem Reichstage zum Boykott der Zeitung aufforderte, die 1848 von ihm selbst mitbegründet worden war. Die vom Kanzler gewünschte Klärung im konservativen Lager fand statt. Zwar bekannten sich etwa einhundert Vertreter des ostelbischen Junkertums zu ihrem ultrakonservativen Parteiorgan und distanzierten sich offen von Bismarck und seiner Politik. Diese sogenannten „Deklaranten", darunter alte politische Freunde Bismarcks, blieben für den Kanzler von nun an gestorben. Doch im Juli 1876 kam es zu einer Neubegründung der Konservativen Partei, diesmal als „deutschkonservativ", auf die neue wirtschaftspolitische Interessenbasis und den inneren und äußeren Kurs der Bismarckschen Reichspolitik fest eingeschworen.

274 *Neue Preußische Zeitung, Nr. 148, vom 29. Juni 1875:*

Wie schon angedeutet, folgen, wie allenthalben, so auch im Norddeutschen Bunde und Deutschen Reiche, die meist aus Juden bestehenden Hochfinanzkreise mit wachsamem Auge dem Gange der Staatsfinanz- und Wirtschaftspolitik und unterlassen nichts, was auf den Gang dieser Politik irgend in ihrem Sinne vorteilhaft einwirken kann. So hat denn vor allem der höchstregierende Bankier in jedem Lande, der natürlich erst recht stets ein Jude ist, ein außergewöhnliches Interesse daran, mit den leitenden Staatsmännern und denen, die es werden könnten, in intimsten Beziehungen zu stehen und sich ihnen gegenüber so zu situieren, daß sein Rat, bezüglich der in Finanz- und Wirtschaftssachen zu befolgenden Politik, stets gehört und möglichst befolgt werde. Daß auch Herr v. Bleichröder, welcher in Berlin zugleich Vertreter der ebenfalls regierenden Familie Rothschild ist, sich so zu situieren sucht, und dabei des Erfolges nicht entbehrt, versteht sich im Grunde von selbst und liegt in der Natur der Verhältnisse. Es ist bekannt, daß Herr v. Bleichröder mit dem Fürsten-Reichskanzler vielfach verkehrt. Und mit wie vorsichtig kluger Berechnung Herr v. Bleichröder jedes nicht durchaus unumgänglich persönliche Hervortreten in der Öffentlichkeit auch vermeidet, so sind wir doch genügend darüber informiert, daß derselbe, nicht nur in den persönlichen Finanzangelegenheiten des Fürsten-Reichskanzlers, sondern auch bezüglich der Reichs-, Finanz- und Wirtschaftspolitik mit Erfolg seinen Rat vernehmen läßt.

275 *Bismarck im Reichstag, 9. Februar 1876:*

Wenn ein Blatt wie die „Kreuzzeitung", die für das Organ einer weitverbreiteten Partei gilt, sich nicht entblödet, die schändlichsten und lügenhaftesten Verleumdungen über hochgestellte Männer in die Welt zu bringen, in einer solchen Form, daß sie nach dem Urteil der höchsten juristischen Autoritäten gerichtlich nicht zu fassen ist, aber doch derjenige, der sie gelesen hat, den Eindruck hat: hier wird den Ministern vorgeworfen, daß sie unredlich gehandelt haben – wenn ein solches Blatt so handelt und in monatelangem Stillschweigen verharrt, trotzdem das alles Lügen sind

Fürst Bismarck
1877

und nicht ein peccavi oder erravi[1] spricht, so ist das eine ehrlose Verleumdung, gegen die wir alle Front machen sollten, und niemand sollte mit einem Abonnement sich indirekt daran beteiligen. Von einem solchen Blatte muß man sich lossagen, wenn das Unrecht nicht gesühnt wird; jeder, der es hält und bezahlt, beteiligt sich indirekt an der Lüge und Verleumdung, die darin gemacht wird – an Verleumdungen, wie die „Kreuzzeitung" sie im vorigen Sommer gegen die höchsten Beamten des Reichs enthalten hat, ohne die leiseste Andeutung eines Beweises.

1 Ich habe gesündigt oder mich geirrt.

Bismarcks nächstes Ziel war es, die Nationalliberalen bedingungslos auf die Grundsätze einer Zoll- und Steuerreform sowie eine geplante Reorganisation der obersten Reichsbehörden festzulegen. Zu diesem Zweck führte er im Juli und

Dezember 1877 Verhandlungen mit Bennigsen, den er zum Eintritt ins preußische Staatsministerium bewegen wollte. Bismarcks Absicht, die Nationalliberale Partei einer Zerreißprobe zu unterwerfen, dabei den rechten Flügel an sich zu binden und vom linken zu lösen, ging vorerst allerdings nicht auf. Die Verhandlungen waren gescheitert, als Bennigsen darauf bestand, nur zusammen mit zwei Vertretern des linken Flügels, Max von Forckenbeck und Franz von Stauffenberg, ins Ministerium einzutreten. In den liberalen Reihen hatte man Möglichkeiten für eine Parlamentarisierung Preußens gewittert, damit aber die eigene parlamentarische Schlüsselstellung gehörig überschätzt. Bismarck hingegen war rüstig und vor allem findig genug, um seine Chance, die Nationalliberalen in die Enge zu treiben, schon bald herbeizuführen.

276 An Rudolf von Bennigsen, 11. Dezember 1877:

In der Hoffnung, daß es mir möglich sein werde, mich an den Verhandlungen des bevorstehenden Reichstages eingehend zu beteiligen, beschäftige ich mich mit Plänen zu Vorlagen und Erörterungen, für welche ich die allerhöchste Ermächtigung erbitten möchte. Bevor ich dieses erste Stadium einer kanzlerischen Initiative amtlich beschreite, würde ich es dankbar erkennen, wenn Sie mir Gelegenheit geben wollten, meine Pläne nach Inhalt und Form mit Ihnen mündlich zu besprechen. Es handelt sich dabei um die formale Möglichkeit der Vertretung des Reichskanzlers, die vielleicht nicht ohne Verfassungsänderung geschaffen werden kann, und um einige Modifikationen in der Einteilung der Reichsämter und ihrer Beziehung zu preußischen Ministerien. Die jetzige durch die mächtige Persönlichkeit von Delbrück ins Leben gerufene Praxis führte zu Delbrücks Zeit unüberwindliche Friktionen beider Elemente, später und jetzt, die Gefahr der Trockenlegung von Reich und Bundesrat durch den Partikularstaat Preußen herbei. Ich suche das Heilmittel in Ausdehnung des Systems der Personalunion, wie sie bisher im Monarchen, im Kanzler, im Kriegsminister und im Auswärtigen besteht. Wie Kanzler und Minister-Präsident, so sollte auch die Vertretung beider identisch sein. Neben diesem Thema habe ich das Bedürfnis, vor Schluß der nächsten Reichstagssitzung Klarheit über die Zukunft einer Zoll- und Steuer-Reform zu erlangen und aus der falschen Stellung erlöst zu werden, in der ich mich bezüglich der Eisenbahnfrage zwischen Verfassung und Wirklichkeit befinde.

277 *Lucius von Ballhausen, Tagebuch, 14. März 1878:*

Bei Bismarck, welcher sich in Anwesenheit von Udo Stolberg offen über die Situation aussprach: Nachdem er sich durch Stauffenbergs Rede in der Steuerdebatte und Laskers[1] bei der Stellvertretungsvorlage überzeugt habe, daß mit den Nationalliberalen nichts anzufangen sei, müsse er sich anders helfen. Bennigsen sei auch nicht selbständig genug und beharre bei der Bedingung des gleichzeitigen Eintritts zweier anderer ins Ministerium. Das hieße die Fraktion zur Regierung berufen, und eine so regierungsunfähige! Er (Bismarck) habe Bennigsen gesagt, seine Bedingungen seien denen Hüons ähnlich, der sollte zum Kalifen von Bagdad gehen, dem ersten Günstling den Kopf abschlagen, seine Tochter heiraten und sich noch zum Abschied die sechs Backzähne des Herrschers ausbitten. Es sei dem Kaiser schon sehr schwer, einen nationalliberalen Minister zu nehmen, aber das Verlangen, noch zwei andere abzuschlachten, um weitere Vakanzen zu schaffen und den Artikel 109 mit in Kauf zu geben – das sei zu viel und übersteige das mögliche.

1 Lasker, Eduard (1829–1884): Mitbegründer und Führer der Nationalliberalen Partei.

Mehr Schwierigkeiten als erwartet hatte Bismarck auch mit der Reorganisation der Regierungsspitze. Immerhin war Delbrück, Exponent einer liberalen Wirtschaftspolitik, im April 1876 freiwillig aus dem Reichskanzleramt geschieden, doch einige unbequeme Kollegen im preußischen Staatsministerium saßen noch sehr fest im Sattel. Ein erster Versuch, den Chef der Admiralität, Albrecht von Stosch, einen von Bismarck als Kanzlerkandidat des Linksliberalismus wie des Kronprinzen verdächtigten „parlamentarischen General", zum Rücktritt zu treiben, war im Frühjahr 1877 am

Einspruch Kaiser Wilhelms gescheitert. In seinem bonapartistischen Machtbehauptungswillen gestört, inszenierte Bismarck eine „Kanzlerkrise“. Wieder einmal spielte er mit Rücktrittsplänen, überschüttete in den von Moritz Busch publizierten sogenannten „Friktions-Artikeln“ die widerspenstigen Kräfte einer angeblichen „Hofopposition“ mit einer Flut von Vorwürfen und trat vorerst einen unbefristeten Urlaub an.
Von Mitte April 1877 bis Mitte Februar 1878 sowie von Mitte April bis Anfang Juni 1878 zog sich Bismarck nach Varzin und Friedrichsruh zurück, um, entlastet von den laufenden Geschäften, die weitere Entwicklung abzuwarten und die Fäden für den innenpolitischen Kurswechsel zu spinnen.

278 *Aus Moritz Busch: Der Reichskanzler auf Urlaub (April 1877):*

Eine ganze Kette von Exzellenzen und Nichtexzellenzen, wegen Unfähigkeit oder anderer Mängel, ultramontanen oder reaktionären Velleitäten u. dergl. kalt gestellt, frondierte, konspirierte und intrigierte, immer mit Eifer, oft mit den unlautersten Mitteln, bisweilen im Vereine mit recht ordinären Elementen, gegen die Größe, die sie überragte und in ihrer bequemen Herkömmlichkeit störte, versuchte dem Kanzler seine Pläne zu kreuzen, seinen Charakter zu verdunkeln oder ihn wenigstens zu ärgern und so seiner Gesundheit zu schaden. Auch ein Teil der Parteien, auf die sich der Fürst im Reichstag stützt, erschwerte und begrenzte, indem er – allerdings mit wohlmeinendem Sinn – das Kritisieren als erste Pflicht und Zier des Volksvertreters ansah, mitunter die Wirksamkeit seines Einflusses. Die Hauptschranke seines Einflusses aber ist – und bleibt vielleicht, wenn die öffentliche Meinung nicht die Augen auftut und sich kräftiger und nachhaltiger rührt als bis jetzt – das (...) Unwesen am Hofe, wo um eine gewisse hochgelegene Stelle der Bodensatz der Kreuzzeitungsgesellschaft und der inveterierten Herrenhausopposition mit dem ultramontanen Gifte aus den Kanälen Roms zusammengeflossen ist und von wo aus der Politik des Kanzlers unaufhörlich Verdrießlichkeit bereitet, bald der, bald jener Stein in den

Weg gewälzt und durch immer neue Ermutigungen der Gegner der sonst wohl schon eingetretene Sieg aufgehalten wird.

279 Brief Christoph von Tiedemanns, 30. November 1877:

Es wird in dieser Zeit stramm gearbeitet. Der Fürst bekümmert sich mehr wie je um die laufenden Geschäfte; es liegt aber außerdem so viel prinzipieller Zündstoff in der Luft, daß jeden Tag eine Explosion erfolgen kann. Ich glaube, wir stehen vor einer Krisis in den inneren Angelegenheiten, wie sie seit zehn Jahren nicht dagewesen ist, und es ist zu befürchten, daß diese Krisis mit dem definitiven Rücktritt des Fürsten enden wird. Bucher[1] ist seit vorgestern hier, reist aber morgen früh wieder zurück. An eine Rückkehr meinerseits ist momentan nicht zu denken. Ich hoffe aber, daß der Fürst sich entschließt, selbst nach Berlin zu gehen, und werde ihn in diesem Fall natürlich begleiten. Es passiert hinter den Kulissen mehr, als man ahnt, man sieht und erfährt in dem stillen, hinterpommerschen Varzin merkwürdige Dinge.

1 Bucher, Lothar (1817–1892): enger Mitarbeiter Bismarcks.

280 An Alexander von Below-Hohendorf, 1. Dezember 1877:

Ich suche hier [Varzin] mühsam so viel Kraft wiederzugewinnen, als nötig ist, um mein Amt in Zukunft versehn zu können; bisher aber fürchte ich, das Maß des Erreichbaren wird unzulänglich sein, um die Kämpfe fortzusetzen, welche mir durch den Unverstand und die egoistische Gewissenslosigkeit derer aufgenötigt werden, auf deren Beistand ich ein Recht zu haben glaube. Die Geschäfte und die Gegner bieten keine unüberwindlichen Schwierigkeiten, meine Gesundheit vielleicht auch nicht, wenn ich vor dem Feuer aus der eignen Truppe Deckung hätte und wenn der weibliche Hofkriegsrat nicht wäre.

281 Brief Christoph von Tiedemanns, 10. Dezember 1877:

Der Fürst macht seinen Wiedereintritt in die Geschäfte von Bedingungen abhängig, die sich zum Teil auf einen Personenwechsel in den höchsten Beamtenstellen, zum Teil auf eine Neuorganisation der Reichsbehörden beziehen. Werden seine Forderungen nicht bewilligt, so ist er entschlossen, abzudanken. Er ist es müde, sich jeden Schritt von rechts oder links durchkreuzen zu lassen. Auf Abschlagszahlungen will er sich dieses Mal nicht einlassen. Sind der Reichstag oder eine andere noch wichtigere Stelle nicht geneigt, seine Vorschläge anzunehmen, so mögen sie ohne ihn fertig werden.

282 Christoph von Tiedemann, Tagebuch, 3. Februar 1878:

Wir kehren vielleicht schon bald nach Berlin zurück. Die Ordre, alles zur Abreise bereitzuhalten, ist bereits gegeben. Es ist nicht der Zusammentritt des Reichstags, der den Fürsten zu dieser Beschleunigung seiner Rückkehr veranlaßt, sondern die allgemeine europäische Lage, die plötzlich einen bedrohlichen Charakter angenommen hat. Die Nachrichten, die seit vorgestern in chiffrierten Depeschen fortwährend eintreffen, lassen das Schlimmste befürchten. Ein allgemeines Unwetter zieht auf, wir stehen vielleicht am Vorabend eines europäischen Krieges. In Wien und, wie es den Anschein hat, auch in Berlin hat man den Kopf etwas verloren, und alles wendet sich rat- und hilfesuchend an den Fürsten. Er ist der einzige, der vielleicht alles noch wieder ins richtige Gleis bringen kann. Wir wollen es hoffen, denn ein allgemeiner Krieg, dem wir uns auf die Dauer nicht entziehen könnten, käme im gegenwärtigen Augenblick höchst ungelegen.

Das außenpolitische Unwetter, das um den europäischen Frieden fürchten ließ, war die Verschärfung der sogenannten „Orientalischen Frage". Begonnen hatte die Krise im Herbst 1875, als sich in mehreren Provinzen der Balkanhalbinsel die südslawischen Nationalitäten gegen die feudalabsolutistische türkische Fremdherrschaft erhoben. Das nationale Erwachen der Balkanvölker hatte die Orientfrage wieder ins Zentrum der europäischen Diplomatie gerückt. Denn über die Frage, was aus dem völlig zerrütteten Osmanischen Reich werden sollte, waren die herrschenden Kreise der um Macht- und Einflußsphären aus der türki-

schen Erbmasse konkurrierenden Großmächte hoffnungslos zerstritten.
Die Rivalität der europäischen Staaten war Bismarck durchaus willkommen, verschaffte sie doch einigen Spielraum, der Preußen-Deutschland als die von den unmittelbaren orientalischen Streitfragen damals am wenigsten betroffene Macht in eine überlegene Position versetzte. Ein solches Idealbild der europäischen Mächtekonstellation, das Bismarcks außenpolitischer Strategie und Taktik in den siebziger und achtziger Jahren zugrunde lag, hat er Mitte Juni 1877 in dem sogenannten „Kissinger Diktat" formuliert.
Inzwischen aber war die internationale Lage recht brisant geworden. Österreich-Ungarn und Großbritannien meldeten massive Proteste gegen den Frieden von San Stefano an, der im März 1878 den Russisch-Türkischen Krieg beendete. Die in ihren Großmachtansprüchen übergangenen Mächte waren nicht gewillt, eine einseitige russische Lösung der Orientfragen hinzunehmen. Eine offene militärische Konfrontation europäischer Großmächte zeichnete sich ab. Bismarck blieb kaum eine andere Wahl, als sich der undankbaren Vermittlerrolle zu stellen. Letztlich ging es um die Wahrung des „gesellschaftlichen Systems der Ordnung auf monarchischer Grundlage", als der deutsche Kanzler an die Einsicht der rivalisierenden Kabinette appellierte, ihre kontroversen außenpolitischen Positionen aus übergeordneten, gemeinsam zu respektierenden gesellschaftspolitischen Zwängen auf ein kompromißfähiges Maß zu reduzieren.

283 Diktat Bismarcks, Kissingen, 15. Juni 1877:

Ein französisches Blatt sagte neulich von mir, ich hätte „le cauchemar des coalitions"[1]; diese Art Alp wird für einen deutschen Minister noch lange, und vielleicht immer, ein sehr berechtigter bleiben. Koalitionen gegen uns können auf westmächtlicher Basis mit Zutritt Österreichs sich bilden, gefährlicher vielleicht noch auf russisch-österreichisch-französischer; eine große Intimität zwischen zweien der 3 letztgenannten Mächte würde der dritten unter ihnen jederzeit das Mittel zu einem sehr empfindlichen Drucke auf

uns bieten. In der Sorge vor diesen Eventualitäten, nicht sofort, aber im Lauf der Jahre würde ich als wünschenswerte Ergebnisse der orientalischen Krisis für uns ansehn: 1. Gravitierung der russischen und der österreichischen Interessen und gegenseitigen Rivalitäten nach Osten hin, 2. der Anlaß für Rußland, eine starke Defensivstellung im Orient und an seinen Küsten zu nehmen und unseres Bündnisses zu bedürfen, 3. für England und Rußland ein befriedigender Status quo, der ihnen dasselbe Interesse an Erhaltung des Bestehenden gibt, welches wir haben, 4. Loslösung Englands von dem uns feindlich bleibenden Frankreich wegen Ägyptens und des Mittelmeers, 5. Beziehungen zwischen Rußland und Österreich, welche es beiden schwierig machen, die antideutsche Konspiration gegen uns gemeinsam herzustellen, zu welcher zentralistische oder klerikale Elemente in Österreich etwa geneigt sein möchten.
Wenn ich arbeitsfähig wäre, könnte ich das Bild vervollständigen und feiner ausarbeiten, welches mir vorschwebt: nicht irgendeines Ländererwerbes, sondern das einer politischen Gesamtsituation, in welcher alle Mächte außer Frankreich unser bedürfen und von Koalitionen gegen uns durch ihre Beziehungen zueinander nach Möglichkeit abgehalten werden.

1 Alpdruck der Koalitionen.

284 Bismarck im Reichstag, 19. Februar 1878:

Die Vermittlung des Friedens denke ich mir nicht so, daß wir nun bei divergierenden Ansichten den Schiedsrichter spielen und sagen: So soll es sein, und dahinter steht die Macht des Deutschen Reiches, sondern ich denke sie mir bescheidener, ja – ohne Vergleich im übrigen stehe ich nicht an, Ihnen etwas aus dem allgemeinen Leben zu zitieren – mehr die eines ehrlichen Maklers, der das Geschäft wirklich zustande bringen will.

285 Herbert Bismarck an Bernhard Ernst von Bülow, 7. Mai 1878:

Das beste Resultat scheint deshalb doch immer noch die Erhaltung des Dreikaiserbundes zu sein, auch weil Rußland

Der Berliner Kongreß 1878

sowohl wie Österreich mit inneren Schwierigkeiten zu kämpfen hat, von denen man nicht wissen kann, wie sie sich in einem Kriege entwickeln. Für beide empfiehlt es sich also schon aus gouvernementalen Rücksichten, denen hier und da etwas zu opfern, um eine Verständigung zu bewirken.

Vom 13. Juni bis 13. Juli 1878 versammelten sich die führenden Staatsmänner und Diplomaten der europäischen Großmächte, die Vertreter Rußlands, Englands, Österreich-Ungarns, Frankreichs, Italiens, der Türkei und des Deutschen Reiches, im Berliner Reichskanzlerpalais, um unter Bismarcks Vorsitz einen Ausweg aus der Orientkrise zu finden. In den Vollsitzungen und Kommissionsberatungen des Kongresses ist nach dem von Bismarck zu Beginn verkündeten Prinzip verfahren worden, daß zunächst die „großen Kriegs- und Friedensfragen" entschieden werden müßten, während „das andere, worunter auch das Los der Bevölkerung subsumiert, ihm gleichgültig und nicht Aufgabe des Kongresses sei". Dementsprechend waren die eigentlich betroffenen Balkanstaaten in Berlin nicht offiziell vertreten, die Entscheidung über die zukünftige politische Gestaltung der Balkanhalbinsel fällten die Großmächte unter sich. Das Ergebnis ihrer Arbeit brachte darum auch alles andere als eine dauerhafte Lösung der Orientfrage. Der deutsche Reichskanzler hat das im übrigen nicht einmal angestrebt. Als „Triumph unserer Staatskunst" schwebte ihm einzig und allein vor, das „orientalische Geschwür offen zu halten und dadurch die Einigkeit der Großmächte zu vereiteln und unseren eigenen Frieden zu sichern". Immerhin entsprach es diesem Ziel, wenn es der Vermittlungsdiplomatie Bismarcks gelang, 1878 einem großen Krieg noch einmal vorzubeugen und allen Orientrivalen einen gewissen Anteil an der türkischen Beute zuzuschachern. Neben dem Wiedergewinn Bessarabiens und beträchtlichen transkaukasischem Gebietszuwachs für das zaristische Rußland okkupierte so Österreich-Ungarn die Balkanprovinzen Bosnien und Herzegowina, während sich Großbritannien die Insel Zypern übergeben ließ. Für die Großmächte bildete der Berliner Kongreß einen Kompromiß auf Zeit, der den Expansionsinteressen ihrer herrschenden Klassen langfristig nicht genügen konnte. Noch viel weniger zufriedengestellt blieben die Balkanvölker. Zwar ist mit der Anerkennung der Unabhängigkeit Rumäniens, Serbiens, Montenegros und Bulgariens der Grundsatz der nationalstaatlichen Ordnung auf der Balkanhalbinsel völkerrechtlich sanktioniert worden, doch von nationaler Selbstbestimmung waren die Balkanvölker noch weit entfernt. Weder das neuentstandene Bulgarien noch die bereits vorher bestehenden Balkanstaaten einschließlich Griechenlands konnten durch die Grenzziehung des Berliner Kongresses befriedigt werden. Die Regel, geographisch-handelspolitisch-strategischen Interessen gegenüber ethnographischen Rücksichten Vorrang zu geben, kollidierte mit den nationalen Erwartungen und Wünschen der Balkanvölker, die als bloße verschiebbare Objekte für den Ausgleich konkurrierender Machtansprüche der Großmächte herhalten mußten.

Der Widerstand der Balkanvölker gegen die Fesseln des Berliner Kongresses, einbezogen in die andauernden Vorherrschaftskämpfe und aufkeimenden imperialistischen Widersprüche der Großmächte, ließen den Balkan nach 1878 noch stärker als zuvor zum „Pulverfaß" Europas werden.

Doch 1878 nahm Bismarck zunächst voller Genugtuung den Dank seiner europäischen Kollegen entgegen und genoß den zeremoniellen Höhepunkt seines außenpolitischen Wirkens.

286 *Aufzeichnung des französischen Legationssekretärs Charles de Mouy:*

Der Präsident saß in der Mitte in einem Lehnstuhl, der sich übrigens durch nichts von denen seiner Kollegen auszeichnete, die Vertreter Österreich-Ungarns zu seiner Rechten, die Frankreichs zu seiner Linken, auf den Seiten die Vertreter Englands, Rußlands, Italiens und der Türkei. An den beiden Enden des Hufeisens wir Sekretäre und die Herren vom Deutschen Auswärtigen Amte, die man uns beigegeben hatte. Diese Ordnung war vom Fürsten Bismarck selbst festgesetzt. Am Tage vor der Eröffnung des Kongresses war er mit v. Radowitz[1] und mir durch die Sitzungsräume gegangen, um alle inneren Einzelheiten zu bestimmen: die Verteilung der Salons, die für die Vertretungen für Privatbesprechungen, für das Sekretariat reserviert waren. Sogar die Einrichtung des Büfetts hatte er inspiziert. – Er hatte bestimmt, daß nach der feierlichen Eröffnung den Bevollmächtigten drei Tage frei bleiben sollten, um sich kennenzulernen, um ihre persönlichen Beziehungen zu regeln und sich über das Programm der Beratungen zu verständigen, daß aber dann die Sitzungen sich täglich – Sonntage ausgenommen – ohne Unterbrechung folgen sollten. Die Protokolle, ordnete er an, mußten nachts fertiggestellt, am Morgen gedruckt und jedem Bevollmächtigten ein Exemplar vor der Sitzung überreicht werden. Alle diese Instruktionen wurden pünktlich ausgeführt und blieben unveränderlich, obgleich die auf das Protokoll bezüglichen ziemlich streng waren. Aber ich habe nicht vergessen, daß der Fürst eines Tages, da ich ihm beiläufig von unser aller Ermüdung sprach, zu lachen begann und mir in übrigens liebenswürdigstem Tone sagte: „Beruhigen Sie sich, glauben Sie mir: an der Arbeit ist noch niemand gestorben."

1 Radowitz, Joseph Maria von (1839–1912): enger Mitarbeiter Bismarcks im Auswärtigen Amt, Sekretär des Berliner Kongresses.

287 *Aus dem Protokoll der Schlußsitzung des Berliner Kongresses vom 13. Juli 1878:*

Graf Andrássy ergreift das Wort zu folgenden Ausführungen:
„Meine Herren,
In dem Augenblick, da unsere Bemühungen in eine allgemeine Übereinkunft einmünden, wäre es uns unmöglich, nicht dem hervorragenden Staatsmanne Ehre zu erweisen, der unsere Arbeiten geleitet hat.
Er hat unverrückbar im Auge das Ziel gehabt, den Frieden zu sichern und zu festigen. Er hat seine ganze Mühe darauf verwandt, Gegensätze auszugleichen und die Unsicherheit so rasch wie möglich zu beenden, die so drückend auf Europa lastete.
Dank der Klugheit und unermüdlichen Tatkraft, mit der unser Präsident unsere Arbeiten geleitet hat, hat er in ho-

hem Maße zum raschen Erfolg des Friedenswerkes beigetragen, das wir gemeinsam begonnen haben. Ich bin daher sicher, die einmütige Zustimmung der Hohen Versammlung zu finden, wenn ich Ihnen vorschlage, S. D. dem Fürsten v. Bismarck unseren wärmsten Dank auszusprechen. Im Augenblick, in dem wir uns anschicken auseinanderzugehen, glaube ich, Ihre Gefühle am besten dadurch auszudrücken, daß ich unsere tiefe Dankbarkeit für das große Wohlwollen und die reizende Gastfreundschaft bezeuge, die uns S. M. der Deutsche Kaiser und die erhabene kaiserliche Familie gewährt haben."

Fürst v. Bismarck erwidert:

„Ich bin zutiefst gerührt von dem, was Graf Andrássy soeben im Namen der Hohen Versammlung gesagt hat. Ich danke dem Kongreß vielmals, daß er sich dem hat anschließen wollen, und ich danke allen meinen Kollegen für ihr Verständnis und ihre gütige Nachsicht, die sie mir im Verlaufe unserer gemeinsamen Arbeit erwiesen haben. Der Geist der Versöhnung und des gegenseitigen Wohlwollens, das alle Bevollmächtigten beseelt hat, hat mir eine Aufgabe erleichtert, die ich, bei meinem Gesundheitszustand, kaum zu Ende zu führen hoffen konnte. In diesem Augenblick, da der Kongreß zur Zufriedenheit der vertretenen Regierungen und ganz Europas das erhoffte Ziel erreicht, bitte ich Sie, mich in guter Erinnerung zu behalten. Ich selbst werde die denkwürdigen Tage, die jetzt zu Ende gehen, unauslöschlich in meinem Gedächtnis bewahren."

VIII

Reaktionäre Wende 1878–1885

Am 11. Mai 1878 nachmittags wurden in Berlins Unter den Linden auf den vorbeifahrenden Wagen Kaiser Wilhelms I. drei Revolverschüsse abgefeuert. Keiner traf irgendein Ziel, und es ist überhaupt fraglich, ob es sich bei der Tat des Klempnergesellen Max Hödel um einen ernstgemeinten Anschlag gehandelt hat. Allenfalls war Hödel ein politischer Wirrkopf, der in keiner Beziehung zur Arbeiterbewegung stand. In amtlichen Depeschen wurde dagegen sogleich die Nachricht vom Attentatsversuch eines Sozialdemokraten gegen den achtzigjährigen Kaiser verbreitet. Bismarck brauchte diese Version, um aus dem Fall Hödel politisches Kapital zu schlagen. Die hemmungslose taktische Ausbeutung einer angeblich bestehenden revolutionären Umsturzgefahr – die nebenbei dem nach Berlin einberufenen Diplomatenkongreß den letzten Entscheidungsschub gegeben hat – schürte vor allem jene hitzige Atmosphäre, in der Bismarcks Strategie und Taktik für einen innenpolitischen Kurswechsel endlich aufging.
Noch am 11. Mai abends gab Bismarck einen Gesetzentwurf gegen die „sozialistischen Umtriebe“ in Auftrag.

288 An Bernhard Ernst von Bülow, 11. Mai 1878:

Sollte man nicht von dem Attentat Anlaß zu sofortiger Vorlage gegen Sozialisten und deren Presse nehmen? Bitte Graf zu Eulenburg zu fragen.

Die deutsche Sozialdemokratie, die 1875 den Bruderzwist zwischen Eisenachern und Lassalleanern begraben hatte, war von Jahr zu Jahr politisch und organisatorisch gewachsen. Die Sozialistische Arbeiterpartei Deutschlands stand

Karikatur zum Erlaß des Sozialistengesetzes 1878

im Kampf gegen die junkerlich-bourgeoise Ausbeuterordnung wie den preußisch-deutschen Obrigkeitsstaat in vorderster Front. Bei den Reichstagswahlen im Januar 1877 errang sie neun Prozent aller Stimmen und erwies sich als viertstärkste Partei. Zwölf sozialdemokratische Abgeordnete waren in den Reichstag eingezogen und entwickelten dort beachtliche Aktivitäten zur Verbesserung der Arbeits- und Lebensverhältnisse des Proletariats. Trotz Polizeischikanen und Justizterrors konnte die Partei ihre Reihen festigen und an Masseneinfluß gewinnen. Für die herrschenden Klassen lagen darum schon Gründe nahe, sich nach neuen Mitteln im Kampf gegen die Sozialdemokratie umzusehen.

Der auf Drängen Bismarcks wenige Tage nach den Schüssen Hödels vorgelegte Entwurf eines Ausnahmegesetzes sollte mit der rigorosen Einschränkung des Vereins-, Versammlungs- und Presserechts allerdings nicht nur die Sozialdemokratie treffen, sondern auch die Nationalliberale Partei in eine Zwangslage bringen. Einem derartigen Gesetzentwurf zuzustimmen, bedeutete, sich der Regierung bedingungslos auszuliefern und allen jahrelang so beflissen bemühten liberalen Grundsätzen der Rechtstaatlichkeit zu entsagen. Eine Ablehnung der Regierungsvorlage mußte

die Liberalen hingegen dem eilfertigen Vorwurf preisgeben, entschiedene Abwehrmaßregeln gegen die „Feinde“ der bestehenden Ordnung verhindert zu haben. Damit aber hätte Bismarck eine durchschlagende Wahlparole gegen die Nationalliberalen gewonnen.
Seines taktischen Vorteils sicher, reagierte der Kanzler darum auch recht gelassen, als am 24. Mai 1878 der erste Entwurf eines Sozialistengesetzes im Reichstag scheiterte. Bismarck brauchte auch gar nicht lange zu grübeln, wie aus der scheinbaren Sackgasse herauszukommen sei, denn am 2. Juni 1878 wurde ein zweites Mal auf Kaiser Wilhelm I. geschossen. Diesmal war es wirklich ein Attentat, und der Kaiser wurde erheblich verletzt. Der Täter, ein Dr. Karl Nobiling, hatte mit der Sozialdemokratie ebensowenig zu tun wie Hödel. Doch nun brach eine breite Welle antisozialistischer Hysterie über die Sozialdemokratie herein.
Als Bismarck in Friedrichsruh am 2. Juni der neue Vorfall gemeldet wurde, standen für ihn die politischen Konsequenzen sogleich fest: Reichstagsauflösung und Neuwahlen.

289 *Christoph von Tiedemann, Tagebuch, 2. Juni 1878:*

Wie ich auf dem Wege nach der Aumühle aus dem Friedrichsruher Park hinaustrat, gewahrte ich den Fürsten, der, von seinen Hunden begleitet, langsamen Schrittes im Sonnenschein über das Feld daherkam. Ich trat auf ihn zu und schloß mich ihm nach kurzer Begrüßung an. Er war in heiterster Laune und erzählte von seinen Wanderungen an diesem Tage und von der wohltuenden Wirkung, die die lange Bewegung in der Waldluft auf seine Nerven gehabt habe. Nach einer kleinen Pause sagte ich: „Es sind einige wichtige Telegramme eingelaufen.“ Er antwortete im scherzenden Ton: „Sind sie so eilig, daß wir sie hier auf freiem Felde erledigen müssen?“ Ich erwiderte: „Leider! Sie enthalten eine empörende Nachricht – es ist wieder auf den Kaiser geschossen worden, und dieses Mal haben die Schüsse getroffen; der Kaiser ist schwer verwundet.“
Mit einem Ruck blieb der Fürst stehen. Er stieß in heftiger Bewegung seinen Eichenstock vor sich in die Erde und

sagte tiefaufatmend, wie wenn ein Geistesblitz ihn durchzuckte: „Dann lösen wir den Reichstag auf."
Rasch schritt er nun durch den Park dem Hause zu, indem er sich im Gehen nach den Einzelheiten der verbrecherischen Tat lebhaft erkundigte. Beim Eintritt ins Haus befahl er den Dienern, alles zur Abreise nach Berlin vorzubereiten. Morgen in aller Frühe solle aufgebrochen werden.

Nach einer anderen Version, die Bismarck freilich noch im Alter entschieden bestritt, soll er damals gesagt haben:

290 Äußerung Bismarcks, 2. Juni 1878:

Jetzt habe ich die Kerle [die Nationalliberalen], jetzt drücke ich sie an die Wand, bis sie quietschen.

Säbelrasselnd setzte der Reichskanzler im preußischen Staatsministerium, im Kronrat und im Bundesrat die seinem Machtkalkül entsprechende Parlamentsauflösung durch.

291 Protokoll des Kronrats, 5. Juni 1878:

Der Minister-Präsident erklärte (...) es sei gegen die Sozialdemokratie, ohne die übrigen Parteien sich zu verfeinden, ein Vernichtungskrieg zu führen durch Gesetzesvorlagen, welche die sozialdemokratischen Vereine, Versammlungen, die Presse, die Freizügigkeit (durch die Möglichkeit von Ausweisungen und Internierung), vielleicht den Waffenbesitz und das Waffentragen träfen. Die Diskussion im Staatsministerium habe sich vornehmlich mit der Frage beschäftigt, ob diese Entwürfe noch dem jetzigen Reichstage vorzulegen oder ob unter dem Eindruck der neuesten Ereignisse derselbe aufzulösen und zu Neuwahlen zu schreiten sei. Er sei nicht im Zweifel, daß der letztere Weg der allein richtige sei. Es sei nicht zu erwarten, daß dieselbe Versammlung, welche soeben den ihr vorgelegten Gesetzentwurf betreffend die sozialdemokratischen Umtriebe abgelehnt habe, nun in gleicher Zusammensetzung und Frak-

Reichsprognostikon. Karikatur des „Kladderadatsch“ vom August 1878

tionsbildung eine weitergehende Vorlage annehmen werde. Einer neu gewählten Versammlung sei dies erleichtert (...) der Konflikt werde gemildert.

Die Reichstagswahlen vom 30. Juli 1878 brachten ein Ergebnis nach Bismarcks Sinn. Beide konservative Fraktionen wurden gestärkt, während die Nationalliberalen, insbesondere deren linker Flügel, Verluste hinnehmen mußten. In der antisozialistischen Hysterie der „Attentatswahlen“ hatten die Nationalliberalen ihre rechtsstaatlichen Bedenken nahezu völlig aufgegeben und stimmten am 19. Oktober für das Ausnahmegesetz, während die Fortschrittspartei, das Zentrum und natürlich die Sozialdemokraten das Sozialistengesetz ablehnten. Zur Begründung der Vorlage war von Bismarck ein ganzes Arsenal infamer und demagogischer Argumente aufgeboten worden.
Das am 22. Oktober 1878 in Kraft tretende „Gesetz gegen die gemeingefährlichen Bestrebungen der Sozialdemokratie“ sollte die sozialistische Arbeiterbewegung als Hauptkraft im demokratischen und antimilitaristischen Kampf mundtot machen. Organisationen der Partei und der Gewerkschaften, die sozialdemokratische Presse wurden sogleich verboten, Personen, „von denen eine Gefährdung

der öffentlichen Sicherheit und Ordnung zu besorgen ist", konnten ausgewiesen werden. Der Willkür von Polizei und Justiz wurden Tür und Tor geöffnet. Als einzige legale Institution und Aktionsmöglichkeit verblieb der Sozialdemokratie die Parlamentsfraktion und die Tribüne im Reichstag. Das allgemeine Wahlrecht hatte die Reaktion der Arbeiterklasse nämlich nicht nehmen können, und die Wahlen in den Reichstag fanden nach dem Prinzip der Persönlichkeitswahl, also nicht nach Parteilisten statt.
Die revolutionären Kräfte der Parteiführung um August Bebel ergriffen sofort Maßnahmen, um die Parteiarbeit, neben den legalen Kampfmitteln, auf die Bedingungen der Illegalität einzustellen.

292 An Ludwig II., 12. August 1878:

Die Wahlen zum Reichstage haben den Schwerpunkt des letztern weiter nach rechts geschoben, als man annahm. Das Übergewicht der Liberalen ist vermindert, und zwar in höherem Maße, als die Ziffern es erscheinen lassen. Ich war bei Beantragung der Auflösung nicht im Zweifel, daß die Wähler regierungsfreundlicher sind als die Abgeordneten, und die Folge davon ist gewesen, daß viele Abgeordnete, welche ungeachtet ihrer oppositionellen Haltung wiedergewählt wurden, dies nur durch Zusagen zugunsten der Regierung erreichen konnten. Wenn sie diese Zusagen nicht halten und eine neue Auflösung folgen sollte, so werden sie nicht mehr Glauben bei den Wählern finden und nicht wiedergewählt werden. Die Folge der gelockerten Beziehungen zu den liberalen und zentralistischen Abgeordneten wird, meines ehrfurchtsvollen Dafürhaltens, ein festeres Zusammenhalten der verbündeten Regierungen untereinander sein. Das Anwachsen der sozialdemokratischen Gefahr, die jährliche Vermehrung der bedrohlichen Räuberbande, mit der wir gemeinsam unsre größeren Städte bewohnen, die Versagung der Unterstützung gegen diese Gefahr von seiten der Mehrheit des Reichstags drängt schließlich den deutschen Fürsten, ihren Regierungen und allen Anhängern der staatlichen Ordnung eine Solidarität der Notwehr auf, welcher die Demagogie der Redner und der Presse nicht gewachsen sein wird, solange die Regierungen einig und entschlossen bleiben, wie sie es gegenwärtig sind. Der Zweck des Deutschen Reiches ist der Rechtsschutz; die parlamentarische Tätigkeit ist bei Stiftung des bestehenden Bundes der Fürsten und Städte als ein Mittel zur Erreichung des Bundeszweckes, aber nicht als Selbstzweck aufgefaßt worden. Ich hoffe, daß das Verhalten des Reichstages die verbündeten Regierungen der Notwendigkeit überheben wird, die Konsequenzen dieser Rechtslage jemals praktisch zu ziehen. Aber ich bin nicht gewiß, daß die Mehrheit des jetzt gewählten Reichstages schon der richtige Ausdruck der zweifellos loyal und monarchisch gesinnten Mehrheit der deutschen Wähler sein werde. Sollte es nicht der Fall sein, so wird die Frage einer neuen Auflösung in die Tagesordnung treten. Ich glaube aber nicht, daß ein richtiger Moment der Entscheidung darüber schon in diesem Herbst eintreten könnte. Bei einem neuen Appell an die Wähler wird die wirtschaftliche und finanzielle Reformfrage ein Bundesgenosse für die verbündeten Regierungen sein, sobald sie im Volke richtig verstanden sein wird; dazu aber ist ihre Diskussion im Reichstage nötig, die nicht vor der Wintersession stattfinden kann. Das Bedürfnis höherer Einnahmen durch indirekte Steuern ist in allen Bundesstaaten fühlbar und von deren Ministern in Heidelberg einstimmig anerkannt worden. Der Widerspruch der parlamentarischen Theoretiker dagegen hat in der produktiven Mehrheit der Bevölkerung auf die Dauer keinen Anklang.

293 Bismarck im Reichstag, 9. Oktober 1878:

Die Furcht, die ich nicht teile, daß im Kern des Volkes die Ideen aus Schillers Räubern schon vollständig von den Arbeitern aufgenommen seien, drückt auf das öffentliche Vertrauen. Um dasselbe zu heben, glaube ich, daß es notwendig ist für den Staat, die Macht der Agitatoren zu brechen. Es ist ja heutzutage die Stellung eines sozialistischen Agitators ein ausgebildeter Gewerbszweig wie jeder andere; man wird Agitator, Volksredner, wie man früher Schmied oder Zimmermann wurde; man ergreift dieses Gewerbe und steht sich dabei unter Umständen sehr viel besser, als wenn man bei dem ursprünglichen geblieben wäre, hat ein

angenehmes und freies, vielleicht auch angesehenes Leben in gewissen Kreisen. Aber das hindert nicht, daß wir gegen die Herren, die diese Gewerbetätigkeit ergriffen haben, uns im Stande der Notwehr befinden, und je zeitiger wir diese Notwehr eintreten lassen, mit desto weniger Schaden für die Freiheit der übrigen und für die Sicherheit und den inneren Frieden werden wir, glaube ich, damit zu Ende kommen. (...)
Mein Bestreben geht über dieses Gesetz und diese Vorlage hinaus dahin, womöglich aus den drei Fraktionen, die überhaupt an den staatlichen Zwecken der Regierung in befreundeter Weise mitarbeiten, und aus der Regierung zusammen eine feste, sich gegenseitig in allen Teilen vertrauende Phalanx zu bilden, die imstande ist, allen Stürmen, denen unser Reich ausgesetzt ist, wirksamen Widerstand entgegenzusetzen.

294 *Friedrich Engels an P. L. Lawrow, 10. August 1878:*

Herr Bismarck, der für uns seit sieben Jahren arbeitet, als würden wir ihn bezahlen, scheint sich jetzt kaum noch mäßigen zu können in seinen Bemühungen, den Sozialismus so schnell wie möglich herbeizuführen. „Nach mir die Sintflut" genügt ihm nicht; er besteht darauf, die Sintflut noch zu Lebzeiten zu haben – sein Wille geschehe. Ich fürchte nur, er arbeitet zu gut, und die Sintflut kommt vor dem gesetzmäßigen Zeitpunkt.

295 *August Bebel im Reichstag, 16. September 1878:*

Kurz, meine Herren, die Regierungen mögen machen, was sie wollen, sie können uns doch nicht ernsthaft an den Kragen. (...) Wissen Sie, was Sie mit dem Gesetz aus der Sozialdemokratie machen? Sie treiben die Sozialdemokraten ähnlich wie die ersten Christen, durch die Verfolgung, die Sie ihr zuteil werden lassen, zum äußersten Eifer, ja Fanatismus, und zu einer förmlichen religiösen Schwärmerei. Die Arbeiter werden, dessen seien Sie sicher, mit der äußersten Zähigkeit für ihre Überzeugungen eintreten, sie werden in Werkstätten, in Fabriken, in der Familie und im Bierhaus, auf der Eisenbahn, sonntags auf Spaziergängen und an vielen anderen Orten, wo sie niemand genau zu

Die reaktionäre Wende. Karikatur des „Kladderadatsch" 1879

kontrollieren imstande ist, zusammenkommen. Jeder wird seine zwei, drei, vielleicht auch zehn und zwölf Broschüren in der Tasche mitnehmen: sie werden ihre Freunde und Bekannten auf dem Lande und in den abgelegensten Teilen der Städte besuchen und ihnen diese Broschüre geben. Und diese Tätigkeit lahmzulegen, wird Ihnen ganz unmöglich sein.

Die Annahme des Sozialistengesetzes war der erste Schritt, um auch Bismarcks weiteren reaktionären Plänen – vor allem auf wirtschaftspolitischem Gebiet – eine Mehrheit im Reichstag zu sichern.
Der Übergang zum Schutzzollsystem, der das Bündnis von Junkertum und Bourgeoisie auf eine neue materielle Interessenbasis stellte und dem preußisch-deutschen Militärstaat neue Finanzquellen erschließen sollte, kam auch Bismarcks persönlichem Interesse als Guts- und Waldbesitzer entgegen. Von vornherein hatte er unmißverständlich auf einem Zusammengehen der industriellen mit den agrarischen Schutzzöllnern bestanden und zunächst lange hinter den Kulissen gerungen, um diesen Standpunkt in den Interessenverbänden der Großindustrie und des Junkertums sowie in den Regierungsfraktionen durchzusetzen.

296 *Wilhelm von Kardorff, Aufzeichnung über ein Gespräch mit Bismarck, 31. März 1878:*

ER: „Sie wissen, daß unsere Handelspolitik der innere Grund war, weshalb ich mich von Delbrück trennte. Ich hatte eine Unterredung mit ihm, in der ich mich von dem Freihandelsprinzip lossagte und bemerkte, ich könnte nicht weiter mit ihm gehen, wenn er seine Wirtschaftspolitik nach Manchestergrundsätzen weiter einrichtete. Infolge davon fühlte er sich veranlaßt, um seinen Abschied einzukommen, was mir im übrigen leid tat; denn er war eine tüchtige technische Kraft. Aber so ging es doch nicht weiter; leider blieb Camphausen zurück, der mir viel gefährlicher war, denn ich mußte ihm gegenüber sehr vorsichtig sein. Hätte ich ihm je eine Andeutung gemacht, daß unsere Wege verschieden seien, wonach er mich oft genug fragte, so wäre er sofort zum Kaiser gelaufen und hätte dem gesagt, ich hätte ihn entlassen. Jetzt sind die Nationalliberalen so gütig gewesen, das zu übernehmen, und haben dann nicht einmal den Mut gehabt (ich meine Bennigsen), in das Ministerium zu treten; jedenfalls bin ich froh, Camphausen los zu sein, denn ich hatte immer das Gefühl, daß seine Freunde in dem Parlament regelmäßig gegen die Vorlagen stimmten, die er in meinem Sinne machte – vielleicht instinktiv, vielleicht nicht ohne vorherige Andeutung. Er tat immer so, als ob er mithelfen wollte, und schließlich wurde nie etwas zustande gebracht. Ich war früher selbst Freihändler, so als Gutsbesitzer, aber ich bin nunmehr gründlich bekehrt und will es wieder gutmachen. (...)

So plauderte er ununterbrochen, und ich warf zuletzt ein: „Warum wollen Sie nicht noch einmal die Eisenzollvorlage bringen?"

ER: „Ich kann das nicht selbst arbeiten, und wer soll es mir machen?"

ICH: „Es kommt ja nur die einfache Aufhebung des Gesetzes von 1873 in Frage, und es bedarf gar keiner Arbeit."

ER: „Glauben Sie an eine Majorität?"

ICH: „Warum nicht? Jedenfalls wird die Sache doch nicht verschlimmert durch eine nochmalige Niederlage. Übrigens haben Eure Durchlaucht mit den Holzpreisen insofern nicht recht, als in Schlesien die Holzpreise durch noch andere Kalamitäten mit herabgezogen sind."

ER: „Wieso?"

ICH: „Durch die Aufhebung der Eisenzölle."

Die neuen schutzzöllnerischen Freunde. Karikatur des „Schalk" vom 19. Januar 1879

ER: „Das verstehe ich nicht."

ICH: „Ganz einfach, erstens, der stärkste Konsument für Holz ist der Kohlenbergbau; dieser stockt, folglich auch der Holzabsatz. Der zweitstärkste Konsument ist der Holzkohlenhochofen. Da nun die Hochöfen zu zwei Drittel ausgeblasen sind, weil wir die Eisenzölle verloren haben, so ist das Holz wertlos, und da ist der Zusammenhang zwischen Holz und Eisen."

ER: „Hm, das ist richtig – ich will Ihnen noch kein Versprechen geben, aber ich werde die Sache überlegen; wenn es noch geht, werde ich noch einmal den Versuch machen mit dem Eisenzoll, aber Sie sollen mir das Versprechen geben, mich gelegentlich wieder zu besuchen. Fürchten Sie nicht, daß ich zu beschäftigt bin, ich habe immer Zeit für Sie."

297 Ludwig Bamberger, Tagebuch (1879):

Der Gang des Gedanken bei Bismarck führte zum Schutzzoll offenbar von der agrarischen Protektion aus. Die industriellen Schutzzölle wurden als Vorspann genommen. Unter den agrarischen Zöllen standen wieder die Holzzölle voran. Er ist vor allem Waldbesitzer. Senator Plessing von Lübeck war (in Vertretung Krügers) im Bundesrat frappiert von der Exuberanz Bismarcks, wenn er auf dies Thema kam. Dann war er immer selbst bei der Hand in den Beratungen, unerschöpflich im Reden, wußte Bescheid in allen Details des Holzhandels wie ein Kommis. Nach den Schilderungen des Lübeckers wütete die Axt in seinen Lauenburger Wäldern und waren ungeheure Vorräte aufgestapelt. Ein Transport, der für Krupp in Essen zu Grubenholz bestimmt war, wurde auf den teuersten Wagen befördert, um ihn gegen die teuren Frachten aufzuregen, durch welche er Galizien nachstehe. Im Juli 1879, als nach fertigem Zolltarif der Bundesrat das offizielle Warenverzeichnis zu machen hatte, ließ er sich von seinen Räten, denen er noch zutraute, sie könnten ihm mit eigenen freihändlerischen Velleitäten[1] Abbruch tun, den Entwurf nach Kissingen schikken, sah ihn selbst durch und machte eigenhändige Korrekturen in der Klassifikation der Hölzer. (...)

Ebenso interessiert er sich für den Papierzoll, und nur dem

Bismarcks neue Wirtschaftspolitik. Karikatur des „Kladderadatsch“ 1879

ist es zu verdanken, daß wegen seines hervorragenden Interesses am Holzpapier der Lumpenzoll nicht durchging. Dagegen mußte Boetticher[2], seine âme damnée[3] in der Tarifkommission des Reichstags, noch bis zuletzt, wenn auch vergeblich, Anstrengungen für höheren Zoll auf Packpapier machen. Noch in der dritten Lesung zog Boetticher einen Brief heraus (den er niemanden sehen ließ), der dafür plädierte. Selbst v. Puttkamer[4] zweifelte nicht, daß er von Bismarck herrührte. Inzwischen ging die schlecht verwaltete Papierfabrik zugrunde, und er verlor das Geld, da er es seinem Kommanditär Behrend anvertraut hatte.

1 Willensregungen.
2 Boetticher, Karl Heinrich (1833–1907): Staatsminister, Stellvertreter des Kanzlers im Bundesrat und Reichstag.
3 blinder Gefolgsmann.
4 Puttkamer, Robert von (1828–1900): preußischer Innenminister.

298 Bismarck an Arthur Hobrecht, 25. Mai 1878:

In der Frage der Steuerreform ebenso wie augenblicklich in dem von Ew. pp. gleichzeitig berührten Kampfe gegen die

Das norddeutsche Osterei. Karikatur des „Kikeriki“ vom April 1879

Sozialdemokratie kommt es m. E. nicht darauf an, ob die Ziele, die man sich steckt, uno actu[1] in einer Parlamentssession oder mit einer Vorlage parlamentarisch erreichbar sind, und selbst wenn sie anscheinend parlamentarisch ganz unerreichbar wären, so würde ich, wenn sie vernünftig sind, sie doch glauben erstreben zu müssen. Der Erfolg ist eine Frage für sich, die mich wenigstens in meinem pflichtgemäß für richtig erkannten Streben niemals beirrt. Die Politik ist langlebig und beansprucht Pläne auf Menschenalter hinaus. Ich werde, solange ich imstande bin, als Minister oder im Parlament an den Staatsgeschäften teilzunehmen, nicht ablassen, in jeder Session und sooft ich Gelegenheit dazu finde, die politischen und wirtschaftlichen Maßregeln anregen und befürworten, die ich für die richtigen halte, und dabei an den schließlichen Sieg der gesunden Vernunft über Fraktionstaktik und Rhetorik glauben. Die Gelehrten ohne Gewerbe, ohne Besitz, ohne Handel, ohne Industrie, die vom Gehalt, Honoraren und Coupons leben, werden sich im Laufe der Jahre den wirtschaftlichen Forderungen des produzierenden Volkes unterwerfen oder ihre parlamentarischen Plätze räumen müssen. Dieser Kampf kann länger dauern, als wir beide leben, aber ich wenigstens bin entschlossen, ihn auch dann nicht aufzugeben, wenn sich die augenblickliche Erfolglosigkeit mit Sicherheit voraussehen läßt. In unseren Pflichten dem Lande gegenüber ändert das nichts.

1 in einer einzigen Aktion.

Als Bismarck im Dezember 1878 sein Programm eines wirtschaftspolitischen Kurswechsels erstmals in aller Öffentlichkeit darlegte, stieß er nicht nur auf die Opposition der Fortschrittspartei und der Sozialdemokratie, sondern fand auch beim linken Flügel der Nationalliberalen Partei wenig Gegenliebe. Bismarck gelang es aber, mit dem Zentrum handelseinig zu werden und durch diesen Überraschungscoup die in sich zerstrittenen Nationalliberalen völlig mattzusetzen. Mit dem Einschwenken der vormaligen „Reichsfeinde“ auf protektionistischen Kurs zeichnete sich eine Entspannung im Kulturkampf ab. So erregte es großes Aufsehen, daß am 3. Mai 1879 nach fast zehn Jahren erstmals wieder führende Zentrumsabgeordnete zu einem Abendempfang im Reichskanzlerpalais erschienen.
In der parlamentarischen Auseinandersetzung um den Schutzzolltarif erwies sich Bismarck einmal mehr als streitbarer Verfechter seiner Sache. Angriffen gegen die neue Wirtschaftspolitik, vorgebracht durch Eugen Richter von der Fortschrittspartei und Eduard Lasker vom linken Flügel der Nationalliberalen, trat der Kanzler überaus bissig entgegen. Der allgewaltige bonapartistische Diktator hielt sich auch ökonomischen Sachverstand zugute. Einem nicht an unmittelbaren materiellen Interessen orientierten, vermeintlich bloß abstrakte politische Prinzipien deklamierenden bürgerlichen Parlamentarismus sprach er hingegen jegliche Kompetenz ab. Bismarcks schlichte, aber wirksame Argumentation lief darauf hinaus, daß über Wirtschaftspolitik nur der urteilen könne, der ein persönliches Interesse daran habe.

299 Friedrich Kapp an Eduard Cohen, 26. Dezember 1878:

In der politischen Welt sieht es jetzt faul aus, und dazu noch der Brief Bismarcks vom 15. Dezember[1]. Diese Weihnachtsbescherung hätte er sich zugleich im Interesse seines eigenen Ruhmes ersparen können. Finanzzölle und Schutzzölle kommen mir beinah vor wie Pressefreiheit und Zensur. Leider segelt jetzt der volkswirtschaftliche Blödsinn unter Bismarckscher Flagge. Bismarck ist ein Friedrich der Große! Oft sollte man glauben, er kopierte ihn, obgleich niemand weniger Tatsächliches von ihm weiß, weniger seine politischen Briefe gelesen hat als Bismarck. Er ist wie Friedrich der Große unentbehrlich und ein Glück für das ganze deutsche Volk, allein man muß eine gehörige Dosis schlechter Bestandteile mit in den Kauf nehmen.

1 Am 15. Dezember 1878 hatte Bismarck in einem sogleich veröffentlichten Schreiben an den Bundesrat sein wirtschaftliches Reformprogramm verkündet.

300 Bericht über die „parlamentarische Soiree" bei Bismarck vom 3. Mai 1879:

Das Zentrum war diesmal vertreten durch Schröder-Lippstadt, von Forcade de Biaix, Grütering und Exzellenz Windthorst, der bald nach 9 Uhr in dem mit großem Ordensstern geschmückten Frack in den Saal trat. Sein unerwartetes Erscheinen brachte eine allgemeine Aufregung hervor. Fürst Bismarck eilte dem bisherigen Widersacher entgegen und führte den kurzsichtigen, kleinen alten Herrn sorglich in den Saal, indem er ihn mit beiden Händen beim Gehen unterstützte ... Bald hatten der Fürst und sein diesmaliger Favorit-Gast sich in ein Gespräch vertieft ... Als Fürst Bismarck den seltenen Gast nach etwa einer halben Stunde verließ, drängten sich die Abgeordneten um den ruhig lächelnden Windthorst, indem sie ihn im Scherz und Ernst zum Führer einer neuen Fraktion proklamierten, bei der sie demnächst würden eintreten müssen. Auf alle Fragen über den Inhalt der Zwiesprache antwortete Windthorst mit der Würde eines Augurs: Extra centrum nulla salus.[1]

1 Kein Heil abseits vom Zentrum.

301 *Bismarck im Reichstag, 21. Februar 1879:*

Ich bin, ehe ich überhaupt in das Amt trat, in derselben Weise beurteilt worden in bezug auf jede politische Befähigung, wie ich jetzt beurteilt werde in bezug auf mein Recht, ich möchte sagen, meine Pflicht, in wirtschaftlichen Dingen mitzureden. Ich erinnere mich, wie ich nach Frankfurt als Bundestagsgesandter ernannt wurde, kam in den Blättern, die den politischen Freunden des Abgeordneten Richter von damaliger Zeit, vielleicht seinen Vätern und Oheimen angehörten, die Bemerkung über mich: Dieser Mensch würde, wenn man ihm das Kommando einer Fregatte anvertraute oder eine chirurgische Operation zumutete, sagen: Nun, ich habe es noch nicht probiert, ich will es einmal versuchen. Das war die Schilderung, mit der man mich den Frankfurter Kollegen und vor allem den österreichischen in den liberalen Blättern empfahl. Nun, meine Herren, diese chirurgische Operation ist nachher zu Ihrer Zufriedenheit, wie ich glaube, vollzogen worden. Noch als ich Minister war, erinnere ich mich, daß in den damaligen liberalen Blättern die Wendung stand: Wie kann man „diesem Menschen" – und nun folgt eine Charakteristik von mir – die erste Stelle in Deutschland anvertrauen! Ich weiß nicht, ob ich aus der Versehung dieser ersten Stelle in Deutschland, die nachgerade 17 Jahre in meinen Händen ist, länger, als jemals ein Minister in konstitutioneller Zeit der Öffentlichkeit und allen Stichen und Kritiken derselben gegenübergestanden hat – ob die zur Zufriedenheit erfüllt worden ist, ob in dem absprechenden und wegwerfenden Urteile über mich der Abgeordnete Richter recht bekommt vor der Mit- und Nachwelt, oder ob mir zuerkannt wird, daß ich, nachdem ich 17 Jahre lang an der Spitze der Gesamtgeschäfte stehe, auch ein Recht zu einer Meinung über wirtschaftliche Fragen habe; darüber erwarte ich getrost das Urteil meiner Mitbürger – ich will von der Nachwelt nicht sprechen, es ist mir zu pathetisch.

302 *Bismarck im Reichstag, 8. Mai 1879:*

Die Herren, die unsere Sonne nicht wärmt, die unser Regen nicht naß macht, wenn sie nicht zufällig ohne Regenschirm ausgegangen sind, die die Mehrheit bei uns in der Gesetz-

Der müde Kanzler. Karikatur des „Kikeriki" vom Mai 1880

gebung bilden, die weder Industrie noch Landwirtschaft, noch ein Gewerbe treiben, es sei denn, daß sie sich damit vollständig beschäftigt fühlten, das Volk nach verschiedenen Richtungen hin zu vertreten, und daß sie das das ganze Jahr lang tun, die verlieren leicht den Blick und das Mitgefühl für diejenigen Interessen, die ein Minister, der auch Besitz hat, also auch zu der misera contribuens plebs[1] gehört, der auch regiert wird und fühlt, wie die Gesetze der Regierten tun, wenn der offen auszusprechen sich nicht scheut, was er wahrnimmt, so sollte er doch von dergleichen Andeutungen gesichert sein, daß er hier die Finanzpolitik des Besitzenden vielleicht im eigenen Interesse triebe.
Ich habe in der Beziehung in der Presse ziemlich grobe Andeutungen gelesen, auf die ich nicht zurückkommen will, auf die zurückzukommen unter meiner Würde ist. Aber ich möchte doch die Herren bitten, sich das klarzumachen, daß die Nichtbesitzer, Nichtindustriellen, Nichtlandwirte in den ministeriellen Stadien notwendig die Mehrheit bilden,

und daß die Gesetze von Hause aus die Farbe der Theorie und des Büros in ihren Vorlagen nur dann nicht haben, wenn einigermaßen Erfahrung im praktischen Leben bei dem, der sie macht, damit verbunden ist. Sie werden mir auch zugeben, daß in den gesetzgebenden Versammlungen Deutschlands die Zahl derjenigen, die keinen Besitz, kein Gewerbe, keine Industrie haben, welche sie beschäftigt, auf welche sie angewiesen werden, also die Zahl derer, die vom Gehalt, vom Honorar, von der Presse, von der Advokatur leben, kurz und gut der Gelehrtenstand, ohne eine Stellung im Nährstande – irgendeine Art von Lehrstand – daß der die Majorität bildet. In dieser Stellung möchte ich dem Herrn Abgeordneten Lasker und denjenigen, welche neben ihm durch ihre überlegene Beredsamkeit, durch den Einfluß auf ihre Kollegen diese Majoritäten zu leiten gewohnt sind und welche sich diesem Geschäfte das ganze Jahr hindurch teils in der Presse, teils in parlamentarischen Leistungen zum Danke des Vaterlandes widmen, denen möchte ich doch ans Herz legen, daß noblesse oblige[2]. Wer auf diese Weise jahrelang im Besitz der Macht in den Fraktionen gewesen ist, der muß auch an den denken, der als Amboß dient, wenn der Hammer der Gesetzgebung fällt, und das vermisse ich bei dem Herrn Abgeordneten Lasker, wenn er sagt, ich hätte einen Krieg zwischen „Landwirtschaft und Industrie" eröffnet. Daß der besteht, ist hoffentlich nicht mehr wahr, ich hoffe, beide sehen endlich ein, daß es ihr Interesse ist, zusammenzugehen. Aber zwischen Land und Stadt, das ist auch nicht in dem Maße richtig. Der Kampf, den ich nicht eröffnet habe, aber in dem ich seit Jahren mitkämpfe, soviel ich kann, soviel mir meine Geschäfte und – was ich doch auch bei Betrachtungen, daß ich nicht früher mit dergleichen Vorlagen gekommen wäre, zu erwägen bitte – soviel mir Krankheit, Krankheit, die ich im Dienst erworben habe, dazu Zeit läßt, ist der Kampf für Reformen!

1 geplagtes schaffendes Volk.
2 Adel (= Würde) verpflichtet.

Am 12. Juli war der Schutzzoll auf industrielle Erzeugnisse und landwirtschaftliche Produkte von einer Mehrheit aus Konservativen, Zentrum und einigen Nationalliberalen im Reichstag durchgesetzt worden. Das Schutzzollsystem, das dem Klassenbündnis von Großbourgeoisie und Junkertum eine neue Klammer gab, stabilisierte die sozialökonomische und politische Basis von Bismarcks bonapartistischer Diktatur. Während die Agrarproduzenten, die Montan- und Schwerindustrie, Teile der Textilindustrie und die mit diesen Branchen verbundenen Banken von der neuen Wirtschaftspolitik profitierten, hatten breite Kreise der verarbeitenden Industrie und alle Konsumenten die ökonomischen Lasten zu tragen. Die Stadt Essen, ein Zentrum des Kohlebergbaus und der Schwerindustrie, ließ es an umgehendem Dank nicht fehlen und machte Bismarck am 25. Juli 1879 zu ihrem Ehrenbürger. Es war der zwanzigste Ehrenbürgerbrief, den der Kanzler erhielt.

303 *Friedrich Kapp an Eduard Cohen, 5. April 1879:*

Ist es an sich schon ein Leichtsinn, ein 60 Jahre altes Wirtschaftssystem, das sich im ganzen vortrefflich bewährt hat, in einigen Monaten auf den Kopf stellen zu wollen und ohne jede Vorbereitung den Sprung ins Ungewisse zu wagen, so ist es doppelt demütigend und beschämend, in diesem Wettlauf der kleinlichsten, engherzigsten Interessen größere Gesichtspunkte und Grundsätze von den einzelnen als überflüssige Bagage über Bord werfen und fast die ganze Nation wie eine Herde kopfloser Hammel hinter Bismarck herlaufen zu sehen, ein verlorener Feldzug könnte unsere materiellen und geistigen Interessen nicht ärger schädigen als dieser von Bismarck mit Hilfe der Junker, Pfaffen und Ultramontanen, kurz aller Reichsfeinde gewonnene Sieg.

304 *Ehrenbürgerbrief der Stadt Essen vom 25. Juli 1879:*

Wir, Oberbürgermeister, Beigeordnete und Stadtverordnete der Stadt Essen, beurkunden hiermit, daß wir in erneuter Zustimmung zu der von dem Herrn Reichskanzler Fürsten von Bismarck durch das Programm vom 15. Dezember 1878 angebahnten, durch die Beschlüsse des Reichstags genehmigten, auf den Schutz der nationalen Arbeit abzielenden Wirtschaftspolitik, in dankbarer Anerkennung der einsichtsvollen und rastlosen Tätigkeit sowie der mannhaften Entschlossenheit, mit welcher der Herr Reichskanzler die seinen Bestrebungen entgegengesetzten Schwierigkeiten zu einer glücklichen Lösung zu bringen gewußt hat, in der zuversichtlichen Hoffnung, daß auf der mit dem Zolltarifgesetz vom 15. Juli 1879 geschaffenen Grundlage, wie im deutschen Vaterlande überhaupt, so vorzugsweise auch in den heimischen Gauen Industrie, Handel und Gewerbe zu neuer Blüte erstarken und zu immer reicherer Entwicklung gedeihen werden und – nicht am wenigsten – in dem Wunsche, Zeugnis abzulegen, daß der Herr Reichskanzler in seinen auf die wirtschaftliche Wohlfahrt des Deutschen Reichs gerichteten Bestrebungen die allseitige Unterstützung hiesiger Bürgerschaft immer finden werde, unterm heutigen Tage beschlossen haben: Seiner Durchlaucht dem Kanzler des Deutschen Reichs, Herrn Fürsten Otto von Bismarck, in Gemäßheit des § 6 der Rheinischen Städteordnung vom 15. Mai 1856, das Ehrenbürgerrecht zu verleihen.

Parallel zu Bismarcks Aktivität, die innenpolitischen Grundlagen seines bonapartistischen Herrschaftssystems zu stabilisieren, sah er sich 1879 auch veranlaßt, den Bündnisrahmen der preußisch-deutschen Außenpolitik neu zu gestalten. Die herrschenden Kreise des zaristischen Rußlands glaubten, dem „ehrlichen Makler" Bismarck die Hauptschuld an dem für sie enttäuschenden Ergebnis des Berliner Kongresses anlasten zu können. Zur Verstimmung trugen auch die den russischen Agrarexport hemmenden neuen deutschen Schutzzölle bei. Der ganze russische Unwille über Bismarcks Politik hatte sich Mitte August 1879 in dem sogenannten „Ohrfeigenbrief" Zar Alexanders II. an Wilhelm I. entladen.

Angesichts der Trübung des deutsch-russischen Verhältnisses entschloß sich Bismarck, die preußisch-deutsche Außenpolitik künftig enger an Österreich-Ungarn anzulehnen, und schlug den Abschluß eines Zweibundvertrages vor. Es bedurfte einer langen, großen, letzten Auseinandersetzung zwischen Kanzler und Kaiser, bis am 7. Oktober 1879 schließlich das Bündnis mit der Habsburger Monarchie perfekt war. Wilhelm I. wollte die alte dynastische Freundschaft zwischen Berlin und Petersburg nicht belastet wissen. Damit aber stieß er bei seinem Kanzler auf offene Tore. Bismarck beabsichtigte durchaus nicht, mit einer engeren deutsch-österreichischen Allianz Partei gegen das zaristische Rußland zu nehmen, vielmehr wollte er alle Möglichkeiten für eine Fortsetzung des Dreikaiserverhältnisses offenhalten.

305 An Wilhelm I., 24. August 1879:

Euere Majestät wissen, daß ich bei den vielen Gelegenheiten, die uns nötigten, zwischen Rußland und Österreich zu optieren, überall, wo es angänglich war, die größere Hinneigung zu Rußland befürwortet habe. Es geschah dies, weil ich die russische Anlehnung für die gesichertere von beiden hielt. Mit dem Staate Österreich haben wir mehr Momente der Gemeinsamkeit als mit Rußland. Die deutsche Stammesverwandtschaft, die geschichtlichen Erinnerungen, die deutsche Sprache, das Interesse der Ungarn für uns tragen dazu bei, ein österreichisches Bündnis in Deutschland populärer, vielleicht auch haltbarer zu machen als ein russisches. Nur die dynastischen Beziehungen und namentlich die persönliche Freundschaft des Kaisers Alexander lagen günstiger in Rußland und gaben den Ausschlag. Sobald dieser Vorzug der russischen Allianz wenn nicht schwindet, so doch unsicher wird, halte ich es für ein unabweisliches Gebot der Politik Euerer Majestät, unseren Beziehungen zu Österreich eine noch eifrigere Pflege angedeihen zu lassen als bisher.

306 An Wilhelm I., 31. August 1879:

Der Gedanke, daß ein Defensivbündnis mit Österreich als Ersatz der Garantien, welche früher der Deutsche Bund gewährte, den Abschluß der deutschen Politik Euerer Majestät zu bilden haben werde, ist für mich kein neuer. Ich habe schon bei den Friedensverhandlungen in Nikolsburg 1866 der tausendjährigen Gemeinsamkeit der gesamtdeutschen Geschichte gegenüber das Gefühl gehabt, daß für die

Verbindung, welche damals zur Reform der deutschen Verfassung zerstört werden mußte, früher oder später ein Ersatz von uns zu beschaffen sein werde.

307 An Wilhelm I., 5. September 1879:

Das Dreikaiserbündnis im Sinne einer friedlichen und erhaltenden Politik bleibt ein ideales Ziel der Politik, zu welcher ich Euerer Majestät ehrfurchtsvoll rate; untrennbar von derselben aber ist der Grundsatz, daß keiner der drei befreundeten Monarchen Eroberungen zum Schaden eines der beiden anderen erstrebe oder einen der beiden anderen mit Gewalt bedrohe, um ihn zum Anschluß an seine Separatpolitik zu zwingen. (...)
Nichtsdestoweniger werde ich Euere Majestät auch dann, wenn Allerhöchstdieselben ein Defensivbündnis mit Österreich genehmigen, in Zukunft niemals zu etwas anderem raten können als zur sorgfältigsten Pflege unserer freundschaftlichen Beziehungen zu Rußland; denn ein Krieg mit Rußland bleibt auch für ein mit Österreich verbündetes Deutschland immer eine schwere Kalamität ohne Zweck für uns, welcher jederzeit nach Möglichkeit vorzubeugen sein würde.

308 An Bernhard Ernst von Bülow, 31. August 1879:

Ob die Gelegenheit, eine sichere Anlehnung an Österreich zu nehmen, die in Deutschland freudig begrüßt werden würde, sich wiederfindet, wenn wir sie heute versäumen, dafür kann ich die Verantwortung nicht tragen. Glaubt der Kaiser es zu können, so wird S. M. für treue und gute Dienste, die in diesem Monate gerade 17 Jahre alt werden, nicht einen Abschluß von mir verlangen wollen, den ich nach meinem Gewissen nicht mit meinem Namen sanktionieren kann. Um gegen meine Überzeugung eine verhängnisvolle Politik zu vertreten, dazu müßte ich, selbst wenn ich es wollte, gesünder sein, als ich bin. Vor dritthalb Jahren habe ich wegen Krankheit meinen Abschied erbeten, bin aber seitdem keine Stunde arbeits- und sorgenfrei gewesen; im vorigen Jahre Krankheit, Kongreß, Sozialistengesetz, Ministerkämpfe, in diesem Reichstag bis Ende Juli, dabei werde ich verbraucht, ohne darüber zu klagen, aber die wenigen Wochen zu einer Kur kann ich nicht entbehren. Mir ging es in Kissingen drei Wochen lang gut, aber in der vierten kamen die Geschäfte, und zwar solche, die mich eigentlich nichts angehen. In den 10 Tagen, die ich hier bin [Gastein], habe ich täglich ohne Rast in großer Anspannung arbeiten müssen, und meine diesjährige Kur ist zerstört. Am meisten ist mir das Verbot nach Wien zu gehen auf die Nerven gefallen: bis zu dem Maße halte ich meine persönliche Unabhängigkeit durch den königlichen Dienst nicht gebunden. Wenn der Kaiser mich in diesem Maße an der Leine halten will, so kann den Dienst auch ein jüngerer und kräftigerer Mann an meiner Stelle besorgen.

Die reaktionäre Wendung der Bismarckschen Politik 1878/79 ist nicht unwidersprochen hingenommen worden. Die Sozialdemokratie parierte die Schläge des Ausnahmege-

Der Reichstag als Karnickel. Karikatur des „Figaro" vom Mai 1881

setzes, trotzte der brutalen Verfolgung und führte, teilweise mit anderen Mitteln und Methoden, legalen wie illegalen, ihre Parteiarbeit und den revolutionären Klassenkampf fort. Die Partei der Arbeiterklasse war die entschiedenste oppositionelle Kraft gegen das Bismarck-Regime. Doch auch bei anderen Klassen und Schichten erhoben sich Stimmen gegen die verschärfte politische und ökonomische Reaktion.

Die Zoll- und Finanzreform von 1879 verteuerte nicht nur die Lebenshaltungskosten breitester Bevölkerungskreise, sondern kollidierte immer offensichtlicher mit den Interessen großer Teile der freihändlerischen Bourgeoisie. Bei linksliberalen bürgerlichen Politikern und in kleinbürgerlich-demokratischen Kreisen wuchs die oppositionelle Stimmung. In Vorbereitung der Wahlen für das Preußische Abgeordnetenhaus tauchte im Juli 1877 in der parteiamtlichen „Parlamentarischen Korrespondenz" der Fortschrittspartei zum erstenmal seit 1866 wieder die Forderung auf: Fort mit Bismarck! Doch Eugen Richter bekam Angst vor der eigenen Courage. Von der Regierungspresse scharf attackiert und besorgt, mit der „gemeingefährlichen" Sozialdemokratie auf eine Stufe gestellt zu werden, zog er die Losung sogleich wieder zurück. Ihre antisozialistische Verblendung hinderte auch fortan oppositionelle bürgerliche Kreise zumeist, zu einer wirklich demokratischen Alternative gegenüber dem Bismarck-Regime zu finden.

Immerhin aber markierte das Unbehagen und die wachsende Opposition zu Beginn der achtziger Jahre eine sich abzeichnende innenpolitische Krisensituation für die bonapartistische Diktatur.

309 Friedrich Kapp an Eduard Cohen, 10. Februar 1879:

Während man hier noch im vorigen Jahr einem Gefühl unbedingter Sicherheit, einem unbegrenzten Vertrauen in die Stabilität unserer Verhältnisse sich hingab, fragt man sich jetzt, was daraus werden soll, wohin wir steuern und wo wir enden? Ein paar Dutzend wirtschaftlicher und politischer Fragen, die Jahrzehnte brauchen, um ins praktische Leben eingeführt zu werden, wirft Bismarck ohne Auswahl ins

Bismarck 1883

Volk und verwirrt sein Urteil. Kaum bekannt geworden und oberflächlich erörtert, läßt er sie wieder fallen, springt zu anderm über und beginnt das alte Spiel von neuem. Ich verkehre oft mit hochstehenden Beamten, die sein Werk ursprünglich haben fördern helfen, aber vom Minister an bis zum Geheimrat herab begegnet man in neuerer Zeit stets den Zweifeln und Befürchtungen, demselben Gefühl, daß es so nicht fortgehen kann.

310 *Eugen Richter in: „Parlamentarische Korrespondenz" der Fortschrittspartei, Juli 1879:*

Es gibt keine andere Hilfe, als daß man angesichts der Lage des Landes sich aufrafft zu dem, was wir sein sollen, zu Männern, die furchtlos und frei aussprechen, was das Land empfindet. Der Herr Reichskanzler Fürst Bismarck muß fort von seinem Platze.

311 *Theodor Fontane an Philipp zu Eulenburg, 23. April 1881:*

Gegen Bismarck braut sich allmählich im Volk ein Wetter zusammen. In der Oberschicht der Gesellschaft ist es bekanntlich lange da. Nicht seine Maßregeln sind es, die ihn geradezu ruinieren, sondern seine Verdächtigungen. Er täuscht sich über das Maß seiner Popularität. Sie war einmal kolossal, aber sie ist es nicht mehr. Es fallen täglich Hunderte, mitunter Tausende ab. Vor seinem Genie hat jeder nach wie vor ungeheuren Respekt, auch seine Feinde, ja diese mitunter am meisten. Aber die Hochachtung vor seinem Charakter ist in einem starken Niedergehn. Was ihn einst so populär machte, war das in jedem lebende Gefühl: „Ah, ein großer Mann". Aber von diesem Gefühl ist nicht mehr viel übrig, und die Menschen sagen: „Er ist ein großes Genie, aber ein kleiner Mann." Dadurch, daß er seine mehr und mehr zutage tretenden kleinlichen Eigenschaften mit einer gewissen Großartigkeit in Szene setzt, werden die kleinlichen Eigenschaften noch lange nicht groß. Wenn ich einen um einen Sechser verklage und nicht eher ruhe, als bis ich ihn im Zuchthause habe, so ist der Apparat zwar sehr groß, aber der Sechser bleibt Sechser.

312 *Volks-Zeitung (Berlin), 13. April 1881:*

Der lange verschleierte Gegensatz des Bismarckschen Regimes gegen alle freiheitlichen Ideen ist fast auf allen Gebieten des öffentlichen Lebens zum Durchbruch gekommen, und die Parole: Für oder wider Bismarck, mit welcher die Fortschrittspartei noch vor nicht langer Zeit auf Widerspruch in den eigenen Reihen stieß, wird heute als letzte Zuflucht aller derjenigen akzeptiert, welche ihren Liberalismus noch nicht der Interessenpolitik zum Opfer gebracht haben.

313 *Der Sozialdemokrat, Nr. 18 vom 1. Mai 1881:*

Wenn wir uns den Ursprung und das Wesen des auf den Namen des Fürsten Bismarck getauften Systems klarmachen, verschwindet auch sofort die Illusion, als habe die, jetzt ziemlich geräuschvolle, Opposition eines Teils der

Bourgeoisie gegen den Fürsten Bismarck irgendeine ernstliche Bedeutung. Das ist nicht der Fall. Hörte heute die Diktatur auf und würde die sozialistische Bewegung entfesselt, so würde die mißvergnügte Bourgeoisie schon morgen mit Zetergeschrei die Bismarcksche Diktatur zurückfordern.
Das müssen wir im Auge behalten. Die Angriffe, welche die Bismarcksche Politik aus dem Lager der Bourgeoisie erfährt, werden ihr nicht gefährlich werden. Wir halten es sogar für sehr wahrscheinlich, daß die Bourgeoisie, mit einigen vereinzelten Ausnahmen, den Bismarckschen Staatssozialismus verschlucken wird – als Gegengift gegen den demokratischen Sozialismus.
Jedenfalls wird beim nächsten Wahlkampf die Bourgeoisie, wenn es im Ernste heißt: Für oder wider Bismarck!, nicht wider Bismarck sein.

314 August Bebel an Friedrich Engels, 13. Juni 1881:

Die Stimmung wird immer unzufriedener, womit ich aber nicht sagen will, daß diese bei den Wahlen ihren richtigen Ausdruck finden wird. Alles ist in Gärung, und es hat sich noch nichts zur Klarheit durchgearbeitet. Man wird aus Unzufriedenheit oppositionell wählen, ohne daß diese Opposition die richtige Ansicht der Menge vertritt. Man ist der alten Schlagworte satt; man fühlt, daß der ganze Parlamentarismus, wie er sich seit zehn Jahren abgespielt, nichts, absolut nichts genützt hat; man fühlt, daß die ganze Gesetzgebung, die „liberale“ wie die reaktionäre, nicht den Kern der Sache trifft, und lechzt förmlich nach einem erlösenden Wort, einer erlösenden Idee. Könnten wir jetzt reden, wir eroberten im Sturm.

315 August Bebel an Friedrich Engels, 20. September 1881:

Hinge wirklich unser schließlicher Erfolg von der öffentlichen Agitation ab, dann hätten Herr v. Bismarck und die Bourgeoisie recht, als sie uns diese entzogen. Zum Glück ist das nicht der Fall, vielmehr zeigt die mit jedem Tag brutaler gegen uns auftretende Reaktion, daß die Furcht vor uns im Steigen ist; man sieht mit Schrecken, daß man sich gründlich verrechnete, als man glaubte, uns totmachen zu können, und man fühlt instinktiv, daß die Stunde kommt, wo die Sozialdemokratie als Erbin und Siegerin auf der Bühne erscheint.

Die ungebrochene Kampfkraft der revolutionären deutschen Sozialdemokratie, die im August 1880 auf dem Wydener Parteitag ihre Reihen organisatorisch und politisch-ideologisch festigte, wurde von der herrschenden Reaktion aufmerksam registriert. Im Frühjahr 1880 war das Sozialistengesetz zum erstenmal verlängert worden. Zugleich aber war der Entschluß gereift, die Arbeiterbewegung nicht mehr einzig mit der Peitsche zu bekämpfen, sondern es auch mit dem Zuckerbrot zu versuchen. Mit großem propagandistischem Aufwand wurde in der Kaiserlichen Botschaft vom 17. November 1881 ein sozialpolitisches Programm angekündigt. Um sich direkt in die Vorbereitung der beabsichtigten Maßnahmen einzuschalten, hatte Bismarck schon im September 1880 zusätzlich das Amt des preußischen Handelsministers übernommen. Ihm schwebte vor, durch staatliche Sozialfürsorge die Arbeiter an den bestehenden monarchisch-konservativen Staat zu binden und auf diese Weise der revolutionären Sozialdemokratie zu entfremden. In demagogischer Absicht schreckte der Kanzler auch nicht davor zurück, für seine sozialkonservativen Pläne sich des Schlagworts vom „Staatssozialismus" zu bedienen. Die erhoffte Wirkung blieb allerdings aus, einen Keil zwischen Arbeiterklasse und Sozialdemokratie konnte man so nicht treiben. Immerhin aber brachte die nach und nach verwirklichte Sozialgesetzgebung – 1883 Krankenversicherung, 1884 Unfallversicherung, 1889 Alters- und Invalidenversicherung – das Deutsche Reich auf diesem Gebiet an die Spitze der europäischen Staaten.

316 *August Bebel an Friedrich Engels, 22. September 1880:*

Recht interessante Überraschungen wird uns die Handelsministerschaft Bismarcks bringen. Hier ist er auf ein Gebiet geraten, auf dem er sich die Zähne sicher ausbeißt und auf dem er obendrein nicht anders als im höchsten Grade Unzufriedenheit säend wirken kann. Bringt er wirklich Gesetze zugunsten der Arbeiter, so hat er erstens die gesamte Bourgeoisie gegen sich, und er wird zweitens die Arbeiter nicht gewinnen, weil er bei dem besten Willen doch nur Halbheiten bieten kann. Von allen Ämtern, die er bisher bekleidete, ist das, was er jetzt angenommen hat, dasjenige, was ihn am gründlichsten ruinieren wird.

317 Im Gespräch mit Moritz Busch, 21. Januar 1881:

Einmal mußte ein Anfang gemacht werden mit der Versöhnung der Arbeiter mit dem Staate. Wer eine Pension hat für sein Alter, der ist viel zufriedener und viel leichter zu behandeln als wer darauf keine Aussicht hat. Sehen Sie den Unterschied zwischen einem Privatdiener und einem Kanzleidiener oder einem Hofbedienten an; der letztere wird sich weit mehr bieten lassen, viel mehr Anhänglichkeit an seinen Dienst haben als jener; denn er hat Pension zu erwarten. (...)
Derartige Pläne würden zu ihrer Ausführung große Summen erfordern, wenigstens hundert Millionen Mark, wahrscheinlich aber zweihundert. Aber auch dreihundert Millionen würden mich nicht abschrecken. Es müssen die Mittel geschafft werden, staatlich freigebig zu sein gegen die Armut. Die Zufriedenheit der besitzlosen Klassen, der Enterbten, ist auch mit einer sehr großen Summe nicht zu teuer erkauft. (...) Wenn wir das Ergebnis zur Sicherstellung der Zukunft unserer Arbeiter verwenden, deren Ungewißheit der Hauptgrund zu ihrem Hasse gegen den Staat ist, so ist das eine Sicherstellung unserer eigenen Zukunft, so ist das eine gute Anlegung des Geldes auch für uns; wir beugen damit einer Revolution vor, die in fünfzig Jahren ausbrechen kann, aber auch schon in zehn Jahren, und die, selbst wenn sie nur für ein paar Monate Erfolg hätte, ganz andere Summen verschlingen würde, direkt und indirekt durch Störung der Geschäfte, als unser Vorbeugungsmittel. Die Liberalen sehen die Vernünftigkeit der Vorschläge auch ein – im stillen –, gönnen es aber dem Kerl nicht, der sie macht, wollen es selber tun und sich damit populär machen.

318 Im Gespräch mit Moritz Busch, 26. Juni 1881:

Der Staat muß die Sache in die Hand nehmen. Nicht als Almosen, sondern als Recht auf Versorgung, wo der gute Wille zur Arbeit nicht mehr kann. Wozu soll nur der, welcher im Krieg oder als Beamter erwerbsunfähig geworden ist, Pension haben, und nicht auch der Soldat der Arbeit? Diese Sache wird sich durchdrücken. Sie hat ihre Zukunft. Es ist möglich, daß unsre Politik einmal zugrunde geht, wenn ich tot bin. Aber der Staatssozialismus paukt sich durch. Jeder, der diesen Gedanken wiederaufnimmt, wird ans Ruder kommen.

319 Kaiserliche Botschaft an den Reichstag, 17. November 1881:

Schon im Februar dieses Jahres haben Wir Unsere Überzeugung aussprechen lassen, daß die Heilung der sozialen Schäden nicht ausschließlich im Wege der Repression sozialdemokratischer Ausschreitungen, sondern gleichmäßig auf dem der positiven Förderung des Wohles der Arbeiter zu suchen sein werde. Wir halten es für Unsere Kaiserliche Pflicht, dem Reichstage diese Aufgabe von neuem ans Herz zu legen, und würden Wir mit um so größerer Befriedigung auf alle Erfolge, mit denen Gott Unsere Regierung sichtlich gesegnet hat, zurückblicken, wenn es Uns gelänge, dereinst das Bewußtsein mitzunehmen, dem Vaterlande neue und dauernde Bürgschaften seines inneren Friedens und den Hilfsbedürftigen größere Sicherheit und Ergiebigkeit des Beistandes, auf den sie Anspruch haben, zu hinterlassen. In Unseren darauf gerichteten Bestrebungen sind Wir der Zustimmung aller verbündeten Regierungen gewiß und vertrauen auf die Unterstützung des Reichstags ohne Unterschied der Parteistellungen.
In diesem Sinne wird zunächst der von den verbündeten Regierungen in der vorigen Session vorgelegte Entwurf eines Gesetzes über die Versicherung der Arbeiter gegen Betriebsunfälle mit Rücksicht auf die im Reichstag stattgehabten Verhandlungen über denselben einer Umarbeitung unterzogen, um die erneute Beratung desselben vorzubereiten. Ergänzend wird ihm eine Vorlage zur Seite treten, welche sich eine gleichmäßige Organisation des gewerblichen

Krankenkassenwesens zur Aufgabe stellt. Aber auch diejenigen, welche durch Alter oder Invalidität erwerbsunfähig werden, haben der Gesamtheit gegenüber einen begründeten Anspruch auf ein höheres Maß staatlicher Fürsorge, als ihnen bisher hat zuteil werden können.
Für diese Fürsorge die rechten Mittel und Wege zu finden, ist eine schwierige, aber auch eine der höchsten Aufgaben jedes Gemeinwesens, welches auf den sittlichen Fundamenten des christlichen Volkslebens steht. Der engere Anschluß an die realen Kräfte dieses Volkslebens und das Zusammenfassen der letzteren in der Form korporativer Genossenschaften unter staatlichem Schutz und staatlicher Förderung werden, wie Wir hoffen, die Lösung auch von Aufgaben möglich machen, denen die Staatsgewalt allein in gleichem Umfange nicht gewachsen sein würde. Immerhin aber wird auch auf diesem Wege das Ziel nicht ohne die Aufwendung erheblicher Mittel zu erreichen sein.

320 Bismarck im Reichstag, 12. Juni 1882:

Sozialistisch sind viele Maßregeln, die wir getroffen haben, die wir zum großen Heile des Landes getroffen haben, und etwas mehr Sozialismus wird sich der Staat bei unserem Reiche überhaupt angewöhnen müssen. Wir werden den Bedürfnissen auf dem Gebiete des Sozialismus reformierend entgegenkommen müssen, wenn wir dieselbe Weisheit beobachten wollen, die in Preußen die Stein- und Hardenbergsche Gesetzgebung bezüglich der Emanzipation der Bauern beobachtet hat. Auch das war Sozialismus als ein Monopol. Ich freue mich, daß es so gekommen ist, daß man diesen Sozialismus geübt hat; wir haben dadurch einen sehr wohlhabenden, freien Bauernstand erhalten, und ich hoffe, wir werden mit der Zeit Ähnliches für die Arbeiter erreichen – ob ich es erlebe, kann ich bei dem allgemeinen, prinzipiellen Widerstande, der mir auf allen Seiten entgegentritt und mich ermüdet, nicht wissen. – Aber Sie werden genötigt sein, dem Staate ein paar Tropfen sozialen Öls im Rezepte beizusetzen, wie viel, weiß ich nicht, aber es wäre meines Erachtens eine große Vernachlässigung der Pflichten der Gesetzgebung, wenn sie die Reform auf dem Gebiete der Arbeiterfrage nicht erstreben würde, von der wir den Anfang Ihnen jetzt gebracht haben.

321 Bismarck im Reichstag, 26. November 1884:

Die Sozialdemokratie ist so, wie sie ist, doch immer ein erhebliches Zeichen, ein Menetekel für die besitzenden Klassen dafür, daß nicht alles so ist, wie es sein sollte, daß die Hand zum Bessern angelegt werden kann, und insofern ist ja die Opposition (...) ganz außerordentlich nützlich. Wenn es keine Sozialdemokratie gäbe, und wenn nicht die Menge Leute sich vor ihr fürchteten, würden die mäßigen Fortschritte, die wir überhaupt in der Sozialreform bisher gemacht haben, auch nicht existieren (sehr richtig! bei den Sozialdemokraten), und insofern ist die Furcht vor der Sozialdemokratie in bezug auf denjenigen, der sonst kein Herz für seine armen Mitbürger hat, ein ganz nützliches Element. (Bravo! bei den Sozialdemokraten.) Ja, sehen Sie, in etwas sind wir doch einverstanden.

Die Reichstagswahlen vom Oktober 1881 erteilten Bismarck und seinem 1878/79 inaugurierten reaktionären politischen Kurs eine klare Absage. Der Kanzler verlor sowohl seine konservativ-nationalliberale wie konservativ-ultramontane Mehrheit. Der Linksliberalismus, vertreten durch die Fortschrittspartei und die Sezessionisten, eine von Eduard Lasker und Ludwig Bamberger geführte Vereinigung, die sich von den rechten Nationalliberalen getrennt hatte, erwies sich als der große Gewinner. Bedeutsam war auch, daß die Sozialdemokratie mit zwölf Abgeordneten, der gleichen Zahl wie vor Erlaß des Sozialistengesetzes, erneut im Reichstag vertreten war.
Die innere Politik des Reiches war fortan von einer Opposition der Reichstagsmehrheit gegen die Pläne Bismarcks geprägt, was von dem keinen Widerspruch vertragenden Kanzler natürlich nicht einfach hingenommen wurde.

322 Im Gespräch mit Moritz Busch, 16. November 1881:

Überall Unverstand und Undank. Alle Parteien und alle Fraktionen schießen auf mich, betrachten mich als Kugelfang, spucken mir in die Suppe, wollen, daß ich Prügeljunge bin. Wenn ich aber verdufte, werden sie nicht wissen, was

Sisyphusarbeit. Karikatur zum Sozialistengesetz der „Berliner Wespen“ 1878

sie machen sollen; denn keine hat die Majorität, und keine hat positive Gedanken und Ziele. Sie verstehen bloß zu kritisieren, zu tadeln, und nichts als Negation. Ja, Sie haben recht, sie haben den Leuten mit Phrasen und Lügen die Köpfe verdreht: ich soll Reaktion wollen, in die alte Zeit zurück. (...) Die das predigen, glauben aber selber nicht daran. Sie hassen und verleumden mich, weil ich ein Junker bin und kein Professor, und weil ich seit zwanzig Jahren Minister bin. Das hat ihnen zu lange gedauert, das ist ihr Verdruß. Sie möchten auch einmal drankommen, an die Regierung, an die Macht. ’s ist aber bloß Wollen und Nichtkönnen, und wenn ich ihnen Platz machte, würden sie in Verlegenheit sein vor der Aufgabe und merken, daß sie nichts vermögen. Ich bin als Junker geboren, aber meine Politik war keine Junkerpolitik. Ich bin Royalist in erster Linie, dann ein Preuße und ein Deutscher. Ich will meinen König, das Königtum verteidigen gegen die Revolution, die offene und die schleichende, und ich will ein gesundes, starkes Deutschland herstellen und hinterlassen. Die Parteien sind mir gleichgültig.

323 Hildegard von Spitzemberg, Tagebuch, 20. November 1881:

Heute war der Fürst anfangs ganz grimmig vom Korrigieren seiner zwei Reden von gestern und heute, ward aber allmählich äußerst heiter und witzig. „Ich kam mir heute gerade vor wie ein großer Hund", sagte er unter anderem, „der würdevoll zusieht, wie kleinere Köter sich balgen und beißen. Allmählich aber wird er auch gereizt und benimmt sich dann ebenso unvernünftig wie sie. Den ganzen Tag schwatzen und sein eigen Geschwätz noch korrigieren – das kommt mir doch nachgerade meiner 67 Jahre unwürdig vor, besonders da ich weiß, es hilft zu gar nichts gegen diese Leute. Den ganzen Tag bin ich in ‚Kammern und Unzucht'" – und als wir schrien – „ja, Zucht ist dort jedenfalls keine".

Mit allen Mitteln suchte Bismarck seine Machtstellung zu behaupten und den oppositionellen Reichstag in die Schranken zu weisen. Den vom Linksliberalismus immer wieder erneuerten Forderungen, ein parlamentarisches Regierungssystem einzuführen, setzte Bismarck Anfang Januar 1882 einen Erlaß Wilhelms I. entgegen, in dem das verfassungsmäßige Recht des Monarchen bekräftigt wurde, Regierung und Politik nach eigenem Ermessen zu leiten. Im Reichstag mußte sich Bismarck daraufhin am 24. Januar mit dem Vorwurf auseinandersetzen, daß er mit der Person des Herrschers nur sich selbst decken wolle.
Die von Bismarck geförderte Reaktivierung des monarchischen Regiments ist bezeichnend für seine betriebsamen, überaus wendigen, aber immer weniger erfolgreichen Versuche, mittels ständig neuer Aushilfen das bonapartistische Diktatorialregime weiterzuführen. Immer nur auf den nächstliegenden Zweck konzentriert, blieben fernerliegende Konsequenzen solcher Schritte meist unbeachtet. So konnte die anachronistische Version vom monarchischen Recht auf persönliche Leitung der Politik 1882 angesichts des müden und schwachen Fünfundachtzigers auf dem Thron kaum schaden. Acht Jahre später mußte dann Bismarck die Auswirkungen monarchischen Rechts selbst erfahren.

Aber, wenn der Erlaß kein neues Recht hat schaffen wollen, so hat er den Zweck, wie aus seinem Inhalt ja hervorgeht, die Verdunkelung des bestehenden Rechtes zu verhüten, die konstitutionellen Legenden zu bekämpfen, welche sich wie wucherische Schlingpflanzen an den ganz klaren Wortlaut der Preußischen Verfassungsurkunde legen, als ob es noch andere Rechtsquellen für uns gäbe außer dem preußischen geschriebenen Rechte, als ob die zufällig in anderen Ländern bestehenden Traditionen oder Verfassungen auf irgendwelche Gültigkeit bei uns in Preußen Anspruch hätten. Das Ergebnis dieser Legendenbildung, die wir ja im vollsten Umfange in wucherischer Üppigkeit in der Rede des Herrn Vorredners hier vor uns haben entstehen sehen, geht in der letzten Konsequenz dahin, daß eben in Preußen der König zwar regiere, im Sinne des französischen régner – wir, nach richtigen preußischen Traditionen, unterscheiden beides nicht –, aber nicht regiere im Sinne des französischen gouverner, sondern daß die aktive Betätigung der Regierungsgewalt in den Händen einer ministeriellen Regierung wäre, die neben dem Könige steht und, wenn sie ganz korrekt und in Ordnung ist nach dem Sinne des Vorredners, getragen wird von der Mehrheit eines oder beider Körper des Preußischen Landtags. (...)
Das ist ungefähr das konstitutionelle Ideal der ministeriellen Regierung, die dem selbstregierenden König von Preußen gegenübergestellt werden könnte und die dann allerdings, gestützt auf eine sichere und wohlgeschulte Majorität, sehr wohl imstande wäre, das Ideal zu realisieren, was beispielsweise der Abgeordnete Mommsen in seinen Wahlreden als ein Schreckbild bezeichnete, nämlich den ministeriellen Absolutismus, neben welchem unser Königtum verschwinden würde zu der Rolle schattenhafter Erbkönige, die, wenn man einen neuen Minister braucht, aus den Kulissen vorgeführt werden und unterschreiben und dann wieder verschwinden, nachdem sie auf diese Weise der landtäglichen Opposition ein neues Ziel zur Bekämpfung, eine neue Festung zur Belagerung, ein neues Ministerium – mit anderen Worten – angewiesen haben. Also diese konstitutionelle Hausmeierei, die der Abgeordnete

Mommsen mit einer für einen so angesehenen Geschichtsschreiber ungewöhnlichen Feindschaft gegen die Wahrheit (Heiterkeit rechts) mir vorwirft – ich kann nur annehmen, daß die Vertiefung in die Zeiten, die zweitausend Jahre hinter uns liegen, diesem ausgezeichneten Gelehrten den Blick für die sonnenbeschienene Gegenwart vollständig getrübt hat (Heiterkeit rechts), sonst hätte er unmöglich in Reden, die er gehalten hat, mir schuld geben können, daß die „Reaktivierung des absoluten Regiments" erstrebt werde, in der Rede: „Es geht um die Zukunft des deutschen Verfassungsstaates! – Rettet, was noch gerettet werden kann! Es gilt die Reaktivierung des absoluten Regiments" – es ist wirklich eine nationale Beschämung für mich, wenn ich einen so ausgezeichneten Gelehrten, der unseren Ruhm dem Auslande gegenüber als Historiker vertreten soll, bezüglich der Gegenwart so reden höre – also dieses Ministerregiment, diese Kanzlerdiktatur ist etwas, was gerade dann möglich wird, wenn Sie überhaupt das Ministerregiment an die Stelle des königlichen Regiments setzen, wenn es Ihnen gelingt – es wird Ihnen aber nicht gelingen, denn Sie haben gar keine Unterlage hinter sich, die preußische Verfassungsurkunde weiß davon gar nichts (...) Der wirkliche faktische Ministerpräsident in Preußen ist und bleibt Seine Majestät der König.

Doch alle von Bismarck bemühten Mittel vermochten den oppositionellen Reichstag kaum gefügig zu machen. Die Sozialgesetzgebung ging nicht so durch, wie von der Regierung eingebracht, und der krönende Abschluß der 1879 eingeleiteten Steuer- und Finanzreform, das Tabakmonopol, scheiterte völlig. Die Zahl weiterer abgelehnter Vorhaben war groß.

325 Lucius von Ballhausen, Tagebuch, 10. Mai 1883:

Wir ziehen nun die Bilanz unserer parlamentarischen Taktik und erleiden Niederlage auf Niederlage (...) Somit sind alle Projekte Bismarcks, für welche die kaiserliche Autorität ins Feld geführt wurde, gescheitert (...) So ist Freund und Feind verstimmt, und die längste bisher dagewesene Reichstagssession endet ohne jedes Resultat.

An die Konfliktzeit der frühen sechziger Jahre fühlte sich Bismarck trotz aller innenpolitischen Spannungen wohl nicht erinnert, aber die in der Verfassungsdebatte von 1867 gehegte Zuversicht – „Setzen wir Deutschland sozusagen in den Sattel! Reiten wird es schon können" – war gewichen.

326 Hildegard von Spitzemberg, Tagebuch, 2. Dezember 1883:

Der Fürst kam auf Deutschlands Zukunft zu sprechen, die er leider sehr schwarz ansieht. Er sagte: „Dies Volk kann nicht reiten! Die was haben, arbeiten nicht, nur die Hungrigen sind fleißig, und die werden uns fressen. Ich sage dies ohne Bitterkeit und ganz ruhig: ich sehe sehr schwarz in Deutschlands Zukunft. Wenn die ‚Forchow und Wirckenbeck' [Forckenbeck und Virchow] ans Ruder kommen und von oben her protegiert werden, so fällt alles wieder auseinander. Sie sind alle kleinlich und enge, keiner wirkt für das Ganze, jeder stoppt nur an seiner Fraktionsmatratze." – „Aber", entgegnete Schweinitz, „Preußen wird immer reiten können, und die Jugend, die in den großen Traditionen erwachsen ist, auf die zähle ich." – „Ja", meinte der Fürst, „aber auch von der Jugend sind drei Viertel angekränkelt vom Gifte des Materialismus und der Genußsucht." – „Immerhin bleiben das zweite und dritte Armeekorps", bemerkte Schweinitz. – „Gewiß, aber wer wird sie rufen?"

Der Kanzler war durchaus nicht so ratlos, wie er sich hier zeigte. Vom aggressiven Mißtrauen gegen die parlamentarische Opposition mehr und mehr nach rechts gedrängt, hatte sich Bismarck schon mit Plänen befaßt, den Reichstag legal „trockenzulegen", etwa durch die Einführung zweijähriger Etatperioden oder durch das „Nebenparlament" eines berufsständisch organisierten Volkswirtschaftsrates. Schließlich aber kreisten seine Gedanken immer häufiger um die Möglichkeit, die von ihm selbst errichtete Verfassungsordnung mit Reich, Parlament und allgemeinem Wahlrecht durch juristischen oder militärischen Staatsstreich wieder aus der Welt zu schaffen.

327 Im Gespräch mit Moritz Busch, 2. Dezember 1881:

Er ging eine Weile schweigend neben mir hin und summte die Melodie von „Wir hatten gebauet ein stattliches Haus". Dann sagte er plötzlich: „Aber, wenn sie so fortmachen, so wird's zuletzt, wie ich ihnen andeutete – das Glück von Edenhall. Sie kennen's, das Uhlandsche Gedicht. Bums, wird's heißen, und zerschellt ist's – die deutsche Verfassung."

328 Im Gespräch mit Eduard Cohen, 4. Juni 1882:

Er graut sich vor Berlin: Kaiser, Minister und Reichstag müsse er absolvieren und habe gar keine Lust. Die deutschen Zustände flößen ihm große Besorgnisse ein; es könnte leicht geschehen, daß der alte Bundestag mit aller Kleinstaaterei wieder käme. Die Parteien hielten das Reich für viel konsolidierter, als es ist.

329 Lucius von Ballhausen, Tagebuch, 27. November 1884:

Über die Wahlen redend, meinte Bismarck, wenn sie über Gebühr oppositionell ausfielen, so würde das parlamentarische System um so schneller ruiniert und die Säbelherrschaft vorbereitet werden.

330 Im Gespräch mit Hermann von Mittnacht, 9. Dezember 1885:

Der Reichstag, fuhr der Fürst fort, zeige ein recht übles Gesicht. Wenn es so fortginge, hätte man keinen Rechtsboden mehr unter den Füßen. Schließlich könnten die deutschen Fürsten finden, daß es eine Illusion gewesen, Deutschland parlamentarisch regieren zu können. Den Reichstag könne man eher entbehren als die Armee. Wenn der Kanzler einmal für die Monarchie fürchten müsse, würde er kalten Blutes die Lunte an das Faß legen.

Bismarcks leidenschaftliches Engagement im Kampf gegen den Linksliberalismus wurde im übrigen noch aus einem Umstand genährt, der einmal mehr unterstreicht, wie eng sich bei ihm politische Entschlüsse und private Interessen berührten. Nicht allein, daß die Opposition von Fortschrittspartei und Sezessionisten im Reichstag die großen Staatsgeschäfte des Reichskanzlers und Ministerpräsidenten störte. Auch als Berliner Bürger und Wohnungsinhaber sah sich Bismarck durch eine Kommunalabgabe, die von dem linksliberal geführten Magistrat erhoben wurde, ungebührlich behandelt. Als der Kanzler für seinen Pferdestall 3,50 Mark und für seine Dienstwohnung 116,20 Mark an Mietsteuer zahlen sollte, begründete er im Reichstag ein Gesetz zur veränderten Besteuerung von Dienstwohnungen der Reichsbeamten, das am Ende mit der knappsten Mehrheit von 135 gegen 134 Stimmen durchging. Ein Reichsbeamter in Berlin hatte nun, wie der Oberbürgermeister Max von Forckenbeck ausrechnete, tatsächlich 250,20 Mark weniger zu zahlen – was den pingeligen Bismarck freilich nicht hinderte, auch fortan jede finanzielle Veranlagung genau zu überprüfen.

331 *Im Gespräch mit Moritz Busch, 11. Mai 1880:*

Ich bekomme als Reichskanzler achtzehntausend Taler, als Ministerpräsident und Minister des Auswärtigen nichts, und ich brauche jetzt jährlich sechzigtausend Taler. Ich gebe allein in diesem Hause zweitausend mehr für Beleuchtung aus. Es ist unpraktisch gebaut, voll lauter dunkler Gänge und Hintertreppen, und nur die Diensträume unten habe ich nicht selbst zu beleuchten. Die Mietsteuer haben sie mir auch erhöht, die Wohnung ist zu fünftausend Talern veranschlagt, was ich unbillig finde, obwohl sie besser ist als die drüben, deren Dürftigkeit Sie ja kennen.

332 *Bismarck im Reichstag. 4. März 1881:*

Ich habe mit meinem Gute Varzin früher dem Kreise Schlawe angehört. Der Kreisausschuß befand sich unter der Leitung ganz fester politischer Gegner von mir von der äußersten Rechten, und ich habe denn doch als Minister in meinem Privatleben für meine amtlichen ministeriellen Sünden zu büßen gehabt, bis ich sah, daß ich schließlich der Schwächere war, und die Flucht ergriff. Mir war die Tür offen. Ich hatte die Klinke zur Gesetzgebung und bewirkte,

daß ich aus dem Kreise Schlawe ausgeschieden und in den duldsameren Rummelsburger Kreis übergeführt wurde.
Wenn, meine Herren, auf diese Weise in unseren Einrichtungen ein Ministerpräsident, wie Sie sagen „ein so mächtiger Mann im Lande, der alles kann", nicht einmal einem Kreisausschuß gegenüber zu dem Gefühl kommen kann, unparteilich behandelt zu werden, wie soll in so großen, mächtigen Verhältnissen, in einer an der Politik so anteilnehmenden Stadt wie Berlin nicht ähnliches der Fall sein? (...)
Ich hatte früher meine alte, mich sehr befriedigende und behagliche Wohnung, in der ich gern war, und wie ich überging in die jetzige, so wurde ich in der Einschätzung von 9000 Mark auf 15000 erhöht. Mir war das unerwünscht, und ich war dagegen, da schon die 9000 Mark ganz sicher 50 Prozent mehr waren als das, wofür man mein altes Haus, soweit ich es privatim bewohnte, überhaupt je hätte vermieten können. Ich habe nie in meinem Leben seit meiner Studentenzeit so beschränkt gewohnt wie in meinem alten Hause, weil ich früher entweder immer auf dem Lande oder doch in großen, auswärtigen Quartieren gewohnt habe, aber ich habe dazu geschwiegen. Wie ich nun übersiedelte, so wurde ich plötzlich auf 15000 Mark in meinem neuen Hause eingeschätzt. Ich weiß nicht, wer die Wohnung kennt, und wenn ich auf diese Sache eingehe, so bin ich dabei wirklich, wie ich schon vorhin sagte, finanziell nicht interessiert. Wenn Sie immer wohlhabende Reichskanzler haben, können Sie das tun; einer, der sein Geld nicht zu Rate hält, wird gleichgültig darüber sein, aber es ist doch zur Kritik unserer öffentlichen Einrichtungen zu erwähnen. Ich wurde also für einen Mietwert, wo ich unparteiisch auffordern will, auch nur 3000 Taler Miete dafür zu erlangen, für meine Privatwohnung wurde ich auf 15000 Mark eingeschätzt. Dagegen habe ich reklamiert, und was war die Folge? Ich wurde sofort – ich kann es nicht anders als in Beziehung mit meiner Dreistigkeit bringen, daß ich mich zu beschweren gewagt und daß ich dieses Gesetz eingebracht hatte –, so wurde ich sofort auf 23000 Mark in die Höhe geschnellt und nach diesem fingierten Maßstab neu besteuert. Durch diese Erhöhung, die ja wirklich – ich will keinen harten Ausdruck brauchen – aber verwunderlich sein muß für jeden, dem ich das Wertobjekt einmal zeigen

könnte, für 8000 Taler, wer sich das ansehen möchte! Diese Schraube hat ja gar kein Ende! Man hat mich damit – ich bezahle es ja mit Vergnügen – auch zugleich in eine höhere städtische Einkommensteuerklasse künstlich gebracht. Dadurch, daß man den Wert meiner Wohnung von 15000 auf nahezu 24000 Mark setzte, überschritt mein putativ fingiertes Einkommen nun die Klassengrenze, aber ich habe ja keine Revenuen aus diesem Hause, ich überschritt indes nun die Grenze der nächsten Einkommensteuerklasse, und deshalb wurde erklärt, ich wäre aus Mißverständnis so niedrig wie im vorigen Jahre abgeschätzt worden. Ja, meine Herren, wenn ich nun unter allen den Eröffnungen, die ich darüber bekomme, die Namen „Runge, Hagen" lese, so kann ich mich nicht erwehren, ich fühle mich fortschrittlich angeweht. Das sind sehr bekannte Leute, Parteiführer, die eben ihren Namen gegeben haben. Ich kann nicht voraussehen, daß die Herren besondere Liebe und persönliches Wohlwollen für mich besitzen, aber gerade deshalb sollten sie in ihrer amtlichen Eigenschaft den politischen Gegner mit Schonung behandeln, in dem unbeschränkten Mandate, welches die regierenden Stadtherren haben.

333 *Bismarck im Reichstag, 29. April 1881:*

Ich bin durch meine Lage ohnehin schon genötigt, aus meinen Privatmitteln (...) erhebliche Zuschüsse für den Staat zu leisten und Staatskosten aus eigenen Mitteln zu zahlen; ich bin sehr viel mehr Verlusten in meinem Besitz durch meine Abwesenheit ausgesetzt, als der Staat mir Gehalt gibt; aber ich würde darüber nicht weiter reden, wenn es nicht gerade die Wohnung beträfe. Es ist mir das gerade peinlich, weil ich sehr viel bessere und angenehmere Häuser wie das in Berlin besitze, wo ich sehr viel lieber wohnen würde, und ich mir selbst nach meinem Geschmack ausgebaut und eingerichtet habe, und für die ich Steuer zahle, und daß ich nun hier noch in meiner Berliner Wohnung, wo ich ungern bin, wo ich nur auf Wunsch Seiner Majestät des Kaisers mich aufhalte, daß ich da noch für meinen Nachfolger vorweg schon jetzt die Mietsteuer bezahlen soll, die für ihn gerecht sein wird, weil er sehr viel mehr erhalten werde wie ich, das geht mir doch etwas über das Maß, welches ich mir pekuniär zumuten lasse.

334 Friedrich von Holstein, Tagebuch, 3. Januar 1884:

Als Puttkamer jetzt in Friedrichsruh war, beschwerte sich der Kanzler bitter über seinen Landrat Kosierowski, der gleichwohl mit vieler Sorgfalt ausgesucht worden war. Der Fürst war mit 5000 Mark für die Kreiseinkommensteuer herangezogen worden, fand das zu hoch und beschwerte sich besonders darüber, daß man ihn nicht vorher benachrichtigt habe. Puttkamer erwiderte, er wisse ganz gewiß, daß der Landrat die betreffende Veranschlagung zur Kenntnis des Reichskanzlers gebracht habe.
Der Fürst ließ Rantzau kommen. Dieser war genötigt einzuräumen, daß das bezügliche Benachrichtigungsschreiben bereits vor 5 oder 6 Wochen eingegangen sei. S. D. sagte nichts darüber an Rantzau, sondern schwieg betreten still und bemerkte dann zu Puttkamer: „Ja, der Kosierowski ist aber doch ein Karpfen."

335 Friedrich von Holstein, Tagebuch, 31. Januar 1884:

Ganz besonders ärgert den Kanzler die Kirchensteuer, weil er nach den jetzigen, allerdings harten Bestimmungen mehrmals mit seinem ganzen Gehalt eingeschätzt wird; dadurch hat er etwa 500 Mark mehr zu zahlen, als er seiner Ansicht nach zahlen sollte. Infolgedessen hat er Goßler[1] gedroht, er werde, wenn keine Änderung eintrete, aus der Landeskirche austreten. Goßler wäre weich geworden. Lucanus[2] erklärte jedoch, für dieses Jahr müsse S. D. jedenfalls noch zahlen; sobald die Kommunalsteuernnovelle durchgegangen sei, werde man in Anlehnung daran auch eine Änderung der Kirchensteuerpflicht eintreten lassen können, derart, daß in Zukunft das Gehalt nur einmal besteuert werde.

1 Goßler, Gustav von (1838–1902): preußischer Kultusminister 1881 bis 1891.
2 Lucanus, Hermann von (1831–1908): Unterstaatssekretär im Kultusministerium, 1888 Chef des Zivilkabinetts Wilhelms II.

Wer an innenpolitische Kontroversen so engstirnig, allein auf den eigenen Vorteil versessen, heranging wie Bismarck, brauchte sich am Ende nicht zu wundern, wenn ihm entsprechend heimgezahlt wurde. Als im Dezember 1884 im Etat des Auswärtigen Amtes unter Hinweis auf die große Arbeitslast 20000 Mark für eine weitere Direktorenstelle beantragt wurden, lehnte dies die Reichstagsopposition im Hinblick auf die finanzielle Notlage des Reiches kurzerhand ab.

336 Bismarck im Reichstag, 15. Dezember 1884:

Wenn ich Ihnen nach nun bald dreiundzwanzigjähriger Erfahrung und re bene gesta[1] auf mein Wort und meinen Diensteid hier versichere: Diese Kräfte sind notwendig – und Sie sagen: Nein, das ist nicht wahr – so bin ich entweder unglaubwürdig oder unwissend und unfähig. (Oh! oh! links.) Tertium non datur.[2] Im ganzen Ausland – kann ich mit einer gewissen Befriedigung sagen, die mir in der Heimat leider versagt ist – werden die Richtigkeit, die Zweckmäßigkeit, mein Verständnis zur Sache und meine Gewissenhaftigkeit allgemein anerkannt; hier werden sie in Zweifel gezogen, sooft ich amtlich dafür eintrete. (Bravo! rechts.) Ich werde mich darüber zu trösten wissen – ich bedarf Ihrer Anerkennung nicht. (...)

Die Parteien und die Verlängerung des Sozialistengesetzes. Karikatur des „Kladderadatsch" 1884

Ich begreife ja, daß die Herren das Militärfach besser verstehen als die Spitzen unserer Armee (Heiterkeit rechts), als der Feldmarschall Moltke und der Kriegsminister! Ich begreife, daß Sie die Finanzsachen besser verstehen als die sämtlichen Finanzminister des Bundes und ihnen darin überlegen sind! Aber bisher haben Sie mein spezielles Auswärtiges Ressort in dieser Beziehung mit einer gewissen Schonung und Rücksicht behandelt. Heute geben Sie mir zum erstenmal die Versicherung, daß Sie auch die Auswärtigen Geschäfte besser verstehen als ich, nachdem ich sie 20 Jahre lang geführt habe, und daß das Urteil darüber, mit wieviel Kräften und Beamten ich auskommen kann, bei Ihnen ein kompetenteres ist als bei mir. Meine Herren, ich will darüber mit Ihnen nicht streiten; ich erkenne die große Begabung, die den Herren nach allen Richtungen hin beiwohnt, an. (Heiterkeit rechts.) Ich kann aber die Sache doch hier nur von meinem Gesichtspunkte aus beurteilen, und ich sage Ihnen: Die Geschäfte lassen sich mit weniger nicht besorgen. (...)
Aber ich bitte den Herrn Abgeordneten, die Versicherung entgegenzunehmen, daß ich ein Mißtrauensvotum hierin nicht sehe, sondern daß ich bei ihm so viel Mißtrauen oder so viel Abneigung, mich überhaupt an dieser Stelle ferner zu sehen, voraussetze (Unruhe links), wie es ja in dem Ausspruch gelegen hat: „Fort mit diesem Ministerium! Fort mit diesem Reichskanzler!“ Sie schweigen jetzt bei Wahlen darüber; es hat der Ausspruch im Lande nicht den Anklang gefunden, den Sie erwartet hatten (sehr richtig! rechts); aber die Grundlage Ihres ganzen Tun und Treibens, die Grundlage dieser kleinen – ich will keinen harten Ausdruck gebrauchen, denken Sie ihn sich dazu! – dieser kleinen Abstriche, die Sie mir machen, ist doch nichts anderes, als daß Sie mir das Leben sauer machen wollen. (Sehr wahr! rechts.) Das steht Ihnen vollständig frei. Ich stehe und fechte hier im Namen des Königs als Soldat und deutscher Untertan meines angestammten Herrn, und ob ich dabei zu Schaden komme oder ungesund dabei werde, das ist mir so gleichgültig wie Ihnen. (Lebhafter Beifall rechts.)

1 guten Taten.
2 Ein Drittes gibt es nicht.

Bismarck war ein robuster Typ, doch auch an ihm waren die Jahre nicht spurlos vorübergegangen. Venenentzündung, Magenerkrankungen, Gallenkoliken, Gelbsucht, Grippe, Rheuma und andere Erkrankungen stellten sich nach 1879 ein. Alle Beschwerden und Mattigkeit führte Bismarck auf die außerordentlichen Lasten seines Amtes und den wachsenden dienstlichen Ärger zurück. Andere Krankheitsursachen kamen für ihn nicht in Betracht. Und bislang war es auch keinem Arzt gelungen, Einfluß auf diesen dickköpfigen Patienten zu gewinnen. Erst als Dr. Ernst Schweninger im Frühsommer 1883 Bismarcks Behandlung übernahm, dessen ungesunder Lebensweise Einhalt gebot und mit seinem Patienten auch Fraktur redete, trat im Befinden des Kanzlers eine Besserung ein. Intellektuell wirkte der Kanzler freilich immer unbeweglicher, er offenbarte wachsenden Starrsinn und schien verbraucht.

337 Äußerung Bismarcks (1880):

Wenn ich denke, wie viele Schweinehunde es in der Welt gibt, die sich wohl befinden, und ich liege hier wie ein Hund, weil ich nichts als meine Pflicht getan habe.

338 Christoph von Tiedemann, Tagebuch, 31. März 1880:

Beim Vortrage finde ich den Fürsten sehr elend, die Zunge erscheint gelähmt, das Aussehen erschreckend verändert. Er glaubt, gestern abend einen Schlaganfall gehabt zu haben, hat nicht geschlafen, sich fortwährend übergeben. Struck[1] hat erklärt, es sei nur eine aus dem Magen herrührende Erkältung mit Lähmung der Gaumenmuskeln. Die Fürstin sagt mir, ihr Mann habe gestern abend unendliche Massen von Waldmeister-Bowlen-Eis zu sich genommen und dazu sechs harte Eier mit Butter gegessen.
Abends Kriegsrat zwischen der Fürstin, dem Rantzauschen Ehepaare und mir im Boudoir der Fürstin über die für morgen zu treffenden Maßregeln. Der Fürst ist widerborstiger wie je gewesen, hat Struck in einer Weise angefahren, daß dieser ganz vernichtet davon gegangen, hat Hühnersuppe, Fleisch und Gemüse gegessen, obgleich ihm dies Struck

ausdrücklich verboten, ist ebenfalls gegen ausdrückliches Verbot im Garten im Regen umhergelaufen und sitzt jetzt allein in gereizter Stimmung am Kamin im Gartenzimmer, will keine Gesellschaft wie seine Hunde.

1 Heinrich Struck, Hausarzt Bismarcks.

339 Arthur von Brauer, Tagebuch, 29. Mai 1883:

Ich hatte den Kanzler lange nicht gesehen und war über sein Aussehen erschrocken. Er hatte ungesunde, graue Gesichtsfarbe, war unförmlich dick geworden und von schwerfälligen Bewegungen. Auf dem Heimweg sprachen wir voll Sorge von diesen bedenklichen Erscheinungen. Die Sorge wandelte sich fast in Entsetzen, als Rottenburg[1] uns vertraulich mitteilte, es habe eine Beratung der ersten ärztlichen Autoritäten stattgefunden; diese Herrn gäben dem Fürsten kaum noch ein Jahr zu leben.

1 Rottenburg, Franz Johannes (1845–1907): seit 1881 Chef der Reichskanzlei.

340 Lucius von Ballhausen, Tagebuch, 31. Mai 1883:

Bismarck befindet sich jetzt in Behandlung des Dr. Schweninger, welcher den Zustand bedenklich findet und eine sehr strenge Diät anbefohlen hat. Inzwischen behandelt Frerichs[1] ihn nebenher, seine Pillen aber werden fortgeworfen.

Es war der Ausgangspunkt der Behandlung Schweningers, dessen Weisungen der Fürst anfänglich widerstrebend und gelegentlich gar nicht folgte. Allmählich gewann aber Schweninger eine solche Autorität über seinen Patienten, daß er ganz gefügig wurde und die lästigen diätetischen Vorschriften befolgte, weil er sich durch die Erfahrung über ihre Wirksamkeit belehrte. Nach Diätfehlern erlitt Bismarck schwere Rückfälle und überzeugte sich mehr und mehr von der Richtigkeit des Schweningerschen Regimes.

Seine jetzige Zeiteinteilung ist: 7 Uhr aufstehen, 10 bis 12½ Uhr Gehen und Sprechen mit Besuchern, dann gemeinschaftliches Dejeuner. Gehen allein, bis es dunkel wird. 6 Uhr Diner, eine bis zwei Pfeifen, $9^1/_2$ Uhr pünktlich zieht er sich zurück.

1 Frerichs, F. Th. von: Arzt.

341 Hildegard von Spitzemberg, Tagebuch, 29. Juni 1883:

Die ganze Familie ist jedoch sehr gedrückt, weil der Fürst sich ungebärdig gegenüber von Schweningers Kur benimmt, Frerichs nicht abschüttelt und von beider Vorschriften das tut, was ihm paßt. Die Jungen sind entrüstet, die Fürstin tief traurig – es erinnerte mich ihr Zustand lebhaft an den unsern daheim, wenn der Vater auch, wie hier der Fürst, sein Alter ins Treffen führt, um sich nicht raten und warnen zu lassen, und doch sofort nach dem Arzte ruft, wenn ihm das mindeste fehlt. Die arme Familie ist aber deshalb so unglücklich, weil Schweninger ein übles Ende prophezeit, wenn Magen und Darm fortgesetzt durch Überladung erweitert werden. Es ist ein rechtes Elend mit dem großen Manne und tieftraurig zu sehen, wie klein und schwach er ist, wenn es heißt, den eigenen Willen brechen.

IX

Krise und Sturz
1885–1890

Als Otto von Bismarck am 1. April 1885 im Berliner Reichskanzlerpalais seinen 70. Geburtstag feierte, befand er sich scheinbar auf der Höhe seines Ruhmes und der Macht.

342 *Hildegard von Spitzemberg, Tagebuch, 1. April 1885:*

Nach 10 war der Kaiser mit den Prinzen dagewesen, eine kleine Kopie von Werners[1] Kaiserproklamation zu übergeben, die die gesamte kaiserliche Familie gestiftet hat; dann folgte eine Deputation der Generale, der Bundesrat in corpore, dann die Studenten vor allem, an denen der Kanzler die größte Freude hatte; nach dem ersten Salamander hielt Mittnacht einen sehr guten Toast auf die Fürstin, und dann erbat sich der Fürst einen zweiten Salamander, den Studiosus von Zedlitz mit einer glänzenden Ansprache einleitete, auf die der Kanzler zündende Worte der Ermahnung zur Einigkeit und Reichstreue erwiderte. Aus ½1 fand sich die gesamte Generalität bei dem „Zivilisten" ein, dem der alte Kaiser dieses sein eigenstes Recht für einmal abtrat. Als wir ankamen, drängte sich noch eine dichte Menge in den großen Räumen, Offiziere, Frauen, Beamte, Diplomaten, Reporter, die Miesbacher, die die sechs Kalbeln nach Schönhausen geleitet hatten, Künstler, Studenten, welch letztere in Pausen regelmäßig wieder am Büfett schmausend und trinkend saßen; dazu spielten Militärmusikkorps in den Vorzimmern. Der Kanzler selbst im Waffenrock mit seinen Brillantcrachets ging von einem zu andern, gefolgt von Tiras und einer neuen, mausgrauen Hündin, Sultans Enkeltochter. Es war das eigenartigste Bild, das man wohl sehen konnte, dieser Frühschoppen in Permanenz, dieses offene Haus für jedermann, um den größten Mann unseres Volkes an seinem 70. Geburtstag zu ehren, wie wohl noch kein Pri-

Bismarck 1885

vatmann geehrt worden ist (...) Auf 7 war ich zum Essen bei Bismarcks geladen: es waren da die Külzer, Arnims, Theodor Bismarck und Frau, Schweninger und Bruder, Rantzaus, Wallenbergs[2], Lehndorffs[3], Kotzes, Eisendecher und ein alter Baron Fircks aus Kurland, ein Studiengenosse des Fürsten. Dieser führte mich zu Tische und sprach sehr heiter und gemütlich; er betonte, daß ihn das Geschenk des Gutes und besonders auch die nachträgliche Löschung der Hypothek sehr freue, um so mehr, da das Gut mit 1500000 M hoch bezahlt sei und daher 140000 M daraus zu entrichten für Zinsen keine große Freude gewesen wäre; er erzählte ferner, daß der Kaiser schon 1866 darum gehandelt habe, daß er jedoch, darum befragt, des hohen Preises wegen eine Geldsumme vorgezogen habe, womit er Varzin gekauft.

1 Werner, Anton von (1843–1915): Maler.

2 Wallenberg, Präsident der Hofkammer der preußischen Familiengüter.
3 Lehndorff, Heinrich von (1829–1905): Generaladjutant Wilhelms I.

Wie das offiziöse Kanzlerblatt, die „Norddeutsche Allgemeine Zeitung“, sorgsam registrierte, waren beim Jubilar 3738 Glückwunschschreiben und 2644 Telegramme eingegangen. 175 Vereine und Korporationen hatten ihre Adressen gesandt. Von den schließlich auch gezählten 560 Geschenken war dem Fürsten Reichskanzler die sogenannte „Bismarck-Spende des deutschen Volkes“ am willkommensten. Als nämlich im Dezember 1884 die zweite Direktorenstelle im Etat des Auswärtigen Amtes von den „Reichsfeinden“ gestrichen worden war, hatten prominente Bismarck-Verehrer eine nationale Entrüstungskampagne inszeniert und zu einer Spendenaktion aufgerufen, die 2379143 Mark und 94 Pfennige erbrachte. Die Hälfte des gesammelten Betrages diente dazu, ein zweites größeres Gut in Schönhausen, das früher den Bismarcks gehörte, dann aber in andere Hände gelangt war, zurückzukaufen und dem Kanzler schuldenfrei zum Geschenk zu machen. Die restliche Summe wurde als eine Stiftung zur Unterstützung von Oberlehrern angelegt.

343 Lucius von Ballhausen, Tagebuch, 2. April 1885:

Der Herzog von Ratibor[1] überreichte den Kaufbrief von Schönhausen, „lastenfrei“, wie er bemerkte. Wie der Fürst Elsaß-Lothringen mit Deutschland wieder vereinigt habe, so wünsche das Komitee ihm den alten Familienbesitz wieder vereinigt zurückzugeben.
Bismarck dankte sehr herzlich und betonte, daß ihm das eine besonders große Freude sei. Jetzt könne er erst mit Recht den Namen Bismarck-Schönhausen führen, während er sich bisher Bismarck in Schönhausen hätte nennen sollen. Diese Form der Dotation ist absolut unanstößig, der Wiedererwerb eines in schweren Kriegszeiten verlorenen Familienbesitzes hat etwas höchst Berechtigtes und selbst Ideales. Die Anschauung, ein hochstehender Mann dürfe

keine Geschenke von reellem Wert annehmen, ist eine durchaus künstliche, gar nicht natürliche. Die abfällige Kritik der demokratischen Presse ist lediglich ein Ausdruck des Neides und der Mißgunst, welcher diesen edlen Volkstribunen eigen ist.

1 Victor Prinz zu Hohenlohe-Schillingsfürst, Herzog von Ratibor (1818–1893): Mitglied des preußischen Herrenhauses.

Nicht nur demokratische Kreise protestierten. Auch am kronprinzlichen Hof war man außer sich, daß Bismarck das „Geschenk" akzeptierte. Noch anstößiger wirkte in der Umgebung des Kronprinzen freilich der grassierende Bismarck-Kult überhaupt.

344 Friedrich von Holstein, Tagebuch, 29. März 1885:

Der Kronprinz ist halb rasend über die Ehren, die dem Reichskanzler jetzt beim Geburtstage widerfahren. „Ein Minister, was ist ein Minister? Nichts als ein Beamter des Königs. Dies ist aber kein Minister, sondern ein Diktator. Dies ist der Untergang der Monarchie." etc. etc. Wütend ist auch S. K. H., daß er überall das Bild seines Vaters und des Kanzlers, dagegen sein eigenes viel seltener sieht. Der Fackelzug ist ihm scheußlich. Aber am meisten außer sich ist er darüber, daß der Sultan einen Pascha herschickt, der dem Kanzler gratulieren und diesem und dem Kronprinzen den höchsten türkischen Orden übergeben soll. Daß auf diese Weise der Kanzler neben den Thronerben gestellt wird, das geht Sr. K. H. weit über den Spaß. Er läuft im Zimmer auf und ab wie verrückt. „Man wird noch von mir erwarten, daß ich dem Fürsten Bismarck in Gala zur Gratulation meine Aufwartung mache. Und was hat er denn getan? Ich war es, der die Reichsidee zuerst gehabt und getragen hat."

Spekulationen gab es reichlich, daß mit einem bald zu erwartenden Thronwechsel eine neue „Liberale Ära" anbrechen werde. Natürlich hat die Frage nach dem Bestand sei-

nes bonapartistischen Regiments auch Bismarck selbst beschäftigt, doch seit den Reichstagswahlen vom 23. Oktober 1884 glaubte er, wieder sicher im Sattel zu sitzen und die Zügel fest in der Hand zu haben.
Wohl hatte die Sozialdemokratie ihr bisher bestes Ergebnis bei Reichstagswahlen erzielt: 550000 Stimmen und 24 Mandate. Doch gerade das viele junkerlich-bourgeoise Kräfte schockierende Anwachsen der revolutionären sozialistischen Bewegung, trotz Ausnahmegesetz, Polizeiverfolgung und konservativ-sozialer „Arbeiterfreundlichkeit", wurde von Bismarck ausgiebig ausgebeutet, um Revolutionsfurcht zu schüren und auf diese Weise die Parteien der herrschenden Klassen enger an seine Politik zu binden.
Eine feste politisch-parlamentarische Basis hatte dem Kanzler auch die Wahl von 1884 noch nicht wieder verschafft. Freikonservative, Deutschkonservative und Nationalliberale blieben zusammen an Mandaten knapp unter der absoluten Mehrheit. Im regierungstreuen Parteienlager hatte es aber einen deutlichen Rechtsruck gegeben. Die Nationalliberalen lagen mit dem neuen Heidelberger Programm wieder klar auf gouvernementalem Kurs, die erheblich gestärkten Deutschkonservativen machten ihren Führungsanspruch geltend, und für alle Fälle hielt man sich die Möglichkeit einer Rechtskoalition zwischen Konservativen und Zentrum offen.
Das Erfreulichste am Wahlergebnis aber war für Bismarck die schwere Niederlage des Linksliberalismus. Fortschrittspartei und Sezessionisten hatten sich im März 1884 zur Deutschfreisinnigen Partei vereinigt. Unter großbourgeoisem Einfluß hatte sich die neue Partei von der oppositionellen Volksbewegung endgültig abgewandt und als „Kronprinzenpartei" Profil gewonnen. Aus deren Reihen hätten die Männer kommen können, mit denen Friedrich Wilhelm dereinst regieren wollte. Nun aber schien der Vormarsch des Linksliberalismus gestoppt. Nach den Reichstagswahlen vom 23. Oktober 1884 konnte der Freisinn nur wenig mehr an Abgeordneten gewinnen, als die Fortschrittspartei 1881 allein gestellt hatte, und kam als eine mögliche alternative Operationsbasis kaum noch in Betracht.
Die Resignation im kronprinzlichen Lager war unverkennbar. Bismarck hingegen strahlte wieder Zuversicht aus. Wer

sollte ihn schon als außenpolitische Autorität oder Experten im Kampf gegen die unwägbaren inneren Umsturzgefahren ersetzen können?

345 Karl Schrader an Franz von Stauffenberg, 21. August 1884:

Man ist am Kronprinzlichen Hofe sehr vorsichtig mit Beziehungen zu liberalen Leuten geworden; es ist dort, wie es scheint, die Parole ausgegeben, alles zu vermeiden, Bismarck zu reizen (...) Immer klarer tritt zudem die überwältigende Macht Bismarcks im Inneren hervor (...) Vor allem aber ist Bismarcks Stellung dem Auslande gegenüber eine so bedeutende, daß auch der künftige Kaiser nicht daran wird denken können, Bismarck kurzerhand zu verabschieden, er wird versuchen müssen, mit ihm zu leben.

346 Friedrich von Holstein, Tagebuch, 17. November 1884:

Das Größengefühl des Kanzlers macht ihn unfähig, Widerspruch zu ertragen. Man muß leider sagen, daß auch seine Eitelkeit in demselben Maße zunimmt, wie das Genie eintrocknet; ebenso, wenn ein Teich eintrocknet, wuchert das Unkraut über. (...)
Es ist möglich, daß die Geschäfte, wenn Bismarck weg ist, besser gehen werden als heute, wo die Furcht vor ihm jede Initiative der anderen Minister lahmlegt. Aber die größte aller Aufgaben, das Zurückstauen der Revolution, wer soll das besorgen? Dafür ist kein Ersatz zu sehen, weit und breit.

347 Der Sozialdemokrat, Nr. 15 vom 9. April 1885:

Bismarck nebst seinem Puttkamer hat seit Jahren kein anderes Ziel, als um jeden Preis das Staatsruder in der Hand zu behalten. Und dazu ist vor allem notwendig, daß er seine Unentbehrlichkeit beweist und dem Kaiser sowie dessen demnächstigem Nachfolger und dem Spießbürgertum die innere Lage Deutschlands als äußerst gefährlich darstellt: Das „rote Gespenst" muß da seine Dienste tun. Anarchisten, Dynamit, Verschwörungen, Attentate und – Belagerungszustand, das gehört zusammen. Auf der einen Seite Plebiszite, durch welche die Popularität des „großen" Otto und seiner Sippe ad oculos[1] demonstriert werden soll; auf der andern Seite das theatralisch-polizeilich aufgeputzte „rote Gespenst“, das nur vom „großen“ Otto und seiner Sippe gebannt werden kann – das ist Bismarcksche Regierungskunst.

1 augenfällig.

348 Im Gespräch mit Moritz Busch, 31. Mai 1885:

Es steht mit dem alten Herrn recht bedenklich, und wissen Sie, es käme mir vor wie eine Frau, der ihr Mann gefährlich krank geworden ist, und die darum den Leuten sagt, wie sie sich dann anders einrichten würde, oder richtiger, wie wenn meine Frau sterben will und ich mich äußere, wie ich's nach ihrem Tode halten will, mich wieder verheiraten oder nicht. Wir müssen damit warten, bis die Stunde gekommen ist, wo ein Entschluß gefaßt werden muß. Es scheint, daß der Kronprinz mich behalten will, aber ich werde mir überlegen, ob ich bleibe. Vieles spricht dagegen und manches auch dafür, aber jetzt bin ich mehr dafür, daß ich gehe und seinen Versuch nicht mitmache. Ich könnte denken wie Götz von Berlichingen, als er sich den Bauern anschloß. Daß es nicht so schlimm wird; es ließe sich, wenn ich bliebe, manches widerraten und verhüten oder abschwächen. Aber wenn ich dann nicht freie Hand hätte, Kollegen wie Forckenbeck und Georg Bunsen[1], und unaufhörlich Verdruß mit denen, wo der alte Herr mich die letzte Zeit machen ließ, was ich für gut hielt, selbst die Minister wählen und durch andere ersetzen. Und die Mitregentschaft der Kronprinzessin, die ihn beeinflußt und vollständig beherrscht. Was soll aber werden, wenn ich sie sich selbst überlasse? Die ganze Stellung des Reichs beruht auf dem Vertrauen, das ich mir auswärts erworben habe. (...) Ich könnte ja gehen und sehen, wie sie's ohne mich trieben, und wenn sie mich dann wieder riefen, nachdem das Experiment mißglückt wäre, den Wagen wieder ins Geleise lenken. Es wäre dann bewiesen, daß es so nicht anzufangen ist. Er wird wohl nur Versuche wagen, weil er mich in Reserve hat. Es war mit der neuen Ära auch so, wo der König es mit dem Liberalismus probierte, weil er zuletzt mich hatte.

1 Bunsen, Georg von (1824–1896): liberaler Parlamentarier.

Der Mann auf der Kugel. Französische Karikatur 1870

Die betonte Gelassenheit des Siebzigjährigen sollte am Ende wohl nur ihm selbst Mut machen, denn im Grunde war seine Lage alles andere als rosig. Nach wie vor verfügte er im Reichstag nicht über eine Mehrheit, die alle seine politischen Pläne unterstützte und in kritischen Situationen fest zu ihm stand. Während innerhalb der herrschenden Klassen mehr und mehr Spannungen zutage traten, blieb Bismarck immer häufiger darauf angewiesen, sich von Fall zu Fall durchzumogeln.

Zwar war Anfang April 1886 das Sozialistengesetz wiederum verlängert worden, doch nicht, wie von der Regierung beantragt, auf weitere fünf, sondern nur für zwei Jahre. Vor allem aber bröckelte der Klassenkompromiß zwischen Bourgeoisie und Junkertum. Ökonomische Interessengegensätze von Agrariern und Industriellen belasteten erneut die Zusammenarbeit und behinderten die finanzpolitischen Pläne des Kanzlers. In der bürgerlichen Presse wie in wichtigen wirtschaftspolitischen Interessenorganisationen bourgeoiser Unternehmer wuchs die Skepsis gegenüber der 1879 eingeschlagenen Wirtschafts- und Finanzpolitik.

Bismarcks ganzes Trachten war darauf gerichtet, endlich einen willfährigen Reichstag zu bekommen, einen durch und durch reaktionären zudem, um liberalen Experimenten, wenn sie denn schon mit dem bald zu erwartenden Thronwechsel einhergehen sollten, entgegenwirken zu können. Zu den offenen Problemen der Innenpolitik kam hinzu, daß sich 1885/86 auch die außenpolitische Situation des Deutschen Reiches zusehends verschlechtert hatte. Unruhen auf dem Balkan erschütterten das Dreikaiserverhältnis bis in die Grundfesten. Österreich-Ungarn und Rußland bewegten sich am Rande des Krieges. Zudem tauchte Gefahr im Westen auf, denn in Frankreich hatten die Revanchepolitiker Oberwasser bekommen. Mit einer sich anbahnenden russisch-französischen Koalition nahm die seit 1871 drohende Möglichkeit eines Zweifrontenkrieges Gestalt an.

Die Verschärfung der internationalen Lage kräftig heraus-

Großes Equilibrium mit Hindernissen. Karikatur des „Kladderadatsch" 1883

streichend, versuchte Bismarck durch ein großes innenpolitisches Spektakel, noch einmal Ordnung in seinem Sinne zu schaffen. Nach preußischer Tradition und Bismarcks bewährter Manier mußte die Militärfrage erneut als Mittel zur innenpolitischen Konsolidierung herhalten.
Noch vor Ablauf des 1880 auf sieben Jahre festgelegten Militäretats ging dem Reichstag im November 1886 eine neue Heeresvorlage zu, die wiederum für sieben Jahre eine beträchtliche Truppenvermehrung forderte. Im Gegensatz zur konsequent antimilitaristisch eingestellten Sozialdemokratie waren die bürgerlichen Oppositionsparteien, Freisinn und Zentrum, bereit, jeden Soldaten und jeden Groschen zu bewilligen, allerdings nicht für sieben, sondern nur für drei Jahre. Bismarck kam es freilich auf eine Einigung gar nicht an. Ihm ging es zunächst allein um eine schlagkräftige Parole für geplante Neuwahlen. Als die Regierungsvorlage Mitte Januar 1887 scheiterte, wurde darum sogleich der Reichstag aufgelöst.
Zur Begründung der Militärvorlage hatte Bismarck zwischen dem 11. und 13. Januar 1887 mehrere große Reden im Reichstag gehalten. In den außenpolitischen Passagen, in denen er die geplante Heeresverstärkung nicht als offensive, sondern ausschließlich defensive Maßnahme darstellte, klangen durchaus realistische Töne an. Von seinen innenpolitischen Gegnern aber zeichnete der Kanzler ein im höchsten Maße unsachliches Bild. Er legte es sichtlich darauf an, vor den Neuwahlen die Stimmung gegen die angeblich national unzuverlässigen „Reichsfeinde" gründlich aufzuputschen. Er malte das Zerrbild einer unheilvollen Allianz, in der er Sozialdemokratie, Zentrum und Freisinn gleiche Ziele verfolgen sah.

349 Alfred von Waldersee, Tagebuch, 13. Dezember 1886:

Der Kanzler fängt an, vielen Leuten Kopfzerbrechen zu machen. Man weiß jetzt nicht, ob er die Vorlage angenommen oder abgelehnt zu haben wünscht (...) Ich bin der Ansicht, die Vorlage geht durch, wenn der Kanzler festen Willen zeigt.

350 Lucius von Ballhausen, Tagebuch, 13. Dezember 1886:

Bismarck empfing mich vor der Tür. Beim Frühstück brach er in Vorwürfe aus über die Reichstagsschwindler und über die Minister, welche sie ernst nähmen und vertraulicher Mitteilungen würdigten. Es wäre ja recht gut, wenn sie die Militärvorlage ablehnten und so Grund zur Auflösung gäben.

351 Bismarck an Paul Bronsart von Schellendorff, 13. Dezember 1886:

Für unsere gesamte politische Stellung würde das Verharren der Opposition bei der ursprünglichen Gegnerschaft und die dadurch bedingte Auflösung das Nützlichste sein, es ist aber mit unserem Pflichtgefühl nicht verträglich, diese Wendung anzustreben.

352 Bismarck im Reichstag, 11. Januar 1887:

Wir haben keine kriegerische Bedürfnisse, wir gehören zu den – was der alte Fürst Metternich[1] nannte: saturierten Staaten, wir haben keine Bedürfnisse, die wir durch das Schwert erkämpfen könnten; und außerdem, wenn das der Fall wäre, so blicken Sie doch auf die friedliebende Tätigkeit – und ich sage das ebensogut nach dem Auslande wie hier zu dem Reichstage – der kaiserlichen Politik in den letzten sechzehn Jahren. (...)
Ich kann also wohl sagen, die Hoffnung, die ich an das Gelingen des Bestrebens knüpfte, die drei Kaisermächte wieder zu einigen, welche ich zuerst faßte, als es erreicht war, die Monarchen hier in Berlin im Jahre 1872 zusammenzubringen – die hat sich insoweit verwirklicht, daß wir weit entfernt sind von der Wahrscheinlichkeit, mit Österreich oder mit Rußland in Händel zu kommen; es liegen gar keine direkten Motive vor, die unseren Frieden mit diesen beiden gefährden könnten. Aber der Schutz, den der Frieden durch diese Verbindung zu dreien – ich möchte sagen, durch das trianguläre Carré, welches die drei Kaiserreiche unter sich formieren, wenn der Ausdruck nicht unsinnig wäre – gewinnt, ist eben stärker zu dreien als zu zweien, und die Schwierigkeit der Aufgabe liegt nicht darin, unse-

ren Frieden mit Österreich oder Rußland zu erhalten, sondern den Frieden zwischen Österreich und Rußland. Dort liegt die Sache anders. (...)
Nicht minder aufrichtig und angestrengt sind unsere Bemühungen gewesen, nach dem französischen Kriege die Versöhnung mit Frankreich herbeizuführen; ob sie ganz so glücklich gewesen sind wie im Osten, das weiß ich nicht. Wenn wir mit den Verhältnissen im Osten allein zu rechnen hätten, so würden dieselben uns nicht zu einer Vorlage dieser Art bestimmt haben. Bezüglich Frankreichs liegt es aber anders; ich kann ja nur nach meinem politischen Urteil sprechen, aber ich kann für mich geltend machen, daß ich seit – ich glaube – jetzt sechsunddreißig Jahren in der großen europäischen Politik tätig bin, und daß ich mich auf manche Epochen und Vorgänge berufen kann, in denen mein politisches Urteil das richtige gewesen ist und namentlich richtiger als das der parlamentarischen Opposition, die ich mir gegenüber fand. (...)
Wir werden Frankreich nicht angreifen, unter keinen Umständen. Es gibt viele Franzosen, die darauf warten, weil sie lieber einen Verteidigungskrieg als einen Angriffskrieg führen wollen, weil es viele gibt, bei denen der französische Angriff auf Deutschland nicht populär ist. Sie werden, wer von Ihnen die französische Geschichte kennt, mir recht geben, daß die Entschließungen Frankreichs in schweren Momenten immer durch energische Minoritäten und nicht durch die Majoritäten und das ganze Volk bewirkt worden sind. Diejenigen, die den Krieg mit uns wollen, die suchen einstweilen nur die Möglichkeit, ihn mit möglichster Kraft zu beginnen. Ihre Aufgabe ist, le feu sacré de la revanche[2] zu unterhalten, die Aufgabe, die Gambetta dahin definierte: Ne parlez jamais de la guerre, mais pensez-y toujours![3] – und das ist auch heute noch die Signatur der französischen Situation. Man spricht nicht davon, man spricht nur von der Befürchtung, von Deutschland angegriffen zu werden. Diese Befürchtung ist unwahr, und wer sie in Frankreich ausspricht, weiß, daß er die Unwahrheit sagt. Wir werden Frankreich nicht angreifen.
Nichtsdestoweniger wird damit dem friedliebenden Franzosen Jaques Bonhomme[4], der lieber seinen Acker baut, als in den Krieg zieht, vorgeredet, daß der ruchlose Deutsche

Europas Zentral-Weichensteller. Karikatur des „Kladderadatsch" 1887

es ist, der ihm womöglich – ich weiß nicht was abnehmen wollte. Die Franzosen haben ja gar nichts, was für uns irgendwie begehrenswert wäre.

1 Metternich, Clemens Wenzel Fürst von (1773–1859): österreichischer Staatsmann und Diplomat, Außenminister 1809 bis 1821, Staatskanzler 1821 bis 1848.
2 das heilige Feuer der Revanche.
3 Niemals von Krieg sprechen, aber immer daran denken.
4 Abfällige Bezeichnung für französische Bauern.

353 Bismarck im Reichstag, 12. Januar 1887:

Die Majorität besteht ja nur auf dieser ganz eigentümlichen Verschmelzung der heterogensten und untereinander widerspruchsvollsten Elemente, die zufällig in der Negation und in der Abneigung gegen die Persönlichkeiten der jetzigen Regierung einig sind; une haine commune vous unit,[1] sobald dies aufhört, sobald Sie irgend etwas Positives schaffen sollen, so sind Sie ja vollständig uneinig, so sind Sie ja keine Majorität. (...)
Wenn ich „Windthorst" sage, die Partei Windthorst, so

meine ich immer Herrn Richter mit und das ganze Heergefolge. Ich kann sie unmöglich immer aufzählen, ich weiß sie kaum auswendig, alle die Völkerschaften, die hinter Herrn Windthorst marschieren. Also bitte ich, mir die sprachliche Kürze zu gestatten, daß ich die gesamte heutige Opposition, die auch zum Teil aus dem Zentrum besteht, das Zentrum im engern Sinne, die Welfen, die Polen, die Elsaß-Lothringer, soweit sie nicht konvertiert sind, die Sozialdemokraten und die Volkspartei unter dem Namen des Führers der Opposition begreife. (...) Die ganze Franktion Windthorst einschließlich der Sozialdemokraten marschiert in geschlossener Kolonne. Die Politik, die der Führer verfolgt, ist eben so, daß die Sozialdemokraten sie mit Vergnügen mitmachen können; sie ist geeignet, das Bestehende zu erschüttern, in Bresche zu legen und in Zweifel zu setzen; und das können die Sozialdemokraten immer mitmachen.

1 Ein allgemeiner Haß vereint Sie.

354 Bismarck im Reichstag, 13. Januar 1887:

Wir bleiben auf dem Boden der Verfassung, wenn wir durch eine Auflösung zu einem anderen Beschluß zu gelangen suchen, und wenn wir inzwischen nach Material suchen, um die Wähler zu überzeugen, daß gerade unsere Ansicht die richtige ist (...) Recht muß doch recht und Wahrheit muß doch schließlich wahr bleiben, und darauf verlassen wir uns. Und wir werden auch schließlich die Wähler überzeugen, wo wahrer Patriotismus und wo die Sorge für die Sicherheit, für das Gedeihen des Deutschen Reiches und seine Einigkeit zu suchen ist. Ich bezweifle das gar nicht.

Konservative, Freikonservative und Nationalliberale hatten ein „Kartell" vereinbart und sich darauf verständigt, in ungewissen Wahlkreisen jeweils nur einen gemeinsamen Kandidaten aufzustellen. Auf diese Weise gelang es, den Kartellparteien bei der Reichstagswahl am 21. Februar 1887 mit 220 von 397 Mandaten eine klare absolute Mehrheit zu verschaffen, obwohl das Kartell dem tatsächlichen Stimmenverhältnis nach deutlich hinter den Oppositionsparteien zurückblieb. Vor allem die Sozialdemokratie verbuchte einen großen Stimmengewinn, stellte aber nur noch 11 Abgeordnete. Das Zentrum konnte seine Position behaupten, während der Freisinn an Stimmen und Sitzen wiederum erheblich verlor.

355 *Der Sozialdemokrat, Nr. 10 vom 4. März 1887:*

Es war keine Wahl, es war ein Kesseltreiben, es war ein Überfall, eine moralische und physische Vergewaltigung, ein Plebiszit im schlechtesten napoleonischen Sinne – nur roher, heuchlerischer, verlogener, wie das der niedrige Bildungszustand unseres Junkertums mit sich bringt. (...) In jedes Dorf, in jede Hütte brachte die Regierungspresse die Lüge, daß der Reichstag die Mittel zur Verteidigung des Vaterlandes verweigert hätte und daß die Franzosen im Begriffe wären, ins Land einzubrechen und „dem Bauern die letzte Kuh aus dem Stall" zu holen und seine Töchter zu schänden. Und damit das Volk es besser sich einpräge, wurden die Franzosengreuel ihm illustriert ins Haus geschickt und an allen Straßenecken angeklebt. Und der ganze Regierungsapparat – vom Minister an bis zum Gemeindevorstand, Gendarmen, Polizeidiener, Schulmeister und Pfaffen – mußte arbeiten, um „patriotische" Wahlen zu erlangen. Und mit diesem Regierungsapparate vereinigte sich der Unterdrückungsapparat der Bourgeoisie: Jeder Arbeiter, jeder wirtschaftlich Abhängige wurde mit Brotlosigkeit bedroht, wenn er nicht „patriotisch" wähle. Und keine Ungesetzlichkeit, keine Drohung, keine Lüge, keine Roheit, welche nicht die Sanktion des Pfaffen, des Schulmeisters und der Polizei erhalten hätte!
Alle Scham abgestreift – eine Orgie der Bestialität – nie hat die Welt ein empörenderes Schauspiel gesehen!

356 *Ludwig Bamberger an Franz von Stauffenberg, 25. Februar 1887:*

Die neue Vertretung ist der wahre Ausdruck des deutschen Publikums. Junkertum und katholische Kirche, die sehr deutlich wissen, was sie wollen, und ein Bürgertum, kindlich unschuldig, politisch einfältig und weder des Rechts noch der Freiheit bedürftig. Junkertum und katholische Kirche werden sich zusammenfinden und das Bürgertum nach Verdienst traktieren, die Nationalliberalen werden die staatsmännische Musik dazu machen. Il faut que les destins s'accomplissent.[1] Der Kronprinz ist jetzt aller Verlegenheit enthoben. Er wird tun, was Bismarck will.

1 Das Schicksal muß seinen Lauf nehmen.

Der „Kartellreichstag" bewilligte Bismarck sofort die neue Militärvorlage sowie eine fiskalisch ergiebige Besteuerung von Zucker und Branntwein. Doch auf die Dauer erwies sich die politische Bewegungsfreiheit des Kanzlers auch weiterhin als begrenzt.

Die Nationalliberalen waren wieder zur stärksten Fraktion im Regierungslager aufgestiegen, was auf dem rechten Flügel der Konservativen erneutes Mißtrauen weckte und die Gedanken über ein Zusammengehen mit dem Zentrum stärkte. Zudem fand das Kartell in materiellen Fragen keinen gemeinsamen Nenner mehr. Die von junkerlich-konservativer Seite geforderte Erhöhung der Agrarzölle stieß bei den Liberalen auf immer weniger Gegenliebe. Auch Bismarcks Absicht, gegen den fortwährenden Aufstieg der revolutionären Sozialdemokratie ein erheblich verschärftes und erweitertes Ausnahmegesetz zu verhängen, konnte nicht widerspruchslos verwirklicht werden. Die Nationalliberalen verwarfen alle zusätzlichen Terrormaßregeln ebenso wie eine Verlängerung des geltenden Gesetzes um weitere fünf Jahre, so daß im Februar 1888 lediglich die Verlängerung der Geltungsdauer bis zum 30. September 1890 beschlossen werden konnte.

Sonderlich handlungsfähig war das Kartell also kaum, welches als letzter Rückhalt der bonapartistischen Diktatur gebildet worden war. Nicht bloß menschlich bewegt, wohl auch mit einiger politischer Sorge hat der Kanzler darum am 9. März 1888 dem versammelten Reichstag den Tod Kaiser Wilhelms I. bekanntgegeben. Das in über fünfundzwanzigjährigem Triumvirat behauptete System des preußisch-deutschen Bonapartismus hatte seinen ersten Kopf verloren. Die Frage, wie es weitergehen sollte, wurde allgemein gestellt.

357 *Bismarck im Reichstag, 9. März 1888:*

Es steht mir nicht zu, meine Herren, von dieser amtlichen Stelle aus den persönlichen Gefühlen Ausdruck zu geben, mit welchen mich das Hinscheiden meines Herrn erfüllt, das Ausscheiden des ersten Deutschen Kaisers aus unserer Mitte. Es ist dafür auch kein Bedürfnis, denn die Gefühle, die mich bewegen, sie leben in dem Herzen eines jeden Deutschen; es hat deshalb keinen Zweck, sie auszusprechen.

358 *Friedrich Engels an August Bebel, 22. April 1888:*

Es gibt kein empire ohne empereur, keinen Bonapartismus ohne Bonaparte. Das System ist auf den Mann zugeschnitten, steht und fällt mit ihm. Unser Bonaparte hatte drei Köpfe wie der alte slawisch-pommersche Götze Triglav; der mittelste Kopf ist fort, von den andern beiden ist Moltke auch überreif, und Bismarck wackelt. Mit der Victoria[1] wird er nicht fertig, die hat von ihrer Mutter gelernt, wie man Minister, auch allmächtige, behandelt. Die alte Sicherheit ist hin. Die Unsicherheit des Bodens wird sich auch in der Politik zeigen; nach außen Böcke, nach innen ruckweise Gewaltstreiche. Und sie wird sich zeigen in dem Irrewerden des Philisters an seinem eignen Götzen, an der erschlaffenden Schneid und Diensteifrigkeit der Beamten, die an die Möglichkeit einer Änderung und an ihre dann veränderte Zukunft denken.

1 Viktoria (1840–1901): Frau des Kronprinzen Friedrich Wilhelm, 1888 deutsche Kaiserin und Königin von Preußen, Tochter der Königin Victoria von Großbritannien.

Alle Mutmaßungen um eine Liberalisierung waren freilich schon gegenstandslos. Als Friedrich III. endlich den Thron besteigen konnte, tat er es als todkranker Mann. Seit langem an Kehlkopfkrebs leidend, hatte er nur noch 99 Tage zu leben – von selbständigem Regieren konnte keine Rede sein. Als bescheidener Tribut an die liberale Legende, die den Kronprinzen seit der Konfliktzeit der sechziger Jahre umgeben hatte, diente allenfalls die Entlassung des politischmoralisch völlig diskreditierten preußischen Innenministers Robert von Puttkamer im Juni 1888. Immerhin war damit Bismarcks willfährigstes Werkzeug im Kampf gegen die Arbeiterbewegung auf der Strecke geblieben. Statt dessen aber war schon im April 1888 Bismarcks Sohn Herbert, seit Mai 1886 Staatssekretär des Auswärtigen Amts, zum preußischen Minister und Mitglied des Staatsministeriums ernannt worden, während der Schwiegersohn des Kanzlers, Kuno von Rantzau, zum preußischen Gesandten in München avancierte. Die Dynastie Bismarck gewann an Einfluß.

359 Lucius von Ballhausen, Tagebuch, 4. Juni 1888:

Bismarck meinte: Unter jetzigen Verhältnissen müßten wir alle fest zusammenhalten und auch einen einzelnen nicht herauspellen lassen. Sie [Viktoria] wolle ihren fortschrittlichen Freunden ein Opfer bringen, weil sie in gewissen Dingen nicht compos mentis[1] sei. Er [Kaiser Friedrich III.] sei so völlig schwach und willenlos, daß man ihn sich nicht überlassen dürfe. Man dürfe sich in solchen Lagen nicht damit trösten: es sei schon recht, wenn alles schiefginge, warum habe man uns schlecht behandelt und aus dem Amt gehen lassen! Er würde sich fest an seinen Stuhl halten und nicht gehen, selbst wenn man ihn herauswerfen wolle. Er würde auch nicht gehen, wenn man ihm seinen Abschied ins Haus schickte, weil er ihn nicht kontrasigniert habe. Wenn er sich so leicht hätte zum Gehen bestimmen lassen, so würde er nie etwas durchgesetzt haben.

1 bei Verstand.

Am 15. Juni 1888 ging die 99-Tage-Herrschaft Friedrichs III. zu Ende, und Wilhelm II. wurde Kaiser und König. Zunächst schien Bismarcks Kontinuität im Amt gesichert zu sein, denn der neue junge Monarch war im Gegensatz zu den liberalen Tendenzen seines Elternhauses aufgewachsen, stand konservativen Militärkreisen nahe und hatte mehrfach seiner Bewunderung des Kanzlers Ausdruck gegeben. Allerdings waren frühzeitig auch schon seine fa-

Verlängerung des Sozialistengesetzes. Karikatur des „Kladderadatsch“ 1888

tale Selbstüberschätzung sowie ein naiver Tatendrang sichtbar geworden, die Bismarck Schlimmes ahnen ließen. Vor allem mißfiel dem Kanzler, daß sich der Prinz Ende November 1887 öffentlich für die Missionsarbeit des Hofpredigers Adolf Stoecker engagiert hatte, der an der Spitze einer gegen das Kartell ausgerichteten konservativ-antisemitischen Parteigruppierung stand. Ultrakonservative Kreise um den „Kreuzzeitungs"-Chefredakteur Wilhelm von Hammerstein nutzten wachsende wirtschaftspolitische Spannungen im Lager der Kartellparteien, um das politische Bündnis mit den Nationalliberalen zu untergraben. Systematisch suchte man das Verhältnis zwischen dem Kanzler und Wilhelm II. zu trüben. Höflich, aber recht entschieden hatte Bismarck deshalb am 6. Januar 1888 den künftigen Thronfolger gemahnt, sich politisch mehr zurückzuhalten.

360 An Prinz Wilhelm, 6. Januar 1888:

Ew. werden nach der Thronbesteigung die Männer und die Parteien mit Vorsicht und mit wechselnden Treffen nach Höchsteigenem Ermessen benutzen müssen, ohne die Möglichkeit, äußerlich einer unserer Fraktionen sich hinzugeben. Es gibt Zeiten des Liberalismus und Zeiten der Reaktion, auch der Gewaltherrschaft. Um darin die nötige freie Hand zu behalten, muß verhütet werden, daß Ew. schon als Thronfolger von der öffentlichen Meinung zu einer Parteirichtung gerechnet werden. Das würde nicht ausbleiben, wenn Höchstdieselben zur inneren Mission in eine organische Verbindung treten, als Protektor. Die Namen von Benda und Miquel sind für mich nur ornamentale Zutaten; beide Minister-Kandidaten der Zukunft; auf dem Gebiete der Mission werden sie aber, Stoecker und andern Geistlichen gegenüber, das Rennen bald aufgeben. Schon in dem Namen „Mission" liegt ein Prognostikon dafür, daß die Geistlichkeit dem Unternehmen die Signatur geben wird, selbst dann, wenn das arbeitende Mitglied des Komitees nicht ein General-Superintendent sein würde. Ich habe nichts gegen Stoecker; er hat für mich nur den einen Fehler als Politiker, daß er Priester ist, und als Priester, daß er Politik treibt. Ich habe meine Freude an seiner tapferen Energie und an seiner Beredsamkeit, aber er hat keine glückliche

Hand; die Erfolge, die er erreicht, bleiben momentan, er vermag sie nicht unter Dach zu bringen und zu erhalten; jeder gleich gute Redner, und deren gibt es, entreißt sie ihm; zu trennen von der inneren Mission wird er nicht sein, und seine Schlagfertigkeit sichert ihm den maßgebenden Einfluß darin auf seine Amtsbrüder und die Laien. Er hat sich bisher einen Ruf erworben, der die Aufgabe, ihn zu schützen und zu fördern, nicht erleichtert; jede Macht im Staate ist stärker ohne ihn als mit ihm, in der Arena des Parteikampfes aber ist er ein Simson. Er steht an der Spitze von Elementen, die mit den Traditionen Friedrichs d. Gr. in schroffem Widerspruch stehen und auf die eine Regierung des Deutschen Reiches sich nicht würde stützen können. Mir hat er mit seiner Presse und seiner kleinen Zahl von Anhängern das Leben schwer und die große konservative Partei unsicher und zwiespältig gemacht. (...)
Ich bin alt und matt und habe keinen andern Ehrgeiz mehr, als mir die Gnade des Kaisers und Seiner Nachfolger zu bewahren, wenn ich meinen Herrn überleben sollte. Mein Pflichtgefühl gebietet mir, dem Kaiserhause und dem Lande ehrlich zu dienen, solange ich kann, und zu diesem Dienst gehört es, daß ich Ew. in Antwort auf Höchstdero Schreiben dringlich abrate, Sich vor der Thronbesteigung schon die Fessel irgendwelcher politischen oder kirchlichen Vereinsbeziehungen aufzuerlegen. (...)
Ich laufe Gefahr, in der Tat doch ein Buch zu schreiben; ich habe seit 20 Jahren zuviel unter der Giftmischerei der Herren von der Kreuzzeitung und den evangelischen Windthorsten gelitten, um in Kürze von ihnen reden zu können.

361 Trinkspruch des Kronprinzen Wilhelm auf Bismarck, 1. April 1888:

Eure Durchlaucht! Unter den 40 Jahren, welche Sie soeben erwähnten, ist wohl keines so ernst und schwerwiegend gewesen, als das jetzige: Der Kaiser Wilhelm ist heimgegangen, dem Sie 27 Jahre lang treu gedient! Mit Begeisterung jubelt das Volk unserem jetzigen hohen Herrn zu, der Mitbegründer der Größe des jetzigen Vaterlandes ist. Eure Durchlaucht werden Ihm wie wir alle mit derselben altdeutschen Mannestreue dienen wie dem Dahingeschiedenen. Um mich eines militärischen Bildes zu bedienen, so sehe ich unsere jetzige Lage an wie ein Regiment, das zu Sturm schreitet. Der Regimentskommandeur ist gefallen, der nächste im Kommando reitet, obwohl schwer getroffen, noch kühn voran. Da richten sich die Blicke auf die Fahne, die der Träger hoch emporschwenkt. So halten Eure Durchlaucht das Reichspanier empor. Möge es, das ist unser innigster Herzenswunsch, Ihnen noch lange vergönnt sein, in Gemeinschaft mit unserem geliebten und verehrten Kaiser das Reichsbanner hochzuhalten. Gott segne und schütze denselben und Eure Durchlaucht.

Aber schon bald nach seiner Thronbesteigung ließ Wilhelm II. kaum noch Zweifel an seiner Absicht, die Politik selbst zu machen und den Schatten des großen Kanzlers zu fliehen. Dieser aber war sich seiner Sache allzu sicher. Wie seit langem üblich, hielt sich Bismarck zumeist fernab von Berlin auf und übertrug seinem Sohn den Kontakt zum Kaiser. Umgang mit Menschen war Herberts Stärke allerdings nicht. Dadurch aber gewannen in der Umgebung Wilhelms II. Personen an Einfluß, die gegen den politischen Kurs des Reichskanzlers intrigierten und auf dessen Sturz abzielten.

Im Zentrum einer solchen Fronde gegen Bismarck stand Graf Waldersee, seit August 1888 Moltkes Nachfolger als Generalstabschef. Im Auswärtigen Amt, in Bismarcks unmittelbarer Nähe also, hatte die Militärkamarilla in Friedrich von Holstein, dem dienstältesten der vortragenden Räte, einen wichtigen Informanten. Gefahr drohte dem Kanzler auch weiterhin vom rechten Flügel der Konservativen, repräsentiert außer Stoecker vor allem durch den Chefredakteur der „Kreuzzeitung“ Wilhelm von Hammerstein, die beide den Zusammenbruch der Bismarckschen Kartellpolitik herbeiführen wollten. Im sogenannten „Scheiterhaufenbrief“ vom 14. August 1888 wurde das taktische Konzept entworfen, um Bismarcks Stellung systematisch zu untergraben.

362 *Adolf Stoecker an Wilhelm von Hammerstein, 14. August 1888:*

Prinzipiell wichtige Fragen (...) muß man, ohne Bismarck zu nennen, in der allerschärfsten Weise benutzen, um dem Kaiser den Eindruck zu machen, daß er in dieser Angelegenheit nicht gut beraten ist, und ihm den Schluß auf Bismarck überlassen. Man muß also ringsum das politische Zentrum, resp. das Kartell Scheiterhaufen anzünden und sie hell auflodern lassen, den herrschenden Opportunismus in die Flammen werfen und dadurch die Lage beleuchten. Merkt der Kaiser, daß man zwischen ihm und Bismarck Zwietracht säen will, so stößt man ihn zurück. Nährt man in Dingen, wo er instinktiv auf unserer Seite steht, seine Unzufriedenheit, so stärkt man ihn prinzipiell, ohne persönlich zu reizen. Er hat zugleich gesagt: „Sechs Monate will ich den Alten – Bismarck – verschnaufen lassen, dann regiere ich selbst."

Der Kanzlerautorität abträglich war zunächst, daß die internationalen Beziehungen und die auswärtige Politik – einstmals die gesicherten Domänen des Bismarckschen Bonapartismus – in der zweiten Hälfte der achtziger Jahre nicht mehr vergehende Schwierigkeiten erbrachten, die von Bismarck nur noch mit Mühe geglättet werden konnten.
Als in den europäischen Krisenjahren 1885 bis 1887 zum erstenmal nach 1871 die Gefahr eines Zweifrontenkrieges akut wurde und das bisherige außenpolitische Sicherungssystem auseinanderfiel, hatte Bismarcks verzweifelte diplomatische Gegenwehr eingesetzt, um eine Verlagerung der politischen Gewichte zuungunsten des preußisch-deutschen Reiches aufzuhalten. Der 1882 geschlossene Dreibund zwischen Deutschland, Österreich-Ungarn und Italien wurde erneuert. 1887 gelang es auch, England an den Dreibund heranzuholen. Eine virtuose Leistung war es schließlich, daß am 18. Juni 1887 ein zweiseitiger Rückversicherungsvertrag mit Rußland abgeschlossen werden konnte, nachdem eine fällige Verlängerung des Dreikaiserabkommens wegen unüberbrückbarer österreichisch-russischer Gegensätze nicht mehr zustande kam. Bismarck wollte auf keinen Fall den diplomatischen Draht nach Petersburg ab-

reißen lassen, auch wenn als Folge des Übergangs zum Schutzzoll auf handels- und kreditpolitischem Gebiet die Widersprüche zwischen den herrschenden Klassen Deutschlands und Rußlands sich noch so zuspitzen sollten.
Mit den Mitteln der Geheimdiplomatie hatte der Kanzler ein verwickeltes Netz von Bündnissen geschaffen, die sich mehrfach überlagerten, aber auch durchkreuzten. Zur Wahrung des Status quo angelegt, konnte das System nur funktionieren, solange es selbst nicht ernsthaft auf die Probe gestellt wurde. Bismarcks Außenpolitik bewegte sich am Ende also an der äußersten Grenze des Möglichen, wo nüchternes Interessenkalkül und gefährliches Risiko dicht beieinander lagen. Das vielgerühmte Jonglieren mit fünf Kugeln – den Großmächten im europäischen Staatensystem –, Bismarcks ständiges Lavieren und Finassieren begegnete darum unter Diplomaten und hohen Militärs einer wachsenden Skepsis.

363 Friedrich von Holstein, Tagebuch, 11. Januar 1887:

Unsere Politik mit ihren durcheinanderlaufenden Engagements – das sagte ich gestern an Bill[1] – ähnelt dem Schienengewirr auf einem großen Bahnhof. Der große Weichensteller glaubt alles richtig schieben zu können und hofft namentlich auch, um so unersetzlicher zu sein, je bunter die Dinge liegen. Das werfen viele ihm jetzt vor.

1 Bismarcks Sohn Wilhelm.

364 Friedrich von Holstein, Tagebuch, 29. April 1887:

Die Welt wird bald merken, was ich schon seit zwei Jahren weiß, daß Seine Durchlaucht keine Nerven mehr hat.
Dazu kommt, daß er jetzt eine vollständige Krankheit auf geheime Verträge hat. Nachdem er z. B. mit Österreich und Italien Verträge abgeschlossen hat, deren Spitze sich gegen Rußland und Frankreich richtet, möchte er jetzt einen mit Rußland schließen. Ich will nicht sagen, daß die verschiedenen Abmachungen sich widersprechen – aber sie erwecken allgemeines Mißtrauen gegen uns, gerade weil sie geheim

sind; A weiß nicht, was wir mit B etwa abgemacht haben, und vermutet natürlich das Schlimmste.
Die Haupteigenschaften des Fürsten waren früher Schlauheit und Energie (was selten zusammengeht), seine Hauptfehler Herrschsucht und Eitelkeit. Die Energie ist weg. Die Schlauheit, mit der er jetzt allein die Sache machen will, geht in schnörkelhafte Übertreibung über. Herrschsucht und Eitelkeit sind auch gesteigert.

365 Bismarck an Wilhelm I., 28. Juli 1887:

Es bleibt der Vertrag des Kaisers von Rußland mit Euerer pp. wenigstens ein Band, welches erhöhte Möglichkeit gewährt, Rußland in der Bahn des Friedens und der monarchischen Politik festzuhalten. Wäre Rußland für die nächste Zukunft ganz ohne Vertrag mit uns oder mit Österreich, so würde uns jede Kontrolle der Bahnen, welche die russische Politik gehen könnte, fehlen. Den Einfluß, welchen uns der deutsch-russische Vertrag auf die russische Politik gewähren kann, werden Euere pp. gewiß geneigt sein, nur in demselben Sinne auszunutzen, als ob das Bündnis zu dreien mit Rußland und Österreich fortbestände. Die beiden Verträge zu zweien, vermöge deren Euere pp. gegenwärtig einerseits mit Österreich, andererseits mit Rußland defensiv verbunden sind und daher das Interesse haben, den Frieden auch zwischen Österreich und Rußland nach wie vor zu erhalten, bilden einen Ersatz für den abgelaufenen und an der Weigerung des Kaisers Alexander, mit Österreich direkt zu paktieren, gescheiterten Drei-Kaiser-Vertrag; der Form nach keinen vollständigen, in der Tat aber einen mindestens ebenso wirksamen. Auch in dem früheren Vertrage zu dreien fiel Euerer pp. allein die Aufgabe wesentlich zu, den Frieden zwischen Österreich und Rußland zu erhalten. Das wird auch in der Zukunft vermöge der Defensivallianz, in der Euere pp. mit jedem einzelnen der beiden Kaiser stehen, der Fall sein. (...)
Der Haupteffekt unseres deutsch-russischen Vertrages bleibt für uns immer der, daß wir drei Jahre hindurch die Zusicherung haben, daß Rußland neutral bleibt, wenn wir von Frankreich angegriffen werden. Einen Angriff Frankreichs auf Deutschland infolge innerer französischer

Zustände und Vorgänge halte ich nach wie vor für die nächstliegende Wahrscheinlichkeit einer Friedensstörung in Europa; viel wahrscheinlicher als die eines russischen Orientkrieges.

366 Alfred von Waldersee, Tagebuch, 1. November 1888:

Es ist für mich eine unabänderliche Tatsache, daß der Kanzler sich mit seiner Politik festgefahren hat; alle seine Kunst hat ihm nicht geholfen, das französisch-russische Bündnis[1] zu hintertreiben oder die Russen im Orient zu engagieren. Jetzt wird seit Jahren zugeleimt und hingehalten und so die günstigste Zeit verpaßt.

1 Ende der achtziger Jahre kam es zu ersten Annäherungsversuchen zwischen Rußland und Frankreich. Ein formelles Bündnis kam erst 1892 zustande.

Um in den europäischen Mächtebeziehungen Eindruck zu erzielen, ließ es der deutsche Reichskanzler auch an vernehmlichem Säbelrasseln nicht fehlen. Ausbau und Stärkung der Militärmacht gehörten zum Wesen des preußisch-deutschen Staates und Bismarcks junkerlich-konservativer Gesellschaftspolitik. Kaum war 1887 im Reichstag die Erhöhung der Friedenspräsenzstärke des Heeres beschlossen, folgte Anfang 1888 eine weitere Militärvorlage, welche für den Mobilmachungsfall die Kriegsstärke der Armee vermehrte. Seine große außenpolitische Rede am 6. Februar 1888 vor dem Reichstag, die selbst bei erklärten Kanzlergegnern im Lager der herrschenden Klassen Beifall fand, benutzte Bismarck allerdings, um beruhigend auf die französische Regierung und den russischen Zaren zu wirken und so zu versuchen, die verschärfte Lage in Europa zu entspannen. Die „zwingendsten Interessen des europäischen Gleichgewichts und unserer eigenen Zukunft" bestimmten Bismarck, seinen Einfluß zur Wahrung des Friedens geltend zu machen. Er war sich darüber im klaren, daß angesichts zunehmender sozialer Spannungen in den meisten großen Staaten ein Krieg zwischen ihnen das Schicksal der europäischen Monarchien und der bestehenden gesellschaftlichen Ordnung insgesamt gefährden mußte. Hatte

Bismarck vor 1871 den Krieg zum Instrument seiner Revolution von oben gemacht, ließen ihn die Erfahrungen des Deutsch-Französischen Krieges und der Pariser Kommune seit 1871 fürchten, daß Krieg und seine Folgen auch die Revolution von unten auf den Weg bringen könne.

367 Bismarck im Reichstag, 6. Februar 1888:

Wenn ich sage, wir müssen dauernd bestrebt sein, allen Eventualitäten gewachsen zu sein, so erhebe ich damit den Anspruch, daß wir noch größere Anstrengungen machen müssen als andere Mächte zu gleichem Zwecke, wegen unserer geographischen Lage. Wir liegen mitten in Europa. Wir haben mindestens drei Angriffsfronten. Frankreich hat nur seine östliche Grenze, Rußland nur seine westliche Grenze, auf der es angegriffen werden kann. Wir sind außerdem der Gefahr der Koalition nach der ganzen Entwicklung der Weltgeschichte, nach unserer geographischen Lage und nach dem vielleicht minderen Zusammenhang, den die deutsche Nation bisher in sich gehabt hat, im Vergleich mit anderen mehr ausgesetzt als irgendein anderes Volk. Gott hat uns in eine Situation gesetzt, in welcher wir durch unsere Nachbarn daran verhindert werden, irgendwie in Trägheit oder Versumpfung zu geraten. Er hat uns die kriegerischste und unruhigste Nation, die Franzosen, an die Seite gesetzt, und er hat in Rußland kriegerische Neigungen groß werden lassen, die in früheren Jahrhunderten nicht in dem Maße vorhanden waren. So bekommen wir gewissermaßen von beiden Seiten die Sporen und werden zu einer Anstrengung gezwungen, die wir vielleicht sonst nicht machen würden. Die Hechte im europäischen Karpfenteich hindern uns, Karpfen zu werden, indem sie uns ihre Stacheln in unseren beiden Flanken fühlen lassen; sie zwingen uns zu einer Anstrengung, die wir freiwillig vielleicht nicht leisten würden, sie zwingen uns auch zu einem Zusammenhalten unter den Deutschen, das unserer innersten Natur widerstrebt; sonst streben wir lieber auseinander. Aber die französisch-russische Presse, zwischen die wir genommen werden, zwingt uns zum Zusammenhalten und wird unsere Kohäsionsfähigkeit auch durch Zusammendrücken erheblich steigern, so daß wir in dieselbe Lage der Unzerreißbar-

Bismarck im Reichstag 1889

keit kommen, die fast allen anderen Nationen eigentümlich ist und die uns bis jetzt noch fehlt. Wir müssen dieser Bestimmung der Vorsehung aber entsprechen, indem wir uns so stark machen, daß die Hechte uns nicht mehr tun, als uns ermuntern. (…)
Also es ist nicht die Furcht, die uns friedfertig stimmt, sondern gerade das Bewußtsein unserer Stärke, das Bewußtsein, auch dann, wenn wir in einem minder günstigen

Augenblicke angegriffen werden, stark genug zu sein zur Abwehr und doch die Möglichkeit zu haben, der göttlichen Vorsehung es zu überlassen, ob sie nicht in der Zwischenzeit doch noch die Notwendigkeit eines Krieges aus dem Wege räumen wird.
Ich bin also nicht für irgendwelchen Angriffskrieg, und wenn der Krieg nur durch unseren Angriff entstehen könnte – Feuer muß von irgend jemandem angelegt werden, wir werden es nicht anlegen –, nun, weder das Bewußtsein unserer Stärke, wie ich es eben schilderte, noch das Vertrauen auf unsere Bündnisse wird uns abhalten, unsere bisherigen Bestrebungen, den Frieden überhaupt zu erhalten, mit dem bisherigen Eifer fortzusetzen. Wir lassen uns da durch keine Verstimmung leiten und durch keine Abneigung bestimmen. (...)
Wir Deutsche fürchten Gott, aber sonst nichts in der Welt; und die Gottesfurcht ist es schon, die uns den Frieden lieben und pflegen läßt.

368 Albrecht von Stosch an Gustav Freytag, 7. Februar 1888:

Heute schreibe ich nur, um mich auszusprechen über die gestrige Reichstagssitzung. Das war ein weltgeschichtlicher Akt, den unser großer Kanzler dort aufgeführt hat. Das warme Vaterlandsgefühl, was in dem Mann steckt, verbunden mit einem die ganze Weltlage umfassenden Scharfblick, haben in der Rede vollen Ausdruck gefunden. Bewundernswürdig ist die Gabe, in dem naivsten Geplauder die gefährlichsten Dinge zu behandeln und in das für den Augenblick günstigste Licht zu stellen. Und wie liebenswürdig verschwindet er selbst mit allem, was er gewollt und geschaffen bei der Darstellung der Politik und ihrer Taten in den letzten 40 Jahren. Lieben kann ich den Kerl nicht, aber bewundern mit allen meinen geistigen Kräften.

369 Exposé Bismarcks, November 1887:

In der Politik haben wir ebensosehr mit den Parteien wie mit den Nationen zu rechnen. Der Kampf geht heute nicht so sehr zwischen Russen, Deutschen, Italienern, Franzosen wie zwischen der Revolution und der Monarchie. (...) Der Krieg, sei er siegreich oder nicht, wird in mehr als einem

Lande die Revolution entfesseln. (...) In der Zeit, in der wir leben, liegt es mehr als zu jeder anderen Epoche der Geschichte im Interesse der großen Monarchien, den Krieg zu vermeiden, weil heutzutage die Nationen stets geneigt sind, ihre Regierungen für die von ihnen erlittenen Niederlagen verantwortlich zu machen. (...) Alles in allem würde der etwaige nächste Krieg viel weniger den Charakter eines Krieges zwischen Regierung und Regierung tragen als den eines Krieges der roten Fahne gegen die Elemente der Ordnung und der Erhaltung.

Angesichts der außenpolitischen Gefahren aus Ost und West wurde Ende der achtziger Jahre freilich Bismarcks Auffassung, daß die Machtstellung Preußen-Deutschlands nach innen und außen nur gesichert werden könne, wenn der Frieden gewahrt blieb, nicht mehr von allen Führungskreisen geteilt. Moltke, Waldersee und der Generalstab befürworteten immer entschiedener, an der Seite Österreich-Ungarns einen Präventivkrieg gegen Rußland zu eröffnen. Den Primat der Politik unterstreichend, setzte Bismarck jenem Drängen der Militärpartei Widerstand entgegen. Auch der Dissens zwischen militärischer und ziviler Beurteilung der auswärtigen Politik trug dazu bei, die Position des Kanzlers zu untergraben.

370 An Heinrich VII., Prinz Reuß, 15. Dezember 1887:

Ich erinnere mich, daß unser Generalstab sowohl im Jahre 1867 als auch im Laufe der 70er Jahre bezüglich Frankreichs wiederholt ähnliche aggressive Vorschläge vertreten hat wie jetzt bezüglich Rußlands; wenn man auch in der Frage von Krieg und Frieden eine Sicherheit für die Zukunft nicht haben kann, so halte ich es doch durchaus nicht für angezeigt, Seiner Majestät dem Kaiser wegen der bisherigen russischen Rüstungen und Bedrohungen einen Angriffskrieg gegen Rußland anzuraten. Solange ich Minister bin, werde ich meine Zustimmung zu einem prophylaktischen Angriffe auf Rußland nicht geben, und ich bin auch weit entfernt, Österreich zu einem solchen zu raten, solange es nicht der englischen Mitwirkung dabei absolut sicher ist.

371 An Emil von Albedyll, 19. Dezember 1887:

Unsre Politik hat die Aufgabe, den Krieg, wenn möglich, ganz zu verhüten, und geht das nicht, ihn doch zu verschieben. An einer andern würde ich nicht mitwirken können.

372 Alfred von Waldersee, Tagebuch, 29. Oktober 1886:

Je mehr ich Zeit finde, in Ruhe nachzudenken, desto klarer wird es mir, daß der Kanzler in seiner Politik unsicher geworden ist. Ich habe auch gewisse Anzeichen, daß er selbst anfängt besorgt zu werden, sein Werk könne zusammenbrechen. Er ist über siebzig, und es wäre daher kein Wunder, wenn die alte Spannkraft nachläßt, leider hat er für keinen Nachfolger gesorgt.

373 Alfred von Waldersee, Tagebuch, 15. April 1889:

Wir müssen das große Geschick des Kanzlers und sein Ansehen in der Welt benutzen, um noch einige Zeit den Frieden zu erhalten, sobald aber unsere Rüstung fertig ist, den Kampf, dessen Beginn die Gegner zu bestimmen hoffen, selbst herbeiführen. Bis dahin mit dem Kanzler, wenn es Ernst wird, aber ohne ihn, wenn es sein muß, auch gegen ihn.

Während Bismarcks Bemühen, die Krise auf außenpolitischem Gebiet zu bannen, immerhin noch von diplomatischer Virtuosität und einem gewissen Respekt vor den Realitäten des internationalen Kräfteverhältnisses einschließlich dessen gesellschaftlicher Dimension kündete, war die innenpolitische Lage in Preußen-Deutschland völlig festgefahren. Das bonapartistische Streben nach bloßer Machterhaltung hatte seit 1878/79 zu totaler politischer Stagnation und in gesellschaftliche Perspektivlosigkeit geführt. Mehr denn je auf die junkerlich-monarchische Komponente des Klassenkompromisses fixiert, an überlebte Konstellationen und Konzepte gebunden, notwendige Reformen abblokkend, war der Kanzler nicht mehr fähig, die wachsende ökonomische, soziale und politische Dynamik der kapitalistischen Gesellschaftsordnung zu steuern. Ohne selbst über ein klares Konzept zu verfügen, gab sich eine wachsende

Strömung innerhalb der herrschenden Klassen der vagen Hoffnung hin, daß mit dem jungen Wilhelm II. ein politischer Neubeginn zu erwarten sei. Vor allem ein Teil der nationalliberalen Fraktion um Johannes Miquel begann sich frühzeitig auf den Kaiser zu orientieren.

374 *Erinnerung Wilhelm von Kardorffs, Ende März oder Anfang April 1886:*

Ich hatte kurz vor meiner Abreise eine Konferenz bei Bismarck, in der ich allerdings den betrübenden Eindruck gewonnen habe, daß derselbe zu alt geworden oder geistig gar nicht für die Beurteilung der Währungsfrage beanlagt ist, so daß von ihm nichts zu erwarten sein wird. Er sprach sehr liebenswürdig und mit Verständnis über die Spiritussteuerfrage, auf meine Gedanken eingehend und mich ruhig anhörend, fing dann aber, nachdem er meine Vorschläge völlig akzeptiert hatte, an, in einer so blödsinnigen Weise über die Währungsfrage[1] zu reden, daß ich ganz starr war: Er begriffe überhaupt nicht, was wir immer mit Edelmetallgeld wollten, Papier sei doch ebensogut; ein dauerndes Verhältnis zwischen Gold und Silber könne nicht hergestellt werden, das sei unmöglich, – weshalb man nicht Silber und Kupfer nehmen wolle statt Silber und Gold, – unsere Münzverhältnisse seien ganz richtige, wir hätten ja noch die Taler, und daneben Gold, – daß die Landwirtschaft durch die Goldwährung litte, könne er nicht verstehen, – man könne nur einen Wertmesser haben, nicht zwei usw. usw., – und was das schlimmste war, ließ mich nicht zu Worte kommen, sondern wenn ich überhaupt etwas sagen wollte, wozu er mich kaum kommen ließ, sagte er: „Erwidern Sie mir nichts, Sie können mich nicht überzeugen, und ich kann mir den Kopf über diese Fragen nicht zerbrechen, habe zuviel sonst zu denken.“

1 Im Gegensatz zu dem nach der Reichsgründung unter maßgeblichem nationalliberalem Einfluß durchgesetzten einheitlichen Währungssystem auf Goldbasis trat seit der wirtschaftspolitischen Wende von 1878/79 ein Kartell der Schutzzöllner unter Führung Wilhelm von Kardorffs für ein Nebeneinander von Gold- und Silberwährung ein, welches insbesondere die Getreidepreise steigern und den Export fördern sollte.

375 Theodor Barth, in: „Die Nation" vom 16. Februar 1889:

Mit diplomatischen Mitteln wird man in der Zukunft wahrscheinlich auf dem Gebiet der großen Politik nur noch verschwindende Erfolge erzielen können. Schon heute zeigt sich ja, daß der größte Diplomat der Zeit, Fürst Bismarck, trotz seiner Meisterschaft mit diplomatischen Mitteln sich kaum über Wasser zu halten vermag. Der riesige Fonds von Autorität, den er besitzt, ist seit einem Jahr stark angegriffen worden (...) Die Welt gewöhnt sich langsam wieder daran, die Taten des Fürsten Bismarck unbefangen zu kritisieren, und man fängt an, zu merken, daß die diplomatische Methode der formalen Lösung vorhandener Schwierigkeiten der Zukunft eine furchtbare Hinterlassenschaft überweist. Das Deutsche Reich befindet sich heute in der Lage eines Welthauses, das unzählige weitaussehende Unternehmungen angefangen hat und kaum daran denken kann, mit den vorhandenen Mitteln alle zum glücklichen Ende zu führen. Auf den Gebieten der Protektionspolitik, der Sozialpolitik, der Kolonialpolitik hat man sich immer stärker engagiert. Jede warnende Kritik sucht man mit allen Kräften der Beeinflussung zu unterdrücken oder wenigstens zu überschreien; beängstigende äußere Symptome sind durch Ausnahmegesetze von der Oberfläche verscheucht. Und dabei denkt jeder mit Bangen an die Zukunft, wo alle die zahlreich umlaufenden Wechsel eingelöst werden müssen. Dann werden keine diplomatischen Mittel mehr verfangen. Man hat wohl darüber gestritten, ob die Ära Bismarck das Ende oder den Anfang einer weltgeschichtlichen Epoche bezeichnet. Vielleicht wird man ihn dereinst den letzten großen Diplomaten nennen.

376 Alfred von Waldersee an Julius Verdy du Vernois, 7. April 1889:

Der Einfluß der Familie Bismarck ist ein sehr großer; es ist aber nicht zu verkennen, daß sowohl Vater als Sohn sehr besorgt sind, daß er schwinden könne. Der Kanzler, der den Kaiser nicht oft sieht, ist entschieden gealtert. Er ist ja noch sehr wertvoll dem Auslande gegenüber; dort ist sein Ansehen noch ungeschwächt. Im Innern verliert er langsam an Boden und hat ja auch in der Tat innerhalb der letzten drei Vierteljahr große Fehler gemacht. Er ist im 75. Jahre und daher ohne Tatendrang.

377 Johannes Miquel an Alfred von Waldersee, 6. März 1890:

Aus einer großen Menge von Berichten zuverlässiger Männer aus allen Teilen Deutschlands muß ich leider entnehmen, daß eine starke politische und soziale Unzufriedenheit in weiten Volkskreisen und nicht bloß in den verhetzten sozialdemokratischen Massen tatsächlich vorhanden ist. Sie ist nicht in Notständen, höchstens beim kleinen Bauern begründet, sondern ein Produkt sehr verschiedener Umstände, namentlich auch der bisher geführten exklusiven und teilweise gewalttätigen Politik.
Wir kranken noch immer an dem Kulturkampf und der Art seiner Führung und seinen verbitternden Folgen.
Wir kranken an der unnötig schroffen und verletzenden Behandlung der gesamten Freisinnigen Partei ohne Unterscheidung der Demagogen unter denselben und des gemäßigteren Teiles derselben, wodurch die gesamte als Reichsfeinde behandelte Partei immer mehr nach links und in die Demagogie getrieben ist. Wir kranken an dem Stokken aller Reformen in Preußen infolge der ihnen durch den Fürsten Bismarck bereiteten Hindernisse.
Wir verloren in den Massen der deutschgesinnten Wähler das Prestige des Fürsten Bismarck, das lange Zeit alles gutheißen ließ. Wir kranken nach meiner innersten Überzeugung auch am Sozialistengesetz, das unfähig war, eine solche gewaltige, immer bewußter werdende Arbeiterbewegung niederzuhalten, zu vielen polizeilichen, das Ansehen der Regierung schädigenden Mißgriffen führte, das Selbstgefühl der Arbeiter tief verletzte, die allmähliche Bildung einer Reformpartei verhinderte, eine gemeinsame Fahne aller regierungsfeindlichen Parteien bildete und auf die Arbeiter eine ähnliche Wirkung übte, als die Kulturkampfgesetze, d. h. die Führerschaft, den Extremsten zuwies und die unter dem Ausnahmegesetz stehenden außerhalb alles staatlichen Bewußtseins stellte.

Die Tage der Ära Bismarck waren gezählt. Daran bestanden schon im Sommer 1889 kaum noch Zweifel, als das große Abrücken vom Kanzler einsetzte.

Am Ende war es nicht die fraglos gravierende persönliche Unstimmigkeit zwischen Wilhelm II. und Bismarck, die in der Entlassungskrise den Ausschlag gab. Für sich allein haben auch die intrigante Gegenströmung einer konservativen Militärkamarilla und selbst die parteitaktischen Erwägungen einflußreicher Politiker der herrschenden Klassen Bismarcks Sturz nicht herbeiführen können. Zwar vollzog sich das letzte Ringen um die wichtigsten preußisch-deutschen Staatsämter in geheimen Beratungen, auf höchster Ebene, unter Ausschluß der Öffentlichkeit. Doch auch in diesen Gremien war ständig der eigentliche Sieger über Bismarck präsent: die revolutionäre deutsche Sozialdemokratie.

Der Reichskanzler Otto von Bismarck ist im Klassenkampf gefallen. Die proletarischen Massen vor allem haben seine Allmacht als bonapartistischer Diktator gebrochen. Mit seinen schwersten Waffen war das Bismarck-Regime gegen die sozialistische Arbeiterbewegung angetreten. Zwischen 1878 und 1888 waren, nach unvollständigen statistischen Unterlagen, 332 Arbeiterorganisationen der verschiedensten Art verboten worden. 1299 Druckschriften durften nicht verbreitet werden. Etwa 900 bekannte Sozialdemokraten waren auf Grund des über zahlreiche Städte und Kreise verhängten Kleinen Belagerungszustandes ausgewiesen, rund 1000 Jahre Freiheitsstrafe über 1500 Personen verhängt worden. Doch nichts hatte die Lebensfähigkeit der deutschen Sozialdemokratie erschüttern, ihre organisatorische Entwicklung und politisch-ideologische Festigung bremsen können. Von Reichstagswahl zu Reichstagswahl war die Zahl sozialdemokratischer Wähler gewachsen.

Wie ein Schock traf die herrschenden Klassen im Mai 1889 der bis dahin größte und bedeutendste Streik der deutschen Geschichte: 150000 Bergarbeiter legten in allen Kohlenrevieren für mehr Lohn, Achtstundentag und ein menschenwürdiges Dasein die Arbeit nieder. Mit einem Schlage wurde der gesellschaftliche Antagonismus zwischen Kapital und Arbeit enthüllt, der weder durch Polizeiterror noch durch staatliche Sozialreform aus der Welt zu schaffen war.

Daß es im elften Jahr des Sozialistengesetzes zu dieser machtvollen Demonstration ungebrochenen proletarischen Klassenbewußtseins kommen konnte, war ein offensichtliches Fiasko der Bismarckschen Politik gegenüber der Arbeiterbewegung.
Doch machtbesessen suchte der Kanzler eben in dieser verworrenen Situation noch seinen politischen Vorteil. Er wünschte geradezu einen möglichst langen Streik, um sich aus dem allgemeinen Gefühl der Verunsicherung als der innenpolitisch immer noch unentbehrliche „Retter aus höchster Not“ erheben zu können. Bismarcks provokatorisches Taktieren in der sozialen Frage sollte allerdings sein Verhältnis zum Kaiser weiter belasten und seine Position unter den herrschenden Klassen immer unhaltbarer machen.

378 Bismarck im Staatsministerium, 9. Mai 1889:

Er legte Wert darauf, daß die traurigen Folgen einer solchen Arbeitseinstellung und der damit verbundenen Gewalttätigkeiten der öffentlichen Meinung vor Augen geführt würden. Dies werde die Stellung der Staatsregierung bei Beratung der sozialpolitischen Gesetze stärken.

379 Bismarck im Staatsministerium, 12. Mai 1889:

Angesichts der bevorstehenden Beratung über gegen die Sozialdemokratie gerichtete Gesetze möchte er es als politisch nützlich ansehen, wenn die Beilegung dieses Streites und seiner traurigen Folgen nicht zu glatt und rasch erfolge, letztere sich vielmehr der liberalen Bourgeoisie fühlbarer machten. Dieselbe gehe immer von der Voraussetzung aus, unter der Sozialdemokratie leide die Regierung mehr als der Bürger, und wenn die Bewegung ernsthaft werde, unterdrücke die Regierung sie doch nötigenfalls mit Gewalt, vorbeugende Gesetze seien also gar nicht so nötig.

380 Bismarck im Staatsministerium, 25. Mai 1889:

Er halte es zum allgemeinen Besten, zur Verhütung von Wiederholungen und zur Förderung richtiger Erkenntnis der Unfruchtbarkeit und der nach allen Seiten wirkenden unheilvollen Folgen solcher Arbeitseinstellungen für das beste, wenn man gewissermaßen den Brand in sich ausbrennen lasse, statt ihn mit Gewalt zu ersticken. Im letzteren Falle erwecke man bei den Arbeitern das Gefühl, daß sie nur durch gesetzwidrige Unterdrückung von seiten des Staats gehindert worden seien, bessere Resultate für sich zu erzielen. Lasse man den Dingen tunlichst ihren Lauf, so erhalte man sich den Nimbus, ohne Ausnahmemaßregeln, streng gesetzlich verfahren zu sein, und führe die Unruhestifter am sichersten ad absurdum (...) Was die Frage einer Berechtigung des Belagerungszustandes anbetreffe, so sei er hiernach bereit, die Verantwortlichkeit für die Erklärung desselben auf sich zu nehmen, sofern diese Maßregel sich als zweckmäßig erweise.

Seit dem Bergarbeiterstreik vom Mai 1889 bis zu Bismarcks Sturz im März 1890 hörte die Auseinandersetzung um Konzeption und Methoden des staatlichen Vorgehens in der sozialen Frage nicht mehr auf. So prägte die Arbeiterklasse und die sozialistische Bewegung die tiefe Krise des bonapartistischen Herrschaftssystems.

Angeblasen nicht ausgeblasen. Karikatur auf den Mißerfolg des Sozialistengesetzes. „Kladderadatsch" 1884

Zunächst gab es eine Kontroverse um die Verlängerung des Sozialistengesetzes, in welcher der innere Zusammenhalt der Kartellparteien endgültig zerbrach. Seit 1888 verlangten die Nationalliberalen immer beharrlicher, an die Stelle des fragwürdigen Ausnahmegesetzes verschärfte allgemeine Strafrechtsbestimmungen zu setzen. Dagegen bestand Bismarck kategorisch auf einer im wesentlichen unveränderten Wiedereinbringung des Sozialistengesetzes. Das Ende Oktober 1889 dem Reichstag zugeleitete neue Sozialistengesetz sah darum auch keine wirklichen Erleichterungen vor; der berüchtigte Ausweisungsparagraph war sogar noch verschärft worden. Vor allem aber sollte die Geltungsdauer des Gesetzes nicht mehr zeitlich begrenzt sein. Die Nationalliberalen, im Hinblick auf die Anfang 1890 bevorstehenden Reichstagswahlen auf eine eigene Linie innerhalb des Kartells bedacht, wollten einer unbefristeten Geltungsdauer nur zustimmen, wenn der Ausweisungsparagraph gestrichen wurde. Die Konservativen hingegen, die das verbale liberale Gehabe ablehnten, dachten gar nicht daran, irgendwelchen Milderungen zuzustimmen. Die Kluft im Kartell war augenscheinlich, dennoch schien sie nicht unüberbrückbar – wäre es allein um das Sozialistengesetz gegangen. Womöglich hätte ein gewisser Druck die Nationalliberalen noch zum Einlenken gebracht. Ganz sicher aber hätte ein deutlicher Wink an die Adresse der Konservativen genügt. Mehrfach gaben sie zu verstehen, daß sie trotz aller Bedenken für ein gemildertes Gesetz stimmen würden, falls die Regierung ausdrücklich erklärte, daß sie es in dieser Form für ausreichend hielte.

Für Bismarck aber ging es schon nicht mehr um die Frage, ob das Gesetz schärfer oder weniger scharf ausfiele, sondern um die Existenzfrage seiner bonapartistischen Diktatur überhaupt. Der Gedanke, in dieser innenpolitischen Krisensituation die Modalitäten selbst eines der wichtigsten Gesetze mit Parteivertretern der herrschenden Klassen aushandeln zu sollen, entsprach seinen Vorstellungen von der Machtverteilung im Staate ganz und gar nicht. Viel besser paßte dafür in sein reaktionäres Konzept, die Gesetzesvorlage platzen zu lassen und so im Lande den Eindruck zu erwecken, der Reichstag habe der Regierung mutwillig die notwendigen Waffen zur Abwehr der Umsturzgefahr ver-

weigert. Je verworrener und schwieriger dann die innenpolitische Szenerie, kalkulierte Bismarck, desto stärker war man auf seine Dienste angewiesen.
So ist denn am 25. Januar 1890 die Vorlage eines unbefristeten Sozialistengesetzes im Reichstag gescheitert, weil mit dem Zentrum, dem Freisinn und der Sozialdemokratie auch die Konservativen dagegen stimmten. Bis zum 30. September 1890 blieb allerdings das bisherige Ausnahmegesetz noch in Kraft.

381 *Votum Bismarcks an das Preußische Staatsministerium, 6. August 1888:*

Gegen besondere staatsgefährliche Bestrebungen sind Sondergesetze, welche nur diese Bestrebungen treffen, angezeigt. Ebensowenig wie man den Landesverrat oder den Diebstahl durch allgemeine, auch für ehrliche Leute geltende Gesetze wird treffen können, wird dies bei den auf die Durchführung verbrecherischer Umsturztheorien im Sinne der Sozialdemokratie gerichteten Bestrebungen der Fall sein. Diese Umsturzbestrebungen und die Ziele, welche sie verfolgen, sind an sich strafbar und bedingen die Notwehr von seiten der staatlichen und gesellschaftlichen Ordnung. Es ist eine schüchterne Verdeckung dieser Tatsache, wenn die Gesetzgebung sich den Anschein geben wollte, als wären die sozialdemokratischen Bestrebungen nicht an sich verbrecherischer Natur, sondern nur insoweit sie unter die Kategorie anderweitiger kriminalistisch definierter Verbrechen fielen. Durch die Scheu, eine vorhandene parlamentarische Fraktion als verbrecherisch in ihren Zielen und Bestrebungen zu bezeichnen, dürfen die Regierungen sich nicht abhalten lassen, für den Schutz der ruhigen Bürger gegen verbrecherischen Umsturz offen einzutreten. Parlamentarische Fraktionen mögen sich weichlichen Unklarheiten darüber hingeben; Regierungen sollten es nicht.

382 *Votum Bismarcks an das Preußische Staatsministerium, 13. Februar 1889:*

Das Wesen der Sozialdemokratie besteht darin, daß sie die staatliche Ordnung negiert. Daraus ergibt sich für den Staat das Recht und die Pflicht, seinerseits die Sozialdemokratie nicht nur in ihren Wirkungen, sondern in ihrer Berechtigung zur Existenz im Staate zu bekämpfen. Dieselbe befindet sich mit dem Staate im Kriegszustande, und der Staat ist befugt und seinen gegen die Sozialdemokratie schutzbedürftigen Angehörigen gegenüber verpflichtet, sie nach Kriegsrecht zu behandeln. Sowenig der in das Land einfallende Feind auf den Schutz des einheimischen Rechtes Anspruch hat, ebensowenig kann vom Staate gefordert werden, daß er die auf seinen Umsturz gerichteten Bestrebungen der Sozialdemokraten unter den Schutz seiner Gesetze nehme. Den Wunsch des Herrn Ministers des Innern, das Sozialistengesetz auf die Dauer bewilligt zu erhalten, teile ich, da die immer wiederkehrende Frage der Verlängerung desselben der Sozialdemokratie ein wirksames Agitationsmittel in die Hand gibt. Ich bin deshalb dafür, das Gesetz ohne Fristbestimmung beim Reichstage einzubringen und für den Fall des Widerspruchs im Wege des Kompromisses auf eine möglichst lange Geltungsdauer hinzuwirken.

383 *An den Sohn Herbert, 23. Januar 1890:*

Ich bin in der Sozialistenfrage gegen jede Erklärung des Bundesrates vor Beschlußnahme des Reichstags. Der Bundesrat kann die Verantwortung für Abminderung der ohnehin auch mit Ausweisung unzulänglichen Vorlage nicht auf sich nehmen, wohl aber kann er einen Reichstagsbeschluß, der ihm keine andere Wahl läßt, als ein abgeschwächtes oder gar kein Gesetz zu haben, ex post zustimmen. Wir werden die Ausweisungsbefugnis dringend brauchen für die Bergwerksbezirke in Westfalen und Schlesien, wenn in den Kohlenwerken im Sommer der Streik unter Leitung sozialdemokratischer Führer in größerer Ausdehnung sich erneuert und dabei voraussichtlich der kleine Belagerungszustand eingeführt wird. Dem Rückweichen des Bundesrats, welches in der Abschwächung der Vorlage vor einem Reichstagsbeschluß liegen würde, widerspreche ich unbe-

Reichstagswahl 1890 – Anfang vom Ende der Ära Bismarck. Karikatur aus „Der wahre Jakob“ 1890

dingt und kann die Abänderung der Vorlage so gut wie die ursprüngliche Vorlage nach Artikel 16 der Verfassung nur im Namen des Kaisers in der Form einer von mir kontrasignierten Vorlage stattfinden.

Verschärft wurde die offene Krise der bonapartistischen Diktatur weiter durch den offensichtlichen Widerspruch zwischen dem schneidigen Repressionskurs des Sozialistengesetzes, an dem Bismarck trotz dessen erwiesener Nutzlosigkeit festhielt, und den auf sogenannten „Arbeiterschutz“ gerichteten sozialpolitischen Intentionen Wilhelms II. Während Bismarck mit seinem starrsinnigen Beharren auf einer parlamentarisch kaum mehr erreichbaren verschärften und unbefristeten Sondergesetzgebung ziemlich unverhüllt auf eine radikale Gewaltkur zielte und durch Staatsstreich sich nötigenfalls der Verfassung entledigen und alle „Auf-

rührer" militärisch niederwerfen wollte, ergriff Kaiser Wilhelm II. die Initiative, um den unzufriedenen Massen die Fiktion vom „sozialen Königtum" der Hohenzollern vorzugaukeln. Seit dem Bergarbeiterstreik von 1889 beschäftigte er sich mit Plänen, der bisherigen Sozialgesetzgebung ein umfängliches Arbeiterschutzprogramm an die Seite zu setzen. Eine solche Ausweitung der sozialpolitischen Aktivitäten des Staates war von Bismarck schon immer als „Humanitätsdusel" kategorisch abgelehnt worden.
Am 24. Januar 1890 prallten die unterschiedlichen Ansichten Bismarcks und Wilhelms II. in einer Kronratssitzung hart gegeneinander. Der Kanzler lenkte nur scheinbar ein. Um nicht die Verantwortung für die neue Sozialpolitik tragen zu müssen, trat Bismarck noch am gleichen Tage vom Amt des Handelsministers zurück. Schließlich erschienen die kaiserlichen Erlasse, die am 4. Februar 1890 die sozialpolitischen Absichten des Monarchen im „Reichs- und Staatsanzeiger" verkündeten, ohne die staatsrechtlich erforderliche Gegenzeichnung durch den Kanzler. Der Bruch schien unvermeidlich.

384 Lucius von Ballhausen, Tagebuch, 24. Januar 1890:

Bismarck war erst zwei Stunden vor der Staatsministerialsitzung von Friedrichsruh hier eingetroffen: Er wisse nicht, was heute im Conseil verhandelt werden solle. Es sei ohne vorherige Vorbereitung ihm von einem Flügeladjutanten mitgeteilt, daß ein Conseil gehalten werden solle. Was der Gegenstand der Verhandlungen sein werde, wisse er nicht, vermute aber, es handle sich um Arbeiterschutzfragen. Seines Erachtens dürfe das Staatsministerium nicht unvorbereitet in eine solche Diskussion eintreten, dürfe weder eine zustimmende noch eine ablehnende Haltung annehmen, sondern sich Zeit ausbitten zur Beratung entsprechender Vorschläge.
Damit waren wir alle völlig einverstanden.
Sollte das Sozialistengesetz zur Sprache kommen, so dürfe man sich nicht für Annahme desselben ohne den Ausweisungsparagraphen (§ 24) erklären. Man dürfe auch nicht durch Erklärungen im Reichstag das Zustandekommen ohne diesen Paragraphen erleichtern! Man habe schon bis-

her vielfach zu großes Entgegenkommen bei anderen Gelegenheiten geübt, um Gesetze zustande zu bringen. Komme nichts zustande, so werde der Wähler schon aufmerksam werden; der wolle geschützt sein, aber die Parteiführer seien dagegen. (...)
Um 6 Uhr abends versammelten wir uns bei Sr. Majestät, welchen wir schon mit Bismarck konferierend antrafen. Se. Majestät gab ein längeres Exposé über die ungesunde Entwicklung der deutschen Industrie gegenüber der englischen. Die Deutschen hätten sich – mit wenig lobenswerten Ausnahmen – nicht um ihre Arbeiter gekümmert, sie ausgepreßt wie Zitronen und auf dem Mist verfaulen lassen. Er habe sich viel mit diesen Fragen beschäftigt und sein Urteil im Verkehr mit Hinzpeter[1], dem Maler von Heyden[2] (früher Bergmann), Graf Douglas[3] und neuerlich Präsident von Berlepsch[4] gebildet. Es fehle alle Fühlung zwischen Arbeitgeber und -nehmer, wie es die letzten Streiks bewiesen. Die Frucht dieser Unterlassungen sei das Entstehen und Wachsen der Sozialdemokratie, welche wohl zu unterscheiden sei von den Anarchisten. Wie eine Kompanie verlottere, wo sich der Hauptmann nicht selbst um den Dienst kümmere, sondern alles den Unteroffizieren und dem Feldwebel überlasse, so sei es auch in der Industrie. Er habe seinem Adjutanten ein Promemoria diktiert, um die Grundzüge seines Gedankengangs klarer zu präzisieren, als er es in mündlich freier Rede könne. Die Revolutionen seien überall dadurch entwickelt worden, daß man nicht rechtzeitig die nötigen billigen und vernünftigen Konzessionen gemacht habe. So sei es bei uns auch zu befürchten. Er wollte der roi des gueux[5] sein, die Leute müßten wissen, daß sich ihr König um ihr Wohl kümmere. Er müsse in diesen Fragen das Prävenire spielen und täte das am liebsten bald in Form eines feierlichen Manifestes – noch vor den Wahlen. Man erwarte so etwas von ihm!
Wir saßen mit steigendem Erstaunen dabei, wer ihm diese Ideen eingeblasen habe.
Bötticher verlas nun jene Grundzüge, welche in Verbot der Sonntagsarbeit und in sehr weitgehender Beschränkung der Frauen- und Kinderarbeit gipfelten.
Bismarck verhielt sich zunächst auf der verabredeten Linie, verbindliche Äußerungen vorzubehalten bis nach weiterer

Überlegung und Prüfung dieser weittragenden Fragen. Den sofortigen Erlaß eines Manifestes widerriet er mit dem Hinweis, daß in den früheren Proklamationen und Thronreden Se. Majestät zu den Arbeiterschutzfragen und zur sozialen Gesetzgebung schon Stellung genommen habe. Ein solches Manifest sei die Ankündigung von Gesetzen, welches ebenso sorgfältig vorzubereiten sei wie die Gesetze selbst.
Se. Majestät wehrte sich gegen jeden Aufschub, erinnerte, daß heute der Geburtstag Friedrichs des Großen sei, welcher auch auf friedlichem Gebiet so viel für die Entwicklung des Landes getan habe.
Es ging nicht ohne einige Erregung, aber doch noch eben friedlich ab, mit dem Beschluß, es sollten Vorbereitungen für entsprechende Vorlagen gemacht werden. Sehr peinlich gestaltete sich aber die nun folgende Diskussion. (...)
Der Kaiser wünschte, daß das Sozialistengesetz zustande komme und daß man den Ausweisungsparagraph 24 fallenlasse, weil der weniger wichtig sei wie der Fortbestand des Kartells, welches gefährdet werde, wenn die Session mit einem Dissensus in dieser Frage schließe. Bismarck widersprach immer erregter, zuletzt sagend: Er könne nicht beweisen, daß diese Nachgiebigkeit Sr. Majestät verhängnisvolle Folgen haben werde, glaube es aber nach seiner langjährigen Erfahrung. Wenn Se. Majestät in einer so wichtigen Frage anderer Meinung sei, so sei er wohl nicht mehr recht an seinem Platz. Bleibe das Gesetz unerledigt, so müsse man sich ohne dasselbe behelfen und die Wogen höher gehen lassen. Dann möge es zu einem Zusammenstoß kommen.
Se. Majestät wies diese Auffassung ebenfalls erregt zurück: Er wolle ohne den äußersten Notfall solchen Katastrophen soweit möglich durch Präventivmaßregeln vorbeugen, nicht seine ersten Regierungsjahre mit dem Blut seiner Untertanen färben.
Er bitte die anderen Herren um ihre Meinung.
Offenbar wollte er sich selbst sammeln und für seine Meinung Unterstützung finden.
Die zunächst zur Äußerung provozierten Ressortminister Herrfurth, Schelling und Bötticher gaben gewundene Erklärungen ab, indem sie die Ausweisungsbefugnis als eine zwar selten gebrauchte, aber schneidige Waffe bezeichneten, auf die man nicht verzichten dürfe.

Eine Abstimmung und Fragestellung fand nicht statt, hätte sie stattgefunden, so würde sich im ersten Fall, Behandlung der Arbeiterfrage, die Mehrheit ebenso entschieden auf seiten des Fürsten, im zweiten Fall, Abgabe einer entgegenkommenden Erklärung, auf seiten Sr. Majestät gestellt haben.
Man ging mit ungelösten Differenzen, mit dem Gefühl auseinander, daß ein irreparabler Bruch zwischen Kanzler und Souverän erfolgt war. Se. Majestät bemühte sich zwar, gegen den Fürsten freundlich zu sein, aber es kochte in ihm. Jedenfalls besitzt er eine große Selbstbeherrschung.
Eine Krisis hat mit diesem Kronrat begonnen, welche einen ernsten Verlauf nehmen wird.

1 Hinzpeter, Georg (1827–1907): Erzieher und Berater Wilhelms II.
2 Heyden, August von (1827–1897): Maler.
3 Douglas, Hugo Graf von (1837–1912): Industrieller, freikonservativer Politiker.
4 Berlepsch, Hans Herman Freiherr von (1843–1926): Oberpräsident der Rheinprovinzen, preußischer Handelsminister 1890 bis 1896.
5 König der Bettler.

385 Im Gespräch mit Wilhelm von Hohenthal, 30. Januar 1890:

Auf die Arbeiterschutzanträge eingehend, sagte mir der Kanzler, er habe von jeher die Anschauung vertreten, daß derartige Gesetze, die man eigentlich Arbeiterzwangsgesetze nennen müsse und als Arbeiterschutzgesetze nur dann bezeichnen könne, wenn man damit ausdrücke, daß man die Arbeiter vor sich selbst beschützen wolle, nichts taugten, daß sie nicht versöhnend wirken würden, daß sie die Produktion verteuern und erschweren, ja teilweise zugrunde richten, daß sie die vorhandenen Gegensätze verschärfen und last not least[1] einen Beweis dafür liefern würden, daß die Regierungen sich der Sozialdemokratie gegenüber für schwach hielten. Die soziale Frage sei nicht mit Rosenwasser zu lösen, hierzu gehöre Blut und Eisen.

1 nicht zum wenigsten.

Das Ergebnis der Reichstagswahl vom 20. Februar 1890 versetzte dem in allen Fugen krachenden Bismarck-Regime den letzten Schlag. Es war zugleich der schwerste, der ihm je beigebracht worden war. Die Sozialdemokratie, um deren Ausschaltung aus dem politischen Leben die herrschenden Kreise hinter den Kulissen verbissene Positionskämpfe austrugen, errang vor aller Welt einen Sieg, welcher die kühnsten Erwartungen übertraf. Mit fast anderthalb Millionen Wählerstimmen erwies sie sich als die stärkste Partei in Deutschland. Auch die bürgerliche Opposition verbuchte erhebliche Gewinne. Die Freisinnigen waren wieder erstarkt, und das Zentrum behielt als die größte Fraktion im Reichstag seine Schlüsselstellung. Natürlich war die absolute Mehrheit, über welche die Kartellparteien im Reichstag von 1887 verfügten, gebrochen worden. Freikonservative wie Nationalliberale erzielten das schlechteste Wahlergebnis ihrer Geschichte. Die parlamentarische Situation für Bismarck war hoffnungslos geworden. So wurde am 20. Februar 1890 über den Reichskanzler Otto von Bismarck und dessen Politik ein vernichtendes Urteil gesprochen.

386 Friedrich Engels, in: „Der Sozialdemokrat" vom 8. März 1890:

Der 20. Februar 1890 ist der Anfang vom Ende der Ära Bismarck (...) Die Kartellmehrheit ist zerschmettert, rettungslos zerschmettert, so daß es nur noch ein Mittel gibt, sie auch nur für einen Augenblick zusammenzuflicken – einen Gewaltstreich. (...)
Solange der alte Wilhelm lebte, stand die Unbesiegbarkeit des Triumvirats Bismarck, Moltke, Wilhelm in den Augen des deutschen Philisters unerschütterlich fest. Jetzt aber ist Wilhelm gegangen, Moltke gegangen worden, und Bismark schwankt, soll er gegangen werden oder selber gehn. Und der junge Wilhelm, der an die Stelle des alten getreten, hat durch seine ganze kurze Regierung, namentlich aber durch seine famosen Erlasse bewiesen, daß ein solides bürgerliches Philisterium sich unmöglich auf ihn verlassen kann, und ebenso, daß er sich nicht hausmeiern lassen will. Der Mann, an den der Philister glaubt, hat die Macht nicht mehr, und der Mann, der die Macht hat, an den kann der

Philister nicht glauben. Das alte Vertrauen in die Ewigkeit der 1871 begründeten inneren Reichsordnung ist hin, keine Macht der Erde kann es wiederherstellen. (...)
Die deutschen sozialdemokratischen Arbeiter haben soeben einen Triumph erfochten, wie ihre zähe Standhaftigkeit, ihre eiserne Disziplin, ihr heitrer Humor im Kampf, ihre Unermüdlichkeit ihn nicht anders verdient haben, der aber wohl ihnen selbst unerwartet gekommen ist und der die Welt in Erstaunen versetzt hat. Mit der Unwiderstehlichkeit eines Naturprozesses ist der Zuwachs der sozialdemokratischen Stimmen bei jeder Neuwahl vor sich gegangen; Vergewaltigung, Polizeiwillkür, richterliche Niedertracht, alles prallte wirkungslos ab, vorwärts und immer rascher vorwärts bewegte sich die stets anschwellende Angriffskolonne, bis sie jetzt dasteht, die zweitstärkste Partei im Reich.

Nach dem 20. Februar hat Bismarck alle Gedanken an einen Abschied in Raten – Verzicht auf die preußischen Ämter sowie auf die innere Reichspolitik und Rückzug aufs Altenteil der auswärtigen Angelegenheiten – aufgegeben und nochmals vehement um die Behauptung seiner vollen Machtstellung gerungen. Gerade nach dem ungünstigen Wahlausgang glaubte er, noch einmal die eigene Unentbehrlichkeit beweisen zu müssen. Für ein detailliertes Kampfprogramm gegen den neuen Reichstag konnte er freilich in Wilhelm II. keine Stütze mehr finden. Was noch blieb, war ein kleinliches Ringen um untergeordnete Fragen, bei dem jede Seite der anderen die Verantwortung für den endgültigen Bruch zuschieben wollte.
Vom Kaiser mehrfach aufgefordert und gemahnt, sein Entlassungsgesuch einzureichen, hat Bismarck schließlich am 18. März 1890 diese letzte Staatsschrift seiner nahezu vierzigjährigen Karriere in der preußisch-deutschen Politik verfaßt. Politisch und taktisch gewiegt angelegt, bildet es zugleich ein erstes Dokument der aufkeimenden Bismarck-Legende. Die mißlichen Kontroversen um die Stellung zu Arbeiterbewegung, Sozialistengesetz und Sozialreform werden nicht erwähnt. Dagegen stilisiert sich Bismarck sorgfältig als Opfer neoabsolutistischer Willkür und verantwor-

tungslosen Leichtsinns in der Außenpolitik. Zwar wurde eine Veröffentlichung des Bismarckschen Entlassungsgesuches nicht gestattet, doch der gestürzte Kanzler sorgte schon dafür, daß seine Version bekannt wurde.

387 *Bismarck an Wilhelm II., 18. März 1890:*

Es ist mir bei meiner Anhänglichkeit an den Dienst des Kgl. Hauses und an Ew. M. und bei der langjährigen Einlebung in Verhältnisse, welche ich bisher für dauernd gehalten hatte, sehr schmerzlich, aus den gewohnten Beziehungen zu Allerhöchstdenselben und zu der Gesamtpolitik des Reiches und Preußens auszuscheiden; aber nach gewissenhafter Erwägung der Allerhöchsten Intentionen, zu deren Ausführung ich bereit sein müßte, wenn ich im Dienste bliebe, kann ich nicht anders, als Ew. M. alleruntertänigst bitten, mich aus dem Amt des Reichskanzlers, des Ministerpräsidenten und des Preußischen Ministers der auswärtigen Angelegenheiten in Gnaden und mit der gesetzlichen Pension entlassen zu wollen.
Nach meinen Eindrücken der letzten Wochen und nach den Eröffnungen, die ich gestern aus den Mitteilungen von Ew. M. Zivil- und Militärkabinett entnommen habe, darf ich in Ehrfurcht annehmen, daß ich mit diesem meinem Entlassungsgesuch den Wünschen Ew. M. entgegenkomme und also auf eine huldreiche Bewilligung meines Gesuches mit Sicherheit rechnen darf. Ich würde die Bitte um Entlassung aus meinen Ämtern schon vor Jahr und Tag Ew. M. unterbreitet haben, wenn ich nicht den Eindruck gehabt hätte, daß es Ew. M. erwünscht wäre, die Erfahrungen und Fähigkeiten eines treuen Dieners Ihrer Vorfahren zu benutzen. Nachdem ich sicher bin, daß Ew. M. derselben nicht bedürfen, darf ich aus dem politischen Leben zurücktreten, ohne zu befürchten, daß mein Entschluß von der öffentlichen Meinung als unzeitig verurteilt werde.

388 *Ludwig Bamberger über den Inhalt von Bismarcks Entlassungsgesuch:*

Wenn man diese Auseinandersetzung liest, kann man sich der Betrachtung nicht erwehren, daß man Bismarcks Stellung zu vielen wichtigen Dingen seit Jahren für verfehlt halten, seinen Sturz überhaupt als unvermeidlich und für Deutschland heilsam ansehen kann, daß er aber hier nicht an den Punkten scheiterte, wo er fehlging, sondern wo er recht hatte.

389 *Gespräch mit Wilhelm von Hohenthal, 25. März 1890 in Berlin:*

Fürst Bismarck sagte mir sofort bei meinem Eintritt, nachdem er mir für meinen Besuch gedankt hatte, er müsse der Legende entgegentreten, als ob sein Ausscheiden aus dem Dienste ein freiwilliges gewesen wäre. Er verlasse seinen Posten gerade im gegenwärtigen Augenblick sehr ungern, denn wenn es schon ohnehin für einen alten Mann schwer sei, sich an ein neues Leben zu gewöhnen, so komme bei ihm hinzu, daß ein Teil seiner Freunde, zu denen er zum Beispiel Seine Majestät den Kaiser von Österreich zu rechnen sich gestatte, ihm über sein Ausscheiden Vorwürfe mache, ja dasselbe sogar auslege, als habe er die Flinte in das Korn geworfen. Schüchternheit hätten ihm auch seine Feinde niemals imputieren können, er fürchte sich weder vor den Sozialdemokraten noch vor den übrigen Oppositionsparteien, und deswegen wünsche er dringend, daß es bekannt würde, daß er wider seinen Willen entlassen worden sei. Allerdings habe er ein Abschiedsgesuch eingereicht, er sei aber hierzu durch fortgesetzte Nadelstiche von seiten seines allergnädigsten Herrn gezwungen worden. (...)
Auch auf dem Gebiete der auswärtigen Politik würden bald Hindernisse eintreten, denn der Kaiser Alexander von Rußland habe zu niemandem Vertrauen als zu ihm; es seien auch unmittelbar nach seinem Rücktritt von Rußland Verhandlungen über eine sehr delikate Frage, welche seit Monaten in Berlin geführt würden und welche dem Abschlusse nahe gewesen seien, abgebrochen worden. Seine Majestät der Kaiser habe durchaus nicht die genügende Erfahrung, um die Schwierigkeiten der auswärtigen Lage würdigen zu können; Allerhöchstderselbe konferiere zwar ähnlich wie Friedrich der Große hinter dem Rücken des Auswärtigen Amtes mit den Botschaftern, es sei aber eben nicht Friedrich der Große.

Der Lotse geht von Bord. Karikatur des „Punch" London vom 29. März 1890

390 Ansprache Bismarcks an die Abordnung des Zentralverbandes deutscher Industrieller, 16. April 1890:

Wenn Sie dem Bedauern Ausdruck geben, daß ich meinen Abschied genommen habe, so kann ich nur bemerken, daß ich meinen Abschied erhalten habe und sehr gern im Amt geblieben wäre, wenn Seine Majestät der Kaiser es gewollt hätte. Um die Einheitlichkeit der Regierung zu sichern, habe ich an die alte Kabinettsorder von 1852 erinnert, welche den Verkehr der einzelnen Minister mit der Krone unter die Kontrolle des Ministerpräsidenten stellt. Der Kaiser hat mir meine Konferenz mit dem Abgeordneten Windthorst zum Vorwurf gemacht, ich muß es aber als das Recht des Kanzlers betrachten, mit jedem Reichsboten selbständig zu verkehren. Windthorst hat die Konferenz gewünscht, aber so unerhörte Forderungen gestellt, daß dieselben gar nicht ernst gemeint sein konnten. In sachlicher Beziehung bin ich in Meinungsverschiedenheit mit dem Kaiser in betreff der Behandlung der Arbeiterfragen geraten. Nach meiner Ansicht muß das jetzige Vorgehen der Regierung zur Züchtung von Sozialdemokraten führen.

Am 20. März 1890 genehmigte Wilhelm II. Bismarcks Entlassungsgesuch. Huldvoll erhob er den Ex-Kanzler zum Herzog von Lauenburg, beförderte ihn zum Generaloberstens der Kavallerie mit dem Range eines Generalfeldmarschalls und ließ ihm sein lebensgroßes Bildnis zugehen. Gleichzeitig wurde der General der Infanterie Leo von Caprivi zum Reichskanzler und Präsident des preußischen Staatsministeriums ernannt. Faktisch aber war der Kaiser nun sein eigener Kanzler. Bismarck und die Seinen nahmen Abschied von der Reichshauptstadt. Am 29. März 1890 ging es für immer nach Friedrichsruh.

391 *Bismarck über seinen Auszug aus dem Reichskanzlerpalais:*

Die Modalitäten, unter denen ich das Reichskanzlerpalais räumen mußte, waren für mich und meine Familie ungemein beleidigend. Wider allen Gebrauch wurde ich nicht bis zur Ernennung eines Nachfolgers im Amte gelassen, damit ich wenigstens so viel Zeit zum Umzuge gewänne, wie sie jede kleine Bürgerfamilie gebraucht, vielmehr nahm mein Nachfolger, kaum daß er seine Ernennung hatte, Besitz von meiner Wohnung und nötigte uns förmlich, auf den Treppen und Fluren einzupacken. Wir wurden wie Hausdiebe auf die Straße gesetzt und haben beim überhasteten Bergen unserer Sachen vielerlei Eigentum verloren. Aber all das ficht mich subjektiv nicht an, läßt mich kalt und bringt mich am allerwenigsten in Aufregung gegen den Kaiser. Daß es mit ihm und mir so kommen werde, wie es gekommen ist, habe ich lange vorausgesehn, und nur im Dienste des Reiches habe ich den Entschluß gefaßt und möglichst lange unter großer persönlicher Entäußerung und Überwindung durchgeführt, meine Entlassung so lange hinauszuschieben, als es ging.

392 *Hildegard von Spitzemberg, Tagebuch, 29. März 1890:*

Kopf an Kopf stand die Menge, alle Fenster waren dicht besetzt. Erst zog eine Schwadron Kürassiere, zu Fuß, Musik an der Spitze, vorüber, dem Lehrter Bahnhofe zu. Endlich, bald nach fünf, verkündigten Hochrufe das Nahen des Fürsten; mit einem Male standen die Bürgersteige leer, und wie eine Sturmflut warf sich die Menge dem Wagen entgegen, ihn umringend, begleitend, aufhaltend, Hüte und Tücher schwenkend, rufend, weinend, Blumen werfend. Im offenen Wagen, mit den bekannten Füchsen bespannt, saß Bismarck, totenbleich, in Kürassieruniform und Mütze, neben

Bismarcks Abschied von Berlin

ihm Herbert in Zivil, vor ihnen der große schwarze Hund, alle drei schon jetzt mit Blumen überschüttet, zu denen immer neue kamen. So wogte es weiter, den Linden zu, und langsam folgten wir, alle tief ergriffen – welch ein Stück Leben ging mit dem herrlichen Manne uns allen hinweg! Den Stern niedergehen zu sehen, der des Vaterlandes Macht und Größe heraufgeführt, das ist ein großer, heiliger Schmerz!

X

Der Alte im Sachsenwald 1890–1898

Bismarcks historischer Auftrag im Dienst der Monarchie und der herrschenden Klassen war beendet. Oft hatte sich der vielbeschäftigte Kanzler nach der Ruhe des Landlebens gesehnt. Nun, da Bismarck sie gewonnen hatte, empfand er um so stärker, was er hatte aufgeben müssen: die politische Macht.

393 Erinnerung Ernst von Dryanders, Ende März 1890:

Wehmütig klang es, als der Fürst sagte, er habe nun gar nichts mehr zu tun. „Oh", sagte einer, „Sie haben sich doch so viel mit Ihrer Wirtschaft und Ihren Forsten beschäftigt." – „Aber nur in Nebenstunden", war die Antwort. „Meine Arbeit hat achtundzwanzig Jahre lang in gesunden und kranken Tagen in der Post des Tages bestanden, die ich empfangen und erledigt habe – das hört nun auf. Da weiß ich nicht, was ich tun soll, und fühle mich eigentlich so gesund wie seit Jahren nicht."

394 Im Gespräch mit Adolf Woermann, 31. März 1890:

Der Fürst bemerkte unter anderem, es komme ihm jetzt ganz eigentümlich vor, wenn er morgens aufwache, mit dem Bewußtsein, nichts zu tun zu haben und keinerlei Verantwortung zu tragen für etwas, was in der Welt geschähe, und wenn er dann die Zeitung lese, ohne immer denken zu müssen: Was sollst du dazu sagen?

395 Im Gespräch mit Ernest Judet, 22. Mai 1890:

Ohne Umschweife sagte er: „Ich habe in vierundzwanzig Jahren die Gewohnheiten des Landedelmanns verlernt, und es wird mir schwer, wieder Landmann zu werden; die Politik hat mich einmal gepackt und läßt mich nicht mehr los."

Der Privatmann
Bismarck 1890

In den ersten beiden Jahren nach der Entlassung ging Bismarck daran, seine Memoiren abzufassen. Die Vergangenheit war zu seiner wichtigsten Waffe gegen eine – wie Bismarck sich vormachte – von Intriganten und unfähigen Nachfahren beherrschte Gegenwart geworden. So konnte zwar alles andere als ein getreuer historisch-biographischer Tatsachenbericht entstehen; zustande kam ein außergewöhnliches literarisches und politisches Gesamtbild Bismarcks, wie er sich selbst begriff und von der Welt verstanden sein wollte. Im Mai 1892 im wesentlichen abgeschlossen, ist der erste Teil des Memoirenwerkes, in zwei Bänden, unter dem Titel „Gedanken und Erinnerungen" vier Monate nach Bismarcks Tod erschienen. Der abschließende dritte Band, Bismarcks Entlassung behandelnd, durfte erst nach dem Sturz der Hohenzollernmonarchie veröffentlicht werden.

396 Im Gespräch mit Moritz Busch, 21. März 1891:

Ich ergriff die Gelegenheit, mich zu erkundigen, wie es mit seinen Denkwürdigkeiten stehe, indem ich bemerkte, ich wisse, er habe angefangen, davon Erinnerungen und Betrachtungen zu diktieren. „Das wohl" – versetzte er –, „aber es wird wahrscheinlich zuletzt nichts daraus werden. Ich habe keine Akten, und wenn ich mich an die Hauptsachen erinnere – sehr deutlich –, so kann man doch die Einzelheiten seiner Erlebnisse und Erfahrungen im Laufe von dreißig Jahren nicht im Gedächtnisse behalten. Dann die Veröffentlichung bei Lebzeiten – ich habe von 1847 an immer das monarchische Prinzip vertreten und hochgehalten wie eine Fahne, und ich habe nun drei Könige nackt gesehen, und da nehmen sich die hohen Herren oft nicht gerade sehr gut aus, und das der Welt zu sagen, das geht doch nicht, das wäre ja inkonsequent – gegen das Prinzip. Aber es verschweigen, wenn ich einmal darauf käme, oder gar das Gegenteil – das dürfte ich ebensowenig. – Und geschieht es [die Veröffentlichung] nach meinem Tode, da heißt es: Da habt ihrs, noch aus dem Grabe heraus – – welch ein abscheulicher alter Kerl!"

397 Lothar Bucher im Gespräch mit Moritz Busch, 5. Januar 1892:

Seien Sie froh, daß Sie nicht an meiner Stelle sind bei den Memoiren. Da arbeitet man in jeder Beziehung ohne Erfolg und Freude. Es ist ein ganz hoffnungsloses Abmühen und gibt nichts für die Geschichte. Nicht nur, daß sein Gedächtnis mangelhaft und sein Interesse für das, was wir fertig haben, gering ist (...), sondern er fängt an, auch absichtlich zu entstellen, und zwar selbst bei klaren, ausgemachten Tatsachen und Vorgängen. Bei nichts, was mißlungen ist, will er beteiligt gewesen sein, und niemand läßt er neben sich gelten als etwa den alten Kaiser.

Noch war der verabschiedete Bismarck am Beginn der neunziger Jahre nicht abgekämpft und abgeklärt genug, um sich sang- und klanglos in der Einsamkeit des Sachsenwaldes zu vergraben. Friedrichsruh wurde zu einer begehrten

Adresse für Journalisten aus aller Herren Ländern. Bereitwillig gewährte Bismarck Interviews, in denen er zu aktuellen innen- und außenpolitischen Fragen Stellung nahm. Insbesondere die „Hamburger Nachrichten" entwickelten sich zu einem weithin beachteten Sprachrohr, durch welches der Reichskanzler a. D. den „Neuen Kurs" seiner Nachfolger mit bissigen Kommentaren verfolgte.

398 Interview mit der russischen Zeitung „Nowoje Wremja", 22. Juli 1890:

Ja, mir gibt man beim Leben die Ehren des Todes. Mich begräbt man wie Marlborough[1]. Man wünscht nicht bloß, daß Marlborough nicht wiederkehre, sondern man wünscht, daß er wirklich sterben möge, oder wenigstens auf den Rest seiner Tage schweige. Mit meiner Lage söhne ich mich aus. Alles hat sich in so legalen Formen vollzogen, daß ich auch gar nicht daran denken kann, zu protestieren. Wenn ich frühmorgens inmitten dieser Natur aufwache, so fühle ich sogar eine große Freude darin, daß keine Verantwortlichkeit auf mir liegt, man fühlt sich frei, unabhängig, so wie ein rechtschaffener Landedelmann sein soll. Aber zugleich damit kann ich nicht vergessen, daß ich mich 40 Jahre mit der Politik beschäftigt habe – und auf einmal darauf verzichten, ist unmöglich. In der Tat hilft man mir darin eifrig, und niemand von meinen Gefährten in der Politik, niemand von meinen zahlreichen Bekannten führt mich durch seine Besuche in Versuchung. Mir ruft man halt! zu, mich meidet man wie einen Pestkranken, indem man sich fürchtet, sich durch einen Besuch bei mir zu kompromittieren, und nur meine Frau besuchen noch von Zeit zu Zeit ihre Bekannten. Deshalb bin ich immer erfreut über die Repräsentanten der Presse, welche sich für Fragen der Politik interessieren und mit welchen ich über Dinge sprechen kann, die fortfahren, mich zu beschäftigen. Aber auch das ruft Unzufriedenheit hervor. Man kann mir nicht verbieten, zu denken, aber man möchte mich gerne hindern, meinen Gedanken Worte zu geben, und wenn es möglich wäre, hätte man mir längst ein silence cap, einen Maulkorb, angelegt.

1 Marlborough, John Churchill (1650–1722): englischer Feldherr und Politiker.

399 Hamburger Nachrichten, 5. Juli 1892:

Der „Westfälische Merkur" behauptet vom Fürsten Bismarck, dieser suche den Kampf um jeden Preis, er müsse seinem Grolle Luft machen und zugleich seinem Ehrgeiz genügen, der die Verschollenheit und Vergessenheit nicht vertrage. Darin liegt eine Übertreibung. Tatsache ist, daß Fürst Bismarck auch außer Dienst den Kampf nicht eben scheut. Sein tätiger Geist kann nicht plötzlich aufhören, sich mit dem Inhalte seines früheren Lebens zu beschäftigen, der Fürst kann es nicht schweigend mit ansehen, wenn er das Werk seines Lebens für gefährdet hält. Er ist der Ansicht, daß diese Gefährdung nicht in seiner Kritik der Regierung liegt, sondern in den Maßregeln der letzteren, und er hält es für seine Pflicht, vor ähnlichen Maßregeln, wie die von ihm getadelten, zu warnen. Gewiß hat der „Westfälische Merkur" recht, wenn er meint, daß Fürst Bismarck sich in dieser Beziehung, also in seinem Recht zu warnen, niemals zum Stillschweigen verurteilen lassen werde und daß Drohungen mit strafrechtlicher Verfolgung und Verhaftung ihn sicher nicht schrecken; im Gegenteil!

Durch eine routiniert betriebene Pressepropaganda setzte sich zu Beginn der neunziger Jahre bei Anhängern wie Gegnern der Eindruck fest, daß Bismarck auch ohne Amt im politischen Geschehen ständig präsent sei. Hinzu kam, daß Bismarck am 30. April 1891 ohne großes eigenes Zutun bei einer Nachwahl in Hannover in den Reichstag gewählt worden war. Das Mandat hat er allerdings niemals ausgeübt.
Der andauernde Bismarck-Kult und dessen Resonanz bei einem Teil der herrschenden Klassen trieb schließlich den nervösen Wilhelm II. und seine neuen Männer zu barschen Gegenaktionen an. Als Bismarck im Sommer 1892 zur Hochzeit seines ältesten Sohnes Herbert mit der ungarischen Gräfin Marguerite Hoyos nach Wien reiste, wurde der dortige deutsche Botschafter, Prinz Reuß, durch einen Erlaß des Reichskanzlers Caprivi offiziell angewiesen, das Familienereignis gesellschaftlich zu ignorieren. Wilhelm II. höchstpersönlich vereitelte eine geplante Audienz Bismarcks beim österreichischen Monarchen Franz Joseph.

400 Leo von Caprivi an Heinrich VII., Prinz Reuß, 9. Juni 1892:

Im Hinblick auf die bevorstehende Vermählung des Grafen Herbert Bismarck in Wien teile ich Eurer Durchlaucht nach Vortrag bei Seiner Majestät folgendes ergebenst mit:
Für die Gerüchte über eine Annäherung des Fürsten Bismarck an Seine Majestät den Kaiser fehlt es vor allem an der unentbehrlichen Voraussetzung eines ersten Schrittes seitens des früheren Reichskanzlers. Die Annäherung würde aber, selbst wenn ein solcher Schritt geschähe, niemals so weit gehen können, daß die öffentliche Meinung das Recht zur Annahme erhielte, Fürst Bismarck hätte wieder auf die Leitung der Geschäfte irgendwelchen Einfluß gewonnen.
Falls der Fürst oder seine Familie sich Eurer Durchlaucht Hause nähern sollte, ersuche ich Sie, sich auf die Erwiderung der konventionellen Formen zu beschränken, einer etwaigen Einladung zur Hochzeit aber auszuweichen. Diese Verhaltungsmaßregeln gelten auch für das Botschaftspersonal. Ich füge hinzu, daß Seine Majestät von der Hochzeit keine Notiz nehmen werden.
Eure Durchlaucht sind beauftragt, in der Ihnen geeignet erscheinenden Weise sofort hiervon dem Grafen Kalnoky[1] Mitteilung zu machen.

1 Kalnoky, Graf Gustav (1832–1898): österreichisch-ungarischer Außenminister 1881 bis 1895.

401 Wilhelm II. an Franz Joseph I., 12. Juni 1892:

Der Fürst Bismarck wird Ende des Monats in Wien eintreffen, um seinen Sohn ehestens zu verheiraten, zweitens um sich von seinen Bewunderern vorbestellte Ovationen bereiten zu lassen. Die Art seines Abganges ist Dir ja durch mich bekannt. Du weißt auch, daß ein Hauptstück von ihm der geheime Vertrag – à double fonds[1] – mit Rußland war, der hinter Deinem Rücken geschlossen, von mir aufgelöst ward. Seit der Zeit seines Rücktritts hat der Fürst in der perfidesten Manier in seiner Presse und in der fremder Länder gegen mich, Caprivi, meine Minister Krieg geführt. Er wird dabei von vielen tatsächlichen bona fide[2] Bewunderern und vielen Feinden Caprivis unterstützt. Unbegreiflicherweise lanciert er seine stärksten Bomben gegen den Dreibund, sein eigenstes Werk, auf welches er so stolz gewesen, und vor allem gegen unser festeres Zusammenhalten und Gehn mit Dir und Deinem braven Volk. Seine geradezu empörende Haltung Euch gegenüber in der Frage der Handelsverträge ist ja noch genügsam bekannt, um darüber Worte zu verlieren. Nachdem nunmehr alle seine Angriffe und Beunruhigungsversuche zu erlahmen scheinen, hat er den „Versöhnungsdrang" zu mir in die Welt gesetzt und wirbelt damit Staub und Gemüter aufs neue auf. Ich brauche Dir nicht erst zu versichern, daß dieses ein neuer „Schwindel" von ihm ist, der bloß auf die Sensationslust und Neugierde der blöden Masse berechnet ist. Er hat nicht den leisesten Versuch einer Andeutung mir gegenüber gemacht, um sich mir zu nähern und peccavi[3] zu sagen, und versucht mit aller List und Kunst es so zu drehen, daß ich der Entgegenkommende sein soll. Als Hauptnummer seines Programms in dieser Angelegenheit hat er sich eine Audienz bei Dir ausgedacht. Unter ungezogenster Ignorierung meines Hofes und der Kaiserin begibt er sich nach Dresden und Wien, um dort sich sofort vorzustellen und den alten treuen Mann herauszubeißen (...) Also nach dieser Sachlage bitte ich Dich, den Fürsten nicht zu empfangen.

1 doppelbodig.
2 gutgläubig.
3 Ich habe gesündigt.

Formal erreichten der Kaiser und die Berliner Regierung ihren Zweck, doch um einen Preis, den man wohl besser erspart hätte. Unter dem Eindruck der recht kleinkarierten Behandlung des einstigen National-Heroen entwickelte sich die Fahrt nach Wien sowie die Rückreise über München und Jena und die anschließende Badekur in Kissingen zu einer wahren Triumphfahrt für den Altreichskanzler. Bismarck seinerseits genoß die ihm dargebrachten Ovationen und nahm in seiner Opposition gegen die Machthaber in Berlin nun kein Blatt mehr vor den Mund. In einem weithin beachteten Interview mit der Wiener „Neuen Freien Presse" erklärte Bismarck alle Brücken für abgebrochen.

402 Interview mit der „Neuen Freien Presse", 23. Juni 1892:

Ich bin in diesem Jahre nicht in den Reichstag gegangen, nicht weil ich mich körperlich nicht rüstig fühle, im Gegenteil. Ich war beinahe ein ganzes Jahr vor meiner Demission nicht in Berlin gewesen, habe mich sehr wohl gefühlt, was ich immer daran erkenne, wie es mit dem Reiten geht. Ich wäre sehr gut imstande gewesen, kraft meiner schon früher gewonnenen Autorität, im gleichen Geleise den Wagen fortzuziehen. Die Politik ist keine Wissenschaft, wohl aber eine Kunst, zu deren Ausübung Erfahrung gehört. Aber jetzt – wer weiß, ob ich in Rußland das alte Vertrauen, welches ich früher genossen, wiederfände, und wer weiß, ob in Österreich? Das letztere glaube ich wohl, ich bin aber nicht in den Reichstag gegangen, weil ich, wenn ich dort erscheinen würde, die Regierung en visière ouverte[1] angreifen müßte, gewissermaßen als Chef der Opposition. Das würde mich in zahlreiche persönliche Gegensätze bringen. Allerdings habe ich gar keine persönlichen Verpflichtungen mehr gegen die jetzigen Persönlichkeiten und gegen meinen Nachfolger. Alle Brücken sind abgebrochen.

1 mit offenem Visier.

403 Ansprache Bismarcks in Kissingen, 24. Juli 1892:

Ich kann mich von der Politik, die ich vierzig Jahre lang betrieben habe, nicht lossagen, sie nimmt mein Interesse fortdauernd in Anspruch, und ich werde mich auch von ihr nicht lossagen: (Stürmisches Bravo!) man mag mir den Mund verbieten, wie man will, ich werde ihn nicht halten. (Allseitige Zustimmung.) Alle meine Gegner finden, ich würde mich in der Geschichte besser ausnehmen und eine vornehmere Erscheinung sein, wenn ich nur stillschweige und kein Wort mehr spräche. (Große Heiterkeit.) Weil ich mich gegen diese Zumutung sträube, fällen sie die härtesten Urteile über meine Person und meinen Charakter; namentlich die offiziösen Blätter behandeln mich als einen gefährlichen und verdächtigen Menschen, vor dem gewarnt werden müsse. Die dabei mitwirken, machen sich nicht klar, daß, wenn sie mich als einen üblen Menschen darstellen, nachdem ich eben das Amt verlassen hatte, unvermeidlich das, was ich kurz vorher im Amte gearbeitet habe, und dieses selbst mitverdächtigt wird, wie es dem Buche schadet, wenn man seinen Verfasser schlechtmacht. Sie können mich nicht herunterreißen, wie sie es tun, ohne daß das Gift, was sie gegen mich verspritzen, überspritzt auf das Ergebnis unserer gemeinschaftlichen Arbeit, auf Kaiser und Reich. (Bravo!) (...)

Die demonstrativen Sympathiebekundungen im Zusammenhang mit der Reise nach Wien 1892, vor allem aber die von nationalliberalen und konservativen Kreisen des Bürgertums getragenen Feierlichkeiten zu Bismarcks 80. Geburtstag am 1. April 1895, standen ganz im Zeichen der Glorifizierung des großen Mannes und seines Werkes. Wahre Wallfahrten nach Friedrichsruh wurden organisiert. Dies entsprach durchaus Bismarcks momentanem Bedürfnis, sich gegenüber der Großmannsucht Wilhelms II. zu behaupten und sich auch historisch nicht zum „Handlanger des Allerhöchsten erhabenen Willens“ degradieren zu lassen. Immerhin aber hat gerade Bismarck, der im Ringen mit Klassen, Parteien und Staaten dem innen- und außenpolitischen Geschehen der zweiten Hälfte des 19. Jahrhunderts sicher seinen individuellen Stempel aufdrückte, in der Erwiderung auf die überschwenglichen Huldigungen einen bemerkenswert nüchternen Blick für die geschichtsgestaltenden Möglichkeiten kraftvoller Persönlichkeiten erkennen lassen. In Bismarcks Ansprachen fehlte die Mahnung nicht, mit dem so mühsam Errungenen zufrieden zu sein und den Bestand des Reiches durch eine maßvolle Politik weiterhin zu sichern. Doch bei aller politischen Altersweisheit, die der Reichskanzler a. D. vor allem in außenpolitischen Fragen offenbarte, beharrte er unwandelbar auf dem beschränkten junkerlich-bourgeoisen Klassenstandpunkt des Hasses und der Todfeindschaft gegenüber der erstarkenden Arbeiterbewegung.

Bismarck 1892.
Gemälde von
Franz
von Lenbach

404 *Ansprache Bismarcks an die Abordnung der Universität Jena, 30. Juli 1892:*

Die ganze Entwicklung dürfen Sie nicht meiner vorausberechnenden Geschicklichkeit zuschreiben, es wäre Überhebung von mir, wenn ich behaupten wollte, daß ich diesen ganzen Verlauf der Geschichte vorausgesehen und vorbereitet hätte. Man kann Geschichte überhaupt nicht machen, aber man kann immer aus ihr lernen, wie man das politische Leben eines großen Volkes seiner Entwicklung und seiner historischen Bestimmung entsprechend zu leiten hat. Das ist das ganze Verdienst, das ich für mich in Anspruch nehmen kann. Es gehört allerdings noch mehr dazu – Freiheit und Vorurteil, Bescheidenheit und Verzicht auf gewisse Lieblingsideen, und zwar in höherem Grade als eine überlegene Intelligenz, die alles vorauszusehen und zu beherrschen glaubt. Ich bin nicht unbescheiden genug, für mich ein Verdienst in Anspruch zu nehmen, das mir nicht zukommt.
Ich bin von früh auf Jäger und Fischer gewesen, und das

Abwarten des rechten Moments ist in beiden Situationen die Regel gewesen, die ich auf die Politik übertragen habe. Ich habe oft lange auf dem Anstande gestanden und habe mich von Insekten umschwärmen und zerstechen lassen müssen, ehe ich zum Schusse kam. Ich habe nie einen Moment in meinem Leben gehabt, in dem ich nicht ehrlich und in strenger Selbstprüfung darüber nachgedacht hätte, was ich zu tun hätte, um meinem Lande – und ich muß auch sagen meinem verstorbenen Herrn, König Wilhelm I. – nützlich zu sein und richtig zu dienen. Das ist nicht in jedem Augenblicke dasselbe gewesen, es haben Schwankungen und Windungen in der Politik stattgefunden, aber die Politik ist eben an sich keine logische und keine exakte Wissenschaft, sondern sie ist die Fähigkeit, in jedem wechselnden Moment der Situation das am wenigsten Schädliche oder das Zweckmäßigste zu wählen. Es ist mir das nicht immer, aber überwiegend doch in den meisten Fällen gelungen. Man hat von mir gesagt, ich hätte außerordentlich viel Glück gehabt in meiner Politik. Das ist gewiß richtig. Aber ich kann dem Deutschen Reiche nur wünschen, daß es immer Kanzler und Minister haben möge, die Glück haben. Es hat das eben nicht jeder.

405 *Ansprache Bismarcks an die Studenten der deutschen Universitäten und Technischen Hochschulen, 1. April 1895:*

Denn die Politik ist eine Aufgabe, mit der eigentlich nur die Schiffahrt in unbekannten Meeren eine Ähnlichkeit hat. Man weiß nicht, wie das Wetter, wie die Strömungen sein werden, welche Stürme man erlebt. In der Politik kommt noch dazu, daß man wesentlich von den Entschließungen anderer mit abhängig ist, auf die man gerechnet hat, und die nachher nicht eintreffen, daß man nie vollkommen selbständig handeln kann. Und wenn die Freunde, auf deren Unterstützung man angewiesen ist, ihre Ansicht ändern, wofür man nicht gutsagen kann, so ist der ganze Plan mißlungen. Also positive Unternehmungen in der Politik sind außerordentlich schwer, und wenn sie gelingen, so soll man Gott danken, daß er seinen Segen dazu gegeben hat, und nicht herummäkeln an Kleinigkeiten, die diesem und jenem fehlen, sondern die Situation akzeptieren, so wie Gott sie macht. Denn der Mensch kann den Strom der Zeit nicht schaffen und nicht lenken, er kann nur darauf hinfahren und steuern, mit mehr oder weniger Erfahrung und Geschick, kann Schiffbruch leiden und stranden und auch zu guten Häfen kommen. (...) Aber ich möchte vor allen Dingen die jungen Herren bitten: geben Sie sich dem deutschen Bedürfnis der Kritik nicht allzusehr hin, akzeptieren Sie, was uns Gott gegeben hat und was wir mühsam unter dem bedrohenden – Angriff kann ich nicht sagen, – aber Gewehranschlag des übrigen Europa ins trockene gebracht haben. Es war nicht so ganz leicht.

406 *Im Gespräch mit George W. Smalley, 1893:*

Er hatte noch die gleiche Meinung über die Sozialisten wie damals, als er noch am Ruder war. Das zahlenmäßige Wachstum ihrer Macht in Land und Parlament hatte seine Überzeugung von der Richtigkeit seiner eigenen Politik ihnen gegenüber nicht zu erschüttern vermocht. Er würde immer daran festgehalten haben. „Daß man jetzt von seiten der Regierung die Sozialisten als politische Partei behandelt, als eine Macht im Lande, die man ernst nehmen und mit der man rechnen muß, anstatt als Räuber und Diebe, die niedergeworfen werden sollten – das hat ihre Kraft und Bedeutung in hohem Grade gesteigert, ebenso wie die Beachtung, die man ihnen schenkt. Ich hätte das nie gestattet. Sie sind die Ratten im Lande und sollten vertilgt werden."

Die in Bismarcks Reichskanzlerjahren geschlagenen Wunden blieben auch bei den Betroffenen unvergessen, zumal die Person Bismarck über dessen Sturz hinaus nicht aus der politischen Arena verschwunden war. So wurde ein Antrag des Reichstagspräsidenten, Bismarck anläßlich seines 80. Geburtstages offiziell zu beglückwünschen, am 23. März 1895 von einer Mehrheit der alten „Reichsfeinde" des Kanzlers – Sozialdemokraten, Freisinn, Zentrum und andere Protestgruppen – mit 163 gegen 143 Stimmen abgelehnt.

407 *Wilhelm von Kardorff im Reichstag, 23. März 1895:*

Wenn dieses Votum von der Majorität des Deutschen Reichstags so abgegeben wird, wie es die Herren Abgeordneten Singer[1], Richter und Graf Hompesch[2] hier beantragt haben, so sage ich mir, daß gegenüber unserem gesamten deutschen Vaterlande, und nicht bloß gegenüber unserem gesamten deutschen Vaterlande, sondern gegenüber ganz Europa, und nicht bloß gegenüber ganz Europa, sondern gegenüber der ganzen Welt, und nicht bloß gegenüber der ganzen Welt der Gegenwart, sondern für alle Jahrhunderte der Zukunft, der Reichstag sich unsterblich lächerlich macht.

1 Singer, Paul (1844–1911): sozialdemokratischer Parteiführer.
2 Hompesch, Alfred Graf von (1826–1909): Vorsitzender der Reichstagsfraktion der Zentrumspartei.

408 Franz Mehring: Ein Narrentag (20. März 1895):

Wie sooft schon in anderen Dingen hat die Sozialdemokratie auch gegenüber dem geplanten Narrentage allein eine konsequente und würdige Politik getrieben. Sie hat Bismarck niemals gefürchtet, und die Schläge, die er gegen sie führte, mit Zinseszins zurückgegeben; an ihr ist er mit seiner Gewaltpolitik kläglich gescheitert, und seitdem er politisch völlig abgetakelt ist, kann sie über ihn mit ruhiger Verachtung zur Tagesordnung übergehen. Sie wünscht ihm zu seinem achtzigsten Geburtstag nichts Böses, und sofern ein langes Leben unter den Geburtstagswünschen obenan zu stehen pflegt, schließt sie sich gern an. Möge er noch lange leben und das Gericht an sich selbst weiter so vollziehen, wie er es schon in den fünf letzten Jahren vollzogen hat! (…) Aber alle mitleidige Geringschätzung des Bismarck schließt nicht aus, sondern bedingt gerade ein offenes Urteil über die Bismärcker. Wer in politischer Agitation die Zeiten der Bismärckischen Schande mutwillig heraufbeschwört, der muß an den Schandpfahl genagelt werden, an den er gehört. Hier gibt es keine Kompromisse, hier ist nur ein Für und Wider möglich. Hier ist alles Gerede von „nationaler Ehre" ein Larifari für Gauner, die betrügen, und für Schwachköpfe, die betrogen sein wollen. (…) Je mehr ihr lärmt und tobt und alle die in die Tiefen der Hölle verflucht, die vor eurem Götzen nicht knien wollen, um so mehr macht ihr seinen Geburtstag zu eurem Narrentage. Zu eurem Narrentage, aber nicht zu unserem. Wir werden eure närrischen Sprünge am ersten April mit dem heiteren

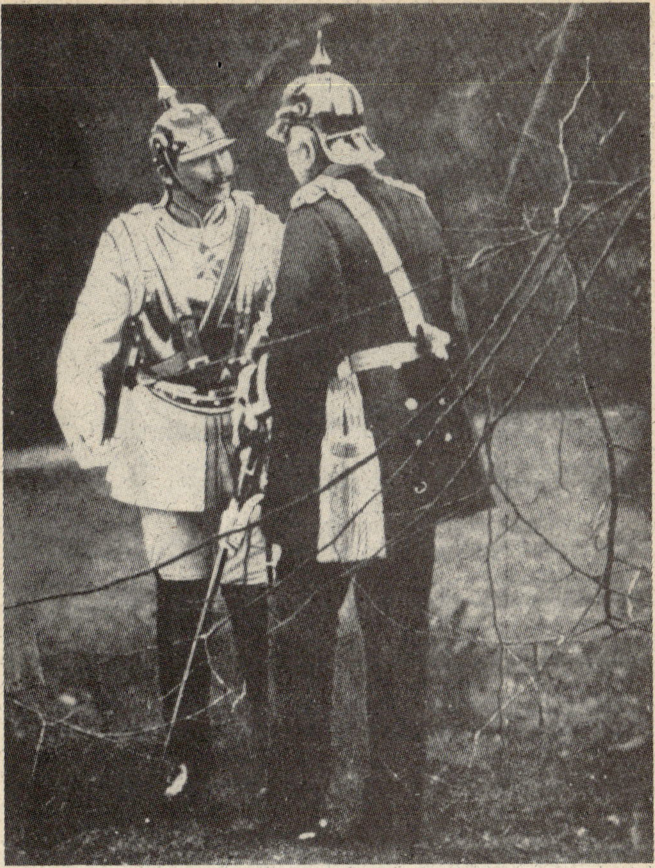

Wilhelm II. und Bismarck 1895 in Friedrichsruh

Bewußtsein bewundern, daß solche Narrtei nur möglich ist in dem sinnverwirrenden Taumel einer zusammenbrechenden Welt.

409 Hildegard von Spitzemberg, Tagebuch, 31. März 1895:

Ganz Berlin steht unter dem Zeichen Bismarck; alle Reden führen mittel- oder unmittelbar auf ihn zurück, die Zeitungen sprechen nur von ihm, in allen Schaufenstern stehen seine Bilder, seine Büsten, seine Bücher, die fliegenden Händler rufen Bismarckbildchen, Medaillen, Festgedichte aus. Könnte man sich nur ungeteilt dessen freuen! Aber wahrhaft verwirrend ist das Chaos der Meinungen, die Zwiespältigkeit der Ansichten, welche der durch die Reichstagsabstimmung vom 23. hervorgerufene Konflikt gezeitigt hat.

Die Reichstagsentscheidung vom 23. März 1895 nutzte Wilhelm II., um Bismarck telegrafisch den „Ausdruck tiefster Entrüstung über den eben gefaßten Beschluß" auszusprechen. Schon im Vorjahre war es zum Austausch einiger steifer Artigkeiten und zu einem spektakulären Empfang Bismarcks im Berliner Schloß gekommen, denn seit dem Wiener Skandal mußte die Hohenzollernmonarchie an einem gewissen Ausgleich interessiert sein. Am 26. März 1895 erschien der Kaiser selbst in Friedrichsruh, um eine Militärparade zu Ehren des achtzigjährigen Generalobersten der Armee anzuführen. Bismarck antwortete, auf den streng militärischen Charakter der Zeremonie anspielend, recht hintersinnig.

410 Bismarck zu Wilhelm II., 26. März 1895:

Eure Majestät wollen gestatten, Ihnen meinen untertänigsten Dank zu Füßen zu legen. Meine militärische Stellung Eurer Majestät gegenüber gestattet mir nicht, Eurer Majestät meine Gefühle weiter auszusprechen. Ich danke Eurer Majestät.

Die „Aussöhnung" zwischen dem Kaiser und dem gestürzten Kanzler blieb auf bloße Äußerlichkeiten beschränkt, die keiner von beiden ernst nahm. Von einer Wiederannäherung konnte keine Rede sein. Noch bei der letzten Begegnung im Dezember 1897 in Friedrichsruh war die eisige Atmosphäre bedrückend.

411 Erinnerung Alfred von Tirpitz', 15. Dezember 1897:

Bismarck empfing den Kaiser im Rollstuhl an der bescheidenen Eingangstür des Landhauses. Wir gingen gleich zu

Tisch, Bismarck setzte sich mit fremder Unterstützung, war aber, nachdem er saß, wieder ganz frisch. Ich hatte den Platz schräg gegenüber dem Fürsten, neben dem der Kaiser saß, zu meiner Seite der spätere Generaloberst von Moltke[1]. Der Fürst versuchte, politische Gespräche anzuspinnen über unser Verhältnis zu Frankreich und so weiter. Zu meinem größten Bedauern ging der Kaiser auf diese Gespräche nicht ein, sondern es wurde die an der kaiserlichen Tafel häufige Anekdötchenunterhaltung geführt. Immer, wenn Bismarck von Politik anfing, vermied es der Kaiser, darauf zu achten. Moltke flüsterte mir zu: „Es ist furchtbar"; wir fühlten den Mangel an Ehrfurcht vor einem solchen Manne. Da sprach Bismarck aus irgendeinem Zusammenhange heraus ein Wort, das sich uns in seiner prophetischen Schwere eingrub: „Majestät, solange Sie dies Offizierskorps haben, können Sie sich freilich alles erlauben; sollte das nicht mehr der Fall sein, so ist das ganz anders." An der scheinbaren Nonchalance, mit welcher das herauskam, als ob nichts darin läge, zeigte sich eine großartige Geistesgegenwart; daran konnte man den Meister erkennen.

1 Moltke, Helmuth von (1848–1917): General, Flügeladjutant Wilhelms II. (Neffe des Generalstabschefs Helmuth von Moltke).

Es wurde einsam um den Alten im Sachsenwald. Am 27. November 1894 war Bismarcks Lebensgefährtin Johanna verstorben, mit der er fast fünf Jahrzehnte glücklich verheiratet gewesen war. Alter und Krankheiten setzten Bismarck immer schwerer zu, und am 30. Juli 1898 trat für ihn in Friedrichsruh das Ende ein.

412 An die Schwester, 19. Dezember 1894:

Was mir blieb, war Johanna, der Verkehr mit ihr, die tägliche Frage ihres Behagens, die Betätigung der Dankbarkeit, mit der ich auf 48 Jahre zurückblicke. Und heut alles öde und leer; das Gefühl ist ungerecht, aber I can not help it[1]. Ich schelte mich undankbar gegen so viel Liebe und Anerkennung, wie mir im Volke über Verdienst geworden ist;

ich habe mich 4 Jahre hindurch darüber gefreut, weil sie sich auch freute, wenn auch mit Zorn gegen meine Gegner, hoch und niedrig. Heut aber ist auch diese Kohle in mir verglimmt, hoffentlich nicht für immer, falls mir Gott noch Leben beschert, aber die 3 Wochen, die gestern verlaufen waren, haben über das Gefühl der Verödung noch kein Gras wachsen lassen. Verzeih, mein Schwesterherz, daß ich mich ausklage; aus noch lange nicht. Ich bin noch müder geworden, seit der Katastrophe, tic douloureux[2] hat zugenommen, hindert mich am Schlafen und am Aufenthalt im Freien. Verbrauchte Nerven.

1 Ich kann nichts dafür.
2 Gesichtsschmerz.

413 An den Schwager, 18. Mai 1895:

Wir sind beide so alt geworden, daß wir lange wohl nicht mehr leben werden. Können wir uns nicht noch einmal sehn und sprechen, ehe wir abgehn? Es ist 66 oder 67 Jahre her, daß wir auf dem Gymnasium den ersten Tropfen Bier zusammen aus der Flasche tranken; es war auf der Treppe neben der Ober-Tertia. Wollen wir nicht den letzten trinken, ehe es zu spät wird? Wir sind beide alt, matt und verdrießlich, aber ich habe doch das Verlangen, Deine Stimme noch einmal zu hören, ehe ich –. Du steigst doch in die Bahn, wenn Du Berlin verläßt, warum nicht in die Hamburger statt der Stettiner?

414 An den Sohn Wilhelm, 30. Juli 1895:

Ich vegetiere in Frieden weiter, ziehe mich täglich an und aus und würde Freude an dem Fahren durch die gute Ernte in Schönau haben, wenn ich nicht für jeden Aufenthalt im Freien mit verstärkten Gesichtsreißen bestraft würde trotz gutem Wetter. Nach ärztlicher Meinung kommt das vom zu wenig, nach meiner Erfahrung vom zu viel Draußensein.

415 Mitteilung über Bismarcks Tod am 30. Juli 1898:

Am Donnerstag abend war nach Verschlimmerungen, wie sie seit Oktober des vorigen Jahres wiederholt stattgefun-

Letzte Aufnahme Bismarcks

den hatten, eine Besserung eingetreten, die dem Fürsten erlaubt hatte, bei Tisch zu erscheinen und lebhaft an der Unterhaltung teilzunehmen, Champagner zu trinken und, gegen die Gewohnheit der letzten Zeit, wieder mehrere Pfeifen zu rauchen. Das Befinden war derart befriedigend, daß Geheimrat Schweninger, nachdem der Fürst sich zur

Ruhe begeben hatte, Friedrichsruh verlassen konnte, um am Sonnabend wieder dorthin zurückzukehren. Der Zustand blieb während des Freitags verhältnismäßig befriedigend. Auch am Sonnabend morgen las der Fürst noch die „Hamburger Nachrichten“ und sprach über Politik, namentlich über russische, auch genoß er im Laufe des Vormittags Speise und Trank und beklagte sich dabei scherzhaft über den geringen Zusatz von geistigen Getränken zu dem Wasser, das man ihm reichte. Dann trat plötzlich eine Verschlimmerung durch ein akutes Lungenödem ein. Im Laufe des Nachmittags verlor der Fürst häufig das Bewußtsein. Schon in der letzten Zeit hatte er neben ungewöhnlich lichten Momenten mehr oder minder schlafähnliche Zustände gehabt, aus denen er entweder in längeren tiefen und wohltuenden Schlaf geriet oder zu völlig frischem Erwachen gelangte. In den Abendstunden des Sonnabends nahmen die bedenklichen Erscheinungen zu. Der Tod trat leicht und schmerzlos um zehn Uhr siebenundfünfzig Minuten ein. Das letzte Wort, das der Fürst gesprochen hat, war an seine Tochter, die Gräfin Rantzau, gerichtet, die ihm die Stirn trocknete: „Danke, mein Kind!“

Zeittafel

1815	1. April: Otto von Bismarck in Schönhausen geboren
1822–1832	Schulzeit in Berlin Januar 1822 bis September 1827 in Plamannscher Lehranstalt Herbst 1827 bis Ostern 1830 im Friedrich-Wilhelm-Gymnasium Ostern 1830 bis Ostern 1832 im Gymnasium zum Grauen Kloster
1832	10. Mai: Immatrikulation als Student der Rechte an der Universität Göttingen
1833	ab November Fortsetzung des Studiums in Berlin
1835	20. Mai: Erstes juristisches Examen (Auskultatorprüfung) ab Juni Beschäftigung am Berliner Stadtgericht
1836	30. Juni: Referendarprüfung 5. Juli: Anstellung als Regierungsreferendar in Aachen
1837	Juli bis Oktober: „Verlängerter Urlaub" – Reise durch Süddeutschland Dezember: Versetzung ans Regierungspräsidium Potsdam
1838	März bis September: Einjährig-Freiwilliger beim Gardejägerbataillon in Potsdam Juli: Entschluß zur Rückkehr auf die väterlichen Güter Herbst: Versetzung ins Jägerbataillon nach Greifswald und Aufnahme landwirtschaftlicher Studien
1839	1. Januar: Tod der Mutter Sommer: Übernahme der pommerschen Güter Kniephof, Külz und Jarchelin 22. Oktober: Antrag auf Entlassung aus dem preußischen Staatsdienst
1839–1846	Gutsherr auf Kniephof
1841	Beteiligung an der ländlichen Selbstverwaltung als Kreisdeputierter
1842	Reise nach England, Frankreich, Italien und der Schweiz
1843	Aufnahme von Kontakten zu dem Kreis von pommerschen Pietisten um Hans von Kleist-Retzow, Moritz von Blanckenburg und dessen Frau Marie von Thadden-Trieglaff

1845	22. November: Tod des Vaters
1846	April: Übersiedlung nach Schönhausen
	Juli: Bismarck lernt auf einer Harzreise Johanna von Puttkamer kennen
	Juli: Wahl zum stellvertretenden Abgeordneten im sächsischen Provinziallandtag
	Oktober: Ernennung zum Deichhauptmann
1847	12. Januar: Verlobung mit Johanna von Puttkamer in Reinfeld (Pommern)
	Frühjahr: Bismarck engagiert sich in der Kampagne zur Verteidigung der Patrimonialgerichtsbarkeit und wird mit den konservativen Politikern Ludwig und Leopold von Gerlach bekannt
	8. Mai: Eintritt in den Vereinigten Preußischen Landtag
	28. Juli: Hochzeit in Alt-Kolziglow
1848/49	Bürgerlich-demokratische Revolution in Deutschland
1848	18./19. März: Volksaufstand in Berlin
	20.–22. März: Bismarck sondiert wegen konterrevolutionärer Aktivitäten in Potsdam und Berlin
	Juli: Mitwirkung bei Konstituierung des Vereins zur Wahrung der Interessen des Grundbesitzes
	August: Mitarbeiter der konservativen „Kreuz-Zeitung“
	November: Konterrevolutionärer Staatsstreich in Berlin
1849	5. Februar: Wahl in die Zweite Kammer des Preußischen Landtages
	Juni bis Juli: Niederschlagung der Reichsverfassungskampagne
	September: Nach Verpachtung Schönhausens bezieht Bismarck eine Stadtwohnung in Berlin
1850	März/April: Mitglied des Erfurter Unionsparlamentes
	3. Dezember: Bismarck verteidigt im Landtag den Vertrag von Olmütz
1851	8. Mai: Berufung Bismarcks an die preußische Gesandtschaft beim Bundestag in Frankfurt (Main)
	15. Juli: Ernennung zum Bundestagsgesandten
1852	25. März: Duell mit Georg von Vincke
1854	21. November: Berufung ins Preußische Herrenhaus
1855	August: Aufenthalt in Paris und Begegnung mit Napoleon III.

1857	April: Erneute Gespräche mit Napoleon III.
1857/58	Im Briefwechsel mit Leopold von Gerlach distanziert sich Bismarck von doktrinärer Prinzipienpolitik der Altkonservativen und tritt für Respektierung der Realitäten ein
1858	7. Oktober: Regentschaft des Prinzen Wilhelm für den erkrankten König Friedrich Wilhelm IV. eröffnet „Neue Ära"
1859	29. Januar: Abberufung Bismarcks aus Frankfurt und Ernennung zum Gesandten in St. Petersburg
	Sommer: Schwere Erkrankung Bismarcks
1861/62	Höhepunkt des Heeres- und Verfassungskonflikts in Preußen
1861	2. Januar: Wilhelm I. wird König von Preußen
	Juli: Bismarck entwirft Denkschrift über die deutsche Frage
1862	März: Auflösung des Preußischen Abgeordnetenhauses und Entlassung des Kabinetts der „Neuen Ära"
	März: Abberufung Bismarcks aus Petersburg
	22. Mai: Ernennung zum Gesandten in Paris
	22. September: Entscheidende Unterredung Wilhelms I. mit Bismarck
	8. Oktober: Definitive Ernennung Bismarcks zum Ministerpräsidenten und Außenminister
1863	8. Februar: Militärkonvention mit Rußland gegen den Polnischen Aufstand
	Mai: Gründung der Allgemeinen Deutschen Arbeitervereine und Kontaktaufnahme Ferdinand Lassalles mit Bismarck
	August: Auf Anraten Bismarcks verweigert Wilhelm I. Teilnahme am Fürstentag in Frankfurt (Main)
1864	Februar bis Juli: Preußisch-Österreichischer Krieg gegen Dänemark
	30. Oktober: Frieden von Wien – Dänemark tritt die Herzogtümer Schleswig, Holstein und Lauenburg an Österreich und Preußen ab
1865	14. August: Vertrag von Gastein – Kompromiß zwischen Preußen und Österreich in der Schleswig-Holstein-Frage
	15. September: Erhebung Bismarcks in den Grafenstand
1866	9. April: Antrag Preußens auf Reform des Deutschen Bundes
	7. Mai: Attentat Cohen-Blinds auf Bismarck

	14. Juni: Mobilmachung der Bundesarmee gegen Preußen und Austritt Preußens aus dem Deutschen Bund
	Juni bis Juli: Krieg um die Vorherrschaft in Deutschland
	24. Juli: Auseinandersetzung zwischen Bismarck und Wilhelm I. um Vorfrieden von Nikolsburg
	23. August: Friede von Prag zwischen Preußen und Österreich – Auflösung des Deutschen Bundes und uneingeschränkte Vorherrschaft Preußens in Norddeutschland
	3. September: Annahme der Indemnitätsvorlage im Preußischen Abgeordnetenhaus beendet Verfassungskonflikt
	15. Dezember: Entwurf der Verfassung des Norddeutschen Bundes
1867	16. April: Verfassung des Norddeutschen Bundes im Reichstag angenommen
	April: Bismarck erwirbt die Gutsherrschaft Varzin
	14. Juli: Ernennung zum Bundeskanzler
1868	27. April: Eröffnung des deutschen Zollparlaments
1869	22. Februar: Rücktrittsangebot Bismarcks wegen fraktioneller Spannungen im Lager der preußischen Konservativen
	August: Gründungskongreß der Sozialdemokratischen Arbeiterpartei Deutschlands in Eisenach
1870/71	Deutsch-Französischer Krieg
1870	Juli: Spanische Thronkandidatur, Emser Depesche und Kriegserklärung Frankreichs an Preußen
	Anfang September: Kapitulation der kaiserlichen französischen Armee in Sedan und Ausrufung der Französischen Republik in Paris
	November: Abschluß von Verträgen zwischen Baden, Hessen, Bayern, Württemberg und dem Norddeutschen Bund
1871	Januar: Preußisch-deutsche Reichsgründung
	1. Januar Inkrafttreten der Reichsverfassung und
	18. Januar Kaiserproklamation in Versailles
	Februar: Vorfrieden von Versailles
	18. März bis 28. Mai: Pariser Kommune
	21. März: Erhebung Bismarcks in den Fürstenstand
	10. Mai: Frankfurter Friedensvertrag – Annexion Elsaß-Lothringens
	24. Juni: Bismarck erhält Friedrichsruh und den Sachsenwald als Geschenk

1872	März: Beginn des Kulturkampfes mit preußischem Schulaufsichtsgesetz
	September: Dreikaisertreffen in Berlin
	20. Dezember: Zeitweiliges Ausscheiden als preußischer Ministerpräsident (bis 9. November 1873)
1873	Mai: Kampfgesetze gegen die katholische Kirche
	Oktober: Dreikaiserabkommen zwischen Deutschem Reich, Rußland und Österreich-Ungarn
1874	April: Reichsmilitärgesetz legt Heeresstärke auf sieben Jahre fest
	13. Juli: Attentat Kullmanns auf Bismarck in Kissingen
	Oktober bis Dezember: Prozeß gegen Harry von Arnim
1875	Frühjahr: „Krieg in Sicht“-Krise
	Mai: Sozialdemokratische Arbeiterpartei und Allgemeiner Deutscher Arbeiterverein vereinigen sich in Gotha zur Sozialistischen Arbeiterpartei Deutschlands
1875–1878	Orientkrise mit Russisch-Türkischem Krieg 1877/78
1877	Vorbereitung eines innenpolitischen Kurswechsels: Abkehr vom wirtschaftlichen und politischen Liberalismus
1878	11. Mai: Attentat Hödels auf Kaiser Wilhelm I.
	24. Mai: Reichstag lehnt ersten Entwurf eines Sozialistengesetzes ab
	2. Juni: Attentat Nobilings auf Kaiser Wilhelm I.
	11. Juni: Auflösung des Reichstags
	13. Juni bis 13. Juli: Berliner Kongreß schlichtet unter dem Vorsitz Bismarcks Interessengegensätze der europäischen Mächte in der Orientkrise
	19. Oktober: Gesetz „gegen die gemeingefährlichen Bestrebungen der Sozialdemokratie“ vom Reichstag angenommen
1879	Juli: Gesetze über Schutzzolltarif und Finanzzölle fundieren das reaktionäre Bündnis von Junkertum und Großbourgeoisie in der preußisch-deutschen Innenpolitik
	7. Oktober: Abschluß des Zweibundes zwischen Deutschem Reich und Österreich-Ungarn
1880	September: Bismarck übernimmt das preußische Handelsministerium
1881	18. Juni: Dreikaiserbündnis zwischen Deutschem Reich, Österreich-Ungarn und Rußland

	17. November: Kaiserliche Botschaft über die Sozialgesetzgebung eröffnet „milde Praxis“ im Kampf gegen die Sozialdemokratie
1882	20. Mai: Dreibundvertrag zwischen Deutschem Reich, Österreich-Ungarn und Italien
1882–1886	Wachsender Widerstand der Sozialdemokratie, einer antibonapartistischen Volksbewegung und linksliberalen Parlamentsopposition gegen das Bismarck-Regime
1885–1887	Bulgarische Krise – Zusammenbruch des Dreikaiserbündnisses und gleichzeitige Verschärfung der deutsch-französischen Beziehungen führen Bismarcksche Außenpolitik in die Krise
1886	11. April: Streikerlaß des preußischen Innenministers Puttkamer leitet nach Scheitern der „milden Praxis“ verschärfte Verfolgung der Arbeiterbewegung ein
1887	21. Februar: Sieg des konservativ-nationalliberalen Kartells bei Reichstagswahlen verschafft Bismarck-Regime letztmalig eine Machtbasis
	18. Juni: Rückversicherungsvertrag mit Rußland
1888	9. März: Tod Kaiser Wilhelms I. und Beginn der 99-Tage-Herrschaft Kaiser Friedrichs III.
	15. Juni: Tod Kaiser Friedrichs III. und Thronbesteigung Kaiser Wilhelms II.
1889	Mai: Großer Bergarbeiterstreik im Ruhrgebiet und anderen deutschen Kohlenrevieren
1890	24. Januar: Zusammenstoß Bismarcks mit Wilhelm II. auf Kronrat über Sozialistengesetz und Arbeiterversicherung
	25. Januar: Reichstag lehnt Verlängerung des Sozialistengesetzes ab
	4. Februar: Kaiserliche Erlasse über Arbeiterschutz werden ohne Gegenzeichnung Bismarcks veröffentlicht
	20. Februar: Gewaltiger Wahlsieg der Sozialdemokratie und Niederlage der Kartellparteien bei Reichstagswahl
	15. März: Endgültiger Bruch zwischen Kaiser und Kanzler
	18. März: Bismarck reicht Entlassungsgesuch ein
	20. März: Bismarck wird aus allen Staatsämtern entlassen
1892	9. Juni: Reichskanzler Caprivi fordert zum gesellschaftlichen Boykott eines Bismarck-Besuches in Wien auf

	Juli: Triumphreise Bismarcks durch Deutschland nach Wien
1894	Formelle Aussöhnung zwischen Wilhelm II. und Bismarck
	27. November: Tod Johanna von Bismarcks
1895	23. März: Reichstagsmehrheit lehnt Glückwünsche zu Bismarcks achtzigstem Geburtstag ab
1897	16. Dezember: Besuch Wilhelms II. in Friedrichsruh
1898	30. Juli: Bismarck stirbt in Friedrichsruh

Quellennachweis der Dokumente

Die Zusammenstellung der Zeugnisse von und über Bismarck beruht auf den einschlägigen zuverlässigen Editionen.
Die Mehrzahl der ausgewählten Dokumente findet sich in der 1924 bis 1932 in Berlin erschienenen sogenannten Friedrichsruher Ausgabe der Gesammelten Werke Otto von Bismarcks (im folgenden abgekürzt: GW). Aus Raumgründen können die Stücke im allgemeinen nicht vollständig dargeboten werden. Auslassungen innerhalb des wiedergegebenen Textes sind durch (...) gekennzeichnet.
Zusätze des Herausgebers stehen in eckigen Klammern [ ].
Orthographie und Interpunktion wurden – mit Ausnahme des ersten Bismarckbriefes vom 27. April 1822 – den heute geltenden Regeln angeglichen.
Übersetzungen fremdsprachiger Stellen sowie für das Verständnis unerläßliche Sacherklärungen werden zu den jeweiligen Dokumenten am Ende des laufenden Textes angemerkt.
Für bestimmte biographische Daten sei auch auf das Personenregister verwiesen.
Die Abbildungen wurden zeitgenössischen Quellen entnommen.

---

1 Horst Kohl, Fürst Bismarck. Regesten zu einer wissenschaftlichen Biographie des ersten deutschen Reichskanzlers, Leipzig 1891/92, Bd. 1, S. 1.
2 Moritz Busch, Tagebuchblätter, Leipzig 1899, Bd. 1, S. 414.
3 GW, Bd. 14/I, S. 1.
4 Robert von Keudell, Fürst und Fürstin Bismarck. Erinnerungen von 1846 bis 1872, Berlin/Stuttgart 1901, S. 160.
5 GW, Bd. 14/I, S. 1.
6 Ebenda, S. 2.
7 Zitiert nach: Lothar Gall, Bismarck. Der weiße Revolutionär, Frankfurt (Main)/Berlin (West)/Wien 1980, Abb. 6 nach S. 192.
8 GW, Bd. 15, S. 6.
9 Erich Marcks, Bismarcks Jugend. 1815–1848, Stuttgart/Berlin 1909, S. 90.
10 GW, Bd. 14/I, S. 2f.
11 Ebenda, S. 5. – Die dort gewählte Datierung 5. 5. 1834 ist vermutlich falsch.
12 Ebenda, S. 6f.
13 Ebenda, S. 7.
14 Bismarck-Jahrbuch, hrsg. von Horst Kohl, Bd. 3, Berlin 1896, S. 14.

15 Ebenda, S. 22, 25.
16 Ebenda, S. 28.
17 Marcks, Bismarcks Jugend, S. 153f.
18 GW, Bd. 14/I, S. 14ff.
19 Ebenda, S. 13.
20 Ebenda, S. 23.
21 Ebenda, S. 30f.
22 Busch, Tagebuchblätter, Bd. 2, S. 119f.
23 Ebenda, S. 488.
24 GW, Bd. 14/I, S. 29f.
25 Ebenda, S. 46.
26 Ebenda, S. 50.
27 Erich Marcks, Bismarck und die deutsche Revolution 1848–1851, Stuttgart/Berlin 1939, S. 131.
28 GW, Bd. 14/II, S. 975.
29 Ebenda, Bd. 14/I, S. 65f.
30 Marcks, Bismarcks Jugend, S. 313f.
31 GW, Bd. 14/I, S. 39f.
32 Ebenda, S. 74.
33 Ebenda, S. 86.
34 GW, Bd. 10, S. 3f.
35 GW, Bd. 14/I, S. 88f.
36 Ebenda, S. 94.
37 Ebenda, S. 96.
38 GW, Bd. 15, S. 18f.
39 Egmont Zechlin, Bismarck und die Grundlegung der deutschen Großmacht, Stuttgart/Berlin 1930, Faksimile nach S. 254.
40 GW, Bd. 14/I, S. 103.
41 GW, Bd. 10, S. 16f.
42 Ebenda, S. 19.
43 GW, Bd. 1, S. 1f.
44 GW, Bd. 14/I, S. 111f.
45 GW, Bd. 7, S. 14f.
46 GW, Bd. 14/I, S. 113.
47 Ebenda, S. 116.
48 Ebenda, S. 120.
49 Ernst Ludwig von Gerlach. Aufzeichnungen aus seinem Leben und Wirken 1795–1877, hrsg. von Jakob von Gerlach, Bd. 2, Schwerin 1903, S. 27.
50 GW, Bd. 15, S. 39; Kohl, Bismarck-Regesten, Bd. 1, S. 16.
51 GW, Bd. 14/I, S. 123.
52 GW, Bd. 10, S. 26f.
53 Ebenda, S. 29ff.
54 GW, Bd. 14/I, S. 136.

55 Ebenda, S. 140.
56 Ebenda, S. 131.
57 Hermann Wagener, Meine Memoiren aus der Zeit von 1848 bis 1866 und von 1873 bis jetzt, Berlin 1948, S. 43f.
58 Die geheimen Papiere Friedrich von Holsteins, hrsg. von Norman Rish und M. H. Fisher, dt. Ausg. von Werner Frauendienst, Bd. 2: Tagebuchblätter, Göttingen 1957, S. 7.
59 GW, Bd. 14/I, S. 145f.
60 GW, Bd. 10, S. 38ff.
61 Ebenda, S. 103ff. und 109.
62 GW, Bd. 14/I, S. 205.
63 Ebenda, S. 206f.
64 Ebenda, S. 209.
65 Ebenda, S. 210.
66 Hans-Joachim Schoeps, Bismarck über Zeitgenossen. Zeitgenossen über Bismarck, Frankfurt (Main)/Berlin (West)/Wien 1972, S. 54.
67 Ebenda, S. 54.
68 GW, Bd. 14/I, S. 213.
69 Ebenda, S. 217.
70 GW, Bd. 14/I, S. 248f.
71 Ebenda, S. 330.
72 Ebenda, S. 319.
73 GW, Bd. 15, S. 62.
74 GW, Bd. 1, S. 39f.
75 GW, Bd. 7, S. 354.
76 GW, Bd. 1, S. 104f.
77 GW, Bd. 14/I, S. 327.
78 Ebenda, S. 331.
79 GW, Bd. 2, S. 142.
80 GW, Bd. 1, S. 427.
81 GW, Bd. 14/I, S. 351f.
82 Ebenda, S. 228f.
83 Ebenda, S. 313.
84 Ebenda, S. 355.
85 Ebenda, S. 482.
86 Ebenda, S. 415.
87 Ebenda, S. 464f.
88 Ebenda, S. 469.
89 Ebenda, S. 470 und 474.
90 GW, Bd. 1, S. 70.
91 GW, Bd. 14/I, S. 441f.
92 Ebenda, S. 214.
93 GW, Bd. 1, S. 276.
94 GW, Bd. 2, S. 317.

95 GW, Bd. 14/I, S. 493f.
96 GW, Bd. 2, S. 403.
97 GW, Bd. 14/I, S. 510.
98 Ebenda, S. 519f.
99 GW, Bd. 14/I, S. 514.
100 GW, Bd. 14/I, S. 517.
101 GW, Bd. 3, S. 35ff.
102 GW, Bd. 14/I, S. 530.
103 GW, Bd. 3, S. 67.
104 Keudell, Erinnerungen, S. 75f.
105 GW, Bd. 14/I, S. 550.
106 Ebenda, S. 571.
107 GW, Bd. 3, S. 267 und 269.
108 GW, Bd. 7, S. 38.
109 GW, Bd. 14/I, S. 558.
110 Ebenda, S. 549.
111 Ebenda, S. 578.
112 Ebenda, S. 581.
113 Ebenda, S. 584.
114 GW, Bd. 14/II, S. 586.
115 Ebenda, S. 589.
116 Ebenda, S. 613.
117 Keudell, Erinnerungen, S. 96.
118 GW, Bd. 14/II, S. 601.
119 GW, Bd. 3, S. 398.
120 GW, Bd. 15, S. 178ff.
121 Zitiert nach: Otto Nirrnheim, Das erste Jahr des Ministeriums Bismarck und die öffentliche Meinung, Heidelberg 1908, S. 59.
122 Ebenda, S. 70.
123 Ebenda.
124 Ferdinand Lassalle, Nachgelassene Briefe und Schriften, hrsg. von Gustav Mayer, Berlin 1924, Bd. 4, S. 297.
125 Karl Marx/Friedrich Engels, Werke, Berlin 1957ff., Bd. 30, S. 288.
126 Ebenda, S. 301.
127 GW, Bd. 10, S. 140.
128 Ebenda, S. 141.
129 GW, Bd. 15, S. 193ff.
130 Busch, Tagebuchblätter, Bd. 2, S. 179f.
131 Keudell, Erinnerungen, S. 117.
132 Bismarck-Erinnerungen des Staatsministers Freiherrn Lucius von Ballhausen, Stuttgart/Berlin 1920, S. 1f.
133 GW, Bd. 10, S. 153f. und 157.
134 Ludwig Hahn, Fürst Bismarck. Sein politisches Leben und Wirken, Bd. 1, Berlin 1878, S. 94.

135 Ebenda, S. 122.
136 GW, Bd. 10, S. 168ff.
137 GW, Bd. 14/II, S. 639.
138 Im Widerstreit um die Reichsgründung. Eine Quellensammlung zur Klassenauseinandersetzung in der deutschen Geschichte von 1849 bis 1871, hrsg. von Ernst Engelberg, bearb. von Rolf Weber, Berlin 1970, S. 176.
139 GW, Bd. 14/II, S. 640.
140 Gustav Mayer, Bismarck und Lassalle. Ihr Briefwechsel und ihre Gespräche, Berlin 1928, S. 59ff.
141 Marx/Engels, Werke, Bd. 31, S. 446.
142 Keudell, Erinnerungen, S. 126.
143 GW, Bd. 8, S. 231.
144 Im Widerstreit um die Reichsgründung, S. 261.
145 GW, Bd. 4, S. 240.
146 Ebenda, S. 245.
147 GW, Bd. 14/II, S. 658ff.
148 Hahn, Fürst Bismarck, Bd. 1, S. 193f.
149 GW, Bd. 10, S. 207.
150 Ebenda, S. 214.
151 GW, Bd. 4, S. 459.
152 Ebenda, S. 461.
153 GW, Bd. 5, S. 157f.
154 GW, Bd. 10, S. 253f. und 241.
155 Deutscher Liberalismus im Zeitalter Bismarcks. Eine politische Briefsammlung, Bd. 1: Die Sturmjahre der preußischen Einigung 1859–1870, hrsg. von Julius Heyderhoff, Bonn/Leipzig 1925, S. 250.
156 GW, Bd. 14/II, S. 700.
157 Ebenda, S. 701.
158 Anhang zu den Gedanken und Erinnerungen, hrsg. von Horst Kohl, Bd. 1: Kaiser Wilhelm I. und Bismarck, Stuttgart/Berlin 1901, S. 121f.
159 Zitiert nach: Die Reichsgründung, hrsg. von Helmut Böhme, München 1967, S. 175.
160 GW, Bd. 5, S. 514.
161 Von der Revolution zum Norddeutschen Bund. Politik und Ideengut der preußischen Hochkonservativen 1848–1866. Aus dem Nachlaß von Ernst Ludwig Gerlach, hrsg. von Hellmuth Diwald, Göttingen 1970, Bd. 2, S. 1265.
162 Deutscher Liberalismus im Zeitalter Bismarcks, Bd. 1, S. 278.
163 Marx/Engels, Werke, Bd. 31, S. 208.
164 GW, Bd. 4, S. 457.
165 Wilhelm J. C. E. Stieber, Spion des Kanzlers. Die Enthüllun-

gen von Bismarcks Geheimdienstchef, Stuttgart 1978, S. 124f.
166 Im Widerstreit um die Reichsgründung, S. 336ff.
167 August Bebel, Aus meinem Leben, Bd. 1, Berlin 1953, S. 146.
168 Deutscher Liberalismus im Zeitalter Bismarcks, Bd. 1, S. 284.
169 Theodor von Bernhardi, Aus dem Leben Theodor von Bernhardis, hrsg. von Friedrich von Bernhardi, Bd. 6: Aus den letzten Tagen des deutschen Bundes. Tagebuchblätter aus den Jahren 1864–1866, Leipzig 1897, S. 292.
170 Hahn, Fürst Bismarck, Bd. 1, S. 413f.
171 Zitiert nach: Otto Bandmann, Die deutsche Presse und die Entwicklung der Deutschen Frage 1864–66, Leipzig 1910, S. 176.
172 GW, Bd. 14/II, S. 717.
173 Ebenda, S. 719.
174 GW, Bd. 15, S. 278f.
175 GW, Bd. 6, S. 120.
176 Heinrich von Treitschkes Briefe, hrsg. von M. Cornicelius, Bd. 3/1, Leipzig 1917, S. 34.
177 Jacob Burckhardt, Briefe, Bd. 5, Basel/Stuttgart 1963, S. 160.
178 Marx/Engels, Werke, Bd. 31, S. 235.
179 GW, Bd. 10, S. 272f.
180 Ebenda, S. 278.
181 Friedrich Kapp, Vom radikalen Frühsozialisten des Vormärz zum liberalen Parteipolitiker des Bismarckreichs. Briefe 1843–1884, hrsg. von Hans-Ulrich Wehler, Frankfurt (Main) 1969, S. 89.
182 Von der Revolution zum Norddeutschen Bund, Bd. 2, S. 1335.
183 Marx/Engels, Werke, Bd. 31, S. 240f.
184 GW, Bd. 14/II, S. 720.
185 Heinrich von Poschinger, Fürst Bismarck und die Parlamentarier, Bd. 2, Breslau 1895, S. 24.
186 GW, Bd. 10, S. 283ff.
187 Keudell, Erinnerungen, S. 315f.
188 Otto Becker, Bismarcks Ringen um Deutschlands Gestaltung, Heidelberg 1958, S. 237.
189 GW, Bd. 10, S. 321ff.
190 Ebenda, S. 354f.
191 Ebenda, S. 362f.
192 GW, Bd. 6, S. 423.
193 Anhang zu den Gedanken und Erinnerungen, Bd. 1, S. 159.
194 GW, Bd. 14/II, S. 726f.

195 Keudell, Erinnerungen, S. 372f.
196 GW, Bd. 7, S. 265.
197 GW, Bd. 6, S. 237f.
198 GW, Bd. 6a, S. 229.
199 GW, Bd. 14/II, S. 757.
200 Denkwürdigkeiten aus dem Leben des Generalfeldmarschalls Kriegsministers Grafen von Roon, Bd. 3, Berlin 1905, S. 159.
201 George Hesekiel, Das Buch vom Grafen Bismarck, Bielefeld/Leipzig 1869, S. 379f.
202 Anhang zu den Gedanken und Erinnerungen, Bd. 1, S. 190.
203 GW, Bd. 14/II, S. 749.
204 GW, Bd. 6b, S. 2.
205 GW, Bd. 7, S. 301.
206 GW, Bd. 6b, S. 369; ebenda, S. 371; GW, Bd. 15, S. 310f.
207 GW, Bd. 14/II, S. 789f.
208 Ebenda, S. 791.
209 Ebenda, S. 793.
210 Marx/Engels, Werke, Bd. 17, S. 268f.
211 GW, Bd. 6b, S. 524.
212 GW, Bd. 14/II, S. 792.
213 Ebenda, S. 796.
214 Ebenda, S. 799.
215 Ebenda, S. 800.
216 Busch, Tagebuchblätter, Bd. 1, S. 427.
217 GW, Bd. 14/II, S. 801.
218 Kaiser Friedrich III. Das Kriegstagebuch von 1870/71, hrsg. von Heinrich Otto Meisner, Berlin/Leipzig 1926, S. 334ff.
219 GW, Bd. 14/II, S. 810.
220 Anhang zu den Gedanken und Erinnerungen, Bd. 1, S. 215f.
221 Paul Bronsart von Schellendorff, Geheimes Kriegstagebuch 1870–71, hrsg. von Peter Rassow, Bonn 1954, S. 390.
222 Denkwürdigkeiten des Fürsten Chlodwig zu Hohenlohe-Schillingsfürst, hrsg. von Friedrich Curtius, Stuttgart/Leipzig 1907, Bd. 2, S. 47.
223 GW, Bd. 11, S. 611.
224 GW, Bd. 6b, S. 485f.
225 Die Große Politik der Europäischen Kabinette 1871–1914. Sammlung der Diplomatischen Akten des Auswärtigen Amtes, Berlin 1922, Bd. 1, Nr. 129. – Übersetzung nach: Dokumentarium zur Vorgeschichte des Weltkrieges 1871–1914, hrsg. von Bernhard Schwertfeger, Berlin 1928, S. 27.
226 Hans Rothfels, Bismarck und der Staat, Stuttgart 1958, S. 329f.
227 Ebenda, S. 333f.

228 Nikolai Orloff, Bismarck und die Fürstin Orloff. Ein Idyll in der hohen Politik, München 1936, S. 129.
229 GW, Bd. 8, S. 36.
230 Neue Preußische Zeitung, Nr. 214 vom 13. 9. 1872.
231 Marx/Engels, Werke, Bd. 34, S. 323f.
232 Die Waage. Wochenschrift für Politik und Literatur, 5. Jg., Nr. 46 – 16. 11. 1877, S. 725f.
233 Heinrich Abeken, Ein schlichtes Leben in bewegter Zeit, aus Briefen zusammengestellt, hrsg. von Hedwig Abeken, Berlin 1898, S. 502.
234 Denkwürdigkeiten des Botschafters General von Schweinitz, hrsg. von Wilhelm von Schweinitz, Bd. 2, Berlin 1927, S. 270.
235 Aus sieben Jahrzehnten. Erinnerungen von Christoph von Tiedemann, Bd. 2: Sechs Jahre Chef der Reichskanzlei unter dem Fürsten Bismarck, Leipzig 1909, S. 476ff.
236 Zitiert nach: Der Kanzler. Otto von Bismarck in seinen Briefen, Reden und Erinnerungen, sowie in Berichten und Anekdoten seiner Zeit, hrsg. von Tim Klein, München 1926, S. 265f.
237 GW, Bd. 8, S. 532.
238 Ebenda, S. 332.
239 Ludwig Bamberger, Bismarck Posthumus, Berlin 1899, S. 8.
240 Kapp, Briefe, S. 109.
241 Friedrich III., Kriegstagebuch, S. 302.
242 Briefwechsel des Botschafters General von Schweinitz, hrsg. von Wilhelm von Schweinitz, Berlin 1928, S. 90.
243 Großherzog Friedrich I. von Baden und die deutsche Politik 1854–71, bearb. von Hermann Oncken, Stuttgart 1927, Bd. 2, S. 272.
244 Busch, Tagebuchblätter, Bd. 2, S. 108.
245 GW, Bd. 13, S. 209ff.
246 Große Politik, Bd. 6, S. 28.
247 GW, Bd. 8, S. 269.
248 GW, Bd. 12, S. 122.
249 Ebenda, S. 296f.
250 Eduard von Wertheimer, Graf Julius Andrassy. Sein Leben und seine Zeit, Bd. 2, Stuttgart 1913, S. 222.
251 Lucius, Erinnerungen, S. 9.
252 Kapp, Briefe, S. 128.
253 Am Hof der Hohenzollern. Aus dem Tagebuch der Baronin Spitzemberg 1865–1914, hrsg. von Rudolf Vierhaus, München 1979, S. 60.
254 Lucius, Erinnerungen, S. 54.
255 Tiedemann, Reichskanzlei, S. 467.

256 Aus 50 Jahren. Erinnerungen, Tagebücher und Briefe aus dem Nachlaß des Fürsten Philipp zu Eulenburg-Hertefeld, hrsg. von Johannes Haller, Berlin 1923, S. 205f.
257 Kohl, Bismarck-Regesten, Bd. 2, S. 17.
258 GW, Bd. 14/II, S. 821.
259 Alfred Vagts, Bismarcks Vermögen, in: Ders., Bilanzen und Balancen. Aufsätze zur internationalen Finanz und internationalen Politik, hrsg. von Hans-Ulrich Wehler, Frankfurt (Main) 1979, S. 118f.
260 Tiedemann, Reichskanzlei, S. 253.
261 GW, Bd. 8, S. 581.
262 Zitiert nach: Klein, Der Kanzler, S. 267ff.
263 GW, Bd. 11, S. 226f.
264 Ebenda, S. 270.
265 Ebenda, S. 289f.
266 Ebenda, S. 312.
267 Zitiert nach: Klein, Der Kanzler, S. 251.
268 GW, Bd. 11, S. 377f.
269 GW, Bd. 14/II, S. 844f.
270 Ebenda, S. 857.
271 Heinrich von Poschinger, Fürst Bismarck und die Parlamentarier, Bd. 1, Breslau 1894, S. 87f.
272 Busch, Tagebuchblätter, Bd. 2, S. 422.
273 Zitiert nach: Bismarck und die preußisch-deutsche Politik 1871–1890, hrsg. von Michael Stürmer, München 1970, S. 117f.
274 Franz Perrot, Bismarck und die Juden. „Papiergeld“ und „Ära-Artikel von 1875“, neu hrsg. von L. Feldmüller-Perrot, Berlin 1931, S. 276.
275 GW, Bd. 11, S. 435f.
276 GW, Bd. 14/II, S. 890.
277 Lucius, Erinnerungen, S. 131f.
278 Busch, Tagebuchblätter, Bd. 2, S. 428.
279 Tiedemann, Reichskanzlei, S. 215.
280 GW, Bd. 14/II, S. 890.
281 Tiedemann, Reichskanzlei, S. 216.
282 Ebenda, S. 225.
283 Große Politik, Bd. 2, S. 154.
284 GW, Bd. 11, S. 526.
285 Politisches Archiv des Auswärtigen Amtes, Bonn, IABq Nr. 128, Bd. 6, Bl. 55f.
286 Zitiert nach: Bismarck. Größe und Grenze seines Reiches, hrsg. von Fritz Linde, Leipzig 1939, S. 312f.
287 Der Berliner Kongreß 1878. Protokolle und Materialien, hrsg. von Imanuel Geiss, Boppard am Rhein 1978, S. 364.

288 GW, Bd. 6c, S. 109.
289 Tiedemann, Reichskanzlei, S. 263.
290 Gall, Bismarck, S. 566.
291 Stürmer, Bismarck und die preußisch-deutsche Politik, S. 125.
292 GW, Bd. 14/II, S. 894f.
293 GW, Bd. 12, S. 9, 14.
294 Marx/Engels, Werke, Bd. 34, S. 337f.
295 August Bebel, Ausgewählte Reden und Schriften, Bd. 2/I, Berlin 1978, S. 25.
296 GW, Bd. 8, S. 254ff.
297 Bismarcks großes Spiel. Die geheimen Tagebücher Ludwig Bambergers, hrsg. von Ernst Feder, Frankfurt (Main) 1933, S. 330f.
298 GW, Bd. 6c, S. 111f.
299 Kapp, Briefe, S. 117.
300 Poschinger, Bismarck und die Parlamentarier, Bd. 1, S. 170f.
301 GW, Bd. 12, S. 28f.
302 Ebenda, S. 71f.
303 Kapp, Briefe, S. 120f.
304 Kohl, Bismarck-Regesten, Bd. 2, S. 198.
305 Große Politik, Bd. 3, S. 20.
306 Ebenda, S. 27.
307 Ebenda, S. 41ff.
308 Wolfgang Windelband, Bismarck und die europäischen Großmächte 1789–1885, Essen 1940, S. 81.
309 Kapp, Briefe, S. 118f.
310 Zitiert nach: Gustav Seeber, Zwischen Bebel und Bismarck. Zur Geschichte des Linksliberalismus in Deutschland 1871–1893, Berlin 1965, S. 58.
311 Fontanes Briefe in zwei Bänden, Berlin/Weimar 1968, Bd. 2, S. 32f.
312 Gustav Seeber/Walter Wittwer, Kleinbürgerliche Demokratie im Bismarck-Staat. Entwicklungstendenzen und Probleme, Berlin 1971, S. 85.
313 Der Sozialdemokrat, Nr. 18 vom 1. 5. 1881.
314 August Bebel, Reden und Schriften, Bd. 2/II, S. 60f.
315 Ebenda, S. 69.
316 Ebenda, S. 50.
317 GW, Bd. 8, S. 396.
318 Ebenda, S. 419.
319 Rothfels, Bismarck und der Staat, S. 360f.
320 GW, Bd. 12, S. 360.
321 Ebenda, S. 498.
322 GW, Bd. 8, S. 425f.

323 Am Hof der Hohenzollern, S. 89.
324 GW, Bd. 12, S. 325ff.
325 Lucius, Erinnerungen, S. 264f.
326 Am Hof der Hohenzollern, S. 94.
327 GW, Bd. 8, S. 438.
328 Ebenda, S. 449.
329 Lucius, Erinnerungen, S. 304.
330 GW, Bd. 8, S. 535.
331 Ebenda, S. 368.
332 GW, Bd. 12, S. 213f.
333 Ebenda, S. 254.
334 Holstein, Geheime Papiere, Bd. 2, S. 47f.
335 Ebenda, S. 76.
336 GW, Bd. 12, S. 536 und 539f.
337 Arnold Oskar Meyer, Bismarck. Der Mensch und der Staatsmann, Stuttgart 1949, S. 500.
338 Tiedemann, Reichskanzlei, S. 376f.
339 Arthur von Brauer, Im Dienst Bismarcks. Persönliche Erinnerungen, hrsg. von Helmut Rogge, Berlin 1936, S. 164.
340 Lucius, Erinnerungen, S. 267f. und 275.
341 Am Hof der Hohenzollern, S. 92f.
342 Ebenda, S. 101.
343 Lucius, Erinnerungen, S. 313.
344 Holstein, Geheime Papiere, Bd. 2, S. 194.
345 Deutscher Liberalismus im Zeitalter Bismarcks, Bd. 2: Im neuen Reich 1871–1890, hrsg. von Paul Wentzke, Bonn/Leipzig 1926, S. 417.
346 Holstein, Geheime Papiere, Bd. 2, S. 181.
347 Der Sozialdemokrat, Nr. 15 vom 9. 4. 1885.
348 GW, Bd. 8, S. 524f.
349 Denkwürdigkeiten des General-Feldmarschalls Alfred Grafen von Waldersee, hrsg. von Heinrich Otto Meisner, Stuttgart/Berlin 1925, Bd. 1, S. 307.
350 Lucius, Erinnerungen, S. 359.
351 GW, Bd. 14/II, S. 971.
352 GW, Bd. 13, S. 209ff.
353 Ebenda, S. 234ff.
354 Ebenda, S. 257.
355 Der Sozialdemokrat, Nr. 10 vom 4. 3. 1887.
356 Deutscher Liberalismus, Bd. 2, S. 429.
357 GW, Bd. 13, S. 348.
358 Marx/Engels, Werke, Bd. 37, S. 51.
359 Lucius, Erinnerungen, S. 457.
360 GW, Bd. 6c, S. 383ff.
361 Kohl, Bismarck-Regesten, Bd. 1, S. 459.

362 Dokumente der deutschen Politik und Geschichte von 1848 bis zur Gegenwart, hrsg. von Johannes Hohlfeld, Bd. 1, Berlin (West) 1952, S. 447.
363 Holstein, Geheime Papiere, Bd. 2, S. 375.
364 Ebenda, S. 383.
365 Große Politik, Bd. 5, S. 267f.
366 Waldersee, Denkwürdigkeiten, Bd. 2, S. 13.
367 GW, Bd. 13, S. 335f., 345 und 347.
368 Zitiert nach: Ekkhard Verchau, Otto von Bismarck, München/Zürich 1981, S. 125.
369 Große Politik, Bd. 5, Nr. 1127 – Übersetzung nach: Schwertfeger, Dokumentarium, S. 252.
370 Große Politik, Bd. 6, S. 25.
371 Ebenda, S. 59.
372 Waldersee, Denkwürdigkeiten, Bd. 1, S. 300.
373 Ebenda, Bd. 2, S. 48.
374 GW, Bd. 8, S. 544f.
375 Die Nation. Wochenschrift für Politik, Volkswirtschaft und Literatur, VI. Jg./1888–89, Nr. 20 vom 16. 2. 1889.
376 Aus dem Briefwechsel des Generalfeldmarschalls Alfred Graf von Waldersee, hrsg. von Heinrich Otto Meisner, Stuttgart 1928, S. 269.
377 Zitiert nach: Verchau, Bismarck, S. 188f.
378 Stürmer, Bismarck und die preußisch-deutsche Politik, S. 273.
379 Ebenda, S. 276.
380 Ebenda, S. 278.
381 GW, Bd. 6c, S. 392.
382 Ebenda, S. 409.
383 Ebenda, S. 427.
384 Lucius, Erinnerungen, S. 506ff.
385 GW, Bd. 8, S. 680.
386 Marx/Engels, Werke, Bd. 22, S. 7ff.
387 GW, Bd. 6c, S. 437f.
388 Bamberger, Bismarck Posthumus, S. 50.
389 GW, Bd. 8, S. 703.
390 GW, Bd. 13, S. 408.
391 Klein, Der Kanzler, S. 319.
392 Am Hof der Hohenzollern, S. 132.
393 GW, Bd. 8, S. 707.
394 GW, Bd. 9, S. 3.
395 Ebenda, S. 31.
396 Busch, Tagebuchblätter, Bd. 3, S. 314f.
397 Ebenda, S. 330.
398 Klein, Der Kanzler, S. 327.

399 Hermann Hofmann, Fürst Bismarck 1890–1898, Stuttgart/Berlin 1922, Bd. 2, S. 91.
400 Ebenda, Bd. 1, S. 91.
401 Klein, Der Kanzler, S. 337.
402 GW, Bd. 9, S. 217f.
403 GW, Bd. 13, S. 460f.
404 Ebenda, S. 468.
405 Ebenda, S. 558f.
406 GW, Bd. 9, S. 355.
407 Stenographische Berichte über die Verhandlungen des Deutschen Reichstags, IX. Legislaturperiode, III. Session 1894/95, Bd. 2, S. 1673.
408 Die Neue Zeit, 13. Jg. 1894/95, Erster Band, S. 803f.
409 Am Hof der Hohenzollern, S. 171.
410 GW, Bd. 13, S. 553.
411 GW, Bd. 9, S. 489.
412 GW, Bd. 14/II, S. 1017.
413 Ebenda, S. 1020.
414 Ebenda, S. 1021.
415 Hofmann, Bismarck 1890–1898, Bd. 1, S. 245f.

Personenregister

Das Personenregister erfaßt alle historischen Persönlichkeiten des Textteils. Ausgeklammert sind mythologische und ähnliche Namen, ebenso in Einleitung und Textanmerkungen vorkommende Namen, die dort erläutert werden.

Inhalt